O SEMINÁRIO
DE JACQUES LACAN

Campo Freudiano no Brasil

Coleção dirigida por Judith (*in memoriam*) e Jacques-Alain Miller

Assessoria brasileira: Angelina Harari

Jacques Lacan

O SEMINÁRIO

livro 10

a angústia

Texto estabelecido por
Jacques-Alain Miller

14ª reimpressão

ZAHAR

Tradução autorizada da primeira edição francesa publicada em 2004
por Éditions du Seuil, de Paris, França, na coleção Le Champ Freudien,
dirigida por Jacques-Alain e Judith Miller

Obra publicada com o apoio do Ministério da Cultura francês – Centro Nacional do Livro

Grafia atualizada segundo o Acordo Ortográfico da Língua Portuguesa de 1990, que entrou em vigor no Brasil em 2009.

Título original
Le Seminaire de Jacques Lacan
Livre X: L'Angoisse (1962-1963)

Revisão
Eduardo Faria
Maria Helena de Oliveira Torres

CIP-Brasil. Catalogação na fonte
Sindicato Nacional dos Editores de Livros, RJ

Lacan, Jacques,1901-1981
L129s O Seminário, livro 10: a angústia / Jacques Lacan; texto estabelecido por Jacques-Alain Miller; versão final Angelina Harari e preparação de texto André Telles; tradução Vera Ribeiro. – 1ª ed. – Rio de Janeiro: Zahar, 2005.

il. – (Campo freudiano no Brasil)

Tradução de: Le Seminaire de Jacques Lacan, livre X: L'angoisse (1962-1963).
ISBN 978-85-7110-886-8

1. Psicanálise – Discursos, conferências, etc. 2. Angústia – Discursos, conferências, etc. I. Miller, Jacques-Alain, 1944-. II. Título. III. Título: A angústia. IV. Série.

CDD: 150.195
05-2836 CDU: 159.964.2

EDITORA SCHWARCZ S.A.
Praça Floriano, 19, sala 3001 – Cinelândia
20031-050 – Rio de Janeiro – RJ
Telefone: (21) 3993-7510
www.companhiadasletras.com.br
www.blogdacompanhia.com.br
facebook.com/editorazahar
instagram.com/editorazahar
twitter.com/editorazahar

livro 10

a angústia
1962-1963

Tradução:
VERA RIBEIRO

Versão final:
ANGELINA HARARI

Preparação de texto:
ANDRÉ TELLES

Sumário

Introdução à Estrutura da Angústia

Revisão do Status do Objeto

A Angústia entre o Gozo e o Desejo

As Cinco Formas do Objeto pequeno *a*

Introdução à Estrutura da Angústia

I

A ANGÚSTIA NA REDE DOS SIGNIFICANTES

O desejo do Outro
Por uma orografia da angústia
Seriedade, cuidado, expectativa
Inibição, impedimento, embaraço
Inibição, emoção, efusão

Vou falar-lhes este ano da angústia.

No entanto, um dia desses notei em alguém que não é nada distante de mim em nosso círculo uma certa surpresa por minha escolha deste assunto, que não lhe parecia ser de tão grande potencial. Devo dizer que não me esforçarei por lhe provar o contrário. Na massa do que se propõe a nós como questões sobre esse tema, será preciso que eu escolha, e severamente. Por isso é que tentarei desde hoje lançá-los ao trabalho.

Mas essa surpresa já me pareceu guardar o vestígio de não sei que ingenuidade, nunca estancada, que consiste em acreditar que, a cada ano, destaco um tema como este, que me pareceria interessante, para continuar a brincar com uma invencionice qualquer. Não. A angústia é, muito precisamente, o ponto de encontro em que os espera tudo o que fazia parte de meu discurso anterior. Vocês verão como agora poderá articular-se entre esses discursos um certo número de termos que, até o presente, talvez não lhes tenham parecido suficientemente conjugados. Verão como, creio eu, ao se ligar mais estreitamente ao campo da angústia, cada um tomará ainda melhor seu lugar.

Digo "ainda melhor" porque me pareceu, no que foi dito durante a recente reunião chamada provincial de nossa Sociedade, que alguma coisa havia efetivamente ocupado um lugar na mente de vocês no tocante a essa estrutura tão essencial que se chama fantasia. Vocês verão que a estrutura da angústia não está longe dela, em razão de ser exatamente a mesma.

1

Coloquei neste quadro alguns pequenos significantes-referenciais, ou lembretes. Não é grande coisa, um quadro, e talvez não existam todos os que eu quereria, mas também convém não abusar do esquematismo.

Eles formam dois grupos. À esquerda, este, que completarei.*

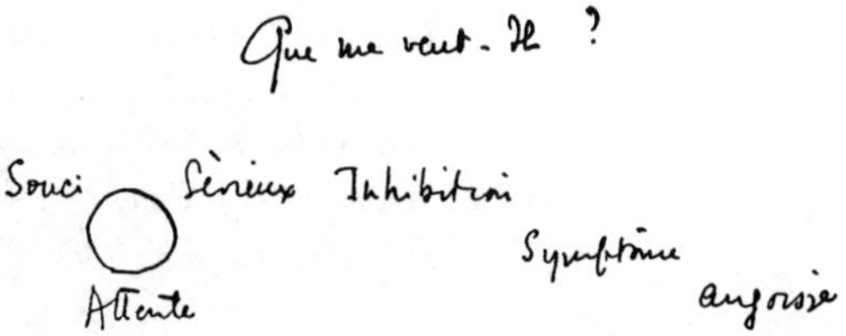

À direita fica este grafo, com o qual peço desculpas por importuná-los há tanto tempo, mas que ainda assim é necessário, pois seu valor de referencial, penso eu, lhes parecerá cada vez mais eficaz.

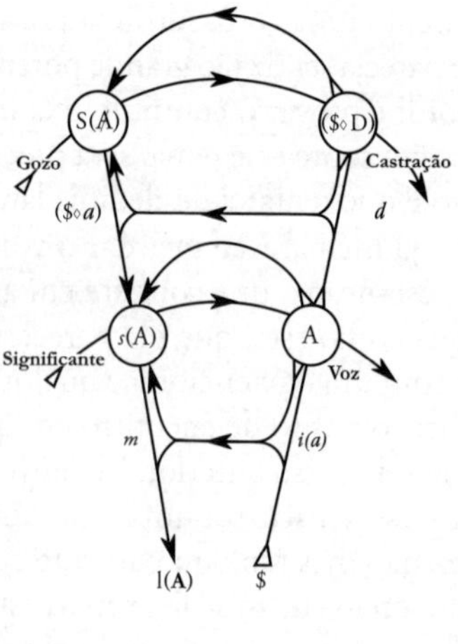

* Da esquerda para a direita e de cima para baixo, as expressões são: *Que quer ele de mim? / Cuidado, Seriedade, Inibição / Sintoma / Expectativa, Angústia.* (N.T.)

Aliás, pode ser que a forma dele nunca se lhes tenha afigurado como a de uma pêra de angústia. O que talvez não seja evocado aqui por acaso.

Por outro lado, enquanto a pequena superfície topológica a que conferi papel tão grande no ano passado, a do *cross-cap*, pode ter sugerido a alguns de vocês certas formas de redobramento dos folhetos embriológicos, ou até das camadas do córtex, ninguém, apesar da disposição do grafo, a um tempo bilateral e atada por intercomunicações orientadas, jamais evocou a esse respeito o plexo solar. Não pretendo, é claro, entregar-lhes aqui os segredos dela, mas essa curiosa pequena homologia talvez não seja tão externa quanto se supõe, e mereceria ser relembrada no começo de um discurso sobre a angústia.

Como confirma, até certo ponto, a reflexão pela qual introduzi meu discurso, a de um dos que me são próximos em nossa Sociedade, a angústia não parece ser o que sufoca vocês, como psicanalistas, quero dizer. No entanto, não é demais dizer que deveria fazê-lo. Na verdade, isso está na lógica das coisas, ou seja, da relação que vocês têm com seus pacientes. Sentir o que o sujeito pode suportar de angústia os põe à prova a todo instante. Logo, é preciso supor que, pelo menos para aqueles que são formados na técnica, a coisa acabou passando para sua regulação, e quase despercebida, convém dizer. Mas, quando o analista inicia sua prática, não é impossível, graças a Deus, que, por mais que apresente uma ótima disposição para ser analista, ele sinta, desde suas primeiras relações com o doente no divã, uma certa angústia.

Convém ainda mencionar, a esse respeito, a questão da comunicação da angústia. Essa angústia, que, segundo parece, vocês sabem regular e tamponar tão bem em si mesmos a ponto de ela os guiar, será que é a mesma do paciente? Por que não? Deixo a pergunta em aberto por enquanto, talvez não por muito tempo. Vale a pena formulá-la desde logo, mesmo que seja preciso recorrer a nossas articulações essenciais para lhe dar uma resposta válida, e portanto, esperar até que tenhamos acompanhado por um momento os primeiros desvios que lhes proporei.

Estes não estão, em absoluto, fora de qualquer previsão para os que são meus ouvintes. De fato, se vocês estão lembrados, durante uma outra série das chamadas Jornadas Provinciais, a qual, esta sim, ficou longe de me proporcionar igual satisfação, achei que devia, à guisa de parêntese em meu discurso do ano passado, projetar de antemão uma formulação que lhes indicasse a relação essencial da angústia com o desejo do Outro.

Para os que não estavam lá, relembro a fábula, o apólogo, a imagem divertida que tracei por um instante. Revestindo-me eu mesmo da máscara de animal com que se cobre o feiticeiro da chamada gruta dos Três Irmãos, imaginei-me perante vocês diante de outro animal, este de verdade, supostamente gigantesco, no caso — um louva-a-deus. Como eu não sabia qual era a máscara que estava usando, é fácil vocês imaginarem que tinha certa razão para não estar tranqüilo, dada a possibilidade de que essa máscara porventura não fosse imprópria para induzir minha parceira a algum erro sobre minha identidade. A coisa foi bem assinalada por eu haver acrescentado que não via minha própria imagem no espelho enigmático do globo ocular do inseto.

Essa metáfora conserva hoje todo o seu valor. Ela justifica eu haver colocado no centro dos significantes, neste quadro, a questão que há muito introduzi como sendo o ponto de articulação dos dois andares do grafo, na medida em que eles estruturam a relação do sujeito com o significante, que, segundo me parece, deve ser a chave do que a doutrina freudiana introduz sobre a subjetividade: *Che vuoi?*, *Que queres?* Forcem um pouquinho mais o funcionamento, a entrada da chave, e terão *Que quer ele de mim?* [*Que me veut-Il?*], com a ambigüidade que o francês permite no *mim* [*me*] entre o complemento indireto ou direto. Não se trata apenas de *Que quer ele comigo?*, mas também de uma interrogação em suspenso que concerne diretamente ao eu: não *Como me quer ele?*, mas *Que quer ele a respeito deste lugar do eu?*

A pergunta fica em suspenso entre os dois andares, e precisamente entre as duas vias de retorno que designam em cada um o efeito carac-

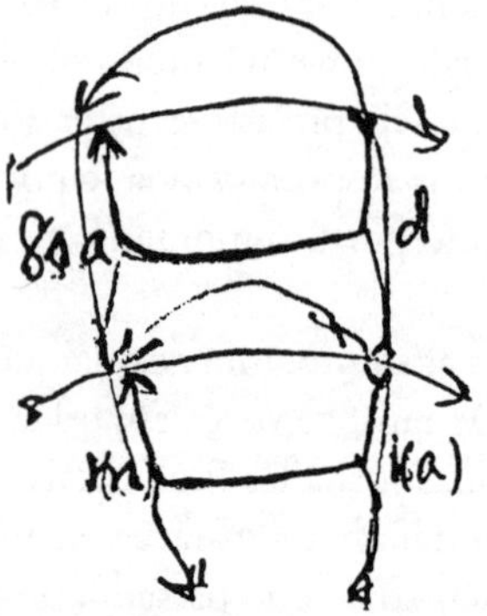

terístico. A distância entre elas, e que estará no princípio de tudo que percorreremos, torna homólogas e distintas, ao mesmo tempo, a relação com o desejo e a identificação narcísica.

É no jogo da dialética que ata tão estreitamente essas duas etapas que veremos introduzir-se a função da angústia. Não que ela seja, em si mesma, o seu móbil, mas é o que permite nos orientarmos aí, em função dos momentos de seu aparecimento. Assim, portanto, a pergunta que fiz, sobre a relação de vocês como analistas com a angústia, deixa em suspenso esta outra: quem é que vocês poupam? O outro, sem dúvida, mas também vocês mesmos. Esses dois tipos de cuidados não devem ser confundidos pelo fato de se superporem. Aliás, essa é uma das metas que lhes serão propostas no fim do discurso deste ano.

Por ora, contento-me em introduzir uma indicação de método quanto ao que teremos a extrair como lição de nossa investigação sobre a angústia. Ver em que pontos privilegiados ela emerge nos permitirá modelar uma verdadeira orografia da angústia, o que nos conduzirá diretamente a um relevo que não é outro senão o das relações termo a termo constituídas pela tentativa estrutural mais que condensada que julguei dever transformar para vocês, sob a forma deste grafo, no guia de nosso discurso.

Assim, se vocês souberem arranjar-se com a angústia, isso já nos fará avançar para tentar ver como. E eu mesmo, aliás, não poderia produzi-la sem arranjá-la de algum modo. Talvez isso seja um obstáculo. Não convém que eu a arranje depressa demais. O que também não quer dizer que, de algum modo, por algum jogo psicodramático, deva ser meu objetivo lançá-los na angústia — com o jogo de palavras que já fiz com o *je* [Eu] de *jeter* [lançar].

Todos sabem que a projeção do Eu [*je*] numa introdução à angústia é ambição, há algum tempo, de uma filosofia chamada existencialista. Não faltam referências, de Kierkegaard a Gabriel Marcel, Chestov, Berdiaev e alguns outros. Nem todas têm o mesmo lugar nem são igualmente utilizáveis. Mas faço questão de dizer, no início deste discurso, que essa filosofia — na medida em que, desde seu líder, o primeiro a ser nomeado, até aqueles cujos nomes enunciei depois, ela registra incontestavelmente uma certa degradação —, parece-me vê-la marcada por uma certa pressa e até uma certa desordem, diria eu, em relação à referência em que confiou, na mesma época, o movimento do pensamento, qual seja, a referência à história. É de um desarvoramento, no sentido etimológico da palavra, em relação a essa referência, que nasce e se precipita a reflexão existencialista.

O cavalo do pensamento, diria eu, tomando emprestado do Pequeno Hans o objeto de sua fobia, que por um tempo se imagina ser o que puxa o coche da história, de repente empina, enlouquece, cai e se entrega ao grande *Krawallmachen* [tumulto, arruaça] em que o Pequeno Hans encontra uma das imagens de seu acalentado medo. É a isso que chamo um movimento de pressa, no mau sentido da palavra, o de desarvoramento. E é justamente por essa razão que isso está longe de ser o que mais nos interessa na linha de pensamento que destacamos há pouco, com todo o mundo, aliás, através do termo "existencialismo".

Além disso, podemos assinalar que o último a surgir, e talvez não dos menores, o sr. Sartre, empenha-se expressamente em não apenas repor esse cavalo de pé, mas também nos varais* da história. Foi precisamente em função disso que o sr. Sartre muito se ocupou e muito se interrogou sobre a função da seriedade.

Existe ainda alguém que não incluí na série e de quem direi, já que simplesmente abordo um fundo de quadro, tocando nele de saída, que é em referência a ele que os filósofos que nos observam, no ponto a que chegamos, podem dizer a si mesmos: estarão os psicanalistas à altura do que fazemos da angústia? Existe Heidegger. Com meu trocadilho sobre a palavra *lançar* [*jeter*], foi dele e de sua derrelição original que mais me aproximei.

O ser-para-a-morte, para chamá-lo por seu nome, que é a via de acesso pela qual Heidegger, em seu discurso interrompido, leva-nos a sua enigmática interrogação sobre o ser do ente, na verdade não passa pela angústia. A referência vivida da questão heideggeriana, que ele nomeou, é fundamental, é de todos, é a do *se* do sujeito indeterminado, é a da totalidade/*omnitude* do cotidiano humano, é *o cuidado*. Nessas condições, é claro, não mais do que o próprio cuidado, ela não nos pode ser estranha.

Já que invoquei aqui duas testemunhas, Sartre e Heidegger, não me privarei de invocar uma terceira, na medida em que não a julgo indigna de representar os que aqui estão, também observando o que ela dirá, e que sou eu mesmo.

A isso me autorizam os testemunhos que tive, ainda em horas muito recentes, do que chamarei de expectativa. Mas não é só da de vocês

* Convém assinalar que *brancard*, além de designar cada uma das duas varas grossas entre as quais os animais de tração são atrelados, também é traduzido por "maca" ou "padiola". Designa ainda a forração de palha e folhas secas com que se cobre o piso de um estábulo, por exemplo, para que os animais doentes possam deitar-se. (N.T.)

que falo nesta ocasião. Assim é que, ontem à noite, chegou-me um trabalho que eu dissera a um de vocês estar esperando, antes de começar meu discurso aqui. Eu lhe pedira para receber esse texto, ou para me orientar a propósito de uma pergunta que ele mesmo me fizera. Embora eu ainda não tenha tido conhecimento dele, o fato de o texto ter-me sido trazido em tempo hábil atendeu minha expectativa, assim como, afinal, venho aqui responder em tempo hábil à de vocês. Será que esse, por sua própria natureza, é um movimento que suscite a angústia? Sem haver interrogado aquele de quem se trata, creio que não. Quanto a mim, palavra, posso responder que essa expectativa, apesar de ser a conta certa para fazer abater-se um peso sobre mim, não é, como creio poder dizer por experiência, uma dimensão que em si mesma faça surgir a angústia. Eu diria até o contrário.

Esta última referência, tão próxima que pode parecer-lhes problemática, fiz questão de fazê-la para lhes indicar como tenciono introduzi-los no que é minha questão desde o começo — a que distância colocar a angústia para lhes falar dela, sem pô-la imediatamente no armário e sem tampouco deixá-la na imprecisão? Ora, meu Deus, à distância certa, ou seja, àquela que não nos coloca perto demais de ninguém, à distância familiar que lhes evoquei, justamente, ao tomar estas últimas referências, à distância de meu interlocutor que me traz seu papel *in extremis*, e à distância de mim mesmo a que devo arriscar-me aqui, em meu discurso sobre a angústia.

Tentaremos exercer dedicação a essa angústia. Nem por isso a coisa será mais indiscreta. E isso nos deixará realmente à distância opaca, acreditem, que nos separa daqueles que nos são mais próximos.

Então, entre esse cuidado, essa seriedade e essa expectativa, acreditarão vocês que foi assim que eu quis cercá-la, encurralá-la? Pois bem, não se enganem com isso. Ela não deve ser procurada no meio. Se tracei no meio desses três termos um pequeno círculo, com suas setas afastadas, foi para lhes dizer que, se vocês forem procurá-la nesse ponto, logo verão que, se em algum momento ela esteve aí, bateu asas e voou.

2

Inibição, sintoma e angústia: é esse o título, o slogan, sob o qual aparece à memória do analista e permanece marcada a última expressão do que Freud articulou sobre o tema da angústia.

Não entrarei nesse texto, em razão de ter decidido hoje, como vocês estão vendo desde o começo, trabalhar sem rede de proteção, e porque não há assunto em que a rede do discurso freudiano mais se aproxime de nos dar uma falsa segurança. Quando entrarmos nesse texto, vocês verão justamente o que deve ser visto a propósito da angústia, ou seja, que não existe rede. Em se tratando da angústia, cada malha, se assim posso dizer, só tem sentido ao deixar o vazio em que existe a angústia.

No discurso de *Inibição, sintoma e angústia*, fala-se de tudo, graças a Deus, exceto da angústia. Será que isso quer dizer que não se pode falar dela? Trabalhar sem rede de proteção faz lembrar o equilibrista. Tomo como corda apenas o título, *Inibição, sintoma e angústia*. Salta ao entendimento, por assim dizer, que esses três termos não são do mesmo nível. Isso é heteróclito, e foi por essa razão que os escrevi em três linhas, e desnivelados. Para que isso funcione, para que possamos entendê-los como uma série, realmente é preciso vê-los como os coloquei ali, em diagonal, o que implica preencher as lacunas.

Não me deterei em lhes demonstrar o que salta aos olhos, a diferença entre a estrutura desses três termos, cada um dos quais, se quisermos situá-los, absolutamente não tem os mesmos termos como contexto ou entorno.

Assim é que a inibição está na dimensão do movimento, no sentido mais amplo desse termo. Não entrarei no texto, mas, mesmo assim, vocês estão suficientemente lembrados dele para ver que Freud, a propósito da inibição, não pôde fazer outra coisa senão falar apenas da locomoção. Existe movimento, pelo menos metaforicamente, em toda função, mesmo que não seja locomotora.

Na inibição, é da paralisação do movimento que se trata. Porventura isso significa que é apenas a paralisação que a palavra "inibição" serve para nos sugerir? Facilmente, vocês objetariam com a freada. Por que não? Admito que estão certos.

Pois que construamos uma matriz que nos permita distinguir as dimensões de que se trata numa idéia que nos é muito conhecida. Não vejo por que não colocaríamos no eixo horizontal a idéia de dificuldade e no outro eixo, das coordenadas, a de movimento. É isso que nos permitirá enxergar com mais clareza, pois é também o que nos permitirá voltar para o chão, o chão do que não é encoberto pela palavra erudita, pela noção ou pelo conceito com que nos arranjamos.

Por que não nos servirmos da palavra *impedir*? É disso mesmo que se trata. Nossos sujeitos ficam inibidos quando nos falam de sua inibição, e nós mesmos o ficamos ao falar em congressos científicos, mas, no dia-a-dia, eles ficam mesmo é impedidos. Estar impedido é um sintoma. Ser inibido é um sintoma posto no museu.

Ver a etimologia não implica nenhuma superstição; sirvo-me dela quando ela me serve. *Impedicare* significa ser apanhado na armadilha e é, afinal, uma noção extremamente preciosa. Implica, de fato, a relação de uma dimensão com algo que vem interferir nela, e que, no que nos interessa, impede não a função, termo de referência, e não o movimento, que fica dificultado, mas justamente o sujeito. É isso que nos aproxima do que estamos buscando, ou seja, do que acontece sob o nome de angústia. Assim, escrevo *impedimento* na mesma coluna que *sintoma*.

Indico-lhes desde já que a armadilha de que se trata é a captura narcísica. Depois seremos levados a dizer muito mais sobre isso, mas, neste ponto, vocês já não estão inteiramente restritos aos rudimentos dela, caso se lembrem do que articulei no último período a respeito do limite muito preciso que a captura narcísica introduz quanto ao que se pode investir no objeto, na medida em que o falo, ele próprio, continua autoeroticamente investido. A rachadura que resulta disso na imagem especular vem a ser, propriamente, o que dá respaldo e material à articulação significante que, no outro plano, o simbólico, chamamos de castração. O impedimento ocorrido está ligado a este círculo que faz com que, no mesmo movimento com que o sujeito avança para o gozo, isto é, para o que lhe está mais distante, ele depare com essa fratura íntima, muito próxima, por ter-se deixado apanhar, no caminho, em sua própria imagem, a imagem especular. É essa a armadilha.

Nisso, ainda estamos no nível do sintoma. Tentemos ir mais longe. Se levarmos mais adiante a interrogação sobre o sentido da palavra "inibição", que termo introduzir na terceira coluna? Depois de inibição e impedimento, o terceiro termo que lhes proponho, sempre no sentido de levá-los ao patamar do vivenciado, à derrisória seriedade da questão, é o belo termo *embaraço*.

Ele nos será ainda mais precioso na medida em que, hoje, a etimologia me está satisfazendo, os ventos claramente sopram a meu favor. O embaraço é, em termos muito exatos, o sujeito S revestido da barra, \$, porque *imbaricare* faz a mais direta alusão à barra, *bara*, como tal. Essa é justamente a imagem da vivência mais direta do embaraço. Quando vocês já não sabem o que fazer de si mesmos, procuram alguma coisa em que se escorar. É justamente da experiência da barra que se trata. Se estou bem informado, em inúmeros dialetos essa barra assume mais de uma forma. Mas não é preciso recorrermos aos dialetos. Não há nenhum espanhol aqui? É uma pena, pois me afirmam que, em espanhol, a embaraçada, no feminino, a *embarazada*, designa a mulher grávida, o que é uma outra forma bastante significativa da barra em seu lugar.

É isso, portanto, no que se refere à dimensão da dificuldade. A primeira fileira horizontal, que começa com a inibição e continua com o impedimento, leva à forma leve de angústia a que se chama embaraço.

Na outra dimensão, a do movimento, quais são os termos que veremos desenharem-se verticalmente, depois do termo "inibição"?

Primeiro, a *emoção*.

Vocês hão de me perdoar por continuar a confiar na etimologia, que até agora tem-me sido muito propícia. A emoção refere-se, etimologicamente, ao movimento, exceto pelo fato de que daremos aqui um pequeno retoque, introduzindo o sentido goldsteiniano de lançar para fora, *ex*, fora da linha do movimento — é o movimento que se desagrega, a reação a que chamamos catastrófica. Seria útil eu lhes indicar o lugar onde colocar isso, porque, afinal, houve quem nos dissesse que a angústia era isso, a reação catastrófica. Não deixa de ter relação, é claro, mas, o que é que não se relacionaria com a angústia? Trata-se, justamente, de saber onde está a angústia, de verdade. O fato de ter havido quem pudesse, por exemplo, e sem nenhum escrúpulo, servir-se da mesma referência à reação catastrófica para designar a crise histérica ou ainda, em outros casos, a cólera é prova suficiente, afinal, de que isso não pode bastar para distinguir a angústia nem para apontar onde ela está.

Demos o passo seguinte. Ainda nos encontramos a uma distância respeitosa da angústia, já que estamos, aqui, a uma distância de duas casas. Na dimensão do movimento, haverá algo que corresponda mais exatamente ao patamar da angústia? Vou chamá-lo por um nome que reservo há muito tempo no interesse de vocês: acepipe. Talvez eu tenha feito uma alusão fugidia a ele, mas só os ouvidos particularmente preensores terão conseguido retê-lo. É a palavra efusão [*émoi*].*

---

* O termo francês *émoi* tem também as acepções de perturbação, comoção, desassossego, efervescência, tumulto, desnorteamento etc. (N.T.)

Nesse ponto, a etimologia me favorece de maneira fabulosa. Satisfaz-me plenamente. Por isso é que não hesitarei em abusar dela mais uma vez, depois de lhes ter dito tudo o que ela me traz. Recomendo-lhes expressamente que se refiram ao artigo dos senhores Bloch e von Wartburg, pedindo desculpas se isso for redundante em relação ao que lhes direi agora, sobretudo porque o que lhes direi é a citação textual dele. Tiro proveito daquilo que encontro, doa a quem doer.

Esses senhores, portanto, me dizem que o sentimento lingüístico, para usar sua expressão, aproximou esse termo da palavra exata, que é a palavra *emocionar* [*émouvoir*]. Ora, não se enganem, não é nada disso. Etimologicamente, assim como para quem sabe servir-se das palavras, a efusão nada tem a ver com a emoção. Na totalidade dos casos, saibam que o termo *esmayer* já era atestado no século XIII; que, antes dele, *esmais*, e até *esmoi-esmais*, se vocês querem saber, só triunfaram, para me exprimir com os autores, no século XVI; que *esmayer* tem o sentido de perturbar ou transtornar, de assustar e também de perturbar-se; que *esmayer*, efetivamente, ainda é usado no patoá e nos leva ao latim popular *exmagare*, que significa fazer perder o poder, a força; que esse latim popular está ligado a um enxerto de uma raiz germânica ocidental, a qual, reconstituída, resulta em *magan*. Aliás, não precisamos reconstituí-la, uma vez que ela existe com essa mesma forma no alto alemão e no gótico. Por menos germanófonos que vocês sejam, podem referir-se ao *mögen* alemão. Em inglês existe o *may*. Em italiano, será que existe *smagare*?

Não desse modo. Isso quereria dizer, a acreditarmos em Bloch e von Wartburg, *desencorajar-se*. Persiste uma dúvida, portanto. Como aqui não há ninguém de língua portuguesa, não farei objeção a acolher o que não sou eu que proponho, mas sim Bloch e von Wartburg, ao introduzirem *esmagar*, que significaria *écraser*, o que, até nova ordem, guardarei como tendo grande interesse para depois. Dispenso-os do provençal.

Seja como for, o certo é que a tradução aceita de *Triebregung* por efusão pulsional é inteiramente imprópria, justamente por toda a distância que existe entre a emoção e a efusão. A efusão é perturbação, queda da potência, a *Regung* é estimulação, é chamamento à desordem ou até ao motim [*émeute*]. Também me apoiarei nesta investigação etimológica para lhes dizer que, até certa época, mais ou menos a que assistiu ao que é chamado, em Bloch e von Wartburg, de vitória da efusão [*émoi*], *émeute* [motim] teve justamente o sentido de emoção, e só adquiriu o sentido de movimento popular a partir do século XVII.

Tudo isso deve fazê-los sentir com clareza que as nuanças ou versões lingüísticas aqui evocadas servem para nos guiar a definir pela *efusão* o terceiro lugar no sentido do que significa a inibição na vertente do movimento, assim como, na vertente da dificuldade, destacamos a referência correspondente com o termo *embaraço*. A efusão é a perturbação, o perturbar-se como tal, o perturbar-se mais profundo na dimensão do movimento. O embaraço é o máximo da dificuldade atingida.

Significa isso, no entanto, que tenhamos chegado à angústia? As casas deste quadrinho estão aí para lhes mostrar que, precisamente, não temos essa pretensão.*

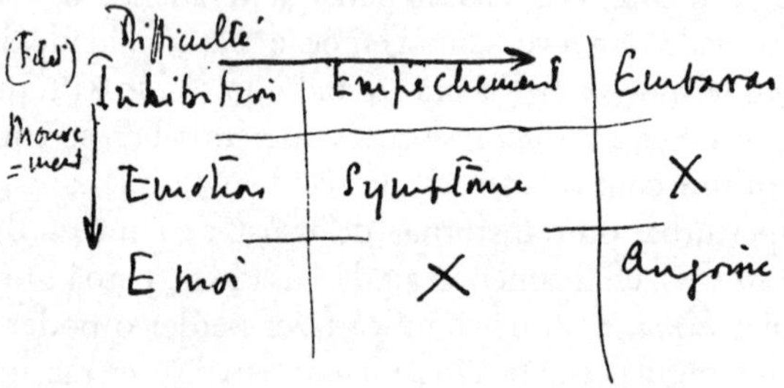

Preenchemos com *emoção* e *efusão* estas duas casas, no sentido vertical, e com *impedimento* e *embaraço* estas duas, no sentido horizontal. Persiste o fato de que esta aqui fica vazia, assim como aquela ali.

Como preenchê-las? Esse é um assunto do máximo interesse quanto ao manejo da angústia.

Durante algum tempo, vou deixá-lo com vocês em estado de adivinhação.

3

Feito este pequeno preâmbulo à tríade freudiana da inibição, do sintoma e da angústia, está preparado o terreno para falarmos desta em termos doutrinais.

---

*

	dificuldade →		
(Estado[?])	Inibição	Impedimento	Embaraço
Movimento ↓	Emoção	Sintoma	X
	Efusão	X	Impedimento

Depois de tê-la reduzido por estas evocações ao próprio nível da experiência, tentemos situá-la num quadro conceitual.

Que é a angústia? Afastamos a idéia de que seja uma emoção. Para introduzi-la, direi que ela é um afeto.

Visto que os que acompanham os movimentos de afinidade ou aversão por meu discurso deixam-se levar, muitas vezes, pelas aparências, sem dúvida eles acham que me interesso menos pelos afetos do que por outras coisas. Isso é absurdo. Vez por outra, tentei dizer o que o afeto não é. Ele não é o ser, dado em seu imediatismo, nem tampouco o sujeito sob forma bruta. Não é protopático em nenhum caso. Minhas observações ocasionais sobre o afeto não querem dizer outra coisa. E é justamente por essa razão que ele tem uma estreita relação estrutural com o que é um sujeito, mesmo tradicionalmente. Espero articular-lhes isto de maneira indelével da próxima vez.

Ao contrário, o que eu disse sobre o afeto foi que ele não é recalcado. Isso, Freud o diz como eu. Ele se desprende, fica à deriva. Podemos encontrá-lo deslocado, enlouquecido, invertido, metabolizado, mas ele não é recalcado. O que é recalcado são os significantes que o amarram.

A relação do afeto com o significante exigiria um ano inteiro de teoria dos afetos. Já deixei transparecer, uma vez, como a entendo. Falei-lhes disso a propósito da cólera.

A cólera, eu lhes disse, é o que acontece nos sujeitos quando os pininhos não entram nos buraquinhos. Que quer dizer isso? É quando, no nível do Outro, do significante — ou seja, sempre, mais ou menos, no nível da fé, da boa fé —, não se joga o jogo. Pois bem, é isso que provoca a cólera.

Para deixá-los com alguma coisa que os ocupe, vou fazer-lhes uma observação simples. Onde é que Aristóteles trata melhor das paixões? Creio que há um certo número de pessoas que o sabem, afinal. É no livro II de sua *Retórica.*

O que há de melhor sobre as paixões está preso na malha, na rede da retórica. Não é por acaso. Os significantes no quadro-negro são isso, a rede. Foi justamente por isso que lhes falei de rede a propósito dos primeiros referenciais lingüísticos que tentei lhes fornecer.

Não tomei o caminho dogmático de fazer com que uma teoria geral dos afetos precedesse o que tenho a lhes dizer da angústia. Por quê? Porque aqui não somos psicólogos, somos psicanalistas.

Não lhes desenvolvo uma *psico-logia*, um discurso sobre a realidade irreal a que chamamos psique, mas sobre uma práxis que merece um nome: *erotologia*. Trata-se do desejo. E o afeto através do qual somos solicitados, talvez, a fazer surgir tudo o que esse discurso comporta como conseqüência para a teoria dos afetos, conseqüência não geral, mas universal, é a angústia.

É à agudeza da angústia que temos de nos ater, e é a propósito dessa agudeza que espero levá-los mais longe da próxima vez.

14 de novembro de 1962

II

ANGÚSTIA, SIGNO DO DESEJO

Um ideal de simplicidade
Hegel e Lacan
As cinco fórmulas do desejo do Outro
A divisão e seu resto
Eu te desejo, mesmo sem saber

No momento de levar um pouco mais adiante meu discurso sobre a angústia, posso legitimamente formular diante de vocês a questão do que é um ensino aqui.

Já que, nesta sala, em princípio somos analistas, digamos, em nossa maioria, e já que é presumível que a experiência analítica seja minha referência essencial quando me dirijo à platéia que vocês compõem, a idéia que podemos fazer do ensino deve sofrer um certo efeito, afinal, do fato de que o analista, não podemos esquecer, é, se assim me posso expressar, um interpretador.

Com efeito, o analista joga com o tempo muito essencial que já lhes acentuei em várias ocasiões, a partir de diversos sujeitos verbais — *ele não sabia, eu não sabia*. Assim, deixaremos indeterminado esse sujeito, reunindo-o num *não se sabia*.

Em relação a esse *não se sabia*, presume-se que o analista saiba alguma coisa. Por que não admitir até que ele sabe um bocado? Mas será que pode ensinar o que sabe? A pergunta não é essa, ou, pelo menos, seria prematura. Até certo ponto, a simples existência de um lugar como este e do papel que desempenho aqui há algum tempo é um modo de decidir a questão — bem ou mal, mas decidi-la.

Não, a pergunta é: isso que ele sabe, o que é ensiná-lo?

1

O que é ensinar, quando se trata justamente de ensinar o que há por ensinar não apenas a quem não sabe, mas a quem não *pode* saber? E convém admitir que, até certo ponto, todos aqui estamos no mesmo barco, dado aquilo de que se trata.

Observem bem a que incita, se assim posso me expressar, a situação de instabilidade.

Se não houvesse essa instabilidade, um ensino analítico, este próprio Seminário, poderia ser concebido no prolongamento do que acontece, por exemplo, numa supervisão na qual o que vocês soubessem é que seria trazido, e eu interviria apenas para oferecer o análogo da interpretação, ou seja, o acréscimo mediante o qual surge algo que dá sentido ao que vocês acreditam saber, e revela num lampejo o que é possível apreender além dos limites do saber.

Afinal, é na medida em que um saber é constituído num trabalho de elaboração da análise, o qual diremos mais comunitário do que coletivo, entre os que têm a experiência dela, os analistas, que se torna concebível um trabalho de agregação que justifique o lugar passível de ser assumido por um ensino como o que se faz aqui. Se quiserem, é por existir, segregada pela experiência analítica, toda uma literatura chamada teoria analítica, que sou forçado, muitas vezes a contragosto, a lhe dar tanta importância aqui, e é ela que exige que eu faça algo que vá além da agregação, algo que deve caminhar, através dessa agregação da teoria analítica, no sentido de nos aproximar do que constitui sua fonte, a saber, a experiência.

Neste ponto se apresenta uma ambigüidade que não decorre apenas de aqui se misturarem a nós alguns não-analistas. Não há grande inconveniente nisso, visto que até os analistas chegam aqui com posições, posturas e expectativas que não são forçosamente analíticas. Eles já estão mais do que suficientemente condicionados pelo fato de que, na teoria feita na análise, introduzem-se, em número muito maior do que parece à primeira vista, referências de toda sorte, que podemos qualificar de extra-analíticas — de psicologizantes, por exemplo.

Pelo simples fato de eu lidar com essa matéria — matéria de meu auditório, matéria de meu objeto de ensino —, serei levado a me referir à experiência comum graças à qual se estabelece qualquer comunicação docente. Isso significa que não posso ficar na pura posição que há pouco chamei de interpretativa, mas que devo passar a uma posição comunicadora maior e me engajar no campo do *fazer compreender*, e portanto, apelar em vocês a uma experiência que vai muito além da estrita experiência analítica.

É importante lembrar isso, porque o fazer compreender é realmente, desde sempre, o obstáculo da psicologia, no sentido mais amplo. Não é propriamente que a ênfase deva recair no tema que, num dado momento, pareceu constituir a grande originalidade de um livro como o de Blondel sobre a consciência mórbida, qual seja: existem limites da compreensão; não imaginemos que compreendemos a vivência autêntica ou real dos doentes. Mas não é a questão desse limite que nos importa. No momento de lhes falar da angústia, essa é uma das questões que deixamos em suspenso.

Com efeito, a questão é, antes, explicar a que título podemos falar da angústia quando reunimos nessa mesma rubrica experiências tão diversificadas quanto: a angústia em que podemos introduzir-nos, em seguida a uma dada meditação guiada por Kierkegaard; a angústia paranormal, ou até francamente patológica, que pode apossar-se de nós num dado momento, sendo nós mesmos os sujeitos de uma experiência mais ou menos situável em termos psicopatológicos; a angústia que é aquela com que lidamos em nossos neuróticos, material comum de nossa experiência; e também a angústia que podemos descrever e localizar no princípio de uma experiência mais periférica para nós, como a do perverso, por exemplo, ou até a do psicótico.

Se essa homologia se justifica por um parentesco estrutural, só pode ser à custa da compreensão original, que, no entanto, aumenta necessariamente, com o perigo de nos fazer esquecer que essa compreensão não é de uma vivência, mas de um móbil, e de contar em demasia com o que podemos assumir das experiências a que ela se refere — nominalmente, as do perverso e do psicótico.

Nessa perspectiva, é preferível advertir qualquer um de que ele não deve fiar-se demais naquilo que pode compreender.

É exatamente aí que adquirem importância os elementos significantes que introduzo. Por mais desprovidos de conteúdo compreensível que eu me esforce por fazê-los, através de sua notação na relação estrutural, eles são o meio pelo qual tento manter o nível necessário para que a compreensão não seja enganosa, ao mesmo tempo deixando localizáveis os termos diversamente significativos com que avançamos. Isso deve ser especialmente sublinhado quando se trata de um afeto, uma vez que não me recusei esse elemento de classificação. A angústia é um afeto.

Do ponto de vista de quem ensina, a abordagem de um tema desses propõe-se de acordo com vias diferentes, que poderíamos definir sumariamente, isto é, fazendo sua soma, em três categorias.

Primeiro, existe a via do catálogo. No que concerne ao afeto, ela consiste em esgotar não apenas o que isso quer dizer, mas o que se quis dizer ao constituir essa categoria. Essa via nos deixa em condições de ensinar sobre o tema do ensino em sua forma mais ampla, e nos permitiria ligar o que se ensinou no interior da análise ao que nos é trazido de fora. Por que não? De fato nos têm chegado enormes contribuições, e estou longe de me recusar, como lhes disse, a inserir a angústia no catálogo dos afetos, assim como nas diversas teorias que se produziram sobre o afeto.

Para tomar as coisas numa espécie de ponto mediano de corte, existem em santo Tomás de Aquino, para chamá-lo pelo nome, algumas coisas ótimas a respeito de uma divisão do afeto, que não foi ele a inventar, entre o concupiscível e o irascível. A longa discussão, realizada segundo a fórmula do debate escolástico, proposição-objeção-resposta, mediante a qual ele tece comparações, para saber qual das duas categorias tem primazia em relação à outra, e o como e por que ele decide que, apesar de certas aparências e certas referências, o irascível sempre se insere em algum lugar na cadeia do concupiscível, concupiscível este que, por conseguinte, tem primazia em relação a ele, tudo isso não deixará de nos ter serventia, pois, na verdade, essa teoria seria muito aceitável para nós, se não dependesse inteiramente, em última instância, da suposição de um Bem Supremo, ao qual, como vocês sabem, temos desde logo grandes objeções a fazer. Veremos o que é possível preservar dessa teoria, o que ela esclarece para nós. Peço-lhes que se reportem a ela, e lhes darei no devido tempo as referências. Certamente podemos encontrar nela um grande material para alimentar nossa própria reflexão, muito mais, paradoxalmente, do que nas elaborações modernas, recentes — chamemos as coisas pelo nome, oitocentistas — de uma psicologia que se pretendeu mais experimental, sem dúvida não com toda razão.

Não obstante, essa via tem o inconveniente de nos empurrar no sentido de uma classificação dos afetos. Ora, a experiência nos prova que, ao avançar em demasia nessa direção, só chegamos, entre nós, a evidentes impasses, ainda que depositemos a ênfase central na parte de nossa experiência que há pouco distingui como teoria. Um belíssimo testemunho disso nos é dado por um artigo de David Rappaport que vocês encontrarão no número 34 do *International Journal*, terceiro trimestre de 1953. Esse texto, que tenta construir uma teoria psicanalítica do afeto, é verdadeiramente exemplar, pelo balanço propriamente constrangedor a que conduz, aliás sem que a pluma do autor pense em dissimulá-lo. Anunciar um artigo com esse título poderia levar-nos a esperar, afinal, que dele saísse algo novo, original, acerca do que o analista pode pensar do afeto. O resultado surpreendente é que o autor limita-se a catalogar as acepções em que esse termo tem sido empregado, estritamente no interior da teoria analítica, e percebe, no fim, que tais acepções são irredutíveis umas às outras.

A primeira é a do afeto concebido como constituindo, substancialmente, a descarga da pulsão. A segunda, supostamente, iria mais longe que o texto freudiano, fazendo do afeto a conotação de uma tensão em suas diferentes fases, em geral conflituosas — a conotação da variação de tensão. No terceiro tempo, o afeto é definido, na referência propriamente tópica da teoria freudiana, como sinal, no nível do *ego*, de um perigo vindo de outro lugar. O importante é que o autor constata que, entre os autores que entraram mais recentemente na discussão analítica, ainda subsistem reivindicações divergentes acerca da primazia de cada um desses três sentidos, de modo que não há nada resolvido a esse respeito. Que o autor em causa não nos possa dizer mais nada, entretanto, é bem o indício de que o chamado método de catalogação não pode deixar de ser marcado, afinal, por uma aporia profunda, o que leva a impasses ou a uma infecundidade muito especial.

Existe um outro método. Peço desculpas por me estender por tanto tempo, hoje, na questão do método, mas ela tem grande interesse prévio no tocante à oportunidade do que fazemos aqui, e não é à toa que a introduzo, vocês verão, com respeito à angústia. Eu o chamarei, para entrar em consonância com o termo anterior, de método do análogo.

Este nos levaria a discernir alguns níveis. Um livro, que hoje não citarei de outra maneira, apresenta uma tentativa de compilação dessa espécie, vendo-se nele, em capítulos separados, a angústia concebida biologicamente, depois sociologicamente e, em seguida, *culturally*, culturalmente, como eles dizem, porque o livro é inglês — como se bastasse revelar posições análogas, em níveis supostamente independentes, para fazer algo diferente de destacar não mais uma classificação, porém uma espécie de tipo.

Sabemos a que leva tal método. Leva ao que é chamado de antropologia. De todos os caminhos pelos quais podemos enveredar, a antropologia é, a nosso ver, o que comporta o maior número de pressupostos dos mais arriscados. Seja qual for o ecletismo com que é marcado, tal método leva, sempre e necessariamente, a um núcleo central que é o junguismo, ou, pelo menos, ao que assim denominamos em nosso vocabulário familiar, sem fazer dele o indicador de alguém que teria ocupado uma posição muito eminente. No que concerne à ansiedade, essa temática está muito longe daquilo de que se trata na experiência.

A experiência, ao contrário, conduz-nos à terceira via, que colocarei sob o indicador da função da chave. A chave é aquilo que abre e que, para abrir, funciona. A chave é a forma pela qual funciona ou não a função significante como tal.

O fato de eu a anunciar a distingue e ousa introduzi-la como aquilo em que podemos confiar, nada havendo aqui que seja marcado pela presunção.

A razão que legitima isso e que, penso eu, será uma referência suficientemente convincente, em especial para aqueles dentre os presentes que são professores por profissão, é que a dimensão da chave é conatural a todo e qualquer ensino, analítico ou não.

Com efeito, direi — seja qual for o espanto suscitável em alguns por ser eu mesmo a dizê-lo com respeito ao que ensino — que não existe ensino que não se refira ao que chamarei de ideal de simplicidade.

2

A proceder pelo caminho de ir aos textos referentes ao afeto, como vimos há pouco, nem uma gata consegue encontrar seus filhotes, no que concerne ao que pensamos, nós, analistas.

Há nisso algo de profundamente insatisfatório, e que constitui objeção suficiente. De fato, é exigível, no tocante a seja que título for, que satisfaçamos um certo ideal de redução simples.

O que quer dizer isso? Por que, por que, desde que se começou a fazer ciência — pois estas reflexões referem-se a algo bem diferente e a campos mais vastos que o de nossa experiência —, exige-se a máxima simplicidade possível? Por que seria simples o real? O que pode pelo menos permitir que o suponhamos por um só momento?

Pois bem, nada — nada senão esse *initium* subjetivo que enfatizei aqui durante toda a primeira parte de meu ensino do ano passado, ou seja, que só há aparecimento concebível de um sujeito como tal a partir da introdução primária de um significante, e do significante mais simples, aquele que é chamado de traço unário.

O traço unário é anterior ao sujeito. *No princípio era o verbo* quer dizer *No princípio é o traço unário.* Tudo que é passível de ser ensinado deve conservar a marca desse *initium* ultra-simples. Essa é a única coisa que pode justificar, a nosso ver, o ideal de simplicidade.

Simplex, singularidade do traço, é isso que introduzimos no real, queira o real ou não. Uma coisa é certa: é que isso entra, e que já se entrou nisso antes de nós. Já é por esse caminho que todos esses sujeitos que dialogam há alguns séculos, afinal, têm que se arranjar como podem com uma certa condição: a de que, justamente, entre eles e o real, existe o campo do significante, porque foi a partir desse aparelho do traço unário que eles se constituíram como sujeitos. Como haveríamos de nos admirar por encontrar sua marca no que constitui nosso campo, se nosso campo é o do sujeito?

Na análise, às vezes existe o que é anterior a tudo o que podemos elaborar ou compreender. Chamarei a isso presença do Outro (A), com A maiúsculo. Não existe auto-análise, nem mesmo quando a imaginamos. O Outro (A) está ali. É nesse caminho e com o mesmo intuito que se situa a indicação que já lhes dei acerca de algo que vai muito mais longe, ou seja, a angústia.

Comecei por lhes indicar, a esse respeito, uma certa relação, que até aqui ainda não fiz senão representar em termos imagéticos. Essa imagem, lembrei-a a vocês da última vez, através do desenho reevocado de minha presença, muito modesta e constrangida, na presença do louva-a-deus gigante. Mas já lhes dei a entender muito mais ao lhes esclarecer que isso estava relacionado com o desejo do Outro.

Esse Outro (A), antes de saber o que quer dizer minha relação com seu desejo quando estou angustiado, coloco-o primeiro ali, com A maiúsculo. Para me aproximar de seu desejo, retomarei os caminhos que já abri.

Eu lhes disse: o desejo do homem é o desejo do Outro.

Peço desculpas por não poder voltar aqui ao que articulei a esse respeito nas últimas Jornadas Provinciais, e é por isso que faço tanta questão de que esse texto finalmente chegue a mim, intacto, para que possa ser difundido. Tratava-se da análise gramatical do que significa isso, o desejo do Outro, e do sentido objetivo desse genitivo. Mas os que estiveram até aqui em meu Seminário têm elementos suficientes para situá-lo.

Aludi da última vez, ao começar, a um trabalhinho que me fora enviado naquela mesma manhã. Esse artigo refere-se à suspensão do que se pode chamar de razão dialética no nível estruturalista em que se situa Lévi-Strauss. Para esclarecer esse debate, para entrar em seus meandros, desenredar esse novelo do ponto de vista analítico, seu autor faz referência, é claro, ao que eu disse sobre a fantasia como suporte do desejo. Mas, para meu gosto, ele não salienta o que digo quando falo do desejo do homem como desejo do Outro. O que o comprova é que ele julga poder contentar-se em lembrar que há aí uma formulação hegeliana.

Com certeza, se existe alguém que não é injusto quanto ao que introduziu a *Fenomenologia do espírito*, sou eu mesmo. Mas, se há um ponto em que é importante assinalar o progresso, para empregar esse termo — eu gostaria ainda mais de dizer "o salto" —, que nos caracteriza em relação a Hegel, é justamente o que concerne à função do desejo.

Dado o campo que tenho de cobrir este ano, não estou em condições de retomar com vocês o texto hegeliano passo a passo, como faz esse artigo, que espero seja publicado, porque evidencia um conhecimento absolutamente sensível do que Hegel diz a esse respeito. Nem sequer retomarei a passagem, efetivamente original, que o autor recordou muito bem nessa ocasião. Mas, dada a idéia de que a maior parte de meu auditório já pôde servir-se da referência hegeliana, direi prontamente, para que vocês sintam do que se trata, que em Hegel, no que concerne à dependência de meu desejo em relação ao desejante que é o Outro, lido com o Outro, da maneira mais segura e mais articulada, como consciência. O Outro é aquele que me vê.

Em que isso concerne a meu desejo, vocês já podem vislumbrar suficientemente, e voltarei a isso dentro em pouco. Por ora, faço oposições maciças.

Em Hegel, o Outro é aquele que me vê, e é isso que, por si só, faz travar-se a luta, segundo as bases com que Hegel inaugura a *Fenomenologia do espírito*, no plano do que ele denomina de puro prestígio, e é nesse plano que meu desejo está implicado. Para Lacan, porque Lacan é analista, o Outro existe como inconsciência constituída como tal. O Outro concerne a meu desejo na medida do que lhe falta e de que ele não sabe. É no nível do que lhe falta e do qual ele não sabe que sou implicado da maneira mais pregnante, porque, para mim, não há outro desvio para descobrir o que me falta como objeto de meu desejo. É por isso que, para mim, não só não há acesso a meu desejo, como sequer há uma sustentação possível de meu desejo que tenha referência a um objeto qualquer, a não ser acoplando-o, atando-o a isto, o $, que expressa a dependência necessária do sujeito em relação ao Outro como tal.

Esse Outro, certamente, é aquele que, ao longo dos anos, creio tê-los acostumado a distinguir a cada instante do outro, meu semelhante. É o Outro como lugar do significante. É meu semelhante entre outros, mas apenas por ser também o lugar em que se institui como tal o Outro da diferença singular de que eu lhes falava no início.

Devo apresentar agora as fórmulas que escrevi? Não tenho a pretensão, longe disso, de que lhes revelem imediatamente a malícia delas. Peço-lhes, hoje como da última vez, que as transcrevam. É para isso que tenho escrito coisas no quadro este ano. Depois vocês verão seu funcionamento.

Fórmula nº 1

$$d(a): d(A) < a$$

No sentido hegeliano, o desejo de desejo é o desejo de que um desejo responda ao apelo do sujeito. É o desejo de um desejante. Esse desejante, que é o Outro, por que o sujeito precisa dele? Está indicado em Hegel, da maneira mais articulada, que o sujeito dele necessita para que o Outro o reconheça, para receber dele o reconhecimento. Isso quer dizer o quê? Que o Outro instituirá alguma coisa, designada por *a*, que é aquilo de que se trata no nível daquele que deseja. É nisso que está todo o impasse. Ao exigir ser reconhecido ali onde sou reconhecido, sou reconhecido apenas como objeto. Obtenho o que desejo, sou objeto, e não consigo me suportar como objeto, já que esse objeto que sou é, em sua essência, uma consciência, uma *Selbstbewusstsein*. Não consigo suportar-me nesse modo, no único modo de reconhecimento que posso obter. Assim, é preciso, a qualquer preço, que se decida entre nossas duas consciências. Já não há outra mediação senão a da violência. Esse é o destino do desejo em Hegel.

Fórmula nº 2

$$d(a) < i(a): d(\not{A})$$

No sentido lacaniano, ou analítico, o desejo de desejo é desejo do Outro de maneira muito mais aberta, por princípio, a uma mediação. Pelo menos, assim parece à primeira vista.

Vejam que a fórmula que coloquei no quadro vai muito longe no sentido de contrariar o que vocês podem esperar. Com efeito, escrevi a relação do desejo do Outro, $d(\not{A})$, com a imagem-suporte desse desejo, que não hesito em escrever como $i(a)$, justamente porque isso produz uma ambigüidade com a notação $i(m)$ pela qual costumo designar a imagem especular.

Ainda não sabemos quando, como e por que esse $i(a)$ pode ser a imagem especular, mas certamente é uma imagem. Não é a imagem especular, é da ordem da imagem — aqui, é a fantasia. Não hesito, neste caso, em revesti-la da notação da imagem especular. Portanto, digo que esse desejo é desejo na medida em que sua imagem-suporte é equivalente ao desejo do Outro. É por essa razão que os dois pontos que estavam aqui agora estão lá. Esse Outro é conotado aqui como A barrado, por tratar-se do Outro no ponto em que ele se caracteriza como falta.

Existem outras duas fórmulas. São apenas duas, porque as que estão englobadas por uma chave não passam de duas maneiras de escrever a mesma, primeiro num sentido, depois no sentido palindrômico. Não sei se hoje terei tempo de chegar à tradução delas.

Fórmula nº 3

$$d(x): d(\mathrm{A}) < x$$

Fórmula nº 4

$$d(0) < 0: d(\not{\mathrm{A}})$$
$$d(a): 0 > d(0)$$

Mas saibam desde já que a primeira serve para evidenciar que a angústia é aquilo que fornece a verdade da formulação hegeliana. Esta, com efeito, é parcial e falsa, e até desaprumada. Já lhes apontei várias vezes a perversão que resulta e que vai muito longe, inclusive no campo político, de todo esse ponto de partida da *Fenomenologia do espírito* que se centra com demasiada estreiteza no imaginário. É muito bonito dizer que a servidão do escravo é prenhe de todo o futuro e leva ao saber absoluto, mas, politicamente, isso significa que, até o fim dos tempos, o escravo permanecerá escravo. De vez em quando, é preciso botar a boca no trombone.

A verdade da formulação hegeliana, quem a dá é Kierkegaard. Comentarei da próxima vez, acho, o que quer dizer aqui a fórmula 3.

A fórmula anotada como 4 — notem, já que estou no assunto, que o que vocês têm que ler nela não é a letra *o*, mas zero — não é a verdade de Hegel, mas a verdade da angústia, a qual, por sua vez, só pode ser apreendida quando se refere à fórmula 2, que concerne ao desejo como psicanalítico.

3

Antes de deixá-los por hoje, quero simplesmente apontar algumas observações.

Há uma coisa que vocês vêem afigurar-se igual tanto na formulação de Hegel quanto na minha. Por mais paradoxal que isso possa parecer, o primeiro termo delas é um objeto *a*. É um objeto *a* que deseja.

Se há alguma coisa em comum entre o conceito hegeliano do desejo e o que promovo aqui, diante de vocês, é isto: num momento que é justamente o ponto de impacto inaceitável no processo da *Selbstbewusstsein*, segundo Hegel, o sujeito, sendo esse objeto, fica irremediavelmente marcado pela finitude. O objeto afetado pelo desejo, que produzo diante de vocês, tem realmente algo em comum, nesse aspecto, com a teoria hegeliana, exceto que nosso nível analítico não exige a transparência da *Selbst-bewusstsein*. Essa é uma dificuldade, é claro, mas não de natureza a nos fazer dar meia-volta, nem tampouco a fazer com que nos engajemos na luta de morte com o Outro.

Por causa da existência do inconsciente, podemos ser esse objeto afetado pelo desejo. Aliás, é na condição de ser assim marcada pela finitude que nossa própria falta, sujeito do inconsciente, pode ser desejo, desejo finito. Na aparência, ele é indefinido, porque a falta, que sempre participa de algum vazio, pode ser preenchida de várias maneiras, embora saibamos muito bem, por sermos analistas, que não a preenchemos de mil maneiras. Veremos por quê, e quais são essas maneiras.

Nessa perspectiva, a dimensão clássica, moralista, não tanto teológica da infinitude do desejo, deve ser absolutamente reduzida. Na verdade, essa pseudo-infinitude decorre apenas de uma coisa, a qual, felizmente, uma certa parte da teoria do significante nos permite imaginar — ela nada mais é que a do número inteiro. Essa falsa infinitude está ligada ao tipo de metonímia que, no tocante à definição do número inteiro, chamamos de recorrência. Trata-se da lei que acentuamos vigorosamente no ano passado a propósito do Um repetitivo. Mas o que nossa experiência nos demonstra, e que lhes articularei nos diversos campos propostos a ela — nomeada e distintamente, o neurótico, o perverso ou o psicótico —, é que esse Um a que se reduz, em última análise, a sucessão dos elementos significantes enquanto distintos não esgota a função do Outro.

É isso que expresso aqui sob a forma destas duas colunas, que são aquelas sob as quais podemos escrever a operação da divisão. No começo vocês encontram A, o Outro originário como lugar do significante, e S, o sujeito ainda inexistente, que tem que se situar como determinado pelo significante.

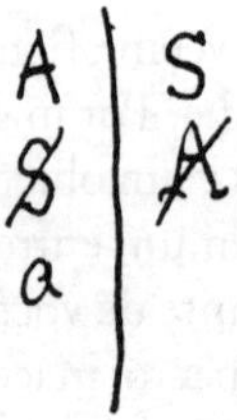

Primeiro esquema da divisão

Em relação ao Outro, o sujeito dependente desse Outro inscreve-se como um cociente. É marcado pelo traço unário do significante no campo do Outro. Não é por isso, se assim posso dizer, que ele corta o Outro em rodelas. Há, no sentido da divisão, um resto, um resíduo. Esse resto, esse Outro derradeiro, esse irracional, essa prova e garantia única, afinal, da alteridade do Outro, é o *a*.

É por isso que os dois termos, $\not S$ e *a*, o sujeito marcado pela barra do significante e o objeto pequeno *a*, resíduo do condicionamento, se assim posso me exprimir, pelo Outro, encontram-se do mesmo lado, do lado objetivo da barra. Todos dois estão do lado do Outro, porque a fantasia, esteio do meu desejo, está inteiramente do lado do Outro. O que está agora do meu lado é aquilo que me constitui como inconsciente, ou seja, $\not A$, o Outro como aquele que não atinjo.

Será que os levarei mais longe neste ponto? Não, porque me falta tempo. Mas não quero deixá-los num ponto tão fechado quanto à seqüência da dialética que se inserirá aqui.

Qual é o próximo passo que ela exige? Terei que lhes explicar, vocês verão, o que empenho nessa história, isto é, na subsistência da fantasia. O que terei de produzir, ilustrarei prontamente seu sentido por um lembrete que lhes será de certa utilidade quanto ao que, Deus meu, mais lhes interessa — não fui eu quem o disse, foi Freud —, a saber, a experiência do amor.

O ponto em que estamos da teoria do desejo, em sua relação com o Outro, de fato lhes fornece a chave de que, ao contrário da esperança que a perspectiva hegeliana poderia dar-lhes, a forma da conquista do outro não é a do *Eu te amo, mesmo que não queiras* — adotada com demasiada freqüência, infelizmente, por um dos parceiros.

Não pensem que Hegel não se apercebeu desse prolongamento de sua doutrina. Há uma notinha muito preciosa em que ele indica que é por aí que poderia ter feito passar toda a sua dialética. Ele também diz que, se não tomou esse caminho, foi porque lhe pareceu que este carecia de seriedade. Como tem razão! Essa formulação, façam uma experiência com ela, e vocês me contarão as novidades sobre seu sucesso.

Mas há uma outra formulação que, se não demonstra melhor sua eficácia, talvez seja apenas por não ser articulável. Mas isso não quer dizer que não seja articulada. É o *Eu te desejo, mesmo sem saber.* Em todo lugar em que consegue fazer-se ouvir, por mais inarticulável que seja, esta, eu lhes asseguro, é irresistível.

E por quê? Não lhes deixarei isso como adivinhação.

Suponhamos que ela seja dizível. Que é que digo com isso? Digo ao outro que, desejando-o, sem dúvida sem saber disso, sempre sem saber, eu o tomo pelo objeto, por mim mesmo desconhecido, de meu desejo. Ou seja, em nossa própria concepção do desejo, eu te identifico, a ti com quem falo, com o objeto que falta a ti mesmo. Ao rumar por esse circuito obrigatório para atingir o objeto de meu desejo, realizo para o outro justamente o que ele procura. Quando, inocentemente ou não, tomo esse desvio, o outro como tal, que aqui é objeto — observem bem — de meu amor, cairá forçosamente em minha rede.

Deixo-os com esta receita e lhes digo: até a próxima.

21 de novembro de 1962

III

Do cosmo à *Unheimlichkeit*

O especular e o significante
Do mundo à cena do mundo
Hamlet e a cena dentro da cena
A serenidade de Lévi-Strauss
Uma coisa qualquer na lacuna do falo

Vocês notarão que sempre fico contente quando me agarro a uma certa atualidade em nosso diálogo.

Em resumo, não há nada senão o que é atual. Daí ser tão difícil viver no mundo, digamos, da reflexão. É que, na verdade, nele não acontece grande coisa.

Assim, sucede eu me incomodar para ver se não se mostraria em algum lugar uma pontinha de ponto de interrogação. Raramente sou recompensado. É por isso mesmo que, quando acontece me fazerem perguntas, vocês não me hão de querer mal por eu tirar proveito delas.

1

Continuo meu diálogo com a pessoa a quem já fiz alusão por duas vezes em meus Seminários anteriores.

A propósito da maneira como pontuei, da última vez, a diferença de concepção que há entre a articulação hegeliana do desejo e a minha, tenho sido pressionado.

Pressionam-me a falar mais sobre tudo o que é textualmente designado como uma superação a ser realizada em meu próprio discurso.

Gostariam de uma articulação mais precisa entre o estádio do espelho — isto é, como se expressa o "Relatório de Roma", a imagem especular — e o significante. Parece persistir nisso um certo hiato, não sem que meu interlocutor se aperceba de que o emprego das palavras *hiato*, *corte* ou *cisão* talvez não seja outra coisa, aqui, senão a resposta esperada.

Sob essa forma, no entanto, talvez a resposta parecesse ser apenas uma esquiva ou uma elisão. Por isso é que hoje tentarei responder a ele.

E o farei com boa vontade ainda maior na medida em que aí nos encontramos rigorosamente no caminho do que tenho a descrever este ano. A angústia, com efeito, nos permitirá passar novamente pela articulação que assim me é solicitada. Digo "passar novamente" porque os que me acompanharam nestes últimos anos, e até os que, sem terem sido forçosamente assíduos aqui em todos os aspectos, leram o que escrevi, dispõem desde logo de elementos mais do que suficientes para preencher esse hiato e fazer funcionar esse corte, como vocês verão pelos poucos lembretes com que começarei.

Não creio que haja dois tempos no que ensinei algum dia, um tempo que estaria centrado no estádio do espelho e no imaginário e, depois disso, no momento de nossa história que é demarcado pelo "Relatório de Roma", na descoberta que eu teria feito, subitamente, do significante. Peço aos que se interessarem pela questão que assim me foi colocada que se refiram a um texto que já não é de acesso muito fácil, mas que se encontra em todas as boas bibliotecas psiquiátricas. Esse texto, publicado em *L'Évolution psychiatrique*, e que se intitula "Formulações sobre a causalidade psíquica", é um discurso que nos faz remontar a 1946, se não me falha a memória, logo depois da guerra. Nele os interessados verão coisas que lhes provarão que não é de hoje que o entrejogo dos dois registros tem sido intimamente trançado por mim.

Se esse texto foi seguido, digamos, por um silêncio bastante prolongado de minha parte, vocês não devem espantar-se demais com isso. Houve, desde então, um caminho percorrido para abrir para esse discurso um certo número de ouvidos. Não pensem que, no momento em que fiz essas formulações sobre a causalidade psíquica, os ouvidos para escutá-las fossem muito fáceis. Como foi em Bonneval que tais colocações foram feitas, e como um encontro mais recente no mesmo lugar pôde evidenciar para alguns o caminho percorrido, saibam que as reações a essas primeiras formulações foram bastante surpreendentes.

O termo que melhor as caracterizaria é o termo pudico ambivalência, do qual nos servimos no meio analítico, mas isso seria dizer muito pouco. Já que me provocarão a esse respeito, e já que me reconduzem a essa época, da qual um certo número de vocês já estava suficientemente formado para se lembrar — um momento de pós-guerra animado por sabe-se lá que movimento de renovação que se podia esperar dele —, não posso deixar de me lembrar, de imediato, que aqueles que com certeza não eram, individualmente, os menos dispostos a ouvir um discurso então muito novo, pessoas situadas do lado politicamente chamado de extrema esquerda, comunistas, para chamá-los por seu nome, deram mostras especiais, nessa ocasião, de reações cujo estilo me convém destacar com um termo que é de uso corrente, embora fosse bom nos determos por um momento antes de propor seu emprego, pois se trata de um termo que se tornou muito injusto em relação aos que o invocavam originalmente, um termo que acabou assumindo um sentido depreciativo, mas que emprego aqui no sentido cortês — o termo "farisaísmo".

Naquela ocasião, nesse copinho d'água que é nosso meio psiquiátrico, o farisaísmo comunista realmente exerceu na plenitude a função daquilo em que o vimos empenhar-se — pelo menos para nossa geração atual, aqui na França — ou seja, assegurar a permanência da soma de hábitos, bons ou maus, em que uma certa ordem estabelecida encontra seu conforto e sua segurança.

Em suma, não posso deixar de dar meu testemunho de que foi às reservas muito especiais dos comunistas que devi a compreensão, na época, de que meu discurso ainda levaria muito tempo para se fazer entender. Daí o silêncio em questão e o empenho que fiz em me dedicar unicamente a fazer com que esse discurso penetrasse no meio que sua experiência tornava mais apto a entendê-lo, ou seja, o meio analítico. Dispenso-os das aventuras que se seguiram.

Mas, se isso puder fazê-los reler as "Formulações sobre a causalidade psíquica", vocês verão, sobretudo depois do que eu lhes disser hoje, que existia desde então a trama em que se inscreve cada uma das duas perspectivas distinguidas por meu interlocutor, não sem razão. Essas perspectivas são pontuadas aqui por estas duas linhas coloridas, a vertical em azul, marcada pelo sinal I, de imaginário, e em vermelho a horizontal, com o S do simbólico.

A articulação do sujeito com o pequeno outro e a articulação do sujeito com o grande Outro não almejam separar. Haveria mais de uma forma de eu lhes recordar isso, mas vou lembrá-lo a vocês tornando a passar por um certo número de momentos que já foram pontuados como essenciais em meu discurso.

O que vocês vêem esboçado ali no quadro, e onde colocaremos os elementos de que se trata, não é nada além de um esquema já publicado em minha "Observação sobre o relatório de Daniel Lagache". Nesse desenho articulam-se termos que têm a mais estreita relação com nosso tema, isto é, a função da dependência. Retomo-os do texto dessa "Observação", mas também do discurso anterior que fiz aqui, no segundo ano de meu Seminário, a respeito do que chamei, na época, respectivamente de eu ideal e Ideal do eu.

Recordemos, pois, de que modo a relação especular vem a tomar seu lugar e a depender do fato de que o sujeito se constitui no lugar do Outro, e de que sua marca se constitui na relação com o significante.

Na simples imagenzinha exemplar da qual partiu a demonstração do estádio do espelho — o chamado momento jubilatório em que a criança, vindo captar-se na experiência inaugural do reconhecimento no espelho, assume-se como totalidade que funciona como tal em sua imagem especular — porventura já não relembrei desde sempre o movimento feito pela criancinha? Esse movimento é tão freqüente, tão constante, eu diria, que qualquer um pode lembrar-se dele. Ou seja, a criança se volta, como observei, para aquele que a segura e que está atrás dela. Se nos esforçarmos por assumir o conteúdo da experiência da criança e por reconstituir o sentido desse momento, diremos que, através desse movimento de virada da cabeça, que se volta para o adulto, como que para invocar seu assentimento, e depois retorna à imagem, ela parece pedir a quem a carrega, e que representa aqui o grande Outro, que ratifique o valor dessa imagem.

Isso, é claro, é apenas um indicador, levando em conta a ligação inaugural entre a relação com o grande Outro e o advento da função da imagem especular, cuja notação é *i(a)*.

Mas será preciso nos determos nisso?

Se pedi a meu interlocutor um trabalho, foi em razão das dúvidas que lhe vinham a propósito do que Lévi-Strauss afirmou em seu livro que marca a atualidade, *O pensamento selvagem*, e cuja relação com o que temos a dizer este ano vocês verão que é realmente estreita.

De fato, se aqui temos de abordar aquilo de que se trata nesse livro, é para assinalar o tipo de progresso constituído pelo uso da razão psicanalítica, na medida em que ela vem responder, precisamente, à hiância diante da qual muitos de vocês ficam momentaneamente paralisados, aquela que Claude Lévi-Strauss aponta, ao longo de todo o seu desenvolvimento, na oposição entre o que chama de razão analítica e a razão dialética.

É em torno dessa oposição que gostaria de lhes fazer a seguinte observação, como introdução ao caminho que hoje irei percorrer.

Lembrem-se do que extraí do trabalho inaugural, no pensamento de Freud, constituído pela *Interpretação dos sonhos*, quando enfatizei que, nesse texto, primeiro Freud introduz o inconsciente como um lugar que ele denomina *eine anderer Schauplatz*, uma outra cena. Desde o começo, desde que entra em jogo a função do inconsciente a partir do sonho, esse termo é introduzido como essencial. Pois bem, creio que está aí, de fato, uma forma constitutiva do que é, digamos, nossa razão.

Quanto a essa razão, procuramos o caminho para discernir suas estruturas. Eu diria que o primeiro tempo é: o mundo existe. Digo-lhes isso, e nada mais, para fazê-los ouvir o que tenho a lhes dizer, mas será preciso voltarmos a esse ponto, porque ainda não sabemos o que isso significa.

Este mundo tal como é, eis o que concerne à razão analítica, aquela a que o discurso de Claude Lévi-Strauss tende a dar primazia. Com essa primazia, ele também lhe confere uma homogeneidade afinal singular, que é justamente o que choca e perturba os mais lúcidos dentre vocês. Estes não podem deixar de discernir o que isso comporta de retorno ao que poderíamos chamar de um materialismo primário, na medida em que, no limite desse discurso, o funcionamento da estrutura, o da combinatória tão poderosamente articulada pelo discurso de Claude Lévi-Strauss, só faria aproximar-se da própria estrutura do cérebro, por exemplo, ou da matéria, e representaria, segundo a chamada forma materialista, no sentido do século XVIII, apenas seu par, e nem sequer seu substituto. Bem sei que essa é apenas uma perspectiva extrema, porém é válido captá-la, uma vez que ela é expressamente articulada.

Ora, a dimensão da cena,* em sua separação do local — mundano ou não, cósmico ou não — em que está o espectador, está aí para ilustrar a nossos olhos a distinção radical entre o mundo e esse lugar onde as coisas, mesmo que sejam as coisas do mundo, vêm a se dizer. Todas as coisas do mundo vêm colocar-se em cena segundo as leis do signifi-

* Convém lembrar que o termo francês *scène* designa também o palco, ou até o próprio teatro, e o texto lacaniano joga com essas nuances de significação. Num ou noutro ponto, a bem da clareza, a tradução optou pelo termo "palco". (N.T.)

cante, leis que de modo algum podemos tomar de imediato como homogêneas às do mundo.

É mais que evidente que a existência do discurso, no qual estamos implicados como sujeitos, é muito anterior ao advento da ciência. Por mais admiravelmente instrutivo que seja o esforço de Claude Lévi-Strauss para homogeneizar o que ele chama de discurso da magia com o discurso da ciência, nem por um instante podemos chegar à ilusão de crer que não há aí uma diferença, ou até um corte, e acentuarei dentro em pouco o que temos a dizer a esse respeito. O esforço de que se trata é maravilhoso, a bem da verdade, por sua faceta de desespero.

Portanto, primeiro tempo, o mundo. Segundo tempo, o palco em que fazemos a montagem desse mundo. O palco é a dimensão da história.

A história tem sempre um caráter de encenação. Claude Lévi-Strauss mostra-o bem, especificamente no capítulo em que responde a Jean-Paul Sartre e em que critica o último desenvolvimento instituído por este para realizar a operação que, da última vez, chamei de repor a história em seus varais. Lévi-Strauss lembra que o funcionamento histórico tem um alcance limitado, que o tempo da história distingue-se do tempo cósmico e que as próprias datas adquirem de repente, na dimensão da história, um outro valor, quer se chamem 2 de dezembro ou 18 brumário. Não se trata do mesmo calendário do qual vocês arrancam as páginas todos os dias. A prova disso é que essas datas têm para vocês um outro sentido. Podem ser reevocadas em qualquer outro dia do calendário para significar que imprimem nele sua marca, sua característica, seu estilo de diferença ou repetição.

Uma vez que o palco prevaleceu, o que acontece é que o mundo é inteiramente montado nele e que, com Descartes, podemos dizer que "No palco do mundo, eu me aventuro", como faz ele, *larvatus*, "mascarado".

A partir daí, pode-se levantar a questão de saber o que o mundo, o que chamamos de mundo no começo, com toda a inocência, deve ao que lhe é devolvido por esse palco. Tudo o que temos chamado de mundo ao longo da história deixa resíduos superpostos, que se acumulam sem se preocupar minimamente com as contradições. O que a cultura nos veicula como sendo o mundo é um empilhamento, um depósito de destroços de mundos que se sucederam e que, apesar de serem incompatíveis, não deixam de se entender muito bem no interior de todos nós.

O campo particular de nossa experiência permite-nos medir a pregnância dessa estrutura. Sabemos de sua profundidade, especialmente na experiência do neurótico obsessivo, em quem o próprio Freud observou, desde longa data, o quanto esses modos cósmicos podiam coexistir, da maneira que parecia fazer menos objeção, embora manifestando a mais perfeita heterogeneidade desde o primeiro exame. Em suma, já que fizemos referência à cena, nada é mais legítimo do que o questionamento do que é o mundo da visão cósmica no real. Isso com que acreditamos lidar como mundo, será que não são simplesmente os restos acumulados do que provinha do palco, quando ele estava, se assim posso me expressar, em turnê?

Essa evocação nos introduzirá agora num terceiro tempo, que eu lhes havia assinalado no passado, sem ter tido, na época, tempo suficiente para acentuá-lo.

2

Já que estamos falando do palco, sabemos a função que o teatro exerce no funcionamento dos mitos que nos têm dado, a nós, analistas, muito em que pensar.

Vou reconduzi-los a *Hamlet*, e a um ponto crucial que já levantou problemas para numerosos autores. Otto Rank, em particular, fez sobre esse tema um artigo admirável em todos os aspectos, em vista do momento precoce em que foi escrito e, particularmente, da atenção que ele chama para a função da cena dentro da cena.

Em *Hamlet*, o que Hamlet, o personagem da cena, faz subir ao palco com os atores? Sem dúvida, é a *mouse-trap*, a ratoeira com que, segundo nos diz, ele apanhará a consciência do rei. Além disso, porém, acontecem ali coisas bastante estranhas, em particular uma que, na época em que já lhes havia falado muito longamente de Hamlet, eu não quis apresentar-lhes, pois isso nos orientaria para uma literatura que, no fundo, é mais hamletiana do que psicanalítica, e vocês sabem que ela é vasta o bastante para cobrir estas paredes.

Quando a cena é representada à guisa de prólogo, antes que os atores comecem seu discurso, ela não parece causar muita agitação no rei, embora os supostos gestos de seu crime sejam pantomimados diante dele. Inversamente, se há uma coisa bastante estranha, é a verdadeira explosão, a crise de agitação que se apodera de Hamlet, a partir do momento crucial em que o personagem chamado Lucianus, ou Luciano, entra em cena e pratica seu crime, tanto contra o personagem que representa o rei — um rei farsesco, embora tenha-se afirmado, em seu discurso, como um rei de certa grandeza — quanto contra o personagem que representa sua cônjuge.

Todos os autores que se detiveram nessa cena observaram que o traje ridículo do citado Luciano não era o do rei que se pretendia apanhar na armadilha, mas exatamente o do próprio Hamlet. Indica-se, aliás, que esse personagem não é o irmão do rei farsesco. Portanto, não mantém com este uma relação homóloga à relação do pai de Hamlet com o usurpador que, uma vez consumado o assassinato, fica de posse da rainha Gertrudes. Luciano é sobrinho do rei da farsa, posição homóloga à do próprio Hamlet em relação ao usurpador.

O que Hamlet manda representar no palco, portanto, é, afinal, ele mesmo praticando o crime em questão. Esse personagem, cujo desejo não consegue animar-se para fazer a vontade do *ghost*, do fantasma de seu pai — pelas razões que tentei articular para vocês —, tenta dar corpo a alguma coisa que passa por sua imagem especular, sua imagem posta naquela situação; não consumar sua vingança, mas primeiro assumir o crime que depois será preciso vingar.

Ora, que vemos nós? Que isso é insuficiente. Por mais que Hamlet seja tomado, após essa espécie de efeito de lanterna mágica, pelo que realmente podemos qualificar — em razão de seus ditos, de seu estilo, ou até da maneira corriqueira pela qual os atores dão vida a esse momento — de uma verdadeira crisezinha de agitação maníaca, no instante seguinte, ao descobrir que tem o inimigo a seu alcance, ele só sabe articular o que qualquer espectador só pode sentir como uma evasiva. Ele se esquiva por trás de um pretexto, a saber, que estaria apanhando seu inimigo num momento sagrado demais — o rei estava rezando — para que pudesse decidir-se, golpeando-o nesse momento, a fazê-lo alcançar diretamente o céu.

Não me deterei em traduzir tudo o que isso quer dizer, pois aqui é preciso ir mais longe. Ao lado desse eco, eu lhes havia mostrado toda a importância de uma identificação de Hamlet de natureza totalmente diversa. Foi o que chamei de identificação com Ofélia. Com efeito, no segundo momento, Hamlet é tomado pela alma furiosa que podemos legitimamente inferir que é a da vítima, da suicida, patentemente oferecida em sacrifício à alma de seu pai, porque é depois do assassinato de seu próprio pai que ela se curva e sucumbe.

Isso remete às crenças de sempre com respeito às conseqüências de certas formas de falecimento, quando as cerimônias fúnebres não podem ser plenamente realizadas. Nada se aplaca com a vingança clamada por Ofélia, no momento da revelação do que fora o pai para Hamlet, o pai, esse objeto negligenciado, desconhecido. Aí vemos operar às claras a identificação com o objeto que Freud nos aponta como sendo a mola mestra da função do luto. Essa é a definição implacável que Freud soube dar ao luto, a espécie de avesso que ele apontou das lágrimas dedicadas ao morto, esse fundo de censuras contido no fato de que, da realidade daquele que se perdeu, só se queira recordar o que ele deixou de pesares.

Que crueldade espantosa, e a conta certa para nos lembrar a legitimidade das formas de celebração mais primitivas a que algumas práticas coletivas ainda sabem dar vida! Por que não haveríamos de nos regozijar com o fato de o defunto haver existido? Cremos que os camponeses abafam em banquetes uma insensibilidade nociva, quando, na verdade, eles fazem algo bem diferente: celebram o advento daquele que existiu ao tipo de glória simples que ele merece, por ter sido entre nós simplesmente um ser vivo. A identificação com o objeto do luto, Freud a designou em suas modalidades negativas, mas não nos esqueçamos de que ela também tem sua fase positiva.

É a entrada em Hamlet do que chamei de furor da alma feminina que lhe dá forças para se transformar no sonâmbulo que aceita tudo, inclusive ser, no combate — já o assinalei bastante —, aquele que luta para seu inimigo, o próprio rei, contra sua imagem especular, que é Laerte. A partir daí, as coisas se ajeitam sozinhas e sem que ele faça, em síntese, outra coisa senão exatamente o que não deve fazer, até que faça o que tem de fazer. Ou seja, ele mesmo será mortalmente ferido antes de matar o rei.

Aqui podemos medir a distância que há entre dois tipos de identificações imaginárias. Existe a identificação com *i(a)*, a imagem especular, tal como esta nos é dada por ocasião da cena dentro da cena, e existe a identificação mais misteriosa, cujo enigma começa a ser desenvolvido aí, com o objeto do desejo como tal, *a*, assim designado na articulação shakespeariana sem nenhuma ambigüidade, já que é justamente como objeto do desejo que Hamlet é negligenciado, até um certo momento, e reintegrado na cena por meio da identificação.

É na medida em que ele vem a desaparecer como objeto que se impõe a dimensão retroativa própria do imperfeito, sob a forma ambígua pela qual ele é empregado em francês, e que dá força à maneira como repito diante de vocês o *Ele não sabia*. Isso quer dizer, ao mesmo tempo, que *No último momento, ele não soube* e *Mais um pouco, ele saberia*. Não é à toa que desejo [*désir*], em francês, vem de *desiderium*. Há um reconhecimento retroativo do objeto que esteve ali. É por essa via que se instaura o retorno de Hamlet, o que é a essência de seu destino, de sua função de Hamlet, se assim me posso exprimir, de seu acabamento hamletiano.

É neste ponto que o que chamei de terceiro tempo, ou seja, a cena dentro da cena, mostra-nos para onde convém levar a interrogação.

Essa interrogação — vocês sabem disso há muito tempo, porque é a mesma que estou sempre renovando sob múltiplos ângulos — concerne ao status do objeto como objeto do desejo. Tudo o que diz Claude Lévi-Strauss sobre a função da magia e a do mito tem seu valor, desde que saibamos que se trata da relação com o objeto que tem status de objeto do desejo. Esse status, admito, ainda não está estabelecido, e a questão é justamente fazê-lo avançar durante este ano, por meio da abordagem da angústia.

No entanto, não se deve confundir esse objeto do desejo com o objeto definido pela epistemologia. O advento do objeto de nossa ciência é muito especificamente definido por uma certa descoberta da eficácia da operação significante como tal. Isso quer dizer que o que é próprio de nossa ciência, digo, da ciência que existe há dois séculos entre nós, deixa em aberto a questão do que chamei há pouco de faceta cósmica do objeto. Não é certo que exista um cosmo, porque nossa ciência avança precisamente na medida em que renunciou a preservar qualquer pressuposto cósmico ou "cosmicizante".

Esse ponto de referência continua a ser tão essencial, no entanto, que não podemos deixar de nos admirar com o fato de que, ao restabelecer sob uma forma moderna, em *O pensamento selvagem*, a permanência, a perpetuidade, a eternidade do caráter cósmico da realidade do objeto, Claude Lévi-Strauss não leve a todo o mundo a segurança, a serenidade, o apaziguamento epicurista que deveria resultar disso. Coloca-se a questão de saber se são unicamente os psicanalistas que não estão contentes, ou se é todo o mundo. Pois bem, embora ainda não tenha uma prova disso, afirmo que deve ser todo o mundo. Trata-se de explicitar a razão.

Por que não ficamos contentes ao ver o totemismo, de uma só vez, ser esvaziado de seu conteúdo que chamarei, para me fazer entender, de passional? Por que não ficamos contentes com o fato de que, desde a era neolítica, uma vez que não podemos recuar a tempos mais remotos, o mundo é tão ordeiro que tudo não passa de ondinhas insignificantes na superfície dessa ordem? Em outras palavras, por que queremos tanto preservar a dimensão da angústia? Deve haver uma razão para isso.

Entre o retorno a uma visão cósmica segura e a manutenção de um pateticismo histórico a que também não nos apegamos tanto assim, embora ele tenha lá sua função, existe um viés, uma via de passagem. Ela deve ser aberta, precisamente, pelo estudo da função da angústia.

3

Daí eu ser levado a lhes recordar como se atam, precisamente, a relação especular e a relação com o grande Outro.

O aparelho que promovi no artigo a que peço que vocês se refiram, porque não o refarei inteiramente aqui, destina-se a nos lembrar algo que enfatizei no fim de meu Seminário sobre o desejo, a saber, que a função do investimento especular situa-se no interior da dialética do narcisismo, tal como Freud a introduziu.

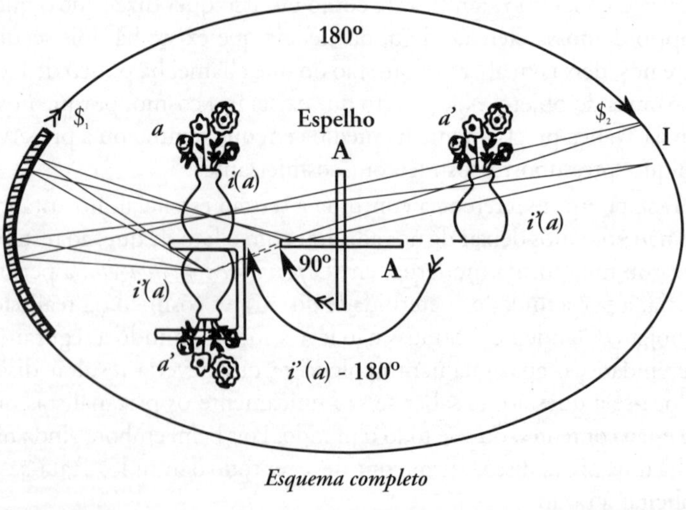

Esquema completo

O investimento da imagem especular é um tempo fundamental da relação imaginária. É fundamental por ter um limite. Nem todo in-

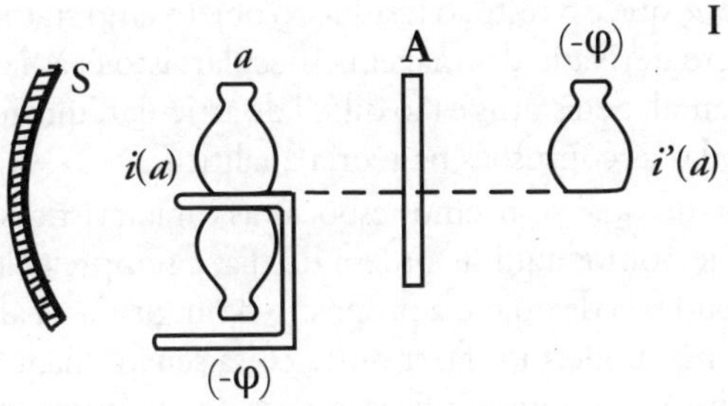

Esquema simplificado

vestimento libidinal passa pela imagem especular. Há um resto. Esse resto, espero ter conseguido fazê-los ter uma idéia de por que ele é o pivô de toda essa dialética. É nisso que recomeçarei da próxima vez, para lhes mostrar, mais do que pude fazer até agora, em que essa função é privilegiada sob a forma do falo.

Isso significa que, em tudo o que é demarcação imaginária, o falo virá, a partir daí, sob a forma de uma falta. Em toda a medida em que se realiza aqui, em *i(a)*, o que chamei de imagem real, imagem do corpo funcionando na materialidade do sujeito como propriamente imaginário, isto é, libidinizado, o falo aparece a menos, como uma lacuna. Apesar de o falo ser, sem dúvida, uma reserva operatória, não só ele não é representado no nível do imaginário, como é também cercado e, para dizer a palavra exata, cortado da imagem especular.

Para acrescentar um eixo a essa dialética, procurei, no ano passado, articulá-la para vocês em torno de uma figura tomada de empréstimo do campo ambíguo da topologia, que afina ao extremo os dados do imaginário e joga com uma espécie de trans-espaço, o qual tudo leva a crer, no fim das contas, que seja feito da pura articulação significante, mas deixando a nosso alcance alguns elementos intuitivos. Trata-se, por exemplo, dos dados que se apóiam na imagem extravagante, mas sumamente expressiva, do *cross-cap*.

Manipulei essa superfície diante de vocês, durante mais de um mês, para fazê-los conceber como o corpo pode instituir nela dois pedaços diferentes, um que pode ter uma imagem especular, outro que literalmente não a tem. Tratava-se da relação entre menos *phi* e a constituição do pequeno *a*. De um lado, a reserva imaginariamente imperceptível, embora esteja ligada a um órgão que, graças a Deus, ainda é perfeitamente apreensível — esse instrumento que, apesar de tudo, de vez em quando deverá entrar em ação para a satisfação do desejo: o falo. Do outro, o *a*, que é o resto, o resíduo, o objeto cujo status escapa ao status do objeto derivado da imagem especular, isto é, às leis da estética transcendental. Seu status é tão difícil de articular, que foi por aí que entraram todas as confusões na teoria analítica.

Esse objeto *a*, do qual só fizemos esboçar as características constitutivas, e que hoje pomos aqui na ordem do dia, é sempre dele que se trata quando Freud fala de objeto a propósito da angústia. A ambigüidade decorre de não podermos fazer outra coisa senão imaginá-lo no registro especular. Aqui, trata-se precisamente de instituir uma outra forma de imaginarização, se assim posso dizer, na qual se defina esse objeto. É o que conseguiremos fazer, se vocês se dispuserem a me acompanhar, ou seja, passo a passo.

No artigo de que lhes falo, de onde fiz partir a dialética? De um S, o sujeito como possível, o sujeito porque é preciso falar dele, já que falamos, e cujo modelo nos é dado pela concepção clássica do sujeito, sob a única condição de que o limitemos ao fato de que ele fala. A partir do momento em que ele começa a falar, o traço unário entra em jogo. A possibilidade de dizer 1 e 1, e mais 1, e novamente 1 constitui a identificação primária. É sempre de um 1 que é preciso partirmos. Como representa graficamente o esquema do artigo em questão, é a partir daí que se inscreve a possibilidade do reconhecimento como tal da unidade chamada *i(a)*.

Essa *i(a)* é dada na experiência especular, mas, como eu lhes disse, é autenticada pelo Outro. Sem lhes fornecer novamente todos os termos do pequeno experimento de física divertido que me serviu para lhes ilustrar isso, direi que, no nível de *i'(a)*, que é a imagem virtual de uma imagem real, não aparece nada. Escrevi em cima (- φ) porque teremos que levá-lo para lá da próxima vez. Esse menos-*phi* não é mais visível, mais sensível nem mais presentificável ali do que aqui, embaixo de *i(a)*, porque não entrou no imaginário.

O destino de princípio, o tempo inaugural do desejo, que vocês terão de esperar a próxima vez para que eu articule, cabe na relação que lhes forneci como sendo a da fantasia, (S ◊ *a*), que se lê: S barrado, punção — com seu sentido, que logo teremos de ler de uma forma diferente —, pequeno *a*.

Se o sujeito realmente pudesse estar, e não por intermédio do Outro, no lugar marcado como I, ele teria relação com o que se trata de buscar na brecha da imagem especular original, *i(a)*, ou seja, o objeto de seu desejo, *a*. Esses dois pilares, *i(a)* e *a*, são o suporte da função do desejo. Se o desejo existe e sustenta o homem em sua existência de homem, é na medida em que a relação (S ◊ *a*) é acessível por algum desvio, em que certos artifícios nos dão acesso à relação imaginária constituída pela fantasia. Mas isso de modo algum é possível de maneira efetiva. O que o homem tem diante de si nunca é senão a imagem virtual, *i'(a)*, do que representei em meu esquema por *i(a)*. O que a ilusão do espelho esférico produz à esquerda em estado real, sob a forma de uma imagem real, é algo de que o homem tem apenas a imagem virtual, à direita, sem nada no gargalo do vaso. O *a*, suporte do desejo na fantasia, não é visível naquilo que constitui para o homem a imagem de seu desejo.

Em outro lugar, aquém dessa imagem, à esquerda, existe a presença do *a*, demasiadamente próxima dele para ser vista, mas que é o *initium* do desejo. É a partir daí que a imagem *i'(a)* adquire prestígio. No entanto, quanto mais o homem se aproxima, cerca e afaga o que acredita ser o objeto de seu desejo, mais é, na verdade, afastado, desviado dele. Tudo que ele faz nesse caminho para se aproximar disso dá sempre mais corpo ao que, no objeto desse desejo, representa a imagem especular. Quanto mais ele segue, mais quer, no objeto de seu desejo, preservar, manter e proteger o lado intacto do vaso primordial que é a imagem especular. Quanto mais envereda por esse caminho, que muitas vezes é impropriamente chamado de via da perfeição da relação de objeto, mais ele é enganado.

Eis-nos agora em condições de responder a uma pergunta: quando surge a angústia? A angústia surge quando um mecanismo faz aparecer alguma coisa no lugar que chamarei, para me fazer entender, de natural, ou seja, o lugar (- φ), que corresponde, do lado direito, ao lugar ocupado, do lado esquerdo, pelo *a* do objeto do desejo. Eu disse *alguma coisa* — entendam *uma coisa qualquer*.

De hoje até a próxima vez, peço-lhes que se dêem o trabalho de reler, com a introdução que lhes forneço, o artigo de Freud sobre a *Unheimlichkeit*. É um artigo que nunca tencionei comentar, e que ninguém parece haver sequer percebido que é o eixo indispensável para abordar a questão da angústia. Assim como abordei o inconsciente através do *Witz*, este ano abordarei a angústia pela *Unheimlichkeit*.

A *Unheimlichkeit* é aquilo que aparece no lugar em que deveria estar o menos-*phi*. Aquilo de que tudo parte, com efeito, é a castração imaginária, porque não existe, por bons motivos, imagem da falta.

Quando aparece algo ali, portanto, é porque, se assim posso me expressar, a falta vem a faltar.

Isso poderá parecer-lhes uma ironia, um *concetto* bem próprio do meu estilo, que todos sabem que gongoriza. Pois bem, estou pouco me lixando. Simplesmente os farei observar que muitas coisas podem produzir-se no sentido da anomalia, e que não é isso que nos angustia. Mas se, de repente, faltar toda e qualquer norma, isto é, tanto o que constitui a anomalia quanto o que constitui a falta, se esta de repente não faltar, é nesse momento que começará a angústia. Tentem aplicar isso a uma porção de coisas.

Desde já os autorizo a retomar a leitura do que Freud disse em seu último grande artigo sobre a angústia, "Inibição, sintoma e angústia". A chave que lhes forneço lhes permitirá ver o verdadeiro sentido a ser dado, na pluma dele, à expressão "perda do objeto".

É desse ponto que recomeçarei da próxima vez, quando espero poder expor o verdadeiro sentido de nossa investigação deste ano.

28 de novembro de 1962

IV

Além da angústia de castração

O objeto como peça avulsa
O objeto hoffmaniano
O objeto a *postiço*
O objeto-demanda
O objeto que não falta

Volto a colocar no quadro, portanto, o esquema pelo qual enveredei com vocês da vez passada na articulação do que constitui nosso tema.

Trata-se, por meio da angústia, de seu fenômeno, bem como do lugar que lhes ensinarei a designar como sendo o dela, trata-se de aprofundar a função do objeto na experiência analítica.

Quero assinalar-lhes rapidamente que logo será publicado o texto, que tive o trabalho de redigir, de uma comunicação que fiz já há mais de dois anos, em 21 de setembro de 1960, numa reunião hegeliana de Royaumont. Eu havia optado por abordar o seguinte tema: "Subversão do sujeito e dialética do desejo no inconsciente freudiano". Assinalo isto para os que já estão familiarizados com meu ensino, pois estes encontrarão nele, penso eu, toda a satisfação concernente aos tempos de construção e ao funcionamento do que chamamos juntos de grafo. Esse texto, portanto, logo será lançado em livro, abarcando igualmente as outras intervenções, nem todas as quais são psicanalíticas, publicado por um Centro do nº173 do bulevar Saint-Germain, que se encarrega de editar todos os trabalhos de Royaumont.

Se este anúncio tem seu lugar hoje, é na medida em que tanto a subversão do sujeito quanto a dialética do desejo abarcam a função do objeto em que agora teremos de nos aprofundar mais.

Entre os que aqui estão como noviços, não creio encontrar, de modo algum, a reação — muito antipática, devo dizer — que acolheu em Royaumont esse trabalho, feito para questionar muito profundamente a função do objeto, especificamente do objeto do desejo. Para meu espanto, essa reação foi obra de filósofos que eu acreditava mais calejados no inabitual. A impressão deles, que não posso qualificar senão como eles mesmos o fizeram, foi de uma espécie de pesadelo, ou até de uma elucubração acompanhada por um certo diabolismo. No entanto, não deveria tudo na experiência que chamarei de moderna — com o que para ela traz de modificações profundas na apreensão do objeto que não sou o primeiro a qualificar como era da técnica — sugerir a idéia de que um discurso sobre o objeto deve passar, obrigatoriamente, por relações complexas, que só nos permitem o acesso a ele por meio de chicanas profundas?

Tomemos, por exemplo, esse módulo de objeto que chamamos de peça avulsa, e que é muito característico do que nos é dado na experiência, a experiência mais externa, não a analítica. Não será isso uma coisa que merece que nos detenhamos nela, algo que traz uma dimensão nova a toda interrogação noética a respeito de nossa relação com o objeto? Por que, afinal, é uma peça avulsa? Qual é sua subsistência fora de seu emprego eventual em relação a um certo modelo? Hoje este se encontra em funcionamento, mas amanhã poderá igualmente tornar-se obsoleto, não mais ser renovado, como se costuma dizer — e, depois disso o que acontece com a peça avulsa? Que sentido tem ela?

Por que esse perfil de uma certa relação enigmática com o objeto não nos serviria hoje de introdução, para retomarmos este esquema?

1

Este esquema não é uma complicação vã. Não deve surpreender-nos nem deixar-nos tensos.

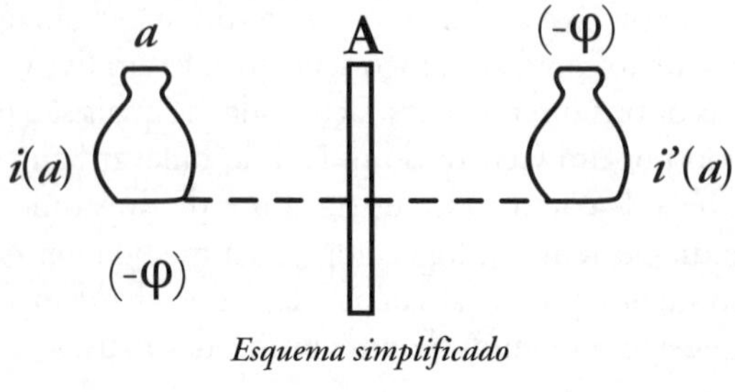

Esquema simplificado

Nesse lugar, *i'(a)*, no Outro, no lugar do Outro, perfila-se uma imagem apenas refletida de nós mesmos. Ela é autenticada pelo Outro, porém já é problemática, ou até falaciosa.

Essa imagem caracteriza-se por uma falta, isto é, pelo fato de que o que é convocado aí não pode aparecer. Ela orienta e polariza o desejo, tem para ele uma função de captação. Nela, o desejo está não apenas velado, mas essencialmente relacionado com uma ausência.

Essa ausência é também a possibilidade de uma aparição, ordenada por uma presença que está em outro lugar. Tal presença comanda isso muito de perto, mas o faz de onde é inapreensível para o sujeito. Como lhes indiquei, a presença em questão é a do *a*, o objeto na função que ele exerce na fantasia.

Nesse lugar da falta onde algo pode aparecer, coloquei pela última vez, e entre parênteses, o sinal (- φ). Ele lhes indica que aqui se perfila uma relação com a reserva libidinal, ou seja, com esse algo que não se projeta, não se investe no nível da imagem especular, que é irredutível a ela, em razão de permanecer profundamente investido no nível do próprio corpo, do narcisismo primário, daquilo a que chamamos auto-erotismo, de um gozo autista. Em suma, ele é um alimento que fica ali para animar, eventualmente, o que intervirá como instrumento na relação com o outro, o outro constituído a partir da imagem de meu semelhante, o outro que perfilará sua forma e suas normas, a imagem do corpo em sua função sedutora, sobre aquele que é o parceiro sexual.

O que pode, como lhes disse da última vez, vir assinalar-se no lugar aqui designado pelo (- φ) é a angústia, a angústia de castração, em sua relação com o Outro. É essa a questão em que progrediremos hoje. Como vocês estão vendo, vou direto ao ponto nodal.

Tudo o que sabemos de absolutamente novo e original sobre a estrutura do sujeito e a dialética do desejo que temos de articular, nós, analistas, por que via o aprendemos? Pela via da experiência do neurótico. Ora, o que nos diz Freud a esse respeito? Que o último termo a que chegou ao elaborar essa experiência, seu ponto de chegada, seu obstáculo, o termo intransponível para ele, foi a angústia de castração.

O que significa isso? Esse termo é intransponível? O que significa essa parada da dialética analítica na angústia de castração? Será que vocês já não vêem, no simples uso do esquematismo que emprego, desenhar-se o caminho pelo qual tenciono conduzi-los? Ele parte de uma articulação melhor da realidade da experiência que Freud apontou no tropeção do neurótico na angústia de castração. A abertura que lhes proponho, a dialética que aqui lhes demonstro, permite articular que não é a angústia de castração em si que constitui o impasse supremo do neurótico.

De fato, a forma da castração, isto é, a castração em sua estrutura imaginária, já está dada aqui, em $(-\varphi)$, no nível da fratura que se produz à aproximação da imagem libidinal do semelhante, em algum momento de um certo dramatismo imaginário. Daí a importância dos acidentes da *cena* que, por essa razão, é chamada de *traumática*. A fratura imaginária apresenta toda sorte de variações e anomalias possíveis, o que já indica, por si só, que alguma coisa no material é utilizável para outra função, que, por sua vez, dá pleno sentido ao termo "castração".

Aquilo diante de que o neurótico recua não é a castração, é fazer de sua castração o que falta ao Outro. É fazer de sua castração algo positivo, ou seja, a garantia da função do Outro, desse Outro que se furta na remissão infinita das significações, desse Outro em que o sujeito não se vê mais do que como um destino, porém um destino que não tem fim, um destino que se perde no oceano das histórias. Ora, o que são as histórias senão uma imensa ficção? O que pode assegurar uma relação do sujeito com esse universo de significações senão que, em algum lugar, existe gozo? Isso ele só pode assegurar por meio de um significante, e esse significante falta, forçosamente. Nesse lugar de falta, o sujeito é chamado a dar o troco através de um signo, o de sua própria castração.

Dedicar sua castração à garantia do Outro, é diante disso que o neurótico se detém. Ele se detém aí por uma razão como que interna à análise, e que decorre de que é a análise que o leva a esse encontro. A castração, no fim das contas, nada mais é que o momento da interpretação da castração.

Talvez eu tenha sido mais rápido em meu discurso desta manhã do que pretendia. Aliás, vocês vêem indicado ali que talvez haja uma possibilidade de passagem, mas essa possibilidade, só poderemos explorá-la voltando atrás, até o lugar em que a castração imaginária funciona para constituir, propriamente falando e em seu pleno direito, o que chamamos de complexo de castração.

É no nível do questionamento do complexo de castração que nossa exploração concreta da angústia nos permitirá estudar a passagem possível — possível, ainda mais possível por já ter sido percorrida em muitas ocasiões. O estudo da fenomenologia da angústia nos permitirá dizer como e por quê.

2

Tomemos a angústia em sua definição *a minima* como sinal. Embora proferida por Freud ao término do progresso de seu pensamento, essa definição não é o que se supõe.

Ela não resulta nem de um abandono de suas primeiras posições, que faziam da angústia o fruto de um metabolismo energético, nem de uma nova conquista, pois, na época em que Freud fazia da angústia a transformação da libido, já encontramos a indicação de que ela podia funcionar como sinal. Será fácil eu lhes mostrar isso de passagem, se nos referirmos ao texto, mas tenho muita coisa a levantar com vocês este ano para estagnar por muito tempo no nível da explicação de textos.

A angústia, como lhes disse, está ligada a tudo o que pode aparecer no lugar $(-\varphi)$. O que nos assegura isso é um fenômeno do qual se pode dizer que foi por lhe termos dedicado muito pouca atenção que não chegamos a uma formulação satisfatória, unitária, de todas as funções da angústia no campo de nossa experiência. Esse fenômeno é o da *Unheimlichkeit.*

Da última vez, pedi que vocês mesmos se reportassem ao texto de Freud, pois não tenho tempo de soletrá-lo de novo com vocês. Muitos de vocês, eu sei, fizeram-no de imediato, pelo que lhes agradeço. Mesmo numa leitura superficial, a primeira coisa que lhes saltará aos olhos é a importância ali dada por Freud à análise lingüística. Se isso não fosse evidente em toda parte, esse texto bastaria, por si só, para justificar a prevalência que dou às funções do significante em meu comentário de Freud.

A coisa que lhes saltará aos olhos em segundo lugar, quando lerem a exploração dos dicionários mediante a qual Freud introduz seu estudo, é que a definição do *unheimlich* é ser *heimlich.* É o que está no lugar do *Heim* que é *Unheim.*

Freud não dá a menor importância a explicar por quê. É assim. Uma vez que é muito evidente, pela simples leitura dos dicionários, que é assim, ele não se detém mais nisso, é como eu hoje, precisa seguir adiante. Pois bem, para continuar em nossa convenção e em nome da clareza de nossa linguagem para o que virá depois, este lugar designado da última vez como o menos-*phi*, agora o chamaremos por seu nome — é isso que se chama *Heim.*

Digamos que, se essa palavra tem algum sentido na experiência humana, é o da casa do homem. Dêem à palavra "casa" todas as ressonâncias que quiserem, inclusive astrológicas. O homem encontra sua casa num ponto situado no Outro para além da imagem de que somos feitos.

Esse lugar representa a ausência em que estamos. Supondo-se, o que acontece, que ele se revele tal como é — ou seja, que revele ser a presença em outro lugar que produz esse lugar como ausência —, ele se torna o rei do jogo, apodera-se da imagem que o sustenta, e a imagem especular transforma-se na imagem do duplo, com o que esta traz de estranheza radical. Para empregar termos que adquirem significação por se opor aos termos hegelianos, ele nos faz aparecer como objeto, por nos revelar a não-autonomia do sujeito.

Os textos hoffmanianos, como mostra tudo o que Freud localizou neles como exemplos, encontram-se no cerne de tal experiência.

Na história atroz de *O homem de areia*, vemos o sujeito saltar de uma captação para outra, diante da forma de imagem que materializa, propriamente falando, o esquema ultra-reduzido que lhes ofereço aqui. A boneca espreitada pelo herói do conto por trás da janela do feiticeiro, que fabrica em volta dela não sei que operação mágica, é propriamente esta imagem, *i'(a)*, na operação de complementá-la com aquilo que, na própria forma do conto, é absolutamente distinto dela, ou seja, o olho. O olho de que se trata só pode ser o do herói, e o tema de que querem arrebatar-lhe esse olho dá o fio explicativo de todo o conto.

É significativo de não sei que constrangimento, sem dúvida ligado ao fato de que essa era a primeira vez que o arado entrava nessa linha de revelação da estrutura subjetiva, que Freud nos dê essa referência de forma desordenada. Ele diz alguma coisa como: leiam *O elixir do diabo*, nem sei lhes dizer o quanto ele é completo, a que ponto estão ali todas as formas possíveis do mecanismo, a que ponto nele se explicitam todas as incidências em que pode produzir-se a reação do *unheimlich*. É patente que ele não se aventura nisso, como que dominado pela exuberância efetivamente apresentada por esse romance curto.

Não é muito fácil obter um exemplar dele, mas, pela bondade de uma das pessoas presentes, fui agraciado com um, pelo que lhe agradeço. É bastante útil ter à disposição mais de um exemplar.

Nesse ponto *Heim*, não se manifesta simplesmente aquilo que vocês sempre souberam: que o desejo se revela como desejo do Outro —

aqui, desejo *no* Outro —, mas também que meu desejo, diria eu, entra na toca em que é esperado desde a eternidade, sob a forma do objeto que sou, na medida em que ele me exila de minha subjetividade, resolvendo por si todos os significantes a que ela está ligada.

É claro que isso não acontece todo dia, e pode até ser que só aconteça nos contos de Hoffmann. Em *O elixir do diabo*, isso fica absolutamente claro. A cada desvio dessa verdade longa e muito tortuosa, confirma-se a pertinência da nota feita por Freud, dando a entender que neles a pessoa se perde um pouco. De fato, esse próprio *perder-se* faz parte da função do labirinto a que é preciso dar vida. Mas, ao tomarmos cada um desses desvios, fica claro que o sujeito só tem acesso a seu desejo substituindo sempre um de seus próprios duplos.

Não é à toa que Freud insiste na dimensão essencial dada pelo campo da ficção a nossa experiência do *unheimlich*. Na vida real, este é fugidio demais. A ficção o demonstra bem melhor, chega até a produzi-lo como efeito de maneira mais estável, por ser mais bem articulada. Trata-se de uma espécie de ponto ideal, mas sumamente precioso para nós, já que esse efeito nos permite ver a função da fantasia.

Esse grande efeito de ficção, articulado à saciedade num livro como *O elixir do diabo*, mas também passível de ser localizado em outros, é ele que, na corrente eficaz da existência, permanece em estado de fantasia. Tomando-a dessa maneira, o que é a fantasia senão aquilo de que duvidamos um pouco, *ein Wunsch*, um anseio, e até, como todos os anseios, bastante ingênuo? Para exprimi-lo humoristicamente, eu diria que a fórmula da fantasia, $ desejo de *a*, pode ser traduzida nesta perspectiva: a de que o Outro se desvanece, desfalece diante do objeto que sou, dedução esta feita a partir do que vejo em mim.

Para acender meus faróis e formular a coisa de maneira apodítica, antes de lhes mostrar como isso funciona, digo-lhes desde já que as duas fases das quais escrevi aqui as relações do $ com o *a*, situando este último termo de maneira diferente em relação à função reflexiva do A como espelho, correspondem exatamente à distribuição dos termos da fantasia no perverso e no neurótico.

A *a* | *$*	A *S* | a*$*
A fantasia no perverso	*A fantasia no neurótico*

No perverso, as coisas estão no lugar, se assim posso dizer. O *a* está onde o sujeito não pode vê-lo, e o S barrado está em seu lugar. Daí podermos dizer que o sujeito perverso, ao mesmo tempo em que permanece inconsciente da maneira como isso funciona, oferece-se lealmente, ele sim, ao gozo do Outro.

Só que nunca saberíamos nada disso se não existissem os neuróticos, para quem a fantasia não tem, em absoluto, o mesmo funcionamento. É o neurótico que, ao mesmo tempo, lhes revela a fantasia em sua estrutura, por causa do que faz com ela, mas que também, pelo que faz com ela, tapeia vocês, como tapeia todo o mundo.

De fato, como lhes explicarei, o neurótico se serve de sua fantasia para fins particulares. O que acreditamos perceber como sendo, por baixo da neurose, a perversão, e de que lhes falei em outras ocasiões, é simplesmente o que lhes estou explicando, a saber, que a fantasia do neurótico está inteiramente situada no lugar do Outro. É o apoio do neurótico nessa fantasia que, quando deparamos com ela, apresenta-se como perversão.

Os neuróticos têm fantasias perversas, e há muito tempo os analistas quebram a cabeça a se interrogar sobre o que significa isso. Ainda assim, vemos muito bem que não é a mesma coisa que a perversão, que isso não funciona da mesma maneira, e se gera toda uma confusão, e as questões se multiplicam, e nós nos perguntamos, por exemplo, se uma perversão é realmente uma perversão. Essa pergunta só faz duplicar a primeira — que serventia pode ter a fantasia perversa para o neurótico?

A partir do que acabo de dispor diante de vocês sobre a função da fantasia, o que é preciso começar por dizer é que, de fato, existe alguma coisa da ordem do *a* que aparece no lugar acima da imagem *i'(a)* que lhes aponto no quadro, o lugar do *Heim*, que é o lugar do aparecimento da angústia. Essa fantasia de que o neurótico se serve, que ele organiza no momento em que se serve dela, o impressionante é que ela é justamente o que melhor lhe serve para se defender da angústia, para encobri-la.

Naturalmente, isso só pode ser concebido a partir dos pressupostos que tive de enunciar, inicialmente, em seu extremo. Como todo discurso novo, será preciso que vocês o julguem no momento em que ele se forma, avaliando se ele abrange o funcionamento da experiência. Penso que não terão dúvida disso.

Esse objeto *a* que o neurótico se leva a ser em sua fantasia cai-lhe quase tão mal quanto polainas num coelho. É por isso que o neurótico nunca faz grande coisa com sua fantasia. Esta consegue defendê-lo da angústia justamente na medida em que é um *a* postiço. Essa função, faz muito que a ilustrei para vocês com o sonho da Bela Açougueira.

A Bela Açougueira gostava de caviar, é claro, só que não o queria, pois isso poderia dar demasiado prazer ao brutamontes de seu marido, que seria capaz de engoli-lo junto com todo o resto, e não era o fato de se tratar de caviar que o impediria. Ora, o que interessa à Bela Açougueira, obviamente, não é, em absoluto, alimentar o marido com caviar, porque, como eu lhes disse, ele o acrescentaria a um cardápio inteiro. O açougueiro tem grande apetite. A única coisa que interessa à Bela Açougueira é que o marido tenha vontade do nadinha que ela guarda de reserva.

Essa fórmula perfeitamente clara, quando se trata de histéricas, confiem em mim hoje, aplica-se a todos os neuróticos. O objeto *a* que funciona em sua fantasia e que lhes serve de defesa contra a angústia é também, contrariando todas as aparências, a isca com que eles fisgam o Outro. E, graças a Deus, é a isso que devemos a psicanálise.

Há uma certa Anna O. que entendia muito disso como manobra do jogo histérico. Ela apresentou toda a sua historinha, todas as suas fantasias, aos srs. Breuer e Freud, que se precipitaram nelas, debateram-se nelas como peixinhos n'água. Freud, na página 271 dos *Stüdien über Hysterie*, deslumbra-se com o fato de que em Anna O., ainda assim, não havia a menor defesa. Ela entregava todo o seu jogo de bandeja. Não era preciso obstinar-se para ver o pacote inteiro. Evidentemente, Freud estava diante de uma forma generosa do funcionamento histérico, e foi por essa razão, como sabem, que a coisa lhe caiu extremamente mal, porque, junto com a isca formidável, ele também engoliu o nadinha e levou algum tempo para regurgitá-lo. Depois, não correu mais esse risco.

Felizmente, Freud era neurótico e, como era ao mesmo tempo inteligente e corajoso, soube servir-se de sua própria angústia diante de seu desejo, angústia que estava na base de seu apego ridículo àquela implausível mulherzinha que aliás o enterrou, e que se chamava sra. Freud. Soube servir-se dela para projetar o caso na tela radiográfica de sua fidelidade a esse objeto fantasístico, e pôde reconhecer ali, sem pestanejar nem por um instante, para que servia tudo aquilo, inclusive a ponto de admitir, de maneira incontestável, que Anna O. o visava perfeitamente, a ele, Freud. Mas, é claro, ele era um pouco mais difícil de tapear do que o outro, Breuer. É justamente a isso que devemos nossa entrada, por meio da fantasia, no mecanismo da análise e num uso racional da transferência.

Talvez também seja isso que nos permitirá dar o passo seguinte e reconhecer o que constitui o limite entre o neurótico e os outros.

3

Há agora um novo salto a dar, o qual lhes peço que observem, já que, tal como os outros, depois teremos de justificá-lo.

O que funciona efetivamente no neurótico, no nível, que nele se encontra deslocado, do objeto *a*? Qual é a realidade por trás do uso falacioso do objeto na fantasia do neurótico? Isso é suficientemente explicado pelo fato de ele ser capaz de transportar para o Outro a função do *a*. Essa realidade tem um nome muito simples — é a demanda.

O verdadeiro objeto buscado pelo neurótico é uma demanda que ele quer que lhe seja feita. Ele quer que lhe façam súplicas. A única coisa que não quer é pagar o preço.

Essa é uma experiência grosseira, da qual os analistas — sem dúvida muito pouco esclarecidos pelas explicações de Freud a esse respeito para não se julgarem obrigados a voltar ao pendor do moralismo para a reprimenda — deduziram uma fantasia que se arrasta nas mais velhas pregações moralístico-religiosas: a da oblatividade. O neurótico não quer dar coisa alguma, o que obviamente tem certa relação com o fato de que sua dificuldade é da ordem do receber; se ele realmente quisesse dar alguma coisa, isso funcionaria.

Mas aquilo de que não se apercebem os bem-falantes, esses que nos dizem que a maturidade genital é o lugar do dom, é que o que seria preciso ensinar o neurótico a dar, essa coisa que ele não imagina, é nada — é justamente sua angústia.

É isso que nos traz a nosso ponto de partida de hoje, designando o obstáculo na angústia de castração.

O neurótico se recusa a dar sua angústia. Vocês verão que saberemos mais a esse respeito, saberemos por quê. Isso é tão verdadeiro, tanto é disso que se trata, que todo o processo, toda a cadeia da análise consiste em que, pelo menos, ele dê o equivalente, pois começa por dar um pouco o seu sintoma. É por essa razão que uma análise, como dizia Freud, começa por uma configuração dos sintomas. Esforçamo-nos por apanhá-lo, Deus meu, em sua própria armadilha. Nunca se pode agir de outro modo com ninguém. O neurótico nos faz uma oferta, em síntese, falaciosa; pois bem, nós a aceitamos. Em vista disso, entramos no jogo por onde ele recorre à demanda. Ele quer que vocês lhe peçam alguma coisa. Como vocês não lhe pedem nada, começa a modular as demandas dele, que vêm no lugar *Heim*. É essa a primeira entrada na análise.

Digo-lhes de passagem, fora do que se articula quase que por si mesmo neste esquema, que tenho dificuldade de ver como se pôde justificar até aqui, a não ser por uma falsa compreensibilidade grosseira, a dialética frustração-agressão-regressão. É na medida em que a demanda nos deixa sem resposta que se produz o quê? Essa agressão de que lhes falam, onde foi que vocês já a viram produzir-se senão fora da análise, nas chamadas práticas de psicoterapia de grupo de que ouvimos falar em algum lugar? Não se produz agressão alguma. Ao contrário, a dimensão da agressividade entra em jogo para repor em questão o que ela visa por natureza, ou seja, a relação com a imagem especular. É na medida em que o sujeito esgota suas raivas contra essa imagem que se produz a sucessão de demandas que leva a uma demanda cada vez mais original, historicamente falando, e que se modula a regressão como tal.

Agora chegamos a um ponto que, também ele, nunca foi explicado de maneira satisfatória até hoje. Como é que vem a ser pela via regressiva que o sujeito é levado a um tempo que somos obrigados a situar, historicamente, como progressivo?

Há quem, situado diante do paradoxo de saber como é que, ao remontar à fase oral, destacamos a relação fálica, tenha tentado levar-nos a crer que, depois da regressão, era preciso percorrer o caminho em sentido inverso, o que é absolutamente contrário à experiência. Nunca se viu uma análise, por mais bem-sucedida que a suponhamos no processo da regressão, passar de novo pelas etapas contrárias, como seria necessário caso se tratasse de uma reconstrução genética. Ao contrário, é na medida em que se esgotam até o fim, até o fundo da tigela, todas as formas de demanda, até a demanda de zero, que vemos aparecer no fundo a relação de castração.

A castração encontra-se inscrita como relação no limite do ciclo regressivo da demanda. Ela aparece ali a partir do momento e na medida em que o registro da demanda tenha-se esgotado.

É isso que se trata de compreender topologicamente. Mas, não podendo levar as coisas muito mais longe hoje, terminarei com uma observação que, por convergir com aquela com que terminei meu último discurso, levará sua reflexão num sentido que poderá facilitar-lhes o passo seguinte, tal como acabo de apontá-lo. Mais uma vez, não me deterei em rodeios inúteis, tomarei as coisas bem no meio do alvo.

Em *Inibição, sintoma e angústia*, Freud nos diz, ou parece dizer, que a angústia é a reação-sinal ante a perda de um objeto. E ele enumera: perda sofrida em bloco, quando do nascimento saído do meio uterino; perda eventual da mãe, considerada como objeto; perda do pênis; perda do amor do objeto; perda do amor do supereu. Ora, que lhes disse eu, da última vez, para colocá-los num certo caminho que é essencial apreender? Que a angústia não é sinal de uma falta, mas de algo que devemos conceber num nível duplicado, por ser a falta de apoio dada pela falta. Pois bem, retomem com esta indicação a lista de Freud, que peguei em pleno vôo, por assim dizer.

Vocês não sabem que não é a nostalgia do seio materno que gera a angústia, mas a iminência dele? O que provoca a angústia é tudo aquilo que nos anuncia, que nos permite entrever que voltaremos ao colo. Não é, ao contrário do que se diz, o ritmo nem a alternância da presença-ausência da mãe. A prova disso é que a criança se compraz em renovar esse jogo de presença-ausência. A possibilidade da ausência, eis a segurança da presença. O que há de mais angustiante para a criança é, justamente, quando a relação com base na qual essa possibilidade se institui, pela falta que a transforma em desejo, é perturbada, e ela fica perturbada ao máximo quando não há possibilidade de falta, quando a mãe está o tempo todo nas costas dela, especialmente a lhe limpar a bunda, modelo da demanda, da demanda que não pode falhar.

Num nível mais elevado, no tempo seguinte, o da pretensa perda do pênis, de que se trata? O que vemos no começo da fobia do Pequeno Hans? Deposita-se uma ênfase não muito centrada no fato de que, por assim dizer, a angústia estaria ligada à proibição, pela mãe, das práticas masturbatórias, vivida pelo menino como a presença do desejo da mãe exercendo-se em relação a ele. Mas, o que nos ensina aqui a experiência sobre a angústia em sua relação com o objeto do desejo senão que a proibição é uma tentação? Não se trata de perda do objeto, mas da presença disto: de que os objetos não faltam.

Passemos à etapa seguinte, à do amor do supereu, com tudo o que este supostamente comporta no chamado caminho do fracasso. O que quer dizer isso senão que o que se teme é o sucesso? Trata-se sempre do *isso não falta.*

Hoje os deixarei neste ponto, destinado a desfazer e a contornar uma confusão que repousa inteiramente na dificuldade de identificar o objeto do desejo. Não é por ser difícil de identificar que ele não existe. Ele existe, e sua função é decisiva.

No que concerne à angústia, considerem que o que eu lhes disse hoje ainda é apenas o acesso preliminar a ela. O modo exato de seu posicionamento, no qual entraremos a partir da próxima vez, deve ser situado entre os três temas que vocês viram desenhar-se em meu discurso de hoje.

Um deles é o gozo do Outro. O segundo é a demanda do Outro. O terceiro, que só pôde ser escutado pelos ouvidos mais apurados, é essa espécie de desejo que se manifesta na interpretação, e da qual a incidência do analista no tratamento é a forma mais exemplar e mais enigmática.

É ela que há muito tempo me faz formular a vocês uma pergunta: o que representa, na economia do desejo, essa espécie privilegiada de desejo que chamo de desejo do analista?

5 de dezembro de 1962

V

O QUE ENGANA

Pavlov, Goldstein e
a demanda do Outro
Jones e o gozo do Outro
Os traços do sujeito
Os cortes da pulsão
Pascal e a experiência do vazio

Vimos, lemos, veremos e tornaremos a ler que um segmento da psicanálise, este a que damos continuidade aqui, tem um caráter mais filosófico do que outro, que tentaria ligar-se a uma experiência mais concreta, mais científica ou mais experimental, não importa que palavra empreguemos.

Não é culpa minha, como se costuma dizer, se a psicanálise questiona no plano teórico o desejo de conhecer, e se, em seu discurso, coloca-se por si mesma num aquém que precede o momento do conhecimento. Por si só, isso justificaria o questionamento que dá um certo toque filosófico a nosso discurso.

Aliás, fui precedido nisso pelo inventor da análise, análise esta que, ao que eu saiba, no nível da experiência direta, era justamente a dos doentes mentais, especialmente os que têm sido chamados, com maior rigor a partir de Freud, de neuróticos.

Isso não seria razão para nos determos por mais tempo do que convém num questionamento epistemológico, se o lugar do desejo, a maneira como ele se escava, não nos fosse presentificado a todo momento, em nossa posição terapêutica, por um problema, o mais concreto de todos, que é o de não nos deixarmos enveredar por um caminho falso, de não o atendermos a torto e a direito, pelo menos com respeito a um certo objetivo que buscamos aqui e que não é muito claro.

Lembro-me de ter provocado a indignação daquele tipo de colegas que, vez por outra, sabem escudar-se atrás de sabe-se lá que exagero de bons sentimentos, destinados a tranqüilizar não sei quem, ao dizer que, na análise, a cura vinha por acréscimo. Eles viram nisso não sei que desdém por aquele de quem nos encarregamos e que está sofrendo, quando eu falava de um ponto de vista metodológico. É certo que nossa justificação, assim como nosso dever, é melhorar a situação do sujeito. Mas afirmo que nada é mais instável, no campo em que estamos, do que o conceito de cura.

Uma análise que termina com a entrada do paciente ou da paciente na Ordem Terceira, será que ela é uma cura, mesmo que o paciente esteja melhor quanto a seus sintomas, a partir do momento em que, confiante numa certa escolha, numa certa ordem que tenha reconquistado, ele enuncia as mais expressas reservas sobre os caminhos — perversos, portanto, a seu ver — pelos quais o teríamos feito passar para fazê-lo entrar no reino dos céus? Isso acontece.

Eis por que nem por um instante penso em me afastar de nossa experiência, já que meu discurso lembra que, no seio desta, todas as perguntas podem ser formuladas, e que é preciso que conservemos a possibilidade de um certo fio que nos garanta, pelo menos, que não trapaceemos com o que é nosso próprio instrumento, isto é, o plano da verdade.

Isso exige uma exploração que tem de ser não apenas séria, mas também, até certo ponto, exaustiva ou enciclopédica. A propósito de um tema como a angústia, certamente não é fácil reunir, num discurso como o meu, o que deve ser funcional para os analistas. O que não convém esquecer, em momento algum, é que o lugar que designamos neste esqueminha como sendo o da angústia, e que atualmente é ocupado pelo (- φ), constitui um certo vazio. Tudo o que pode manifestar-se nesse lugar nos desorienta, se assim posso dizer, quanto à função estruturante desse vazio.

Essa topologia só terá valor se vocês puderem constatar que os indícios que ela lhes fornece são confirmados por seja qual for a abordagem dada ao fenômeno da angústia por qualquer estudo sério, sejam quais forem seus pressupostos. Mesmo que eles nos pareçam estreitos demais e que pareçam ter que ser re-situados no interior da experiência radical que nos é própria, persiste o fato de que algo foi efetivamente apreendido num certo nível. Ainda que o fenômeno da angústia se afigure limitado, distorcido ou insuficiente em relação a nossa experiência, convém ao menos sabermos por que isso acontece. E nem sempre acontece.

Temos que tirar proveito de qualquer nível em que se tenha formulado até hoje a interrogação sobre o tema da angústia.

É meu propósito de hoje indicar isso, na impossibilidade de fazer a soma, que exigiria um ano inteiro de Seminário, das contribuições feitas a esse respeito.

1

Há um certo tipo de interrogação que, com ou sem razão, é chamado de abordagem objetiva ou experimental do problema da angústia.

Só poderíamos perder-nos nela, se eu não lhes tivesse dado no início as linhas de mira, as formas de postura que não podemos abandonar, e que permitem garantir e tornar mais estreito o nosso objeto, bem como nos apercebermos do que o condiciona da maneira mais radical. Da última vez, meu discurso chegou a delimitá-las, digamos, por três pontos de referência que fiz apenas introduzir, três pontos em que é dominante a dimensão do Outro.

São eles a demanda do Outro, o gozo do Outro e, de uma forma modalizada, aliás mantida a título de ponto de interrogação, o desejo do Outro, na medida em que esse é o desejo correspondente ao analista como aquele que intervém como termo na experiência.

Não faremos o que criticamos em todos os outros, isto é, elidir o analista do texto da experiência que interrogamos. A angústia da qual temos que fornecer uma formulação aqui é uma angústia que responde a nós, uma angústia que provocamos, uma angústia com a qual, de vez em quando, temos uma relação determinante.

Essa dimensão do Outro, nela encontramos nosso lugar, nosso lugar eficaz, na medida em que saibamos não reduzi-la. Eu gostaria de levá-los a perceber que ela não está ausente de nenhuma das formas pelas quais até hoje se procurou situar o fenômeno da angústia.

No nível de exercício mental em que formei vocês, com o qual talvez os tenha acostumado, só podem parecer-lhes vã a ênfase, vão o sucesso e falso o triunfo a que alguns pensam dar ensejo, ao argumentarem que, por exemplo, digamos, ao contrário do que pretenderia o pensamento analítico — e ainda que fosse o contrário, enfim —, as neuroses se materializam no animal, em laboratório, na mesa de experimentação.

O que nos mostram essas neuroses, enfatizadas por Pavlov e seus seguidores conforme a ocasião? Elas nos dizem como se condiciona um determinado reflexo do animal. Associa-se a uma reação dita natural um estímulo, uma excitação, que faz parte de um registro presumido como completamente diferente do que está em causa na reação. Depois, faz-se convergirem para um certo modo essas reações condicionadas, obtendo efeitos de contrariedade. Aquilo que se obtém, condicionado, adestrado nas respostas do organismo, permite-nos colocá-lo em condições de responder simultaneamente de duas maneiras opostas, com isso gerando, digamos, uma espécie de perplexidade orgânica.

Para ir mais longe, diremos até que ficamos com a idéia de obter, em certos casos, um esgotamento das possibilidades de resposta, uma desordem mais fundamental, gerada pelo desvio destas, que concerne de maneira mais radical ao campo comum das reações implicadas — tradução objetiva do que poderá ser interpretado, numa perspectiva mais geral, como definido por alguns modos de reação que chamaremos de instintivos. Mais recentemente, em outras áreas culturais, teorizou-se o que é qualificado pelo termo *estresse.* Chega-se a um ponto em que a demanda feita à função desemboca num déficit que ultrapassa a própria função, até implicar o aparelho de um modo que o modifica além do registro da resposta funcional, até finalmente beirar, nos vestígios duradouros que ele gera, o déficit característico da lesão.

Nesse leque da interrogação experimental, sem dúvida seria importante apontar onde se manifesta algo que lembre a chamada forma angustiada que podemos encontrar em reações neuróticas. Mas há uma coisa que parece ser sempre elidida nessa maneira de formular o problema da experiência. Decerto é impossível censurá-la no relator dessas experiências, já que essa elisão é constitutiva da experiência em si, mas quem quiser aproximar essa experiência da que nos é própria, e que se passa com um sujeito falante, não poderá deixar de registrá-la. Trata-se do seguinte: por mais primitivo que seja, em relação ao do sujeito falante, o organismo animal interrogado — e esse organismo está muito longe de ser primitivo nas experiências pavlovianas, visto que elas dizem respeito a cães —, a dimensão do Outro está presente na experiência.

Não é de hoje que assinalo isso. Em uma intervenção durante uma de nossas sessões científicas, a propósito de alguns fenômenos que nos eram relatados acerca da criação da neurose experimental, observei àquele que comunicava suas pesquisas que a presença dele próprio na experiência, como personagem humano, manipulador de um certo número de coisas em volta do animal, devia ser levada em conta neste ou naquele momento da experiência. Quando sabemos como se comporta um cão diante daquele que é ou não é chamado de seu dono, sabemos, em todo caso, que a dimensão do Outro é importante para o cão. Mas, mesmo que não se tratasse de um cachorro, que fosse um gafanhoto ou uma sanguessuga, pelo fato de haver uma montagem de aparelhos, a dimensão do Outro estaria presente.

Vocês me dirão que um gafanhoto ou uma sanguessuga, organismos pacientes na experiência, não sabem nada dessa dimensão do Outro. Estou inteiramente de acordo. É justamente por isso que todo o meu esforço, durante algum tempo, foi o de lhes demonstrar a amplitude de um nível comparável em nós, o sujeito. No sujeito que somos, tal como aprendemos a manejá-lo e determiná-lo, há também todo um campo em que nada sabemos do que nos constitui.

A *Selbst-bewusstsein*, que eu os ensinei a chamar de sujeito suposto saber, é uma suposição enganosa. A *Selbst-bewusstsein*, considerada constitutiva do sujeito cognoscitivo, é uma ilusão, uma fonte de erro, uma vez que a dimensão de sujeito suposto que transparece em seu próprio ato de conhecimento só começa a partir do momento em que entra em jogo um objeto específico, que é aquele que o estádio do espelho tenta delimitar, ou seja, a imagem do corpo próprio, na medida em que, diante dela, o sujeito tem o sentimento jubilatório de efetivamente estar diante de um objeto que o torna, a ele, sujeito, transparente para si mesmo. A extensão dessa ilusão da consciência a toda espécie de conhecimento é motivada pelo fato de que o objeto do conhecimento é construído, modelado, à imagem da relação com a imagem especular. É precisamente por isso que esse objeto do conhecimento é insuficiente.

Se não houvesse a psicanálise, saberíamos disso pelo fato de existirem momentos de aparecimento do objeto que nos jogam numa dimensão totalmente diversa, que se dá na experiência e merece ser destacada como primitiva na experiência. Trata-se da dimensão do estranho.

Este não pode ser apreendido, de modo algum, como deixando diante de si o sujeito transparente para seu conhecimento. Diante desse novo, o sujeito literalmente vacila, e tudo é questionado na chamada relação primordial do sujeito com qualquer efeito de conhecimento.

Esse surgimento, no campo do objeto, de um desconhecido experimentado como tal, de uma estruturação irredutível, não levanta questões unicamente para os analistas, pois se dá na experiência. Afinal, é preciso procurar explicar por que as crianças têm medo do escuro. Ao mesmo tempo, percebe-se que nem sempre elas têm medo do escuro. Então, faz-se psicologia. Os chamados experimentadores empenham-se em teorias sobre a reação hereditária, ancestral ou primordial de um pensamento — já que existe pensamento, parece que continua a ser necessário conservar esse termo — estruturado de modo diferente do pensamento lógico, racional. E então se constrói e se inventa. É aí que se faz filosofia. Aqui, esperamos por aqueles com quem oportunamente tivermos que buscar o diálogo, no próprio terreno em que esse diálogo deve ser julgado. Vejamos se, de nossa parte, podemos dar conta da experiência de maneira menos hipotética.

Eis uma resposta concebível, que entrego a vocês. Ela consiste em partir da constituição do objeto correlato de uma primeira modalidade de abordagem, o reconhecimento de nossa própria forma. Afirma que esse reconhecimento, em si mesmo, é limitado, pois deixa escapar algo do investimento primitivo em nosso ser que é dado pelo fato de existirmos como corpo. Não será uma resposta não apenas razoável, mas controlável, dizer que é esse resto, esse resíduo não imaginado do corpo, que, por um desvio que sabemos designar, vem manifestar-se no lugar previsto para a falta, e de um modo que, por não ser especular, torna-se impossível de situar? Com efeito, uma das dimensões da angústia é a falta de certos referenciais.

Não discordaremos aqui da maneira como esse fenômeno é abordado por alguém como Kurt Goldstein. Quando ele nos fala da angústia, é com muita pertinência. Toda a fenomenologia dos fenômenos de lesão em que ele segue o rastro da experiência que nos interessa, de que modo ela se articula senão a partir da observação prévia de que o organismo funciona como uma totalidade em todos os seus efeitos relacionais? Não há um só de nossos músculos que não esteja implicado numa inclinação de nossa cabeça. Toda reação a uma situação implica a totalidade da resposta do organismo. Se a acompanharmos, veremos surgirem dois termos estreitamente entrelaçados: a reação catastrófica e, no interior de seu campo fenomênico, a localização dos fenômenos de angústia como tais.

Peço-lhes que se refiram aos textos das análises goldsteinianas, muito acessíveis, já que foram traduzidos para o francês, para neles discernir, ao mesmo tempo, o quanto essas formulações se aproximam das nossas e quanta clareza tirariam de se apoiar mais expressamente nestas. Vocês perceberão isso, se acompanharem o texto com a chave que lhes forneço.

Tomemos, por exemplo, a diferença existente entre a reação de distúrbio e a reação de angústia.

Com a reação de distúrbio, o sujeito responde à sua inoperância, ao fato de estar diante de uma situação insuperável, sem dúvida por causa de sua deficiência. É uma forma de reagir que nada tem de estranho, num sujeito não deficitário, diante de uma situação de *Hilflosigkeit*, de perigo insuperável.

Para que se produza a reação de angústia, são sempre necessárias duas condições, que se acham presentes nos casos concretos evocados. A primeira é que os fatos deficitários sejam tão limitados que o sujeito possa discerni-los no teste a que é submetido, e que, em virtude desse limite, a lacuna apareça como tal no campo objetivo. É esse surgimento da falta sob uma forma positiva que constitui a fonte da angústia — exceto que, segunda condição, não convém omitir, mais uma vez, que o sujeito tem diante de si Goldstein ou uma pessoa de seu laboratório, que o submete a uma prova, um teste organizado. Portanto, é sob o efeito de uma demanda que se produz o campo da falta.

Esses termos, quando se sabe onde e quando procurá-los, são infalivelmente encontrados, se houver necessidade.

Pulando para uma ordem inteiramente diversa, evocarei a experiência que é mais maciça, a que não é reconstituída, ancestral, rejeitada para a obscuridade das antigas eras de que teríamos pretensamente escapado, mas que atesta uma necessidade que nos une a essas eras, uma experiência sempre atual e da qual, curiosamente, já não falamos senão muito raramente — a experiência do pesadelo.

Perguntamo-nos por que os analistas, de uns tempos para cá, interessam-se tão pouco por ela. Introduzo-a aqui porque, de qualquer modo, será preciso nos determos nela por algum tempo este ano. Vou dizer-lhes por que e onde encontrar material para isso, pois existe a esse respeito uma literatura já constituída, e das mais notáveis, à qual vocês devem se referir. Estou pensando, por mais esquecido que ele esteja, no livro de Jones sobre o pesadelo, livro de uma riqueza incomparável.

Recordo-lhes sua fenomenologia fundamental. Nem por um instante penso em me esquivar de sua dimensão principal: a angústia do pesadelo é experimentada, propriamente falando, como a do gozo do Outro.

O correlato do pesadelo é o íncubo ou o súcubo, esse ser que nos comprime o peito com todo o seu peso opaco de gozo alheio, que nos esmaga sob seu gozo. A primeira coisa que aparece no mito, bem como no pesadelo vivenciado, é que esse ser que pesa por seu gozo é também um ser questionador, e que até se manifesta na dimensão desenvolvida da pergunta a que chamamos enigma. A Esfinge, cuja entrada em jogo no mito precede todo o drama de Édipo, não se esqueçam, é uma figura de pesadelos e, ao mesmo tempo, uma figura questionadora.

Essa pergunta fornece a forma mais primordial do que chamei de dimensão da demanda, ao passo que aquilo que habitualmente denominamos demanda, no sentido de uma exigência pretensamente instintiva, é apenas uma forma reduzida dela.

Eis-nos, portanto, levados a interrogar mais uma vez a relação entre uma experiência que pode ser chamada de pré-subjetiva, no sentido corrente do termo "sujeito", e a pergunta em sua forma mais fechada, sob a forma de um significante que se propõe como opaco, ele mesmo, o que constitui a posição do enigma.

Isso lhes permite imprensar-me em minha própria parede, levando em conta definições que já lhes propus, para que eu tenha de submetê-las à prova de seu uso.

2

O significante, disse-lhes eu a certa altura, é um traço,* porém um traço apagado. O significante, eu lhes disse em outra ocasião, distingue-se do signo por que o signo é o que representa alguma coisa para alguém, ao passo que o significante é o que representa um sujeito para um ser significante.

Poremos isso à prova no que concerne àquilo de que se trata.

---

* Convém lembrar que o termo francês *trace* tem também as acepções de rastro ou vestígio. (N.T.)

Aquilo de que se trata é nossa relação angustiada com um objeto perdido, mas que certamente não está perdido para todo o mundo. Vou mostrar-lhes onde ele se encontra, porque não basta esquecer uma coisa para que ela não continue a existir, só que não sabemos mais reconhecê-la. Para encontrar o objeto, conviria voltarmos ao tema do traço.

Para lhes avivar o interesse por essa busca, vou dar-lhes de imediato dois *flashes* sobre o tema de nossa experiência mais comum.

É evidente a correlação entre o que estou tentando desenhar-lhes e a fenomenologia do sintoma histérico, no sentido mais amplo, pois não nos esqueçamos de que não existem apenas pequenas histerias; há também as grandes, há anestesias, paralisias, escotomas, estreitamentos do campo visual. A angústia não aparece na histeria exatamente na medida em que essas faltas são desconhecidas.

Há uma coisa que muitas vezes não é percebida, que vocês não põem em jogo, mas que explica toda uma parte do comportamento do obsessivo. Em sua maneira particularíssima de tratar o significante, ou seja, de pô-lo em dúvida, de poli-lo, apagá-lo, triturá-lo, fazê-lo em pedacinhos, portar-se com ele como Lady Macbeth com o maldito vestígio de sangue, o obsessivo, por um caminho sem saída, mas cuja meta não deixa dúvidas, opera justamente no sentido de encontrar o signo por baixo do significante. *Ungeschehen machen*, desacontecer a inscrição da história. Isso aconteceu assim, mas não é uma certeza. Não é certeza porque é apenas um significante e porque a história, portanto, é um artifício. Tem razão o obsessivo; ele captou alguma coisa e quer chegar à origem, à etapa anterior, à do signo.

Agora tentarei fazer com que vocês percorram o caminho no sentido inverso. Não foi à toa que hoje parti de nossos animais de laboratório. Afinal, poderíamos abrir-lhes as portas e ver o que eles fazem, por sua vez, com o traço.

Não é propriedade unicamente do homem apagar vestígios, operar com vestígios. Vemos animais apagarem seu rastro. Vemos até comportamentos complexos, que consistem em enterrar um certo número de vestígios, de dejetos, por exemplo — o que é muito conhecido entre os gatos.

Parte do comportamento animal consiste em estruturar um certo campo de seu *Umwelt*, de seu ambiente, com traços que o pontuem e definam seus limites. É o que chamamos de constituição do território. Os hipopótamos fazem isso com seus dejetos e também com o produto de certas glândulas, que neles, se bem me lembro, são perianais. O cervo esfrega sua galhada contra a casca de certas árvores, o que tem o alcance de uma demarcação de traços. Não quero estender-me aqui na infinita variedade do que uma zoologia desenvolvida pode ensinar-lhes a esse respeito. O importante é o que tenho a lhes dizer no que concerne ao apagamentos dos traços.

O animal, eu lhes disse, apaga seu rastro e cria rastros falsos. Mas, será que com isso cria significantes? Há uma coisa que o animal não faz — ele não cria rastros falsos, isto é, rastros tais que sejam tomados como falsos, embora sejam os vestígios de sua verdadeira passagem. Fazer rastros falsamente falsos é um comportamento que não direi essencialmente humano, mas essencialmente significante. É aí que está o limite. É aí que se presentifica o sujeito. Quando um traço é feito para ser tomado por um falso traço, sabemos que há aí um sujeito falante, sabemos que há aí um sujeito como causa.

A própria idéia de causa não tem outro suporte senão esse. Depois tentamos estendê-la ao universo, mas a causa original é a causa de um traço que se apresenta como vazio, que quer fazer-se passar por um falso traço. Que quer dizer isso? Quer dizer, de forma indissolúvel, que o sujeito, ali onde nasce, dirige-se ao que chamarei sucintamente de forma mais radical da racionalidade do Outro. Esse comportamento, com efeito, não tem outro alcance possível senão o posicionar-se no lugar do Outro numa cadeia de significantes, que têm ou não a mesma origem, mas constituem o único termo de referência possível para o traço transformado em significante.

De modo que vocês captarão aí que o que originalmente alimenta a emergência do significante é a meta de que o Outro, o Outro real, não saiba. O *ele não sabia* enraíza-se num *ele não deve saber.* O significante decerto revela o sujeito, mas apagando seu traço.

a A

$

Esquema do traço apagado

No início, portanto, existe um *a*, o objeto da caça, e um A, no intervalo entre os quais aparece o sujeito S, com o nascimento do significante, mas como barrado, como não-sabido. Todo o posicionamento posterior do sujeito repousa na necessidade de uma reconquista desse não-sabido original. Aqui vocês já vêem surgir a relação realmente radical concernente ao ser desse sujeito a ser reconquistado, a relação que existe entre o *a* e a primeira aparição do sujeito como não-sabido, o que significa inconsciente, *unbewusste*. Essa palavra se justifica pela tradição filosófica, que confundiu o *bewusst* da consciência com o saber absoluto. Isso não nos pode bastar, porquanto sabemos que esse saber e a consciência não se confundem.

Freud deixa em aberto a questão de determinar de onde pode provir a existência do campo definido como sendo o da consciência. Posso reivindicar que o estádio do espelho, articulado como está, traz um esboço de solução a esse respeito, embora saiba da insatisfação em que ele pode deixar certos espíritos formados na meditação cartesiana. Penso que poderemos dar um passo a mais este ano, que os faça apreender onde está, desse chamado sistema da consciência, a origem real, o objeto original, pois só ficaremos satisfeitos com a idéia de que as perspectivas da consciência realmente foram refutadas quando enfim soubermos que ela mesma está ligada a um objeto isolável, especificado na estrutura.

Indiquei-lhes há pouco a posição da neurose nessa dialética. Se captaram o cerne daquilo de que se trata no tocante à emergência do significante, logo poderão perceber a que esparrela nos expomos com respeito ao que acontece na neurose. Todas as armadilhas em que caiu a dialética analítica decorrem de se haver desconhecido a parcela intrínseca de falsidade que existe na demanda do neurótico.

A existência da angústia está ligada a que toda demanda, mesmo a mais arcaica, tem sempre algo de enganoso em relação àquilo que preserva o lugar do desejo. Também é isso que explica a faceta angustiante daquilo que dá a essa falsa demanda uma resposta saturadora.

Não faz muito tempo, vi surgir no discurso de um de meus pacientes que sua mãe não desgrudara dele até certa idade — será possível dizer mais do que isso? Ela dera à sua demanda apenas uma resposta falsa, uma resposta que realmente errava o alvo, já que, se a demanda é estruturada pelo significante, não deve ser tomada ao pé da letra. O que a criança pede à mãe destina-se a estruturar para ela a relação presença-ausência demonstrada pela brincadeira original do *Fort-Da*, que é um primeiro exercício de dominação. Há sempre um certo vazio a preservar, que nada tem a ver com o conteúdo, nem positivo nem negativo, da demanda. É de sua saturação total que surge a perturbação em que se manifesta a angústia.

Nossa álgebra traz-nos aqui um instrumento que é a conta certa para vermos as conseqüências disso. A demanda surge indevidamente no lugar do que é escamoteado, *a*, o objeto.

3

O que é uma álgebra senão algo de muito simples, que se destina a fazer passar para o manejo, para o estado mecânico, sem que vocês tenham que compreendê-la, uma coisa muito complicada? É muito melhor que seja assim, sempre me disseram na matemática. Basta que a álgebra seja corretamente construída.

Ensinei-lhes a escrever a pulsão como ($ ◊ D), o que se deve ler como S barrado, corte de D maiúsculo, a demanda. Voltaremos a esse corte — de qualquer modo, vocês começaram há pouco a ter uma certa idéia de que o que se trata de cortar é o impulso do caçador —, mas a maneira como lhes ensinei a escrever a pulsão já lhes explica por que foi nos neuróticos que as pulsões foram descritas. Foi justamente na medida em que a fantasia ($ ◊ *a*) apresenta-se no neurótico, de maneira privilegiada, como ($ ◊ D).

Em outras palavras, foi um engodo da estrutura fantasística do neurótico que permitiu dar esse primeiro passo que se chama pulsão. Freud a designou sempre e perfeitamente, sem nenhuma espécie de oscilação, de *Trieb*. Essa palavra tem uma história no pensamento filosófico alemão, sendo absolutamente impossível confundi-la com o termo "instinto". Graças a isso, ainda recentemente, mesmo na *Standard Edition* e, se não me falha a memória, no texto de *Inibição, sintoma e angústia*, encontrei traduzido por *instinctual need* algo que se diz *Bedürfnis* no texto alemão. A simples substituição de *Bedürfnis* por *need*, se quisermos, seria uma boa tradução do alemão para o inglês. Por que acrescentar esse *instinctual*, que absolutamente não está no texto e que é o bastante para falsear todo o sentido da frase? Uma pulsão nada tem a ver com um instinto.

Não tenho objeções a fazer à definição de algo que se possa chamar de instinto, nem tampouco ao uso costumeiro da palavra, como, por exemplo, ao se chamar de instintos as necessidades que os seres vivos têm de se alimentar. Mas a pulsão oral é outra coisa. Ela concerne à erogenidade da boca, o que nos leva imediatamente a um problema: por que se trata apenas da boca? Por que não também da secreção gástrica, já que há pouco falamos dos cães de Pavlov? E ainda, se examinarmos de perto, por que se trata mais especialmente dos lábios, somente até certa idade, e por que, passado esse tempo, acrescenta-se a isso o que Homero chama de recinto dos dentes?

De fato, desde a primeira abordagem analítica do instinto, encontramos essa linha de fratura que é essencial à dialética instaurada pela referência ao outro especular.

Eu pensava ter-lhes trazido, mas não encontrei em meus papéis, a frase de Hegel na *Fenomenologia do espírito* que lhes fornecerei da próxima vez, na qual se diz formalmente que a linguagem é trabalho e que é por ela que o sujeito faz seu interior passar para o exterior. A frase é tal que fica bem claro que se trata de um *inside-out*, como se diz em inglês. Trata-se realmente da metáfora da luva virada pelo avesso. Mas, se acrescentei a essa referência a idéia de uma perda, foi na medida em que alguma coisa aí não sofre essa inversão, na medida em que em cada etapa sobra um resíduo, que não é passível de inversão nem tampouco de significação no registro articulado.

Não nos causará surpresa que essas formas do objeto nos apareçam sob a forma que é chamada de parcial. Esse fato nos impressionou o bastante para que as nomeássemos como tais, sob a forma seccionada. Por exemplo, quando somos levados a fazer intervir o objeto correlativo à pulsão oral, falamos do mamilo materno. Afinal, não convém omitir sua primeira fenomenologia, que é a do *dummy*, ou seja, de algo que se apresenta com um caráter artificial. É justamente isso que permite que o substituamos por qualquer mamadeira, que funciona exatamente do mesmo modo na economia da pulsão oral.

As referências biológicas, as referências à necessidade são essenciais, é claro; não se trata de as rejeitarmos, mas desde que percebamos que, de fato, a diferença estrutural muito primitiva introduz rupturas nelas, cortes, introduz de imediato a dialética significante. Haverá nisso alguma coisa que seja impenetrável a uma concepção que chamarei de o que há de mais natural?

A dimensão do significante não é outra coisa, se quiserem, senão aquilo em que se vê aprisionado um animal à procura de seu objeto, de tal modo que a busca desse objeto o conduz a um outro campo de rastros, no qual essa mesma busca perde seu valor introdutório e se transforma em seu próprio fim. A fantasia, o $ em relação ao *a*, adquire aqui o valor significante da entrada do sujeito na dimensão que o leva à cadeia infinita de significações a que se chama destino. Podemos escapar dela indefinidamente, mas o que se trataria de encontrar é justamente o começo — como é que o sujeito entrou nessa história de significante?

Fica bem claro, portanto, que vale a pena reconhecer a estrutura que exponho da pulsão nos primeiros objetos demarcados pela análise. Já existe o que nomeei há pouco, o seio cortado. Mais tarde, quando a demanda feita *à* mãe se inverte numa demanda *da* mãe, há o objeto chamado cíbalo. Não entendemos qual seria o privilégio desse objeto, a não ser pelo fato de que também ele está relacionado com uma zona chamada erógena. É preciso ver que, também nesse caso, a zona em questão é separada por um limite de todo o sistema funcional que ela atinge, e que é muito mais vasto. Entre as funções excretoras, por que o ânus, senão por sua função determinada de esfíncter, que contribui para cortar um objeto? É esse corte que dá valor, dá ênfase ao objeto anal, com tudo o que ele pode vir a representar não simplesmente de dom, como se costuma dizer, mas de identidade.

A função eventual que lhe é dada na teoria analítica, a título de relação de objeto, não digo desde ontem, mas de anteontem, acha-se justificada pelo que digo aí, exceto, no entanto, que equivale a falsear tudo ver nela um modelo do mundo do analisando em que um processo de maturação permitiria o restabelecimento progressivo de uma suposta reação total ou autêntica. Não, trata-se apenas de um dejeto que designa a única coisa que importa, ou seja, o lugar de um vazio.

Aí virão situar-se, como lhes mostrarei, outros objetos muito mais interessantes. Vocês já os conhecem, aliás, mas não sabem onde colocá-los. Por hoje, considerem reservado o lugar desse vazio.

Uma vez, aliás, que algo em nosso projeto não deixará de evocar a teoria existencial e até existencialista da angústia, vocês estão certos ao dizer que não é à toa que aquele que podemos considerar um dos pais da perspectiva existencial, pelo menos na época moderna, não deixou de se interessar pelo vazio.

Refiro-me a esse Pascal que não sabemos muito bem por que nos fascina, pois que, a acreditarmos nos teóricos das ciências, ele fez fiasco em tudo. Pelo menos, fez fiasco no cálculo infinitesimal, o qual, ao que parece, esteve a dois passos de descobrir. Prefiro acreditar que ele pouco se importava, pois havia algo que lhe interessava mais, e é por essa razão que ele ainda nos toca, mesmo aqueles dentre nós que são absolutamente descrentes. Como bom jansenista que era, Pascal se interessava pelo desejo, e foi por isso, digo-lhes em confiança, que fez as experiências de Puy de Dôme sobre o vácuo.

O vácuo, isso absolutamente já não nos interessa do ponto de vista teórico. Quase não tem mais sentido para nós. Sabemos que, no vácuo, também se podem produzir depressões, cheias, massas de ondas e tudo o mais que vocês quiserem. Mas, para Pascal, era essencial se a natureza tivesse ou não horror ao vácuo, uma vez que isso significava o horror ao desejo de todos os cientistas de sua época. Até então, se não a natureza, pelo menos todo o pensamento tivera horror a que pudesse existir vácuo em algum lugar.

É isso que se propõe à nossa atenção. Resta saber se também nós, de tempos em tempos, não cedemos a esse horror.

12 de dezembro de 1962

VI

O QUE NÃO ENGANA

Uma característica preciosa de Ferenczi
A angústia é enquadrada
A angústia não é desprovida de objeto
Da angústia à ação
Das demandas do Deus dos judeus

O que evoco aqui para vocês, portanto, não é metafísica. É, antes, uma lavagem cerebral.

Esse termo, permiti-me empregá-lo há alguns anos, antes que a atualidade lhe desse um destino. O que pretendo é, graças a um método, ensiná-los a reconhecer no lugar certo o que se apresenta em sua experiência. Naturalmente, a eficácia do que pretendo fazer só se comprova na experiência.

Vez por outra, houve quem objetasse à presença, em meu ensino, de algumas pessoas que tenho em análise. Afinal, a legitimidade da coexistência dessas duas relações comigo — aquela em que me escutam e aquela em que por mim se fazem escutar — só pode ser julgada a partir de dentro. Será que o que lhes ensino aqui pode efetivamente facilitar a todos, e, portanto, também àquele que trabalha comigo, o acesso ao reconhecimento de seu próprio caminho? Neste lugar, certamente existe um limite em que o controle externo se detém, mas não é mau sinal ver que aqueles que participam dessas duas posições pelo menos aprendem a ler melhor.

Lavagem cerebral, disse eu. É realmente oferecer-me a esse controle mostrar-lhes que sei reconhecer, nos ditos daqueles que analiso, algo diferente do que há nos livros. Inversamente, para eles, é mostrar que sabem reconhecer nos livros o que efetivamente existe nos livros.

Por isso é que só posso me aplaudir por um pequeno aceno como o que me foi dado, recentemente, pela boca de alguém que tenho em análise.

Não lhe escapou, com efeito, o alcance de uma característica que se pode fisgar de passagem num livro de Ferenczi cuja tradução saiu recentemente, com muito atraso.

1

O título original do livro é *Versuch einer Genitaltheorie*, ou seja, *Ensaio*, com muita exatidão, *de uma teoria da genitalidade*, e não *das origens da vida sexual*, como confundiu a tradução.

Esse livro certamente não deixa de inquietar por algum aspecto. Para os que sabem escutar, faz muito tempo que apontei nele o que pode, conforme a ocasião, fazer parte do delírio. Mas, por trazer consigo uma enorme experiência, mesmo assim ele deixa que se deposite em seus desvios mais de uma característica que nos é preciosa.

A uma destas, tenho certeza de que o próprio autor não dá toda a ênfase que ela merece, dado que seu objetivo, em sua tentativa, é chegar a uma idéia harmonizadora demais, totalizante demais, de seu objeto, qual seja, a realização genital.

Vejamos em que termos ele se exprime nesta passagem: *O desenvolvimento da sexualidade genital, cujas linhas gerais acabamos de esquematizar no homem* — trata-se do varão —, *sofre na mulher* o que é traduzido por *uma interrupção bastante inesperada*, tradução inteiramente imprópria, já que se trata, em alemão, de *eine ziemlich unvermittelte Unterbrechung*, o que quer dizer *uma interrupção, na maioria dos casos, quase sem mediação.* Isso significa que ela não faz parte do que Ferenczi qualifica de anfimixia e que, no cômputo final, é apenas uma das formas naturalizadas do que chamamos de tese-antítese-síntese, isto é, o progresso dialético, se assim posso dizer, expressão que, embora sem dúvida não seja valorizada no espírito de Ferenczi, nem por isso deixa de animar efetivamente toda a sua construção. Se a interrupção é chamada de *unvermittelte*, é por ser lateral em relação a esse processo, e não nos esqueçamos de que se trata de encontrar a síntese da harmonia genital. Convém entender, portanto, que essa interrupção se dá mais como impasse, ou seja, fora dos progressos da mediação.

Essa interrupção, diz Ferenczi, *é caracterizada pelo deslocamento da erogenidade do clitóris, pênis feminino, para a cavidade vaginal.* Com isso ele só faz acentuar o que nos diz Freud. *A experiência analítica, entretanto, inclina-nos a supor que, na mulher, não só a vagina, mas também outras partes do corpo podem genitalizar-se, como igualmente testemunha a histeria, em particular o mamilo e a região que o cerca.*

Como vocês sabem, há ainda muitas outras zonas que são implicadas na histeria. De resto, aliás, na impossibilidade de acompanhar efetivamente a preciosidade do que nos é trazido aí como material, a tradução mostra-se vaga e como que borrada. Em alemão não há *como igualmente testemunha*, mas simplesmente *nach Art der Hysterie*, ou seja, *à maneira da* ou *à moda da* [histeria].

O que significa isso para quem aprendeu a escutar, seja aqui, seja alhures, senão que a vagina entra em funcionamento na relação genital por um mecanismo estritamente equivalente a qualquer outro mecanismo histérico?

E por que nos espantarmos com isso? Nosso esquema do lugar vazio na função do desejo permite-lhes ao menos situar o paradoxo de que se trata, e que se define assim:

O lugar, a morada do gozo, encontra-se normalmente — posto que naturalmente — situado num órgão que tanto a experiência quanto a investigação anatomofisiológica ensinam, da maneira mais segura, ser insensível, no sentido de que sequer poderia ser despertado para a sensibilidade, em razão de sua inervação. O lugar supremo do gozo genital é um local — o que não é mistério — em que se podem derramar dilúvios de água fervente, levada a uma temperatura insuportável para qualquer outra mucosa, sem provocar reações sensoriais imediatas.

Há todos os motivos para identificarmos essas correlações antes de entrarmos no mito diacrônico de uma pretensa maturação que faria do ponto de chegada, ou seja, da consumação da função sexual na função genital, o lugar de convergência e síntese de tudo o que possa ter-se apresentado até então de tendências parciais. Reconhecer a necessidade do lugar vazio num ponto funcional do desejo, e constatar que a própria natureza, a fisiologia, não encontrou alhures seu ponto funcional mais favorável, livra-nos do peso paradoxal que fez com que se imaginassem tantas construções míticas em torno do pretenso gozo vaginal, e com isso nos coloca numa posição mais clara — não, certamente, porque não se possa indicar nada claro além disso.

Aqueles de vocês que assistiram a nosso Congresso de Amsterdã sobre a sexualidade feminina podem estar lembrados de que muitas coisas, e coisas meritórias, foram ditas nele, sem que pudessem ser efetivamente articuladas e situadas, por falta do registro estrutural que eu havia indicado na abertura dos trabalhos e cujas articulações tento fornecer-lhes aqui. E, no entanto, como é precioso para nós saber o que está aqui no quadro, quando conhecemos todos os paradoxos em que entramos no tocante ao lugar a ser dado à histeria no que se poderia chamar de escala das neuroses!

Em razão das evidentes analogias com o mecanismo histérico, cuja peça principal lhes apontei, faz-se da histeria a neurose mais avançada, por ser a mais próxima da consumação genital. Convém, segundo essa concepção diacrônica, que a situemos no término da maturação infantil, mas também em seu começo, já que a clínica nos mostra que, na escala neurótica, precisamos considerá-la a mais primária, pois é sobre ela que se edificam as construções da neurose obsessiva. Por outro lado, as relações da histeria com a psicose, com a esquizofrenia, são evidentes e já foram sublinhadas.

A única coisa que pode permitir-nos, para não flutuar ao sabor das necessidades do caso a ser exposto, não colocar a histeria ora no fim, ora no começo das pretensas fases evolutivas é, antes de mais nada, relacioná-la com o que prevalece, ou seja, com a estrutura sincrônica e constitutiva do desejo como tal, onde aquilo que designo como o lugar do branco, o lugar do vazio, sempre desempenha uma função essencial. Que essa função se evidencie na estrutura acabada da relação genital é, ao mesmo tempo, a confirmação do caráter fundamentado de nosso método e o esboço de uma visão mais clara, desobstruída, dos fenômenos do genital.

Sem dúvida, há algum obstáculo a que a vejamos diretamente, uma vez que, para chegar a isso, é preciso passarmos por um caminho meio desviado, o da angústia. É por isso que estamos aqui.

2

Este momento, em que se conclui com o ano uma primeira fase de nosso discurso, é propício para que eu aponte a existência de uma estrutura da angústia.

Abordei-a para vocês desde o início de meu discurso, com a ajuda dessa forma taquigráfica que está no quadro e do que ela traz de arestas vivas, que deve ser tomado em toda a sua especificidade. Todavia, ainda não insisti suficientemente num ponto.

Essa característica é o espelho visto por sua espessura. Ora, um espelho não se estende até o infinito, tem limites. Se vocês se referirem ao artigo de que foi extraído esse esquema,* verão que dou importância a esses limites do espelho. Esse espelho permite ao sujeito ver um ponto situado no espaço que não lhe é diretamente perceptível. Mas não vejo forçosamente a mim mesmo, ou a meu olho no espelho, ainda que este me ajude a discernir algo que de outro modo eu não veria. O que quero dizer com isso é que a primeira coisa a adiantar sobre a estrutura da angústia — e que vocês sempre negligenciam nas observações, por ficarem fascinados com o conteúdo do espelho e esquecerem seus limites — é que a angústia é enquadrada.

Os que ouviram minha intervenção nas Jornadas Provinciais dedicadas à fantasia — intervenção cujo texto continuo esperando que me remetam, passados dois meses e uma semana — podem lembrar-se da metáfora de que me servi: a de um quadro que acaba de ser colocado no caixilho de uma janela. Técnica absurda, sem dúvida, caso se trate de ver melhor o que está no quadro, mas já não é disso que se trata. Seja qual for o encanto do que está pintado na tela, trata-se de não ver o que se vê pela janela.

Sucede ver-se aparecer em sonho, e de maneira inequívoca, uma forma pura e esquemática da fantasia. É o que acontece no sonho da observação do Homem dos Lobos. É por ser a fantasia pura, desvelada em sua estrutura, que esse sonho repetitivo adquire toda a sua importância e Freud o toma como central. Se essa observação tem para nós um caráter não esgotado e inesgotável, é por tratar-se, essencialmente, de uma ponta à outra, da relação da fantasia com o real. Ora, que vemos nesse sonho? O escancarar repentino — os dois termos são indicados — de uma janela. A fantasia é vista além de um vidro, e por uma janela que se abre. A fantasia é enquadrada.

Quanto ao que vocês vêem mais além, vocês reconhecerão nisso a estrutura, que é a que estão vendo no espelho de meu esquema. Há sempre as duas barras, a de um suporte mais ou menos desenvolvido e

---

* Trata-se da "Observação sobre o relatório de Daniel Lagache", ver J. Lacan, *Escritos*, versão bras. Vera Ribeiro, Rio de Janeiro: Zahar, 1998, p. 653-691.

a de algo que é sustentado. Nesse sonho, são os lobos nos galhos da árvore. Não preciso abrir nenhuma coletânea de desenhos de esquizofrênicos para recolhê-los aos montes, por assim dizer. Vez por outra, vocês também encontrarão aí uma árvore qualquer, com alguma coisa na ponta.

Extraio meu primeiro exemplo do relatório feito por Jean Bobon, no último Congresso de Anvers, sobre o fenômeno da expressão.

Vejam este desenho de uma esquizofrênica. O que há na ponta dos galhos? Para o sujeito em questão, o que exerce o papel desempenhado pelos lobos para o Homem dos Lobos são significantes. Para além dos galhos da árvore, ela escreveu a formulação de seu segredo, *Io sono sempre vista*. É o que nunca pudera dizer até então, "Sou sempre vista". Mas ainda preciso deter-me para levá-los a perceber que em italiano, assim como em francês, *vista* é ambíguo. Não é apenas um particípio, é também *a visão*, com seus dois sentidos, subjetivo e objetivo — a função da visão e o fato de ser uma vista, como se diz sobre a vista da paisagem, aquela que é tomada como objeto num cartão-postal.

O que quero acentuar hoje é apenas que o horrível, o suspeito, o inquietante, tudo aquilo pelo qual traduzimos para o francês, tal como nos é possível, o magistral *unheimlich* do alemão, apresenta-se através de clarabóias. É enquadrado que se situa o campo da angústia. Assim vocês reencontram aquilo por meio do qual introduzi a discussão, ou seja, a relação da cena com o mundo.

"Súbito", "de repente" — vocês sempre encontrarão essas expressões no momento da entrada do fenômeno do *unheimlich*. Encontrarão sempre em sua dimensão própria a cena que se propõe, e que permite que surja aquilo que, no mundo, *não pode* ser dito.

O que sempre esperamos ao abrir do pano senão aquele breve momento de angústia, rapidamente extinto, mas que nunca falta na dimensão pela qual, ao irmos ao teatro, fazemos mais do que pousar nossos traseiros numa poltrona de preço mais ou menos caro — o momento das três batidas e da cortina que se abre? Sem esse tempo introdutório da angústia, rapidamente elidido, nada poderia adquirir seu valor pelo que é determinado, em seguida, como trágico ou cômico.

O que não pode, dizia eu. Também nesse caso, nem todas as línguas lhes dão os mesmos recursos. Não é de *können* que se trata — é claro que muitas coisas podem ser ditas, falando em termos materiais —, mas de *dürfen*, de um *poder* que traduz mal o *permitido* ou o *não permitido*, embora a palavra se relacione com uma dimensão mais original. Aliás, é porque *man darf nicht*, não se pode nada, que *man kann*, que se vem afinal a poder. O que age aí é a descaracterização, a dimensão de distração constituída pela ação dramática propriamente dita.

Não podemos demorar-nos demais nas nuances desse enquadramento da angústia. Será que vocês vão dizer que chamo atenção para ela no intuito de reduzi-la à expectativa, à preparação, a um estado de alerta, a uma resposta que já é de defesa diante do que está por acontecer? Isso, sim, é a *Erwartung* [expectativa], a constituição do hostil como tal, o primeiro recurso além da *Hilflosigkeit* [desamparo]. Se de fato a expectativa pode servir, entre outros meios, para o enquadramento da angústia, ela não é indispensável. Não há necessidade da expectativa, o enquadramento está sempre presente. Mas a angústia é outra coisa.

A angústia é quando aparece nesse enquadramento o que já estava ali, muito mais perto, em casa, *Heim*. É o hóspede, dirão vocês. Em certo sentido, sim, é claro, o hóspede desconhecido, que aparece inopinadamente, tem tudo a ver com o que se encontra no *unheimlich*, mas é muito pouco designá-lo dessa maneira, pois, como lhes indica muito bem o termo em francês, assim, de imediato, esse hóspede [*hôte*], em seu sentido comum, já é alguém bastante inquietado pela espera.

Esse hóspede é o que já passou para o hostil [*hostile*] com que iniciei este discurso sobre a espera. No sentido corriqueiro, esse hóspede não é o *heimlich*, não é o habitante da casa, é o hostil lisonjeado, apaziguado, aceito. O que é *Heim*, o que é *Geheimnis* [segredo, mistério], nunca passou pelos desvios, pelas redes, pelas peneiras do reconhecimento. Manteve-se *unheimlich*, menos não habituável do que não habitante, menos inabitual do que inabitado.

É o surgimento do *heimlich* no quadro que representa o fenômeno da angústia, e é por isso que constitui um erro dizer que a angústia é sem objeto.

A angústia tem um tipo de objeto diferente do objeto cuja apreensão é preparada e estruturada pela grade do corte, do sulco, do traço unário, do *é isso* que sempre funciona, fechando o lábio ou os lábios do corte dos significantes, que então se transformam em cartas/letras fechadas, enviadas em envelopes selados a outros traços.

Os significantes fazem do mundo uma rede de traços em que a passagem de um ciclo a outro torna-se então possível. Isso quer dizer que o significante gera um mundo, o mundo do sujeito falante, cuja característica essencial é que nele é possível enganar.

A angústia é esse corte — esse corte nítido sem o qual a presença do significante, seu funcionamento, seu sulco no real, é impensável; é esse corte a se abrir, e deixando aparecer o que vocês entenderão melhor agora: o inesperado, a visita, a notícia, aquilo que é tão bem exprimido pelo termo "pressentimento", que não deve ser simplesmente entendido como o pressentimento de algo, mas também como o *pré-sentimento*, o que existe antes do nascimento de um sentimento.

Todos os desvios são possíveis a partir da angústia. O que esperávamos, afinal de contas, e que é a verdadeira substância da angústia, é o *aquilo que não engana*, o que está fora de dúvida.

Não se deixem levar pelas aparências. Não é por poder parecer-lhes clinicamente perceptível a ligação entre a angústia e a dúvida, a hesitação, o chamado jogo ambivalente do obsessivo, que se trata da mesma coisa. A angústia não é a dúvida, a angústia é a causa da dúvida.

Não é a primeira nem será a última vez que terei de assinalar aqui que, se a função da causalidade se mantém, após dois séculos de apreensão crítica, é justamente por estar num lugar diferente daquele em que a refuto. Se há uma dimensão em que devemos buscar a verdadeira função, o verdadeiro peso, o sentido da manutenção da função de causa, é na direção da abertura da angústia.

A dúvida, o que ela despende de esforços, serve apenas para combater a angústia, e justamente através de engodos. Porque o que se trata de evitar é aquilo que, na angústia, assemelha-se à certeza assustadora.

3

Penso que, neste ponto, vocês me deterão para me lembrar que afirmei mais de uma vez, sob formas aforísticas, que toda atividade humana desabrocha na certeza, ou gera a certeza, ou que, de modo geral, o referencial da certeza é essencialmente a ação.

Pois bem, sim, é claro. E é justamente isso que me permite introduzir agora que talvez seja da angústia que a ação retira sua certeza.

Agir é arrancar da angústia a própria certeza. Agir é efetuar uma transferência de angústia.

E, já que estamos no fim do trimestre, permito-me avançar meio depressa aqui, para preencher ou quase preencher as lacunas que eu havia deixado no quadro de meu primeiro Seminário, aquele que se ordena a partir dos termos freudianos "inibição, sintoma e angústia", complementado pelo impedimento, pelo embaraço, pela emoção e pela efusão. Que há nos lugares vazios? Há a passagem ao ato e o *acting out*.

Inibição	Impedimento	Embaraço
Emoção	**Sintoma**	Passagem ao ato
Efusão	*Acting out*	**Angústia**

Quadro da angústia

Hoje não tenho tempo para lhes dizer por quê. Foi por essa razão que disse que estava apenas *quase* completando esse quadro. Mesmo assim, eu os farei avançar nesse caminho, ao lhes assinalar, na mais estreita relação com nossa fala desta manhã, a oposição já implícita e até expressa, em minha primeira introdução desses termos, entre o que há de excesso no embaraço e o que há a menos na efusão, no *esmayer*, que é, essencialmente, como eu lhes disse, a evocação do poder que falta, a experiência daquilo que lhes falta na necessidade.

A ligação desses dois termos é essencial para nosso tema, uma vez que enfatiza sua ambigüidade. Se aquilo com que lidamos é demais, ele não nos falta. Se vem a nos faltar, por que dizer que nos embaraça noutro lugar?

Tomemos cuidado para não ceder aqui às ilusões mais lisonjeiras.

Ao nos lançarmos, nós mesmos, na decifração da angústia, reconheçamos o que querem todos os que têm falado dela de um ponto de vista científico. Mas é claro, ora essa! O que precisei postular no começo como necessário à constituição de um mundo, o significante como possibilidade de tapeação, é aí que se revela que isso não é inútil. Vê-se isso melhor, justamente, quando se trata da angústia. E o que se vê é o quê? É que abordá-la cientificamente é sempre mostrar que ela é um imenso engodo.

As pessoas não percebem que tudo aquilo sobre o qual se estende a conquista de nosso discurso resume-se, hoje, em mostrar que isso é um imenso engodo. Dominar o fenômeno através do pensamento é sempre mostrar como se pode fazê-lo de maneira enganosa, é poder reproduzi-lo, ou seja, fazer dele um significante. Um significante de quê? O sujeito, ao reproduzi-lo, falsifica o livro contábil. Isso não é de nos surpreender, se é verdade que o significante é o vestígio do sujeito no curso do mundo. Só que, se acreditarmos que podemos continuar neste jogo com a angústia, pois bem, é certo que fracassaremos, porque a angústia escapa precisamente a esse jogo.

Portanto, é com isso que devemos ter cuidado no momento de captar o que significa essa relação de embaraço com o significante a mais e de falta com o significante a menos. Vou ilustrá-lo. Saibam que, se não existisse a análise, eu não poderia falar disso. Mas a análise deparou com ele na primeira esquina — o falo, por exemplo.

O Pequeno Hans, tão lógico quanto Aristóteles, formula a equação *Todos os seres animados têm falo.* Suponho estar me dirigindo a pessoas que acompanharam meu comentário sobre a análise do caso do Pequeno Hans, e que também se lembram daquilo que tive o cuidado de acentuar, no ano passado, a respeito da proposição chamada afirmativa universal, ou seja, que ela tem apenas o sentido de definição do real a partir do impossível. É impossível que um ser não tenha falo. Como vocês vêem, a lógica, por conseguinte, tem a função essencialmente precária de condenar o real a tropeçar eternamente no impossível. Não temos outro meio de apreendê-lo senão avançando de tropeço em tropeço.

Exemplo. Existem seres vivos, como mamãe, por exemplo, que não têm falo. Então, é porque não existe ser vivo — angústia.

Resta dar o passo seguinte. O mais cômodo é dizer que mesmo os que não o têm o têm. É por isso que, no conjunto, atemo-nos a essa solução. Os seres vivos que não têm falo o terão, contra tudo e contra todos. É porque terão um falo — o qual nós, psicólogos, chamaremos de irreal, e que será simplesmente o falo significante — que eles estarão vivos. Assim, de tropeço em tropeço, progride não o conhecimento, não me atrevo a dizê-lo, mas certamente a compreensão.

De passagem, não posso resistir ao prazer de lhes participar uma descoberta, um achado que o acaso, o bom acaso, isso a que chamamos de acaso e que o é tão pouco, deixou-me em condições de fazer para vocês, antes mesmo do último fim de semana, num dicionário de *slang*.

Meu Deus, como devo ter demorado a chegar a isso, mas a língua inglesa é uma bela língua! Quem aqui sabe que, já desde o século XV, a *slang* descobriu a maravilha de substituir, quando oportuno, o *I understand you perfectly* por *I understumble you perfectly*? Vou escrevê-lo, porque talvez a fonetização lhes tenha permitido evitar a nuance. Esse *understumble*, intraduzível em francês, incorpora no *understand*, que quer dizer *compreender*, o *stumble*, que significa justamente o tropeço. Compreender é sempre avançar capengando para o mal-entendido.

A psicologia clássica ensina que o material da experiência compõe-se do real e do irreal, e que os homens são atormentados pelo irreal no real. Se assim fosse, seria inteiramente inútil termos esperança de nos livrar disso, em razão de que a conquista freudiana nos ensina, por sua vez, que o inquietante é que, no irreal, é o real que os atormenta.

É o cuidado deles, *Sorge*, diz-nos o filósofo Heidegger. Certo, mas nisso estamos muito adiantados. Será que esse é um termo final? Antes de eles se agitarem, de falarem, de começarem a trabalhar, pressupõe-se o cuidado. Que quer dizer isso? Então não vemos que já aí estamos no nível de uma arte do cuidado? Evidentemente, o homem é um grande produtor de algo que, quando lhe diz respeito, chama-se cuidado. Mas, nesse caso, prefiro aprendê-la num livro sagrado, que é, ao mesmo tempo, o livro mais profanador que há e que se chama Eclesiastes.

Esse título é a tradução grega da Septuaginta para o termo *Koheleth* — um hápax, termo único, empregado somente nessa ocasião, e que vem de *Kahâl*, assembléia. *Koheleth* é, ao mesmo tempo, uma forma abstrata e feminina desta, e é, propriamente dita, a virtude agregadora, reagrupadora, a *Ecclesia*, se quisermos, mais do que o *Eclesiastes.*

O que nos ensina esse livro que chamei de sagrado e de o mais profano? O filósofo não deixa de tropeçar aí, ao ler nele não sei que eco epicurista. Foi isso que li. Epicurista, fala-se disso a propósito do Eclesiastes. Bem sei que há muito tempo Epicuro deixou de nos acalmar, como era seu intento, vocês sabem, mas dizer que o Eclesiastes teve, nem que fosse por um único instante, a chance de produzir em nós o mesmo efeito é, realmente, nunca tê-lo sequer entreaberto.

Deus me pede para gozar — isso é textual. Afinal, a Bíblia é a palavra de Deus. E, mesmo que não seja a palavra de Deus, creio que vocês já notaram a completa diferença que separa o Deus dos judeus do Deus de Platão. Ainda que a história cristã tenha julgado dever, a propósito do Deus dos judeus, encontrar junto ao Deus de Platão sua pequena fuga psicótica, já é hora de nos lembrarmos da diferença que há entre o Deus-motor universal de Aristóteles, o Deus-soberano bem, concepção delirante de Platão, e o Deus dos judeus, que é um Deus com quem se fala, um Deus que pede alguma coisa e que, no Eclesiastes, ordena: *Goza!* — é realmente o cúmulo.

Gozar sob ordens, afinal, é algo sobre o qual todo o mundo sente que, se existe uma fonte, uma origem da angústia, ela deve estar mesmo em algum lugar por aí. A esse *Goza* [*Jouis*], só posso responder uma coisa: é *Eu ouço* [*J'ouïs*], mas, naturalmente, nem por isso gozo com mais facilidade. Tal é a ordem de presença em que se ativa para nós o Deus que fala, aquele que nos diz expressamente que é o que é.

Para avançar pelo campo de suas demandas, enquanto ele está a meu alcance, introduzirei, porque isso está muito próximo de nosso tema, porque este é o momento — vocês têm razão em pensar que não é de hoje que o tenho observado —, que, entre as demandas de Deus a seu povo eleito, privilegiado, há algumas absolutamente precisas, e sobre as quais parece que, para deixar bem claros os seus termos, esse Deus não teve necessidade de possuir a presciência de meu Seminário; e há uma, nominalmente, que se chama circuncisão. Ele nos manda gozar e, ainda por cima, entra no modo de utilizar. Esclarece a demanda e destaca o objeto.

É nisso, penso eu, que não pôde deixar de evidenciar-se há muito tempo, tanto a vocês quanto a mim, a extraordinária confusão, o desacerto que há em referir a circuncisão à castração.

É claro que isso tem uma relação analógica, já que se relaciona com o objeto da angústia. Mas dizer que a circuncisão é a causa, o representante, o análogo do que chamamos de castração e seu complexo, é cometer um erro grosseiro, é não sair do sintoma, ou seja, daquilo que, num dado sujeito circuncidado, pode estabelecer-se de confusão quanto a sua marca e quanto àquilo de que eventualmente se trata em sua neurose, com referência ao complexo de castração.

Nada é menos castrador do que a circuncisão. Quando ela é bem feita, não se pode negar que o resultado é bem elegante, sobretudo ao lado de todos os sexos masculinos da Grande Grécia que os antiquários, a pretexto de eu ser analista, me trazem aos montes e me entregam a domicílio, recebem de volta de minha secretária, e que então vejo saírem porta afora, carregados com uma mala desses sexos, dos quais devo dizer que a fimose é sempre acentuada de maneira particularmente repugnante. Enfim, existe na prática da circuncisão algo de salutar, do ponto de vista estético.

A maioria dos que continuam a repetir a esse respeito as confusões que se arrastam pelos escritos analíticos, aliás, há muito se apercebeu de que também se tratava de reduzir de maneira significante a ambigüidade do tipo sexual. *Sou a ferida e a faca*, diz Baudelaire em algum lugar. Pois bem, por que considerar normal a situação de ser, ao mesmo tempo, a espada e a bainha? A prática ritual da circuncisão só pode gerar uma distribuição salutar quanto à divisão dos papéis.

Estas observações, como vocês bem percebem, não são laterais. A circuncisão já não lhes pode parecer um capricho cruel, pois está de acordo com o que lhes ensino a considerar na demanda, ou seja, a delimitação do objeto e a função do corte. O que Deus demanda como oferenda dessa zona delimitada destaca o objeto, depois de havê-lo situado. Que, depois disso, os que se reconhecem por esse signo tradicional nem por isso vejam reduzir-se — talvez longe disso — sua relação com a angústia, eis uma questão.

Um dos que são aqui evocados, e isso realmente não equivale a designar ninguém em meu auditório, chamou-me, um dia, num bilhete particular, de o último dos cabalistas cristãos. Fiquem tranqüilos. Se é possível que eu me demore numa investigação que jogue propriamente com o cálculo dos significantes, minha gematria não se perderá em seu cômputo. Nunca me fará tomar, se me atrevo a dizê-lo, meu gato pela lebre do conhecimento. E mais, se essa lebre se revelar surda, mais me fará, se necessário, reconhecer nela meu gato.

Contudo, mais diretamente do que Freud, por vir depois dele, interrogo seu Deus: *Che vuoi?* Em outras palavras, qual é a relação do desejo com a lei? Pergunta sempre evitada pela tradição filosófica, mas à qual Freud respondeu, e vocês vivem disso, mesmo que, como todo o mundo, ainda não o tenham percebido. Resposta: é a mesma coisa.

O que lhes ensino, aquilo a que os conduz o que lhes ensino, e que já está no texto, mascarado sob o mito de Édipo, é que esses termos, o desejo e a lei, que parecem colocar-se numa relação de antítese, são apenas uma e a mesma barreira, para nos barrar o acesso à Coisa. *Volens nolens*:* ao desejar, enveredo pelo caminho da lei. É por isso que Freud relaciona o inapreensível desejo do pai com a origem da lei. Mas aquilo a que leva sua descoberta, assim como toda a investigação analítica, é a não perder de vista o que há de verdadeiro por trás desse engodo.

Quer normatizem meus objetos, quer não, enquanto eu desejo, nada sei sobre aquilo que desejo. Depois, de vez em quando, aparece um objeto entre todos os outros, o qual realmente não sei por que está ali.

Por um lado, existe aquele que aprendi que encobre minha angústia, o objeto de minha fobia, e não nego ter sido preciso que ele me fosse explicado, porque, até então, eu não sabia o que tinha na cabeça,

---

* A expressão consagrada é *Nolens volens*, "não querendo (e) querendo". (N.T.)

exceto para dizer que vocês o tinham ou não. Por outro lado, há aquele sobre o qual realmente não sei justificar por que é ele que eu desejo — logo eu, que não detesto as moças, por que gosto ainda mais dos sapatinhos?

De um lado, temos o lobo, do outro, a pastora.

É aqui que os deixarei, no fim destas primeiras conversas sobre a angústia.

Há uma outra coisa a ser entendida sobre a ordem angustiante de Deus: há a caçada de Diana, a qual, no momento escolhido por mim, o do centenário de Freud, eu lhes disse ser a Coisa da busca freudiana. No próximo trimestre, tenho um encontro marcado com vocês, com respeito ao grito da caça ao lobo.

19 de dezembro de 1962

Revisão do Status do Objeto

VII

Ele não é sem tê-lo

Física
Lingüística
Sociologia
Fisiologia
Topologia

Na trigésima segunda de suas lições introdutórias à psicanálise, que vocês encontrarão na chamada série das *Nouvelles Conférences sur la psychanalyse*, como foi retraduzido o título em francês, Freud deixa claro que se trata de introduzir algo que não tem, de modo algum, diz ele, o caráter de pura especulação.

Isso nos foi traduzido num francês ininteligível, que vocês poderão julgar. *Mas, na verdade, só pode tratar-se de concepções.* Ponto. *Com efeito, trata-se de encontrar as idéias abstratas exatas que, aplicadas à matéria bruta da observação, tragam-lhe ordem e clareza.* Evidentemente, é sempre inoportuno confiar uma coisa tão preciosa quanto a tradução de Freud às aias da antecâmara.

Não há ponto no texto alemão no lugar que lhes assinalei, e não há enigma algum na frase. *Sondern es handelt sich wirklich um Auffassungen*: trata-se *wirklich*, realmente, efetivamente — e não *na verdade* — de concepções, isto é, com isso quero dizer que se trata de *einzuführen*, de trazer à luz as representações (*Vorstellungen*) abstratas corretas, e de aplicá-las à *Rohstoff der Beobachtung*, matéria bruta da observação, o que permitirá fazer com que delas saiam *Ordnung und Durchsichtigkeit*, a ordem e a transparência.

Esse esforço, esse projeto, é justamente aquele em que nos empenhamos aqui há alguns anos.

1

Sucedeu-nos deixar claro, em nosso percurso da angústia, o status do que designei inicialmente pela letra *a*.

Aqui vocês a vêem em destaque, acima do perfil do vaso que simboliza, para nós, o continente narcísico da libido. Este pode ser relacionado com a imagem do corpo próprio, *i'(a)*, por intermédio do espelho do Outro, A. Entre os dois se dá a oscilação comunicante que Freud designa como a reversibilidade da libido do corpo próprio para a do objeto. À oscilação econômica dessa libido reversível de *i(a)* para *i'(a)* há algo que escapa, ou melhor, não é que escape, mas intervém com uma incidência cujo modo de perturbação é justamente o que estudamos este ano. A manifestação mais flagrante desse objeto *a*, o sinal de sua intervenção, é a angústia.

Isso não equivale a dizer que esse objeto seja apenas o avesso da angústia, mas que ele só intervém, só funciona em correlação com a angústia.

A angústia, ensinou-nos Freud, desempenha em relação a algo a função de sinal. Digo que é um sinal relacionado com o que se passa em termos da relação do sujeito com o objeto *a*, em toda a sua generalidade. O sujeito só pode entrar nessa relação na vacilação de um certo *fading*, vacilação que tem sua notação designada por um S barrado. A angústia é o sinal de certos momentos dessa relação. Isso é o que nos esforçaremos por mostrar-lhes hoje, mais adiante, esclarecendo o que entendemos por esse objeto *a*.

Esse objeto, nós o designamos por uma letra. Tal notação algébrica tem sua função. Ela é como que um fio destinado a nos permitir reconhecer a identidade do objeto nas diversas incidências em que ele nos aparece. A notação algébrica tem por fim, justamente, dar-nos um posicionamento puro da identidade, já tendo sido afirmado por nós que o posicionamento através de uma palavra é sempre metafórico, ou seja, só pode deixar a função do próprio significante fora da significação induzida por sua introdução. Se a palavra *bom* gera a significação de bom, ela não é boa em si, longe disso, pois ao mesmo tempo gera o mau.

Do mesmo modo, designar esse pequeno *a* pelo termo "objeto" é fazer um uso metafórico dessa palavra, uma vez que ela é tomada de empréstimo da relação sujeito-objeto, a partir da qual se constitui o termo "objeto". Ele é certamente apropriado para designar a função geral da objetividade, mas aquilo de que temos que falar mediante o termo *a* é, justamente, um objeto externo a qualquer definição possível da objetividade.

Não falarei aqui do que prescinde da objetividade, por ser chamado de subjetivo. No campo da ciência — refiro-me a nossa ciência em geral —, vocês sabem que, desde Kant, sucederam alguns infortúnios a esse objeto, todos decorrentes do papel demasiadamente grande que se pretendeu dar a algumas evidências, especialmente às que são do campo da estética transcendental. Ao tomar como evidente a separação entre as dimensões do espaço e do tempo, a elaboração do objeto científico descobriu esbarrar no que é traduzido, de maneira bastante imprópria, por crise da razão científica. Foi preciso fazer todo um esforço para discernir que, num certo nível da física, os dois registros, o espacial e o temporal, não podiam continuar a ser tidos como variáveis independentes, o que, fato surpreendente, parece haver levantado problemas insolúveis para algumas mentes. Tais problemas, no entanto, não parecem dignos de nos deter, se não nos apercebermos de que é justamente ao status do objeto que se trata de recorrer, a fim de devolver ao simbólico o lugar exato que lhe cabe na constituição e na tradução da experiência, sem fazer uma extrapolação arriscada do imaginário no simbólico.

Na verdade, o tempo de que se trata, no nível em que ele é o irrealizado numa quarta dimensão, nada tem a ver com o tempo que, na intuição, parece situar-se como uma espécie de choque intransponível do real. Inquietar-se com o fato de que o que a todos nos aparece do tempo, e que é tido como uma evidência, não pode traduzir-se no simbólico por uma variável independente equivale, simplesmente, a cometer de saída um erro categorial. A mesma dificuldade, vocês sabem, encontra-se num certo limite da física, com o corpo.

Nisso, estamos em nosso terreno. Sobre o que deve ser feito de início para dar à experiência seu status correto, temos nossa palavra a dizer. De fato, nossa experiência afirma e institui que nenhuma intuição, nenhuma transparência, nenhuma *Durchsichtigkeit*, como é o termo de Freud, que se baseie pura e simplesmente na intuição da consciência, pode ser tida como original nem válida, e portanto, não poderia constituir o início de nenhuma estética transcendental. E isso pela simples razão de que o sujeito não pode, de maneira alguma, estar exaustivamente na consciência, por ser, de início e primitivamente, inconsciente, em função do que devemos tomar a incidência do significante como anterior a sua constituição.

O problema está na entrada do significante no real e em ver como disso nasce o sujeito. Será que isso quer dizer que nos encontramos como que diante de uma espécie de espírito que baixa, de aparição de significantes alados? Significa que eles começariam sozinhos a cavar seus furos no real, e que no meio apareceria um furo que seria o sujeito? Penso que, quando introduzo a divisão real-imaginário-simbólico, ninguém me atribui tal intenção. Hoje, trata-se de saber justamente o que permite que esse significante se encarne.

O que lhe permite isso é, primeiro, o que temos aí para nos tornar presentes uns para os outros — nosso corpo. Só que esse corpo também não deve ser tomado, pura e simplesmente, nas categorias da estética transcendental. Esse corpo não pode ser constituído da maneira como Descartes o institui no campo da extensão. Também não nos é dado de maneira pura e simples em nosso espelho.

Mesmo na experiência do espelho, pode surgir um momento em que a imagem que acreditamos estar contida nele se modifique. Quando essa imagem especular que temos diante de nós, que é nossa altura, nosso rosto, nosso par de olhos, deixa surgir a dimensão de nosso próprio olhar, o valor da imagem começa a se modificar — sobretudo quando há um momento em que o olhar que aparece no espelho começa a não mais olhar para nós mesmos. *Initium*, aura, aurora de um sentimento de estranheza que é a porta aberta para a angústia.

Essa passagem da imagem especular para o duplo que me escapa, eis o ponto em que acontece algo do qual a articulação que damos à função do *a* nos permite mostrar a generalidade, a presença em todo o campo fenomênico. Essa função vai muito além do que aparece nesse momento estranho, que eu quis situar aqui simplesmente por seu caráter, ao mesmo tempo o mais notório e o mais discreto em sua intensidade.

Como se dá essa transformação do objeto que, de um objeto situável, reconhecível e intercambiável, cria essa espécie de objeto privado e incomunicável, mas dominante, que é nosso correlato na fantasia? Onde se situa, exatamente, o momento dessa muda, dessa transformação, dessa revelação? Alguns caminhos, algumas vertentes que preparei para vocês ao longo dos anos anteriores, permitem apontar esse lugar e, melhor ainda, explicar o que acontece. O esqueminha que lhes coloquei no quadro fornece-lhes algo dessas *richtigen Vorstellungen*, representações corretas, que permitem fazer do apelo à intuição e à experiência, sempre mais ou menos opaco e obscuro, algo de *durchsichtigbar*, transparente — em outras palavras, permitem reconstituir para nós a estética transcendental que convém a nossa experiência.

Admite-se comumente que a angústia é sem objeto. Isso, que é extraído não do discurso de Freud, mas de parte de seus discursos, é propriamente o que retifico com meu discurso. Portanto, vocês podem considerar certo que, como tive o cuidado de lhes escrever no quadro, à maneira de um pequeno memento — por que não esse, entre outros? —, *ela não é sem objeto.*

É exatamente essa a formulação em que deve ficar suspensa a relação da angústia com um objeto.

Esse objeto não é o objeto da angústia propriamente dito. Já fiz uso desse *não é sem* na formulação que lhes apresentei a respeito da relação entre o sujeito e o falo: *ele não é sem tê-lo.*

Essa relação do não ser sem ter não significa que saibamos de que objeto se trata. Quando digo *Ele não é sem recursos, Ele não é sem astúcia*, isso quer dizer que, pelo menos para mim, seus recursos são obscuros, sua astúcia não é comum.

Aliás, no próprio nível lingüístico, o termo *sem*, *sine*, em latim, é profundamente correlato à aposição do *haud*. Dizemos *non haud sine*, *não sem*. Há um certo tipo de ligação condicional que liga o ser ao ter numa espécie de alternância. Ele não é aí sem tê-lo, mas, em outro lugar, lá onde ele é, isso não se vê.

Não será isso que nos demonstra a função sociológica do falo, desde que o tomemos no nível maiúsculo, Φ, onde ele encarna a função mais alienante do sujeito na troca? Na troca social, o sujeito masculino circula, reduzido a ser portador do falo. É isso que torna a castração necessária numa sociedade socializada, onde há proibições, sem dúvida, mas há também, e acima de tudo, preferências, como nos assinalou Claude Lévi-Strauss. O verdadeiro segredo, a verdade de tudo que ele faz girar na estrutura em torno da troca das mulheres, é que, por trás da troca das mulheres, os falos vêm satisfazê-las. Não convém que vejamos que é o falo que está em causa. Quando o vemos, angústia.

Neste ponto, eu poderia fazer ramificações por mais de um trilho. Está claro que, através dessa referência, eis-nos de repente no complexo de castração. Ora, meu Deus, por que não enveredarmos por ele?

2

Como lembrei muitas vezes diante de vocês, a castração do complexo não é uma castração. Disso todo o mundo sabe, todo o mundo duvida, mas, coisa curiosa, é algo em que ninguém se detém. No entanto, tem bastante interesse.

Essa imagem, essa fantasia, onde situá-la, entre o imaginário e o simbólico? Que acontece aí? Será a conhecida emasculação das práticas selvagens da guerra? Com certeza está mais perto disso que da fabricação de eunucos. Existe a mutilação do pênis, é claro, evocada pelas ameaças fantasísticas do pai ou da mãe, conforme as idades da psicanálise. *Se você fizer isso, vamos cortá-lo fora.* Convém que essa ênfase no corte tenha toda a sua importância para que possamos tomar por castração a prática da circuncisão, à qual vocês me viram, da última vez, fazer referências profiláticas, por assim dizer.

A incidência psíquica da circuncisão está longe de ser duvidosa. Não sou o único a tê-lo notado. Um dos últimos trabalhos dedicados a esse assunto, o artigo certamente notável de Nünberg sobre a circuncisão em suas relações com a bissexualidade, está aí para nos lembrar o que numerosos autores haviam introduzido antes dele: que a circuncisão tanto tem por objetivo reforçar, isolando-o, o termo "masculinidade" no homem quanto provocar os chamados efeitos do complexo de castração, pelo menos em sua incidência angustiante. É justamente esse denominador comum do corte que permite levar para o campo da castração a operação que circuncida, a *Beschneidung* do prepúcio, o *arel*, para dizê-lo em hebraico.

Não haverá nesse termo "corte" razão para darmos um passo a mais no que concerne à função da angústia de castração? *Vou cortá-lo fora*, diz a mamãe que qualificamos de castradora. Sim, e depois, onde ficará ele, o *Wiwimacher*, como diz o Pequeno Hans? Pois bem, a admitir que se cumpra essa ameaça desde sempre presentificada em nossa experiência, ele ficará no campo operatório do objeto comum, intercambiável, ficará ali, nas mãos da mãe que o tiver cortado, e é justamente isso que haverá de estranho na situação.

Muitas vezes sucede a nossos sujeitos terem sonhos em que ficam com esse objeto na mão, seja porque uma gangrena o arrancou, seja porque, no sonho, uma parceira teve o cuidado de praticar a operação cortante, seja por um acidente qualquer. Esses sonhos, com nuances diversas de estranheza e angústia, têm um caráter especialmente inquietante. Essa passagem súbita do objeto ao que poderíamos chamar de sua *Zuhandenheit*, como diria Heidegger, sua maneabilidade, no sentido dos objetos comuns, dos utensílios, é designada, na observação do Pequeno Hans, por um sonho — o do instalador de torneiras, que irá desatarraxá-lo, reatarraxá-lo, fazer com que o *eingewurzelt*, aquilo que estava ou não bem enraizado no corpo, passe para o registro do removível. Essa virada fenomenológica permite-nos apontar o que opõe dois tipos de objetos.

Quando comecei a enunciar a função fundamental do estádio do espelho na instituição geral do campo do objeto, passei por diversos tempos. De início, existe o plano da primeira identificação com a imagem especular, desconhecimento original do sujeito em sua totalidade. Depois, vem a referência transicional que se estabelece em sua relação com o outro imaginário, seu semelhante. É isso que faz com que sua identidade seja sempre difícil de discernir da identidade do outro. Daí a introdução da mediação de um objeto comum, objeto de concorrência cujo status decorre da idéia de posse — ele é seu ou é meu.

No campo da posse, existem dois tipos de objetos — os que podem ser partilhados e os que não podem. Os que não podem sê-lo, ainda assim os vejo circular no campo da partilha com os outros objetos cujo status repousa inteiramente na concorrência, função ambígua que é, ao mesmo tempo, rivalidade e acordo. São objetos cotáveis, objetos de troca. Mas existem outros.

Se destaquei o falo, foi por ele ser o mais ilustre, em decorrência da castração, mas há também os equivalentes desse falo, entre os quais vocês conhecem os que o precedem — o cíbalo e o mamilo. Talvez haja alguns que vocês conhecem menos, embora sejam perfeitamente visíveis na literatura analítica, e tentaremos designá-los. Esses objetos, quando entram livremente no campo em que não têm nada a fazer, o da partilha, quando nele aparecem e se tornam reconhecíveis, têm a particularidade de seu status assinalada a nós pela angústia. Com efeito, são objetos anteriores à constituição do status do objeto comum, comunicável, socializado. Eis do que se trata no *a*.

Nomearemos esses objetos e faremos seu catálogo, talvez exaustivo, esperamos. Já nomeei três deles, faltam apenas dois. O todo corresponde às cinco formas de perda, de *Verlust*, que Freud aponta em *Inibição, sintoma e angústia* como sendo os principais momentos de aparecimento do sinal.

Antes de ir adiante, quero retomar a outra ramificação de trilhos em torno da qual vocês me viram fazer uma escolha, há pouco, para tecer uma observação cujos pontos secundários terão para vocês aspectos esclarecedores.

Já apontei uma carência na pesquisa analítica, ao dizer que não tínhamos avançado um único passo na questão fisiológica da sexualidade feminina. Podemos acusar-nos da mesma falha no que concerne à impotência masculina.

Afinal, no processo da parte masculina da copulação, bastante identificável em suas fases normativas, estamos sempre a nos referir ao que encontramos em qualquer livro de fisiologia no tocante, primeiro, ao processo de ereção, e depois, ao orgasmo. Contentamo-nos com uma referência ao circuito estímulo-resposta, como se fosse aceitável a homologia da descarga orgânica com parte motora desse circuito, num processo qualquer de ação. É claro que não chegamos a tanto, longe disso, nem mesmo em Freud. Por ele foi levantado o problema de saber por que, no prazer sexual, o trajeto não é o mais curto, como em outras situações, para retornar ao nível do mínimo de excitação, mas há, antes, um *Vorlust*, um prazer preliminar, como se costuma traduzir, que consiste justamente em elevar o mais alto possível esse nível mínimo. E por que há uma intervenção do orgânico a partir do momento — qual? — em que se interrompe a elevação do nível, normalmente ligada ao jogo preparatório?

Teremos de algum modo fornecido um esquema do que intervém aí? Se quisermos dar uma representação fisiológica disso, teremos nós distinguido, isolado, designado o mecanismo do circuito de inervação — das *Abfuhrinnervationen*, diria Freud — que é o suporte do acionamento da descarga? Devemos considerá-lo distinto do que funcionava antes, uma vez que o que funcionava antes era justamente que esse processo não ia em direção à descarga. Era um exercício da função do prazer que tendia a se confinar em seu próprio limite, ou seja, a se deter antes da chegada a um certo nível de elevação do estímulo, antes do surgimento da dor.

Então, de onde vem o *feedback*? Ninguém pensa em no-lo dizer. Pois bem, como quer que seja, o certo é que, de algum modo, deve intervir aí a função do Outro.

Não é a mim que caberia dizê-lo, e sim àqueles para quem o que constitui uma função genital normal está ligado à oblatividade. A propósito disso, aliás, continuo esperando que eles nos contem de que modo intervém a função do dom como tal, *hic et nunc*, no momento em que transamos.

Vocês sabem que é nas perturbações da vida amorosa que jaz uma parte importante da experiência analítica, e que uma parte importante de nossas especulações concerne ao que chamamos de escolha do objeto amoroso. Nesse campo, a referência ao objeto primordial, à mãe, é tida como essencial, e sua incidência, como tendo o caráter de um crivo. Daí resultará, para alguns, que eles só poderão funcionar, em matéria de orgasmo, com determinados procedimentos, ao passo que, para outros, será com parceiros escolhidos num outro registro. A relação com a prostituta, sabemos por nossas análises, enraíza-se quase diretamente na referência à mãe, enquanto, em outros casos, as degradações da *Liebesleben* estão ligadas a uma escolha oposta à relação materna, que incide sobre a mulher na medida em que ela se torna suporte, equivalente do objeto fálico.

Pois bem, como se produz tudo isso? O esquema que reproduzi no quadro uma vez permite-nos dar uma resposta.

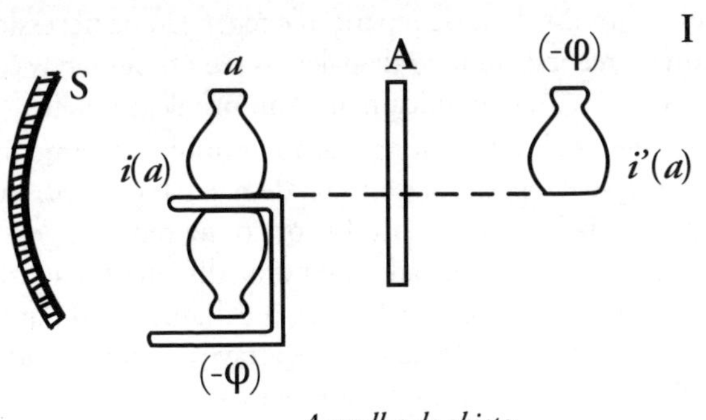

A escolha de objeto

A atração que envolve o objeto com o *glamour*, o brilho desejável, a cor — é assim que se designa a sexualidade em chinês — preferencial faz com que o objeto se torne estimulante no nível da excitação. Essa cor preferencial situa-se do lado da *i'(a)*, no mesmo nível de sinal que também pode ser o da angústia. Como? Pela ramificação do investimento erógeno original que existe aqui no *a*, simultaneamente presente e oculta.

Ou então, o que funciona como elemento de triagem na escolha do objeto amoroso produz-se aqui no eu [*moi*], do outro lado do espelho, no nível do enquadramento do objeto por uma *Einschränkung*, uma restrição diretamente referida por Freud a um mecanismo do eu, uma limitação do campo do interesse libidinal que exclui um certo tipo de objeto, precisamente em função de sua relação com a mãe.

Esses dois mecanismos estão nas duas pontas dessa cadeia que começa na inibição e acaba na angústia, cuja linha diagonal marquei no quadro que lhes dei no início deste ano. Entre a inibição e a angústia, há que distinguir dois mecanismos diferentes e conceber como um e outro podem intervir de alto a baixo em toda manifestação sexual.

Quando digo de alto a baixo, incluo nisso o que, em nossa experiência, chama-se transferência.

Ouvi recentemente aludirem ao fato de que, em nossa Sociedade, éramos pessoas que entendiam um bocado de transferência. Ora, a partir de um certo trabalho sobre a transferência,* que aliás foi escrito antes que nossa Sociedade fosse fundada, só conheci um outro que foi dedicado a ela — é o que tenho feito com vocês aqui, há dois anos. Eu disse muitas coisas a esse respeito, de uma forma que certamente foi a mais apropriada, ou seja, parcialmente velada. É certo que o tal trabalho, por sua vez, tinha-lhes trazido uma distinção tão genial quanto a da oposição entre necessidade de repetição e repetição da necessidade, o que prova que o recurso ao jogo de palavras para designar as coisas, aliás não sem interesse, não é unicamente um privilégio meu.

Creio que a referência à transferência, ao limitá-la unicamente aos efeitos de reprodução e repetição, é estreita demais e mereceria ser ampliada. De tanto insistir no elemento histórico, na repetição do vivido, corre-se o risco de deixar de lado toda uma dimensão não menos importante: a dimensão sincrônica, aquela, precisamente, do que está incluído, latente, na posição do analista, e através da qual reside, no espaço que a determina, a função do objeto parcial.

Foi isso que, ao lhes falar da transferência, se vocês estão lembrados, designei pela metáfora bastante clara, parece-me, da mão que se estende para o pedaço de lenha. No momento em que vai alcançá-lo, a

* Trata-se de "Le problème du transfert", de Daniel Lagache, publicado na *Revue Française de Psychanalyse*, XVI, 1952. (N.T.)

lenha se inflama e na chama aparece outra mão, que se estende para a primeira. Foi o que designei igualmente, ao estudar *O banquete*, de Platão, pela chamada função do *ágalma* no discurso de Alcibíades. Creio que a insuficiência da referência à dimensão sincrônica da função do objeto parcial, na relação analítica de transferência, explica a negligência acerca de um domínio que não me surpreende que seja deixado na sombra, a saber, o campo do que podemos chamar de resultado pós-analítico, no qual se distribui um certo número de claudicações da função sexual.

A função da análise, como espaço ou campo do objeto parcial, é precisamente aquilo diante de que Freud nos deteve em seu artigo sobre a *Análise terminável e interminável*. Se partirmos da idéia de que o limite de Freud, que encontramos através de todas as suas observações, prende-se à não-apercepção do que havia propriamente por analisar na relação sincrônica do analisando com o analista acerca da função do objeto parcial, veremos que ele é a própria mola do fracasso de sua intervenção com Dora, bem como com a moça do caso de homossexualidade feminina. E é por essa razão que Freud nos aponta na angústia de castração aquilo que chama de limite da análise. É que ele permanecia, para seu analisando, como o lugar desse objeto parcial.

Freud nos diz que a análise deixa o homem e a mulher sedentos, um no campo do complexo de castração, a outra no *Penisneid*. Mas esse não é um limite absoluto. É o limite em que se detém a análise finita com Freud, na medida em que esta continua a seguir o paralelismo indefinidamente aproximado que caracteriza a assíntota. É a esse princípio da análise que Freud chama *unendliche*, indefinida, ilimitada, e não infinita. Se esse limite se instaura, é na medida em que algo foi não propriamente não analisado, mas revelado apenas de maneira parcial, e posso ao menos levantar a questão de saber como isso é analisável.

Não pensem que com isso estou introduzindo alguma coisa que deva ser considerada completamente fora dos limites das épuras já desenhadas por nossa experiência. Para fazer referência a trabalhos recentes, conhecidos no campo francês, um analista, durante anos — os que constituíram o tempo da redação de seu livro —, fez girarem especialmente suas análises de neuroses obsessivas em torno da inveja do pênis.* Quantas vezes não as comentei diante de vocês, para criticá-las

* Trata-se de M. Bouvet, *La Relation d'objet*, vol. I, Paris: Payot. (N.T.)

e para mostrar, com o que então tínhamos em mãos, a dificuldade delas, que agora formularei de maneira mais precisa.

À leitura detalhada de suas observações, vemos esse autor cobrir o campo do que designo como sendo o da interpretação, exercendo a função fálica no nível do grande Outro, com a fantasia de felação que concerne, em especial, ao pênis do analista. Indicação muito clara. O problema realmente fora discernido, e deixem-me dizer-lhes que não foi por acaso, ou seja, não em relação ao que estou desenvolvendo diante de vocês. Só que esse é apenas um aspecto, e um aspecto insuficiente. Centrar uma análise nessa fantasia não pode esgotar o que está em questão, porque, na realidade, só faz coincidir com uma fantasia sintomática do obsessivo.

Para designar o que quero dizer, vou remeter-me a uma referência verdadeiramente exemplar na literatura, a saber, o comportamento noturno e bem conhecido do Homem dos Ratos, quando, depois de obter sua própria ereção diante do espelho, abre a porta de seu andar para a fantasia imaginada do pai morto, a fim de exibir aos olhos desse fantasma o estado atual de seu membro. Se tivéssemos a idéia de analisar aquilo de que se trata unicamente no nível da fantasia de felação do analista — tão ligada pelo autor em questão ao que ele chamava de técnica de aproximação, na qual a distância é considerada um fator fundamental da estrutura obsessiva, especificamente em suas relações com a psicose —, o que aconteceria? Creio que apenas permitiríamos ou encorajaríamos o sujeito a assumir, nessa relação fantasística, o papel do Outro, no modo de presença aqui constituído pela morte — esse Outro, diria eu, forçando um pouco, que olha fantasisticamente para a felação.

Este último ponto dirige-se apenas àqueles cuja prática lhes permite colocar estas observações no devido lugar.

3

Terminarei com as duas imagens que pus no quadro.

A primeira representa um vaso com seu gargalo. Coloquei de frente para vocês o buraco desse gargalo, para lhes deixar bem claro que o que me importa é a borda. A segunda é a transformação que pode produzir-se com respeito à borda.

A partir daí, ficará evidente para vocês a oportunidade de minha prolongada insistência, durante o ano passado, em considerações to-

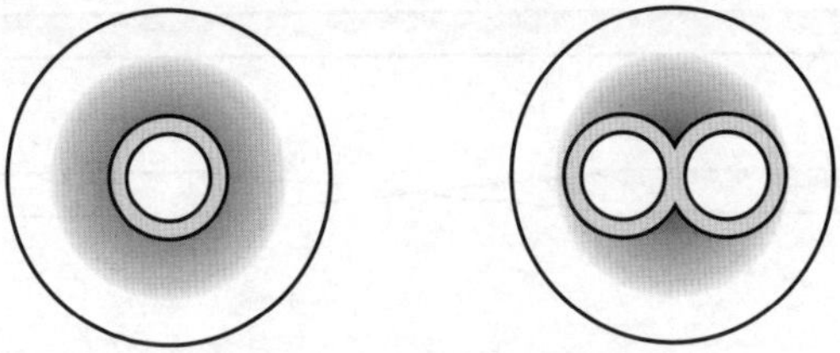

O desdobramento da borda

pológicas concernentes à função da identificação no nível do desejo, isto é, no terceiro tipo apontado por Freud em seu artigo sobre a identificação, aquele cujo exemplo principal ele encontra na histeria.

Eis a incidência e o alcance dessas considerações topológicas.

Eu lhes disse que, se os deixei por tanto tempo no *cross-cap*, foi para lhes dar a possibilidade de conceber intuitivamente a distinção entre o objeto *a* e o objeto construído a partir da relação especular, o objeto comum.

Para andar depressa, o que faz com que uma imagem especular seja distinta do que ela representa? É que a direita se transforma na esquerda, e vice-versa. Confiemos na idéia de que, comumente, somos recompensados por nos fiarmos nos ditos de Freud, mesmo os mais aforísticos. O eu [*moi*] é uma superfície, mas, diz ele, é a projeção de uma superfície. Portanto, é em termos topológicos de pura superfície que o problema deve ser colocado. Em relação à imagem que ela duplica, a imagem especular é exatamente a passagem da luva direita para a luva esquerda, o que podemos obter numa superfície simples ao virar a luva pelo avesso.

Vocês estão lembrados que não é de hoje que lhes falo da luva nem do capuz. O sonho que comentei com vocês recentemente, num caso de Ella Sharpe, gira quase todo em torno desse modelo.

Façam agora uma experiência com o que lhes ensinei a conhecer da banda de Moebius. Pegando esta faixa e, depois de abri-la, religando-a a ela mesma, fazendo-a dar uma meia-volta durante esse percurso, vocês obterão com muita facilidade uma banda de Moebius.

Uma formiga que caminhe por ela passa de uma das faces aparentes para a outra sem ter necessidade de passar pela borda. Em outras palavras, a banda de Moebius é uma superfície de uma única face, e uma superfície de uma única face não pode ser virada. Se vocês a virarem sobre si mesma, ela será sempre idêntica a si mesma. É a isso que chamo não ter imagem especular.

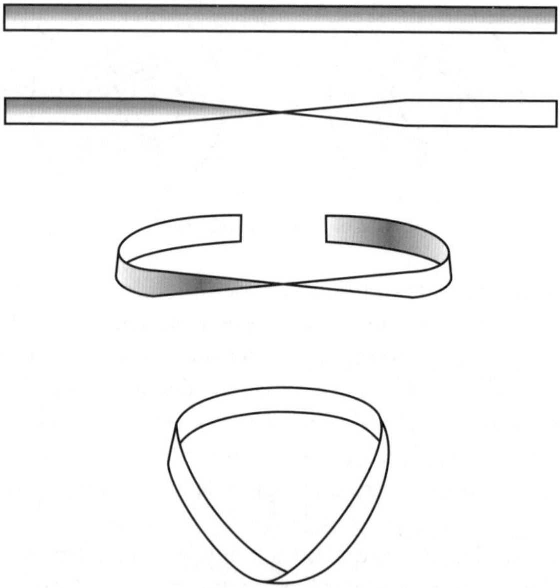

A faixa / A banda de Moebius

Por outro lado, eu lhes disse que, no *cross-cap*, quando vocês isolam uma parte dele por uma secção, um corte, que não tem outra condição senão ligar-se a si mesmo, depois de haver incluído o ponto vazado da superfície, resta uma banda de Moebius.

A parte residual, ei-la aqui. Construí-a para vocês e a faço circular. Ela tem um pequeno interesse porque, deixem-me dizer-lhes, isto é o *a*. Entrego-o a vocês como uma hóstia, porque em seguida vocês se servirão dele. O pequeno *a* se faz assim.

Faz-se assim quando se produz o corte, seja ele qual for, quer o do cordão umbilical, quer o da circuncisão, e mais alguns outros que teremos que designar. Depois do corte, resta algo comparável à banda de Moebius, que não tem imagem especular.

Agora, vejam bem o que lhes quero dizer ao retomar o vaso.

Primeiro tempo: o vaso tem sua imagem especular, que é o eu ideal, constitutivo de todo o mundo do objeto comum.

Acrescentem *a*, sob a forma de um *cross-cap*. Depois, separem nesse *cross-cap* o pequeno objeto *a* que lhes pus nas mãos. Resta, adjunta à *i(a)*, uma superfície que se une como na banda de Moebius. A partir desse momento, o vaso inteiro transforma-se numa banda de

Figura 1
Esta superfície fechada, que comporta uma linha de auto-interseção, é topologicamente considerada equivalente ao plano projetivo.

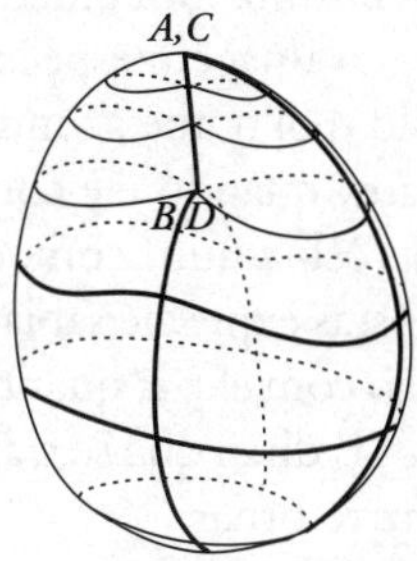

Figura 2
A superfície obtida, ao se retirar o fundo da superfície precedente, é o *cross-cap*.

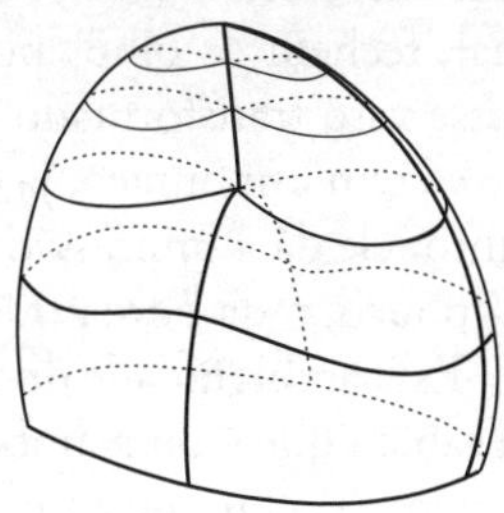

Figura 3
Se cortarmos o *cross-cap*, seguindo sua linha de auto-interseção, daí resultará uma superfície a que se pode dar a forma de um disco circular, tendo em seu centro um furo circular cujos pontos diametralmente opostos são identificados aos pares.

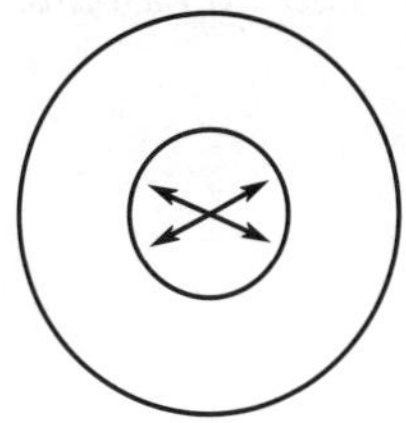

Figura 4
Esta superfície residual pode ser materializada sob a chamada forma do oito interior.

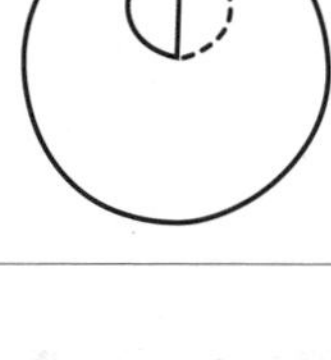

O cross-cap *e suas transformações*

Moebius, já que uma formiga que passeie em seu exterior passa sem nenhuma dificuldade para o interior.

A imagem especular torna-se a imagem estranha e invasiva do duplo. Foi o que aconteceu, pouco a pouco, no fim da vida de Maupassant, quando ele começou por não mais se ver no espelho, ou então percebia num cômodo alguma coisa, um fantasma, que lhe virava as costas e que ele sabia imediatamente que não deixava de ter certa relação com ele, e, quando o fantasma se virava, o escritor via que era ele.

É disso que se trata na entrada do *a* no mundo do real, onde ele só faz retornar.

Talvez lhes pareça bizarro, como hipótese, que alguma coisa se assemelhe a isto. Mas observem aqui. Coloquem-se fora do campo visual, fechem os olhos por um instante e sigam com o tato a borda desse vaso transformado. Mas é um vaso como o outro, dirão vocês, ele só tem um buraco, já que só existe uma borda. Olhando-o, no entanto, ele dá a impressão de ter dois, como lhes mostra o desenho de há pouco, o da borda transformada.

Essa ambigüidade do um e do dois, os que têm um pouco de leitura sabem que é uma ambigüidade comum no que concerne ao aparecimento do falo no campo da aparição onírica, e não apenas onírica, do sexo. Ali onde aparentemente não há falo real, sua forma comum de aparição é surgir sob a forma de dois falos.

Isso é o bastante por hoje.

9 de janeiro de 1963

VIII

A CAUSA DO DESEJO

O objeto atrás do desejo
A identificação sádica com o objeto-fetiche
A identificação masoquista com o objeto comum
O amor real presente na transferência
O deixar-se cair *da Jovem Homossexual*

Eu gostaria de conseguir dizer-lhes hoje um certo número de coisas sobre o que lhes ensinei a designar por objeto *a*, para o qual nos orienta o aforismo que promovi da última vez a respeito da angústia: que ela não é sem objeto.

O objeto *a*, este ano, está no centro de nosso discurso. Se ele se inscreve no âmbito de um Seminário que intitulei de "a angústia", é por ser essencialmente por esse meio que se pode falar dele, o que também quer dizer que a angústia é sua única tradução subjetiva.

O *a* que aparece aqui, no entanto, foi introduzido há muito tempo. Anunciou-se na fórmula da fantasia como suporte do desejo, ($\$ \lozenge a$), \$ desejo de *a*.

1

Meu primeiro ponto será para acrescentar um esclarecimento, que com certeza, para os que me ouviram, não é impossível de obter por eles mesmos, embora explorá-lo hoje não me pareça inútil.

O que se trata de precisar concerne à miragem proveniente de uma perspectiva que podemos chamar de subjetivista, uma vez que, na constituição de nossa experiência, ela deposita toda a ênfase na estrutura do sujeito.

Essa linha de elaboração, que a tradição filosófica moderna levou a seu ponto mais extremo, ali pelas imediações de Husserl, através do destaque da função da intencionalidade, faz-nos cativos de um mal-entendido acerca do que convém chamar de objeto do desejo. Ensinam-nos, com efeito, que não há nenhuma noese, nenhum pensamento, que não esteja voltado para alguma coisa. Esse é o único ponto, ao que parece, que permite ao idealismo encontrar seu caminho para o real. Mas, pode o objeto do desejo ser concebido dessa maneira? Será que o é no que diz respeito ao desejo?

Quanto ao nível de nossa escuta que existe em cada um e que necessita de intuição, direi: será que o objeto do desejo está *à frente*? Essa é a miragem de que se trata. Ela esterilizou tudo que, na análise, tencionou avançar no chamado sentido da relação de objeto, e já passei por muitos caminhos para retificá-la. É uma nova maneira de acentuar essa retificação que proporei agora.

Não a farei tão desenvolvida quanto conviria, sem dúvida, reservando essa formulação para algum trabalho meu que possa chegar-lhes por outro caminho. Penso que, para a maioria dos ouvidos, será suficiente escutar as formulações maciças que acredito poder contentar-me em acentuar hoje, a respeito do ponto que acabo de introduzir.

No progresso da epistemologia, vocês sabem quantas dificuldades produziu o isolamento da noção de causa. Não foi sem uma sucessão de reduções, que acabaram por levá-la a uma função das mais tênues e das mais dúbias, que a idéia de causa pôde manter-se no desenvolvimento de nossa física.

Está claro, por outro lado, que, seja qual for a redução a que a submetemos, a função mental dessa idéia, se assim podemos dizer, não pode ser eliminada ou reduzida a uma espécie de sombra metafísica. É muito pouco dizer que é um recurso à intuição que a faz subsistir. Sustento que é a partir do reexame que possamos fazer dela, a partir da experiência analítica, que qualquer crítica da razão pura exposta por nossa ciência poderia ser feita.

Para fixar nossa meta, direi que o objeto *a* não deve ser situado em coisa alguma que seja análoga à intencionalidade de uma noese. Na intencionalidade do desejo, que deve ser distinguida dele, esse objeto deve ser concebido como a causa do desejo. Para retomar minha metáfora da há pouco, o objeto está *atrás* do desejo.

É desse objeto *a* que surge a dimensão cuja evitação, na teoria do sujeito, tem produzido a insuficiência de toda a coordenação cujo centro se manifesta como teoria do conhecimento, gnoseologia. Aliás, a novidade topológica estrutural exigida pela função do objeto é perfeitamente sensível nas formulações de Freud, nominalmente nas concernentes à pulsão.

Se quiserem verificar isso num texto, remeto-os à trigésima segunda lição da *Introdução à psicanálise*, que citei da última vez. A distinção que vocês encontrarão nela entre o *Ziel*, o alvo da pulsão, e seu *Objekt* é muito diferente do que se oferece inicialmente ao pensamento — a idéia de que esse alvo e esse objeto estariam no mesmo lugar. Freud emprega termos muito marcantes, o primeiro dos quais é *eingeschoben* [invaginado, inserido] — o objeto desliza para dentro, passa para algum lugar. É a mesma palavra que serve para a *Verschiebung*, o deslocamento. Que o objeto, em sua função essencial, é algo que se furta ao nível de captação que nos é próprio é assinalado ali como tal.

Por outro lado, há nesse nível uma oposição expressa entre dois termos — *ausseres*, externo, exterior, e *inneres*, interior. É indicado com precisão que o objeto deve ser situado *ausseres*, no exterior, e, por outro lado, que a satisfação da tendência só consegue realizar-se na medida em que se liga a alguma coisa que deve ser considerada no *inneres*, no interior do corpo, onde ela encontra sua *Befriedigung*, sua satisfação.

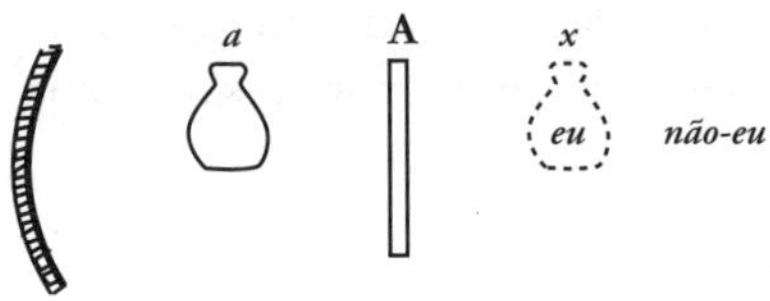

O eu e o não-eu

A função topológica que lhes apresentei permite formular com clareza o que é preciso introduzir para resolver esse enigma. É a idéia de um exterior de antes de uma certa interiorização, que se situa em *a*, antes que o sujeito, no lugar do Outro, capte-se na forma especular, em *x*, forma esta que introduz para ele a distinção entre o eu e o não-eu.

É a esse exterior, lugar do objeto, anterior a qualquer interiorização, que pertence a idéia de causa. Vou ilustrá-la imediatamente, da maneira mais simples de ser entendida por seus ouvidos, porque hoje também me absterei de fazer metafísica. Para colocá-la em imagem, não é à toa que me servirei do fetiche como tal, pois é nele que se desvela a dimensão do objeto como causa do desejo.

O que se deseja? Não é o sapatinho, nem o seio, nem seja o que for em que vocês encarnem o fetiche. O fetiche causa o desejo. O desejo, por sua vez, agarra-se onde puder. Não é absolutamente necessário que seja naquela que calça o sapatinho; este pode estar em suas imediações. Sequer é necessário que seja ela a portadora do seio; o seio pode estar na cabeça. Mas todo o mundo sabe que, para o fetichista, é preciso que o fetiche esteja presente. O fetiche é a condição mediante a qual se sustenta seu desejo.

Indicarei de passagem um termo que creio ser pouco usual em alemão, e que as traduções vagas que temos em francês deixam escapar completamente. Trata-se, com respeito à angústia, da relação que Freud indica com a palavra *Libidohaushalt*. Lidamos aí com um termo situado entre *Aushaltung*, que indicaria algo da ordem da interrupção ou da suspensão, e *Inhalt*, que seria o conteúdo. Não é um nem o outro. É a sustentação da libido. Numa palavra, essa relação com o objeto de que hoje lhes falo permite fazer a síntese entre a função de sinal da angústia e sua relação, afinal, com algo que podemos chamar, na sustentação da libido, de uma interrupção.

Supondo ter-me feito entender suficientemente, através da referência ao fetiche, sobre a diferença máxima que separa as duas perspectivas possíveis acerca do objeto como objeto do desejo, e sobre as razões que me fazem colocar o *a* numa precessão essencial, já quero fazê-los entender aonde nos conduzirá nossa investigação.

2

No próprio lugar em que seu hábito mental lhes indica procurar o sujeito, ali onde, a despeito de vocês, perfila-se o sujeito — por exemplo, quando Freud indica a origem da tendência —, ali onde existe no discurso o que vocês articulam como sendo vocês, em suma, ali onde vocês dizem *Eu* [*je*], é propriamente aí que, no nível do inconsciente, situa-se *a*.

Nesse nível, vocês são *a*, o objeto, e todos sabem que isso é que é intolerável, e não apenas no discurso, que afinal o trai. Vou ilustrá-lo rapidamente, com um comentário destinado a deslocar ou abalar o ramerrão em que vocês se habituaram a deixar as chamadas funções do sadismo e do masoquismo, como se isso fosse apenas o registro de uma espécie de agressão imanente e de sua reversibilidade. Ao entrarmos na estrutura subjetiva deles, aparecerão traços de diferença dentre os quais o essencial é o que apontarei agora.

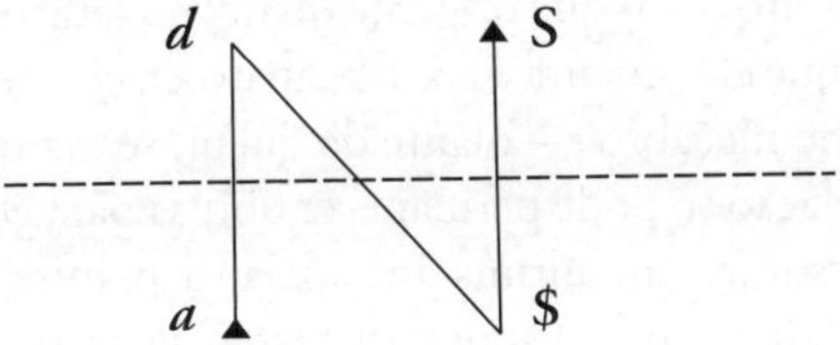

O desejo sádico

Eis um esquema em que vocês encontrarão as distinções organizadas pelo grafo numa fórmula abreviada, com quatro vértices. À direita temos o lado do Outro, à esquerda, o do S, que é o do *Eu* [*je*] ainda não constituído, do sujeito a ser revisado no interior de nossa experiência, e que sabemos não poder coincidir com a fórmula tradicional do sujeito, qual seja, ser exaustivo em todas as relações com o objeto.

O desejo sádico, com tudo o que comporta de enigmático, só é articulável a partir da esquize, da dissociação que ele almeja introduzir no sujeito, no outro, impondo-lhe, até certo limite, o que não poderia ser tolerado — até o limite exato em que aparece no sujeito uma divisão, uma hiância entre sua existência de sujeito e o que ele sofre, aquilo de que pode padecer em seu corpo.

Não é tanto o sofrimento do outro que é buscado na intenção sádica, mas sua angústia. Fiz a notação disso com uma pequena sigla, $ 0. Nas fórmulas de minha segunda aula deste ano, ensinei-os a lê-la: não é *o*, a letra, mas zero.

A angústia do outro, sua existência essencial como sujeito em relação a essa angústia, eis o que o desejo sádico tenciona fazer vibrar, e foi por isso que não hesitei, num de meus Seminários passados, em expor sua estrutura como propriamente homóloga ao que Kant articulou como a condição de exercício de uma razão pura prática, de uma vontade moral propriamente dita, na qual ele situa o único ponto em que pode manifestar-se uma relação com um puro bem moral. Peço desculpas pela brevidade deste lembrete. Os que assistiram a esse Seminário hão de estar lembrados. Os outros, dentro em pouco, verão publicado o que pude retomar dele num prefácio a *A filosofia na alcova*, que foi o texto em torno do qual eu tinha organizado essa aproximação.

O traço novo que pretendo introduzir é este, que caracteriza o desejo sádico. Na realização de seu ato, de seu rito — pois trata-se propriamente do tipo de ação humana em que encontramos todas as estruturas do rito —, o que o agente do desejo sádico não sabe é o que procura, e o que ele procura é fazer-se aparecer, ele mesmo, como puro objeto, fetiche macabro — diante de quem, se, na totalidade dos casos, essa revelação só pode permanecer obtusa para ele próprio? É nisso que se resume, em última instância, a manifestação do desejo sádico, na medida em que aquele que é seu agente caminha para uma realização.

Aliás, se evocarem a figura de Sade, vocês perceberão que não é por acaso que o que restou dele, após uma espécie de transubstanciação consumada ao longo das eras, após a elaboração imaginária das gerações, foi precisamente a forma que Man Ray não encontrou nada melhor a fazer do que dar-lhe, no dia em que se tratou de fazer seu retrato imaginário — a saber, uma forma petrificada.

Totalmente diferente é a posição do masoquista, para quem essa encarnação de si mesmo como objeto é o objetivo declarado — quer ele se torne um cachorro embaixo da mesa, quer uma mercadoria, um item negociado num contrato, sendo vendido entre outros objetos a ser postos no mercado. Em suma, o que ele busca é sua identificação com o objeto comum, o objeto de troca. É-lhe impossível apreender-se pelo que ele é, uma vez que, como todos, ele é um *a*.

Quanto a saber em que isso lhe interessa tanto, esse reconhecimento que, de qualquer modo, continua impossível, isso é o que sua análise poderá revelar. Mas, antes mesmo de podermos compreender as condições particulares desta, há algumas conjunções estruturais que é preciso estabelecer aqui.

Entendam bem que eu não disse, sem mais, que o masoquista alcança sua identificação como objeto. Como no sádico, essa identificação só aparece numa cena. Só que, mesmo nessa cena, o sádico não se vê, vê tão-somente o resto. Há também algo que o masoquista não vê, e veremos o que é dentro em pouco.

Isso me permite introduzir algumas formulações, a primeira das quais é que reconhecer-se como objeto de desejo, no sentido como o articulo, é sempre masoquista.

Essa formulação tem o interesse de sensibilizá-los para a dificuldade. É bastante cômodo nos servirmos de outro teatrinho de marionetes e dizer, por exemplo, que, se existe masoquismo, é porque o supereu é muito malvado. Sabemos, é claro, de todas as distinções necessárias a fazer no interior do masoquismo — o masoquismo erógeno, o masoquismo feminino, o masoquismo moral. Mas o simples enunciado dessa classificação surte um pouquinho o efeito do "existe este copo", "existe a fé cristã" e "existe a queda de Wall Street". De qualquer modo, isso nos deixa um tantinho insatisfeitos. Se o termo "masoquismo" pode assumir algum sentido, deveríamos encontrar para ele uma formulação que fosse um pouco mais unitária. Ao dizer que o supereu é a causa do masoquismo, não deixaríamos muito essa intuição satisfatória, exceto que ainda é preciso levar em conta o que lhes ensinei hoje sobre a causa. Digamos, então, que o supereu participa da função desse objeto como causa, tal como a introduzi hoje. Eu poderia até fazê-lo entrar na série dos objetos que teremos que dispor diante de vocês.

Eles são enumeráveis. Mas, se não produzi desde logo esse catálogo, foi para que vocês não perdessem a cabeça e viessem a supor que nele se encontram as mesmas coisas com que vocês sempre deparam no tocante à análise. Não é verdade. Se vocês pensam conhecer a função do seio materno ou as do cíbalo, sabem muito bem da obscuridade que persiste em seus espíritos a respeito do falo. E, quando se trata do objeto que vem imediatamente depois — entrego-o a vocês de qualquer modo, para dar alimento à sua curiosidade: trata-se do olho como tal —, aí vocês não sabem mais nada. É por isso que só devemos nos aproximar disso com prudência, por boas razões, pois, se ele é o objeto sem o qual não há angústia, é realmente um objeto perigoso. Sejamos prudentes, pois, já que ele falta.

Em termos imediatos, essa prudência me dará ensejo a evidenciar em que sentido eu disse, duas aulas atrás, algo que reteve a atenção de um de meus ouvintes: que o desejo e a lei eram a mesma coisa.

O desejo e a lei são a mesma coisa no sentido de que seu objeto lhes é comum. Portanto, não basta nos oferecermos o consolo de que eles são, em relação um ao outro, como os dois lados da muralha, ou como o direito e o avesso. Isso é baratear demais a dificuldade. Não é por outra razão senão torná-la sensível que tem valor o mito central que permitiu à psicanálise deslanchar.

O mito de Édipo não quer dizer nada senão isto: na origem, o desejo, como desejo do pai, e a lei são uma e a mesma coisa. A relação da lei com o desejo é tão estreita que somente a função da lei traça o caminho do desejo. O desejo, como desejo pela mãe, é idêntico à função da lei. É na medida em que proíbe esse desejo que a lei impõe o desejá-la, pois, afinal, a mãe não é, em si mesma, o objeto mais desejável. Se tudo se organiza em torno do desejo pela mãe, se devemos preferir que a mulher seja outra que não a mãe, que quer dizer isso, senão que um mandamento se introduz na própria estrutura do desejo? Numa palavra, desejamos no mandamento. O mito de Édipo significa que o desejo do pai é o que cria a lei.

Em que consiste o valor do masoquismo, nessa perspectiva? Unicamente em seu preço para o masoquista. Quando o desejo e a lei encontram-se juntos, o que o masoquista tenciona evidenciar — e evidenciar, acrescento, em seu pequeno palco, pois nunca se deve esquecer essa dimensão — é que o desejo do Outro produz a lei.

Vemos imediatamente um dos efeitos disso. É que o próprio masoquista aparece na função que chamarei de função do dejeto. É nosso objeto *a*, mas sob a aparência do deslustrado, do atirado aos cães, à imundície, à lata de lixo, ao rebotalho do objeto comum, na impossibilidade de colocá-lo em outro lugar.

Esse é um dos aspectos em que pode aparecer o *a* tal como ilustrado na perversão. Essa demarcação no nível do masoquismo não esgota, de maneira alguma, o que só podemos delimitar ao contorná-lo, ou seja, a função do *a*.

O efeito central dessa identidade que conjuga o desejo do pai com a lei é o complexo de castração. A lei nasce da transmudação ou mutação misteriosa do desejo do pai depois de ele ser morto, e a conseqüência disso, tanto na história do pensamento analítico quanto em tudo que podemos conceber como a ligação mais certeira, é o complexo de castração. É por isso que vocês já viram aparecer em meus esquemas a notação (- φ) no próprio lugar em que falta o *a*.

Logo, primeiro ponto, falei-lhes do objeto como causa do desejo. Ponto dois, eu lhes disse que o reconhecer-se como objeto do próprio desejo é sempre masoquista, indiquei-lhes a esse respeito o que se perfilava por trás de uma certa incidência do supereu, e apontei uma particularidade do que acontece no lugar desse objeto *a* sob a forma do $(-\varphi)$.

Chegamos, assim, a nosso terceiro ponto, que se refere às possibilidades estruturais da manifestação do objeto *a* como falta. É para fazer com que ele seja concebido que o esquema do espelho já é presentificado diante de vocês há algum tempo.

O que é o objeto *a* no nível do que subsiste como corpo e que em parte nos rouba, por assim dizer, sua própria vontade? Esse objeto *a* é a rocha de que fala Freud, a reserva derradeira e irredutível da libido, cujos contornos é tão patético ver literalmente pontuados em seus textos a cada vez que ele a encontra, e não terminarei minha aula de hoje sem lhes dizer onde devem reformular essa convicção.

Esse pequeno *a*, em que lugar se encontra? Em que nível poderia ser reconhecido, se isso fosse possível? Eu lhes disse há pouco que o reconhecer-se como objeto do próprio desejo é sempre masoquista. Mas o masoquista só o faz no palco, e vocês verão o que se passa quando ele não pode mais continuar no palco. Nem sempre estamos no teatro, embora este se estenda até muito longe, inclusive ao domínio de nossos sonhos. Quando não estamos em cena, quando ficamos aquém dela e procuramos ler no Outro qual é sua questão, só encontramos aí, em *x*, a falta.

De fato, o objeto liga-se à sua falta necessária ali onde o sujeito se constitui no lugar do Outro, isto é, o mais longe possível, além até do que pode aparecer no retorno do recalcado. No *Urverdrängung*, no irredutível do incógnito — não podemos dizer incognoscível, já que falamos dele —, é aí que se estrutura e se situa o que, em nossa análise da transferência, produzi diante de vocês com o termo *ágalma*.

É na medida em que esse lugar vazio é visado como tal que se institui a dimensão sempre negligenciada, por razões evidentes, quando se trata da transferência. Esse lugar, delimitado por algo que é materializado na imagem — uma borda, uma abertura, uma hiância —, onde a constituição da imagem especular mostra seu limite, é o lugar de eleição da angústia.

Esse fenômeno da borda, vocês o encontram, por exemplo, em ocasiões privilegiadas, na janela que se abre, marcando o limite do mundo ilusório do reconhecimento, aquele que chamo de cena [ou palco]. Essa borda, esse enquadramento, essa hiância, ilustra-se neste esquema pelo menos duas vezes — na borda do espelho e também neste sinalzinho, ◊. Que fica aí o lugar da angústia, isto é o que vocês devem sempre guardar como o sinal do que deve ser procurado no meio.

O texto de Freud sobre Dora, a que lhes peço que se refiram, é cada vez mais espantoso de ler, pela dupla face que apresenta. Fraquezas e insuficiências evidenciam-se para os novatos como as primeiras a destacar, mas a profundidade atingida por tudo aquilo em que ele vem esbarrar revela a que ponto, nesse texto, Freud estava girando em torno do próprio campo que tentamos desenhar.

Para os que ouviram meu discurso sobre *O banquete*, o texto de Dora — naturalmente, primeiro convém vocês se familiarizarem com ele — pode lembrar a dimensão sempre evitada quando se trata da transferência, a saber, que a transferência não é, simplesmente, aquilo que reproduz e repete uma situação, um ato, uma atitude, um trauma antigo. Há sempre uma outra coordenada, que enfatizei a propósito da intervenção analítica de Sócrates, ou seja, nominalmente, no caso que estou evocando, um amor presente no real. Nada poderemos compreender da transferência se não soubermos que ela também é conseqüência desse amor, desse amor presente, e os analistas devem lembrar-se disso no correr da análise. Esse amor se faz presente de diversas maneiras, mas que ao menos eles se recordem disso, quando ele estiver ali, visível. É em função desse amor, digamos, real que se institui o que é a questão central da transferência, aquela que o sujeito formula a si mesmo a respeito do *ágalma*, ou seja, o que lhe falta, pois é com essa falta que ele ama.

Não é à toa que lhes repiso desde sempre que o amor é dar o que não se tem. É esse, inclusive, o princípio do complexo de castração. Para poder ter o falo, para poder fazer uso dele, é preciso, justamente, não o ser.

Quando voltamos às condições em que parecemos sê-lo — porque também o somos, não há dúvida disso quanto ao homem, e, quanto à mulher, voltaremos a dizer por que incidência ela é levada a sê-lo —, pois bem, é sempre muito perigoso.

3

Basta-me pedir-lhes, antes de deixá-los, que releiam com atenção o texto inteiramente dedicado por Freud a suas relações com sua paciente chamada de Jovem Homossexual.

Lembro-lhes que essa análise evidencia que foi essencialmente em torno de uma decepção enigmática, concernente ao nascimento de um irmãozinho na família, que a moça se orientou para a homossexualidade, sob a forma de um amor expansivo por uma mulher de reputação suspeita, perante a qual ela se conduz, diz-nos Freud, de maneira essencialmente viril.

Estamos tão habituados a falar disso sem saber, que nem nos apercebemos de que ele tenciona acentuar nesse texto o que tentei deixar presente, diante de vocês, a respeito da função do amor cortês. Freud o faz com um toque, uma ciência da analogia que é absolutamente admirável. A jovem comporta-se como o cavalheiro que tudo sofre por sua dama, contenta-se com favores os mais minguados, os menos substanciais, e até prefere contar apenas com estes. Quanto mais o objeto de seu amor vai além do que poderíamos chamar de recompensa, mais ele superestima esse objeto de eminente dignidade.

Quando a boataria pública não tem como deixar de lhe impor a realidade de que a conduta de sua amada é efetivamente das mais duvidosas, a exaltação amorosa vê-se reforçada pela meta suplementar de salvá-la. Tudo isso é admiravelmente sublinhado por Freud.

Vocês sabem como a moça em questão foi levada à sua consulta. A ligação amorosa era conduzida com o conhecimento de toda a cidade, num estilo de desafio que Freud percebeu prontamente como constituindo uma provocação que visava alguém da família da jovem, e logo se evidenciou que se tratava do pai. A ligação chegou ao fim através de um encontro. A jovem, em companhia de sua amada, cruzou com o pai, que estava a caminho do escritório. O pai lançou-lhe um olhar irritado. Em seguida, a cena transcorreu com muita rapidez. A pessoa amada, para quem essa aventura sem dúvida não passava de uma diversão bastante obscura, e que obviamente começava a se cansar dela e não queria expor-se a grandes dificuldades, disse à moça que aquilo já havia durado o bastante, que devia parar por ali, e que ela parasse de lhe mandar flores e mais flores todos os dias e de seguir de perto seus passos. Ao que a jovem atirou-se imediatamente de uma ponte.

Houve época em que eu explorava minuciosamente os mapas de Viena, para dar pleno sentido ao caso do Pequeno Hans, mas hoje não chegarei a lhes falar do local. Muito provavelmente, era algo comparável ao que vocês ainda vêem para os lados do bulevar Pereire, ou seja, um pequeno fosso em cujo fundo estão os trilhos de uma estradinha de ferro já desativada. Foi nisso que a moça se lançou, *niederkommt*, deixou-se cair.*

Não basta lembrar a analogia com o parto para esgotar o sentido dessa palavra. O *niederkommen* é essencial para qualquer relacionamento súbito do sujeito com o que ele é como *a*. Não é à toa que o sujeito melancólico tem tamanha propensão, e sempre realizada com rapidez fulgurante, desconcertante, a se atirar pela janela. Com efeito, na medida em que nos lembra o limite entre a cena e o mundo, a janela nos indica o que significa esse ato — o sujeito como que retorna à exclusão fundamental em que se sente. O salto é dado no exato momento em que se consuma, no absoluto de um sujeito de quem somente nós, os analistas, podemos ter uma idéia, a conjunção do desejo com a lei. É propriamente isso que acontece no momento do encontro do casal formado pela jovem cavalheiresca de Lesbos e seu objeto kareniniano, se assim posso me exprimir, com o pai.

Não basta dizer que o pai lançou-lhe um olhar irritado para compreender como pôde produzir-se a passagem ao ato. Há nisso algo que se prende ao próprio fundo da relação, à estrutura como tal. De que se trata? Vamos dizê-lo em termos sucintos; creio que vocês estão suficientemente preparados para entendê-lo.

A moça, cuja decepção com o pai, em razão do nascimento do irmãozinho, fora o momento decisivo de sua vida, empenhara-se, portanto, em fazer de sua castração de mulher o que faz o cavalheiro com sua Dama, isto é, oferecer-lhe precisamente o sacrifício de suas prerrogativas viris, o que, por uma inversão desse sacrifício, fazia dela o suporte do que faltava no campo do Outro, ou seja, a suprema garantia de que a lei é efetivamente o desejo do pai, de que temos certeza disso e de que existe uma glória do pai, um falo absoluto, Φ.

Não há dúvida de que o ressentimento e a vingança são decisivos na relação dessa moça com o pai. Seu ressentimento e sua vingança são essa lei, esse falo supremo. O grande Φ, é aí que eu o situo. Já que fui decepcionada em meu apego por ti, meu pai, e que eu mesma não posso ser tua mulher submissa nem teu objeto, é Ela que será minha Dama, e, quanto a mim, serei aquele que sustenta, que cria a relação idealizada com o que foi repelido de mim mesma, com o que, de meu ser de mulher, é insuficiência. De fato, não nos esqueçamos de que a

* A tradução do verbo *niederkommen* é "dar à luz", "partejar", mas sua composição etimológica permitiria uma tradução "literal" por "vir abaixo", "despencar". (N.T.)

moça abandonara o cultivo de seu narcisismo, seus cuidados, sua coqueteria e sua beleza, para se transformar no cavalheiro servidor da Dama.

É tudo isso, toda essa cena, que chega ao olhar do pai naquele simples encontro na ponte. E essa cena, que tudo ganhara pelo assentimento do sujeito, perde todo o seu valor, no entanto, com a desaprovação sentida naquele olhar. É nessa medida que então se produz o que poderíamos chamar, referindo-nos ao primeiro quadro que lhes dei das coordenadas da angústia, de embaraço supremo.

Em seguida vem a emoção. Refiram-se a esse quadro, e vocês verão nele as coordenadas exatas. A emoção apodera-se dela, por sua súbita impossibilidade de enfrentar a cena que a namorada lhe faz.

Neste ponto, dirijo-me a alguém que me pediu para adiantar um pouco o que eu possa ter a dizer sobre a distinção entre o *acting out* e a passagem ao ato. Teremos de voltar a isso, mas já podemos revelar que as duas condições essenciais do que se chama propriamente de passagem ao ato realizam-se aqui.

A primeira é a identificação absoluta do sujeito com o *a* ao qual ele se reduz. É justamente o que sucede com a moça no momento do encontro. A segunda é o confronto do desejo com a lei. Aqui, trata-se do confronto do desejo pelo pai, sobre o qual se constrói toda a conduta dela, com a lei que se faz presente no olhar do pai. É através disso que ela se sente definitivamente identificada com o *a* e, ao mesmo tempo, rejeitada, afastada, fora da cena. E isso, somente o *abandonar-se*, o *deixar-se cair*,* pode realizar.

Hoje me falta tempo para lhes indicar a direção em que isso vai. De qualquer modo, digamos que a célebre notação de Freud sobre o luto da identificação com o objeto, como sendo aquilo em que se apóia o que ele expressa como uma vingança de quem sente o luto, não é suficiente. Experimentamos o luto e sentimos seus efeitos de desvalorização na medida em que o objeto cujo luto vivenciamos era, sem que o soubéssemos, aquele que se fizera ou de quem nós fizéramos o suporte de nossa castração. Quando esta nos é devolvida, vemo-nos pelo que somos, uma vez que seríamos essencialmente devolvidos a essa posição da castração.

---

* Vale assinalar o jogo de palavras entre *laisser tomber*, idiomatismo cujas várias acepções incluem abandonar, largar de mão, negligenciar, deixar de lado, desinteressar-se por, deixar na mão etc., e *se laisser tomber*, que pode ter as mesmas acepções, em sentido reflexivo, e ainda a de deixar-se cair, despencar. (N.T.)

Vocês estão percebendo que o tempo me pressiona e que só posso dar-lhes aqui uma indicação. Duas coisas designam bem a que ponto é disso que se trata.

Primeiro, a maneira como Freud sente que, por mais espetacular que seja o avanço feito pela paciente em sua análise, isso resvala por ela, por assim dizer, sem afetá-la em nada. O lugar que é do *a* no espelho do Outro, ele o aponta perfeitamente, por todas as coordenadas possíveis. Freud não dispõe, é claro, dos elementos de minha topologia, mas seria impossível dizê-lo com mais clareza. Aquilo ante o qual me detenho, em que tropeço, diz ele, é parecido com o que acontece na hipnose. Ora, o que acontece na hipnose? O sujeito, no espelho do Outro, é capaz de ler tudo o que está ali, no nível do vasinho pontilhado, ou seja, tudo que pode tornar-se especular, e por aí vai. Não é à toa que o espelho, a tampa da garrafa ou o olhar do hipnotizador são os instrumentos da hipnose. A única coisa que não se vê na hipnose é, justamente, a própria tampa da garrafa ou o olhar do hipnotizador, ou seja, a causa da hipnose. A causa da hipnose não se dá a conhecer nas conseqüências da hipnose.

A outra referência é a dúvida do obsessivo. E a que se refere essa dúvida radical, que também faz com que as análises de obsessivos prossigam durante tanto tempo, e tão lindamente? O tratamento de um obsessivo é sempre uma verdadeira lua-de-mel entre o analista e o analisado, na medida em que se centra ali onde Freud nos aponta muito bem o tipo de discurso sustentado pelo obsessivo, qual seja: esse homem é mesmo muito bom, conta-me as coisas mais bonitas do mundo; o chato é que não acredito em nada disso. Quando isso é central, é porque está ali, no *x*.

No caso da Jovem Homossexual, o que está em questão é uma certa promoção do falo como tal ao lugar do *a*. É justamente isso que deve esclarecer-nos sobre o desfecho do tratamento.

Tenho escrúpulo em abordá-lo, tanto mais que esse é um texto tão maravilhosamente esclarecedor que não preciso dar-lhes suas outras propriedades. Peço-lhes, pelo menos, que não tomem por um dos refrões a que desde então nos habituaram aquilo com que esse homem, então em processo de descobrimento, concluiu seu texto, ou seja, a distinção entre os elementos constitucionais e os elementos históricos da determinação da homossexualidade, sejam eles quais forem. Ao distinguir como tal a *Objektwahl*, a escolha de objeto, ao mostrar que ela comporta mecanismos originais, Freud isola o objeto em si como sendo o campo apropriado da análise. Tudo gira, efetivamente, em torno da relação do sujeito com o *a*.

O paradoxo dessa análise confina com o que lhes indiquei, da última vez, como sendo o ponto em que Freud nos lega a questão de saber como funcionar no nível do complexo de castração. Esse paradoxo é designado por algo que está inscrito na observação, e que me espanta que não seja o objeto mais comum de assombro entre os analistas, ou seja, que essa análise termina nisto: Freud a deixa cair.

Com Dora, e voltarei a isso, agora podemos articular melhor o que aconteceu. Está tudo longe, muito longe de uma inabilidade, e podemos dizer que, se Dora não foi analisada até o fim, Freud enxergou com clareza até o fim. Mas, com essa jovem — que é um caso em que a função do *a* foi como que tão prevalecente que chegou até a passar para o real, numa passagem ao ato, mas cuja relação simbólica Freud compreende muito bem —, ele se dá por vencido. Não chegarei a lugar nenhum, diz a si mesmo, e a encaminha a uma colega. É ele quem toma a iniciativa de largá-la de mão.

Eu os deixarei com essa expressão para entregá-la a suas reflexões.

Vocês podem intuir que meu cuidado visará a uma referência essencial na manipulação analítica da transferência.

16 de janeiro de 1963

IX

PASSAGEM AO ATO E *ACTING OUT*

Deixar-se cair e subir no palco

A egoização
O corte natal
O gozo do sintoma
As mentiras do inconsciente
A paixão de Freud

Hoje continuaremos a falar do que lhes designo como pequeno *a*.

Começarei por lembrar sua relação com o sujeito, a fim de manter nosso eixo e não lhes dar ensejo de uma deriva, por minha própria explicação. Entretanto, o que temos de acentuar hoje é sua relação com o grande Outro.

É a partir do Outro que o *a* assume seu isolamento, e é na relação do sujeito com o Outro que ele se constitui como resto. Foi por isso que reproduzi este esquema, que é homólogo ao do aparelho da divisão.

$$\begin{array}{c|c} A & S \\ \not{S} & \not{A} \\ a & 0 \end{array}$$

Segundo esquema da divisão

No alto, à direita, fica o sujeito, posto que, por nossa dialética, ele parte da função do significante. É o sujeito hipotético na origem dessa dialética. Já o sujeito barrado, o único a que nossa experiência tem acesso, constitui-se no lugar do Outro como marca do significante. Inversamente, toda a existência do Outro fica suspensa numa garantia que falta, donde o Outro barrado.

Dessa operação, no entanto, há um resto, que é o *a*.

1

Da última vez, a partir do caso de homossexualidade feminina, exemplo que não é único pois se perfilou atrás do de Dora, fiz surgir diante de vocês uma característica estrutural da relação do sujeito com o *a*.

Essa possibilidade essencial, essa relação que podemos dizer universal, porque, em todos os níveis, vocês sempre a encontrarão concernindo ao *a* — e é sua conotação mais característica, uma vez que está ligada justamente à função de resto —, eu a chamei, com um termo tomado de empréstimo ao vocabulário de Freud a propósito da passagem ao ato que lhe foi levada por seu caso de homossexualidade feminina, de o *largar de mão* [*laisser tomber*], o *niederkommen lassen.*

Ora, vocês decerto se lembrarão de que terminei com a observação de que, estranhamente, foi o mesmo *largar de mão* que marcou a resposta do próprio Freud a uma dificuldade exemplar desse caso. Em tudo que Freud nos atestou de sua ação, de sua conduta, de sua experiência, esse *largar de mão* é único, ao mesmo tempo que é tão manifesto e quase provocante em seu texto que, para alguns, torna-se quase invisível à leitura.

Esse *largar de mão* é o correlato essencial da passagem ao ato. Resta ainda precisar de que lado ele é visto. Ele é visto justamente do lado do sujeito. Se vocês quiserem referir-se à fórmula da fantasia, a passagem ao ato está do lado do sujeito na medida em que este aparece apagado ao máximo pela barra. O momento da passagem ao ato é o do embaraço maior do sujeito, com o acréscimo comportamental da emoção como distúrbio do movimento. É então que, do lugar em que se encontra — ou seja, do lugar da cena em que, como sujeito fundamentalmente historizado, só ele pode manter-se em seu status de sujeito —, ele se precipita e despenca fora da cena.

Essa é a própria estrutura da passagem ao ato.

A mulher do caso clínico da homossexualidade feminina pula por cima da pequena barreira que a separa do canal em que passa o bondinho semi-subterrâneo. Dora passa ao ato no momento de embaraço em que é colocada pela frase-armadilha, a armadilha canhestra do Sr. K.: *Minha mulher não é nada para mim.* A bofetada que Dora lhe dá nesse momento nada pode exprimir senão a mais perfeita ambigüidade — será que ela ama o Sr. K. ou a Sra. K.? Com certeza, não é a bofetada que nos dirá isso. Mas tamanha bofetada é um daqueles sinais, um daqueles momentos cruciais do destino que podemos ver repercutir de uma geração para outra, com seu valor de mudança de rumo num destino.

O sujeito se encaminha para se evadir da cena. É isso que nos permite reconhecer a passagem ao ato em seu valor próprio e distingui-la de algo que é totalmente diferente, vocês verão, a saber, o *acting out.*

Caberá eu lhes falar de outro exemplo, igualmente manifesto? Quem pensaria em contestar esse rótulo no que chamamos de fuga? A que chamamos fuga, no sujeito que nela se precipita, sempre mais ou menos colocado numa posição infantil, senão a essa saída de cena, à partida errante para o mundo puro, na qual o sujeito sai à procura, ao encontro de algo rejeitado, recusado por toda parte? Ele vira fumaça, como se costuma dizer, e, é claro, retorna, o que talvez lhe dê ensejo de ser valorizado. A partida é justamente a passagem da cena para o mundo.

Por isso mesmo é que foi muito útil, nas primeiras fases deste discurso sobre a angústia, eu formular uma distinção essencial entre dois registros: de um lado, o mundo, o lugar onde o real se comprime, e, do outro lado, a cena do Outro, onde o homem como sujeito tem de se constituir, tem de assumir um lugar como portador da fala, mas só pode portá-la numa estrutura que, por mais verídica que se afirme, é uma estrutura de ficção.

Antes de ir mais adiante na função da angústia, anuncio-lhes que daqui a pouco lhes falarei do *acting out*, embora, a princípio, ele mais pareça ser da ordem da evitação da angústia. Aliás, estender-me agora nesse assunto pode parecer-lhes, sem dúvida, mais um desvio — e acaso um desvio a mais não é um desvio em demasia? Todavia, observem que vocês só fazem reencontrar nisso uma interrogação que meu discurso já havia pontuado, no início, como essencial, qual seja, se a angústia não é, entre o sujeito e o Outro, um modo de comunicação tão absoluto que podemos perguntar-nos se ela não lhes é, propriamente falando, comum aos dois.

Assinalo, a esse respeito, que devemos levar em conta a realidade da angústia em certos animais. Esse é um dos traços que mais nos criam dificuldades, mas que nos convém preservar e que nenhum discurso sobre a angústia pode desconhecer. Ponho aqui, para recuperá-la depois, uma marquinha, uma pedra branca. Como podemos ter tanta certeza de um sentimento no animal? Ora, a angústia é realmente a única coisa de que não podemos duvidar quando a encontramos no animal. Encontramos ali, sob uma forma externalizada, o caráter que a angústia comporta, como já assinalei, de ser o que não engana.

2

Assim, depois de dispor o gráfico do que espero percorrer hoje, começo por algumas observações de recapitulação.

O último pensamento de Freud indica-nos que a angústia é um sinal no eu [*moi*].

Se esse sinal está no eu, deve encontrar-se em algum ponto do lugar do eu ideal. Penso já lhes haver esboçado suficientemente que ele deve estar em x no esquema.

Esse sinal é um fenômeno de borda no campo imaginário do eu. O termo "borda" é legitimado por se apoiar na afirmação do próprio Freud de que o eu é uma superfície, e até, acrescenta ele, a projeção de uma superfície, como relembrei no devido tempo. Digamos, pois, que ele é uma cor, termo cujo emprego metafórico justificarei oportunamente. Essa cor produz-se na borda da superfície especular, *i'(a)*, ela mesma uma inversão, posto que especular, da superfície real, *i(a)*.

O eu ideal é a função mediante a qual o eu se constitui através da série de suas identificações com alguns objetos, aqueles a propósito dos quais Freud aponta, em *Das Ich und das Es*, um problema que o deixa perplexo — a ambigüidade da identificação e do amor. Não ficaremos surpresos, portanto, com o fato de só podermos aproximar-nos dele com a ajuda de formulações que põem à prova o status mesmo de nossa própria subjetividade no discurso — entendam, no discurso douto ou docente. A ambigüidade de que se trata aponta a relação que há muito acentuei diante de vocês, a relação entre o ser e o ter.

Para sublinhar isso com um referencial retirado de aspectos destacados da própria obra de Freud, é a identificação que se encontra, essencialmente, no princípio do luto, por exemplo. Como é que o *a*, objeto da identificação, é também o *a*, objeto do amor? Ele o é na medida em que arranca metaforicamente o *amante*, para empregar o termo medieval e tradicional, do status em que ele se apresenta, o de amável, *eromenos*, para transformá-lo em *erastes*, sujeito da falta, mediante o que ele se constitui propriamente no amor. É isso que lhe dá, se assim posso dizer, o instrumento do amor, uma vez que se ama, que se é amante — voltaremos a isso — com aquilo que não se tem.

Se *a* chama-se *a* em nosso discurso, não é apenas pela função de identidade algébrica da letra que pregamos outro dia, mas, por assim dizer, humoristicamente, porque ele é o que não *temos* mais.* É por isso que esse *a*, que não temos mais no amor, pode ser reencontrado, pela via regressiva, na identificação, sob a forma da identificação com o ser. E é por isso que Freud qualifica exatamente pelo termo "regressão" a passagem do amor para a identificação. Nessa regressão, porém, o *a* continua a ser o que é, instrumento. É *com* o que somos que podemos ter ou não, se assim me posso expressar.

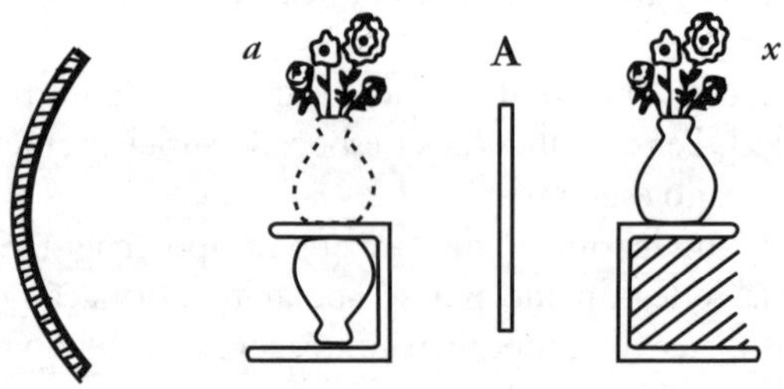

A imagem real cerca os objetos a

É com a imagem real, constituída ao emergir como *i(a)*, que nos apoderamos ou não, nessa aparência, da multiplicidade dos objetos *a*, aqui representados pelas flores reais, graças ao espelho côncavo do fundo, símbolo de algo que deve ser encontrado na estrutura do córtex, fundamento de uma certa relação do homem com a imagem de seu corpo e com os diferentes objetos constitutivos desse corpo, com pedaços do corpo original, captados ou não no momento em que *i(a)* tem a oportunidade de se constituir.

Antes do estádio do espelho, aquilo que será *i(a)* encontra-se na desordem dos pequenos *a* que ainda não se cogita ter ou não ter. Esse é o verdadeiro sentido, o sentido mais profundo a ser dado ao termo "auto-erotismo" — ou sentir falta de si, se assim posso dizer, de uma ponta à outra. Não é do mundo externo que sentimos falta, como há quem o expresse impropriamente, mas de nós mesmos.

---

* O humor vem do jogo entre *a*, do objeto, e *a* do verbo *avoir* [ter], na construção "*c'est ce qu'on n'a plus*". (N.T.)

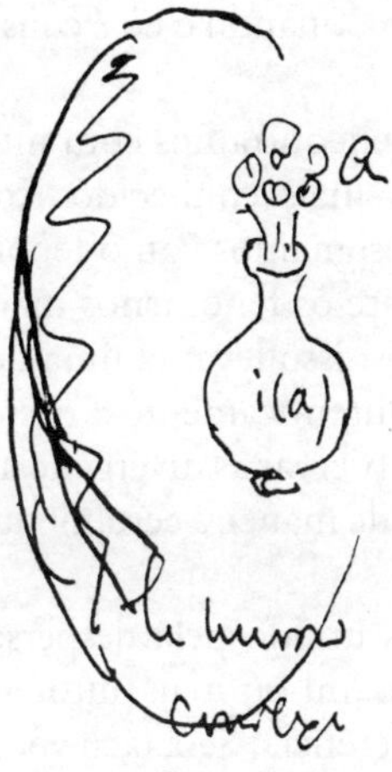

(tradução provável: espelho convexo)

Aqui se inscreve a possibilidade da fantasia do corpo despedaçado com que alguns de vocês depararam entre os esquizofrênicos. Aliás, isso não nos permite, no entanto, decidir sobre o determinismo dessa fantasia, e também foi por essa razão que destaquei o mérito de uma pesquisa recente a respeito das coordenadas desse determinismo. Esta não pretendeu esgotá-lo, de modo algum, mas conotou um de seus traços, ao observar estritamente, e nada mais, o que a mãe do esquizofrênico articula sobre o que seu filho era para ela no momento em que estava em seu ventre — nada além de um corpo, inversamente cômodo ou incômodo, ou seja, a subjetivação do *a* como puro real.

Permaneçamos ainda por um momento nesse estado anterior ao surgimento da imagem *i(a)* — anterior à distinção entre todos os pequenos *a* e essa imagem real, em relação à qual eles serão o resto que se tem ou não se tem —, para fazer a seguinte observação.

Freud nos diz que a angústia é um fenômeno de borda, um sinal que se produz no limite do eu [*moi*], quando este é ameaçado por alguma coisa que não deve aparecer. Esta é o *a*, o resto, abominado pelo Outro. Como foi que o movimento da reflexão, assim como os trilhos da experiência, levou os analistas — primeiro Rank e, em seguida, Freud, quanto a esse ponto — a encontrar a origem da angústia no nível pré-especular e pré-auto-erótico, do nascimento, no qual ninguém pensou no concerto analítico em falar da constituição de um eu? Eis a prova efetiva de que, se de fato é possível definir a angústia como sinal, fenômeno de borda no eu, quando o eu é constituído, certamente isso não é exaustivo.

Trata-se de algo que encontramos com muita clareza em fenômenos que estão entre os mais conhecidos como concomitantes da angústia, aqueles que designamos como fenômenos de despersonalização. Eles são justamente os fenômenos mais contrários à estrutura do eu como tal. Para nós, isso levanta uma questão que não poderemos evitar: a de situar autenticamente a despersonalização, uma vez que, sob essa rubrica, a observar as divergências entre os autores, os fenômenos são agrupados de maneira certamente ambígua, do ponto de vista analítico.

Sabemos do lugar assumido pela despersonalização em algumas demarcações próprias de um ou mais autores da escola francesa, aos quais já tive que fazer referência. Será fácil vocês reconhecerem as relações dessas demarcações com o que desenvolvo aqui, e devemos até presumir que os esboços que forneci anteriormente não são estranhos a isso. A idéia de distância, com efeito, é quase sensível neste esquema, no qual sempre marquei a distância que era necessária em relação ao espelho, para dar ao sujeito o distanciamento de si mesmo que a dimensão especular é feita para lhe oferecer. Nem por isso, no entanto, podemos concluir que um *aproximar-se* qualquer possa dar-nos a solução de alguma das dificuldades geradas a partir da necessidade dessa distância.

Em outras palavras, o que se deve dizer não é que os objetos são invasivos na psicose. O que constitui seu perigo para o eu? É a própria estrutura desses objetos, que os torna impróprios para a "egoização".

Foi isso que tentei fazê-los captar com a ajuda do que vocês podem chamar de metáforas, se quiserem — mas creio que a coisa vai mais longe — topológicas, na medida em que elas introduzem a possibilidade de uma forma não especularizável na estrutura de alguns desses objetos.

Em termos fenomenológicos, parece evidente que a despersonalização começa pelo não-reconhecimento da imagem especular. Todos sabem como esse fenômeno é sensível na clínica, e com que freqüência é ao não se encontrar no espelho, ou em qualquer coisa análoga, que o sujeito começa a ser tomado pela vacilação despersonalizante. Mas essa formulação que indica o fenômeno nem por isso deixa de ser insuficiente. Se o que é visto no espelho é angustiante, é por não ser passível de ser proposto ao reconhecimento do Outro.

Basta nos referirmos a um momento que assinalei como característico da experiência do espelho e paradigmático da constituição do eu ideal no espaço do Outro — o momento em que a criança vira a cabeça, conforme o movimento familiar que lhes descrevi, para o Outro, a testemunha, o adulto que está atrás dela, a fim de lhe comunicar com um sorriso as manifestações de seu júbilo, digamos, por alguma coisa que a faz comunicar-se com a imagem especular. Quando a relação que se estabelece com a imagem especular é tal que o sujeito fica demasiadamente cativo da imagem para que esse movimento seja possível, é porque a relação dual pura o despoja de sua relação com o grande Outro.

O sentimento de desapossamento, aliás, tem sido bastante marcado pelos clínicos na psicose. A especularização é estranha nele, *odd*, como dizem os ingleses, ímpar, fora de simetria. É *O Horla*, de Maupassant, o fora-do-espaço, na medida em que o espaço é a dimensão do superponível.

No ponto em que estamos, façamos uma pausa sobre o que significa a separação ligada à angústia do nascimento. Subsiste aí uma certa imprecisão, a partir da qual é gerada toda sorte de confusões. Falta-me tempo para fazer mais do que apontá-la, e voltarei a isso, mas saibam que convém fazer grandes ressalvas a respeito da estruturação do fenômeno da angústia nesse lugar do nascimento.

Bastará vocês se reportarem ao texto de Freud. No nível da angústia do nascimento, diz ele, constitui-se toda uma constelação de movimentos, principalmente vasomotores e respiratórios, constelação real esta que será transportada para a angústia em sua função de sinal, à maneira como se constitui o ataque histérico, que é, por sua vez, uma reprodução de movimentos herdados para a expressão de certos momentos emocionais. Isso, com certeza, é totalmente inconcebível. É impossível situar no começo uma relação tão complexa da angústia com o eu. Se, posteriormente, ela poderá servir de sinal do eu, é apenas por intermédio da relação de *i(a)* com o *a*, e precisamente pelo que aí temos de buscar de estrutural, a saber, o corte.

Mas, sendo assim, a separação característica do começo, aquela que nos permite abordar e conceber a relação, não é a separação da mãe. O corte de que se trata não é o que se dá entre a criança e a mãe.

A maneira como a criança habita originalmente a mãe tem tudo da relação do óvulo com o corpo materno nos mamíferos. Vocês sabem que há todo um aspecto pelo qual, em relação ao corpo da mãe, a criança é um corpo estranho, um corpo parasita, um corpo incrustado pelas raízes arteriovenosas de seu córion no órgão especializado para recebê-lo, o útero, com cuja mucosa ele mantém um certo entrelaçamento. O corte que nos interessa, o que deixa sua marca num certo número de fenômenos clinicamente reconhecíveis, e que, portanto, não podemos evitar, é um corte que, graças a Deus, é muito mais satisfatório para nossa concepção do que a cisão da criança que nasce, no momento em que ela vem ao mundo.

Cisão de quê? Dos envoltórios embrionários.

Basta-me remetê-los a qualquer livrinho de embriologia datado de menos de cem anos para que vocês percebam que, para terem uma idéia completa do conjunto pré-especular que é o *a*, deverão considerar os envoltórios como um elemento do corpo da criança. É a partir do óvulo que os envoltórios se diferenciam, e vocês verão com que formas o fazem, de maneira muito curiosa — deposito bastante confiança em vocês, depois de nossos trabalhos do ano passado em torno do *cross-cap*. Nos esquemas que ilustram os envoltórios, vocês poderão ver manifestarem-se todas as variedades da relação entre o interior e o exterior: o celoma externo em que flutua o feto, envolvido por seu âmnio, enquanto a própria cavidade amniótica é envolvida por um folheto ectodérmico e apresenta sua face para o exterior em continuidade com o endoblasto.

Em suma, vocês verão a que ponto é sensível aí a analogia entre o que é separado desses envoltórios com o corte do embrião e a separação, no *cross-cap*, de um certo *a* enigmático em que tenho insistido. Se tivermos que reencontrar essa analogia mais adiante, creio que a terei indicado hoje o suficiente para nos facilitar essa tarefa.

Resta-nos hoje, portanto, fazer o que lhes anunciei acerca do que o *acting out* indica sobre a relação essencial do pequeno *a* com o grande A.

3

Tudo que é *acting out* é o oposto da passagem ao ato. Ele se apresenta com certas características que nos permitirão isolá-lo.

A relação profunda e necessária do *acting out* com o *a*, é a ela que desejo levá-los como que pela mão, sem deixá-los cair.

Em seus referenciais clínicos, observem a que ponto segurar pela mão para não deixá-los cair é absolutamente essencial num certo tipo de relações do sujeito. Quando depararem com isso, vocês poderão ter certeza absoluta de que se trata de um *a* para o sujeito. Isso produz unianos de um tipo muito difundido, que nem por isso são mais cômodos de manejar, porque o *a* de que se trata também pode ser, para o sujeito, o mais incômodo supereu.

Há um tipo de mãe a que chamamos mulher fálica, termo que não é sem propriedade, mas que empregamos absolutamente sem saber o que queremos dizer. Recomendo-lhes prudência antes de aplicar esse rótulo. Mas, se lidarem com uma pessoa que lhes diga que, na medida mesma em que um objeto lhe é mais precioso, ela se sente atrozmente tentada, de maneira inexplicável, a não segurar esse objeto numa queda, esperando sabe-se lá que milagre dessa espécie de catástrofe, e que o filho mais querido é justamente aquele que, um dia, ela deixou cair, inexplicavelmente, aí sim, vocês podem identificar o que convém chamar, no caso, de mãe fálica. Sem dúvida existem outros modos, mas dizemos que esse é o que nos parece menos enganador. Na tragédia grega, e isso não escapou à perspicácia de Giraudoux, a mais profunda queixa de Electra em relação a Clitemnestra é que, um dia, ela a deixou escorregar de seus braços.

Entremos agora no *acting out*.

No caso de homossexualidade feminina, se a tentativa de suicídio é uma passagem ao ato, toda a aventura com a dama de reputação duvidosa, que é elevada à função de objeto supremo, é um *acting out*. Se a bofetada de Dora é uma passagem ao ato, todo o seu comportamento paradoxal na casa dos K., que Freud prontamente descobre com tanta perspicácia, é um *acting out*.

O *acting out* é, essencialmente, alguma coisa que se mostra na conduta do sujeito. A ênfase demonstrativa de todo *acting out*, sua orientação para o Outro, deve ser destacada.

No caso de homossexualidade feminina, Freud insiste nisso, é aos olhos de todos que se exibe a conduta da moça. Quanto mais escandalosa se torna essa publicidade, mais se acentua sua conduta. E o que se mostra essencialmente como diferente do que é. O que é isso, ninguém sabe, mas que é outra coisa, disso ninguém duvida.

O que isso é, diz Freud, no entanto, é que ela quereria um filho do pai. Mas, se vocês se contentam com isso, é por não serem exigentes, pois esse filho nada tem a ver com uma necessidade materna. Foi por isso que fiz questão de ao menos lhes indicar que, ao contrário de todo o deslizamento do pensamento analítico, convém situar a relação do filho com a mãe numa posição como que lateral em relação à corrente principal da elucidação do desejo inconsciente.

No que podemos apreender, pelo menos por sua incidência econômica, há na relação normal da mãe com o filho algo de pleno, redondo, fechado, algo de tão completo quanto na fase de gestação, a ponto de precisarmos tomar cuidados absolutamente especiais para introduzi-lo em nossa concepção e para ver como sua incidência se aplica à relação de corte entre *i(a)* e *a*. Afinal, basta-nos nossa experiência da transferência para ver em que momento da análise nossas analisadas engravidam e para que isso lhes serve — é sempre a proteção de um retorno ao mais profundo narcisismo. Mas deixemos isso de lado.

Esse filho, é realmente como outra coisa que ela queria tê-lo, e essa coisa, aliás, graças a Deus não escapa a Freud. A moça queria esse filho como um falo, isto é, tal como o enuncia a doutrina em Freud, da maneira mais desenvolvida, como substituto, sucedâneo de algo que, nesse ponto, combina plenamente com nossa dialética do corte e da falta, do (*a*) como queda, como faltante.

É isso que permite à jovem, havendo fracassado na realização de seu desejo, realizá-lo simultaneamente de outro modo e da mesma maneira, como *erastes*. Ela se torna *amante*. Em outras palavras, coloca-se naquilo que ela não tem, o falo, e, para mostrar que o tem, ela o dá. De fato, é uma forma absolutamente demonstrativa. Ela se comporta em relação à Dama, diz-nos Freud, como um cavalheiro obsequioso, como um homem, como aquele que pode sacrificar-lhe o que tem, seu falo.

Assim, combinemos esses dois termos, *mostrar* ou *demonstrar* e *desejo*, para isolar um desejo cuja essência é mostrar-se como outro, mas, mostrando-se como outro, assim se designar. No *acting out*, portanto, diremos que o desejo, para se afirmar como verdade, envereda por um caminho em que, sem dúvida, só consegue fazê-lo de uma maneira que chamaríamos de singular, se já não soubéssemos, por nosso trabalho aqui, que a verdade não é da natureza do desejo. Se nos lembrarmos da formulação que diz que o desejo não é articulável, embora seja articulado, ficaremos menos surpresos com o fenômeno diante do qual nos encontramos. Cheguei até a lhes dar um elo a mais: ele é articulado objetivamente, articulado com o objeto que, da última vez, chamei de causa do desejo.

O *acting out* é, em essência, a mostração, a mostragem, velada, sem dúvida, mas não velada em si. Ela só é velada para nós, como sujeito do *acting out*, na medida em que isso fala, na medida em que poderia ser verdade. Ao contrário, ela é, antes, visível ao máximo, e é justamente por isso que, num certo registro, é invisível, mostrando sua causa. O essencial do que é mostrado é esse resto, é sua queda, é o que sobra nessa história.

Entre o sujeito $, aqui "Outrificado", se posso me expressar desse modo, em sua estrutura de ficção, e o Outro, A, não autenticável, nunca inteiramente autenticável, o que surge é esse resto, *a*, é a libra de carne. O que quer dizer que podemos fazer todos os empréstimos que quisermos para tampar os furos do desejo, assim como os da melancolia, mas lá está o judeu que, por sua vez, entende um bocado do balanço das contas e que, no fim, pede a libra de carne — creio que vocês sabem o que estou citando. É essa a marca que vocês sempre encontrarão no que é *acting out*.

Lembrem-se do que me sucedeu escrever, em meu relatório sobre "A direção do tratamento", sobre a observação de Ernst Kris a propósito do caso de plágio. Kris, por estar num certo caminho que talvez tenhamos que nomear, quer reduzir seu paciente com os recursos da verdade; mostra-lhe da maneira mais irrefutável que ele não é plagiador; leu seu livro, e esse livro é realmente original; ao contrário, foram os outros que o copiaram. O sujeito não tem como contestá-lo. Só que não está nem aí para isso. E, ao sair, que faz ele? Como vocês sabem — penso que, afinal, há algumas pessoas, uma maioria, que de vez em quando lêem o que escrevo —, ele vai comer miolos frescos.

Não estou rememorando o mecanismo do caso. Ensino-os a reconhecer um *acting out* e o que isso quer dizer, ou seja, o que lhes designo como o pequeno *a*, ou a libra de carne.

Com os miolos frescos, o paciente simplesmente faz um sinal para Ernst Kris: tudo o que o senhor diz é verdade, mas simplesmente não toca na questão; restam os miolos frescos. Para mostrá-lo ao senhor, vou comê-los ao sair, para lhe contar isso na próxima sessão.

Insisto: não se pode andar muito devagar nessas matérias. Vocês me dirão — enfim, formulo as perguntas e as respostas, vocês poderiam me dizer se já não o acentuei o bastante —: "O que isso tem de original, esse *acting out*, e a demonstração desse desejo desconhecido? O sintoma é a mesma coisa. O *acting out* é um sintoma. O sintoma também se mostra como outro. Prova disso é que deve ser interpretado." Bem, então ponhamos direitinho os pingos nos is. Vocês sabem que o sintoma não pode ser interpretado diretamente, que é preciso haver a transferência, isto é, a introdução do Outro.

Talvez vocês ainda não captassem bem a coisa e me dissessem: "Está bem, isso é o que você está-nos dizendo sobre o *acting out.*" Não, não é essencialmente da natureza do sintoma ter que ser interpretado. Ele não clama pela interpretação como faz o *acting out*, ao contrário do que vocês possam acreditar.

Convém dizer, aliás, que o *acting out* clama pela interpretação, mas a questão é saber se esta é possível. Eu lhes mostrarei que sim, mas é algo indeciso, tanto na prática quanto na teoria analíticas.

Em se tratando do sintoma, é claro que a interpretação é possível, mas com uma certa condição que vem somar-se a ela, isto é, que a transferência se estabeleça. Por natureza, o sintoma não é como o *acting out*, que pede a interpretação, pois — esquecemos disso em demasia — o que a análise descobre no sintoma é que ele não é um apelo ao Outro, não é aquilo que mostra ao Outro. O sintoma, por natureza, é gozo, não se esqueçam disso, gozo encoberto, sem dúvida, *untergebliebene Befriedigung*; não precisa de vocês como o *acting out*, ele se basta. É da ordem daquilo que lhes ensinei a distinguir do desejo como sendo o gozo, isto é, aquilo que vai em direção à Coisa, depois de ultrapassar a barreira do bem — referência a meu Seminário sobre a ética —, ou seja, do princípio do prazer, e é por isso que tal gozo pode traduzir-se num *Unlust* — para os que ainda não entenderam, esse termo alemão significa *desprazer*.

Tudo isso, não sou eu quem inventa, tampouco sou eu quem o articula; está dito em termos apropriados em Freud.

Voltemos ao *acting out*.

Diferentemente do sintoma, o *acting out*, bem, ele é o começo da transferência. É a transferência selvagem. Não é preciso análise, como vocês desconfiam, para que haja transferência. Mas a transferência sem análise é o *acting out*. O *acting out* sem análise é a transferência. Resulta daí que uma das questões formuladas acerca da organização da transferência — refiro-me com isso a sua *Handlung*, seu manejo — é saber como se pode domesticar a transferência selvagem, como fazer o elefante selvagem entrar no cercado, como pôr o cavalo na roda para fazê-lo girar no carrossel.

Essa é uma das maneiras de enunciar o problema da transferência. Seria muito útil formulá-lo por esse lado, uma vez que é a única maneira de saber como agir com o *acting out*.

Para as pessoas que irão se interessar proximamente pelo *acting out*, assinalo a existência, no *Psychoanalytic Quarterly*, de um artigo de Phyllis Greenacre, "General Problems of Acting Out". Ele está no número IV do volume 19, de 1950, de modo que não é impossível de encontrar. É um artigo muito interessante, por várias razões, mas é também, para mim, evocador de uma lembrança.

Foi na época, já se vão uns dez anos, em que já tínhamos recebido a visita de alguns pesquisadores. Phyllis Greenacre, que fazia parte deles, deu-me a oportunidade de observar um belo *acting out*, a saber, a masturbação frenética a que se entregou, diante de meus olhos, uma pequena pescadora de mariscos, um *netsuké* japonês que estava em meu poder e que ainda traz as marcas disso — refiro-me a esse objeto. Devo dizer também que sua visita me proporcionou a oportunidade de uma conversa muito agradável, bem melhor do que a que tive com a sra. Lampl De Groot, e que, por sua vez, foi escandida por diversas passagens ao ato, dentre as quais pulos que a levaram quase ao nível do teto — baixo, convém dizer — de meu consultório.

Pois bem, encontramos no artigo "General Problems of Acting Out" comentários muito pertinentes, embora — vocês verão, os que o lerem — eles se beneficiem de ser esclarecidos pelas linhas originais que tento desenhar diante de vocês. A questão é saber como agir com o *acting out*. Há três maneiras, diz ela. Há o interpretá-lo, há o proibi-lo e há o reforço do eu.

Quanto a interpretá-lo, ela não tem grandes ilusões. Phyllis Greenacre é uma mulher muito, muito competente. Interpretá-lo, com o que acabo de lhes dizer, está fadado a surtir poucos efeitos, até porque é para isso que ele serve, o *acting out*. Quando vocês olham as coisas de perto, percebem, na maioria das vezes, que o sujeito sabe muito bem o que faz no *acting out*: este é para se oferecer à interpretação de vocês. Mas aí é que está: não é o sentido do que vocês interpretam, seja ele qual for, que importa, e sim o resto. Então, pelo menos por essa vez, sem outros acréscimos, há um impasse.

É muito interessante nos determos em escandir as hipóteses.

Quanto a proibi-lo, naturalmente, isso provoca um sorriso, inclusive na própria autora, que diz: afinal, podemos fazer muitas coisas, mas dizer ao sujeito "nada de *acting out*", isso é algo bem difícil. Ninguém pensa em fazê-lo, aliás. Mesmo assim, observa-se a esse respeito que sempre houve proibições prejudiciais na análise. De fato, proíbe-se muito mais do que se supõe. Muitas coisas são feitas, evidentemente, para evitar o *acting out* nas sessões. Além disso, também se diz aos pacientes que não tomem decisões essenciais para sua vida durante a análise. É fato que, quando se tem influência, há nisso uma certa relação com o que podemos chamar de perigo, seja para o sujeito, seja para o analista.

Por que se faz tudo isso?

Essencialmente, diria eu, ilustrando minha colocação, ou por sermos médicos, ou por sermos bondosos. Como diz já não sei quem, não queremos que ele fique dodói, esse paciente que vem confiar-se a nós. E o mais incrível é que conseguimos. Mesmo que falemos de *acting out*, ele é o sinal de que se impede muita coisa. Será que é disso que fala a sra. Greenacre, quando diz que é preciso deixar que se estabeleça mais solidamente uma transferência verdadeira?

Eu gostaria de assinalar aqui um certo aspecto da análise que não é visto: seu aspecto de seguro contra acidentes, de seguro contra doenças. Afinal, é muito engraçado observar — pelo menos a partir do momento em que um analista ganhou o que se chama experiência, ou seja, tudo aquilo que, em sua própria atitude, muitas vezes ele ignora — como são raras as doenças de curta duração no transcurso das análises, como, numa análise que se prolongue um pouco, os resfriados, as gripes, tudo isso se apaga, e, mesmo com respeito às doenças de longa duração, se houvesse mais análises na sociedade, passaríamos melhor. Acho que os seguros sociais e os seguros de vida deveriam levar em conta a proporção de análises na população para modificar seus prêmios.

Inversamente, quando ocorre um acidente — não me refiro apenas ao *acting out* —, isso é imputado com muita regularidade à análise, tanto pelo paciente quanto pelo meio. É imputado à análise como que por natureza. Eles têm razão; trata-se de um *acting out*, logo, dirige-se ao Outro, e, quando se está em análise, dirige-se ao analista. Se ele ocupou esse lugar, pior para ele. Afinal, ele tem a responsabilidade que cabe ao lugar que concordou em ocupar.

Essas questões talvez sirvam para lhes esclarecer o que quero dizer quando falo do desejo do analista, e quando levanto tal questão.

Entretanto, não me deterei em interrogar o que fez com que pendesse para o sentido de reforçar o eu — terceira das hipóteses — a questão da maneira como domesticamos a transferência, porque vocês me ouviram dizer que isso não é simples. Tampouco me deterei em dizer aquilo a que sempre me opus, pois, pela própria confissão dos que enveredaram por esse caminho há muito mais de uma década e, mais exatamente, a partir de um número tão grande de décadas que agora se começa a falar menos delas, trata-se de levar o sujeito à identificação. Isso é admitido em toda uma literatura.

Não se trata de uma identificação com a imagem como reflexo do eu ideal no Outro, mas com o eu do analista, com o resultado de que nos fala Balint — a crise verdadeiramente maníaca que ele nos descreve como sendo a do fim de uma análise assim caracterizada.

Essa crise representa o quê, com toda a exatidão? A insurreição do *a*, que continuou absolutamente intacto.

4

Voltemos a Freud e à observação do caso de homossexualidade feminina, no qual temos toda sorte de anotações absolutamente admiráveis.

Embora Freud nos diga que nada indica, nesse caso, que se produza algo chamado transferência, ao mesmo tempo ele afirma que nem se deve cogitar de examinar por um instante a hipótese de que não haja transferência. Designa-se aí não sei que ponto cego na posição dele, pois isso equivale a desconhecer completamente o que acontece com a relação transferencial, e chegamos a encontrá-la expressamente formulada no discurso do próprio Freud sobre esse caso.

Essa paciente — a coisa é articulada como tal — mentia para ele em sonhos. É através disso que Freud caracteriza o caso. O precioso *ágalma* desse discurso sobre a homossexualidade feminina é que Freud se detém, atônito, diante disto (ele também faz perguntas e dá respostas): Com que então, o inconsciente é capaz de mentir!

Com efeito, os sonhos dessa paciente assinalam, dia após dia, enormes progressos em direção ao sexo a que ela está destinada, mas Freud não acredita nisso nem por um instante, e com bons motivos, uma vez que a doente que lhe relata seus sonhos diz-lhe, ao mesmo tempo: Sim, é claro, isso permitirá que eu me case e, ao mesmo tempo, me permitirá ocupar-me ainda melhor das mulheres.

Portanto, ela mesma lhe diz que está mentindo. E Freud, aliás, não tem dúvida quanto a isso. Trata-se justamente do que cria a aparência de uma ausência de qualquer relação transferencial. Assim, ele se detém nisto: Com que então, esse inconsciente que estamos habituados a considerar como sendo o mais profundo, a verdade verdadeira, pode nos enganar! E todo o seu debate gira em torno dessa *Zutrauen*, dessa confiança a depositar no inconsciente: Poderemos nós conservá-la?, diz ele.

Freud afirma isso numa frase muito característica, por ser tão elíptica e concentrada que quase tem o caráter de tropeço da fala a que me refiro em meu "Relatório de Roma". Lerei para vocês essa frase; não a trouxe hoje, vou trazê-la da próxima vez, é belíssima; trata-se de uma disputa em torno do inconsciente. O inconsciente sempre merece confiança, diz Freud, e o discurso do sonho é algo diferente do inconsciente, é criado por um desejo que vem do inconsciente; ao mesmo tempo, no entanto, ele admite e chega até a formular que, nesse caso, é o desejo que se expressa através dessas mentiras.

A própria paciente lhe diz que seus sonhos são mentirosos. Aquilo diante do qual Freud se detém é o problema de toda mentira sintomática — vejam como é a mentira na criança —, é o problema do que o sujeito quer dizer ao mentir. E o estranho é que Freud entrega os pontos, deixa cair, diante dessa grimpagem de todas as engrenagens. Ele não se interessa pelo que as faz grimpar, ou seja, o dejeto, o restinho, aquilo que detém tudo e que é, no entanto, o que está em questão aí.

Sem ver o que o atrapalha, ele se emociona, como certamente o mostra, diante dessa ameaça à fidelidade do inconsciente. E então, passa ao ato.

Esse é o ponto em que Freud se recusa a ver na verdade, que é sua paixão, a estrutura de ficção como algo que está em sua origem.

É o ponto em que ele não meditou o bastante sobre aquilo que, ao falar da fantasia, enfatizei diante de vocês num discurso recente, a saber, o paradoxo de Epimênides. O *eu minto* é perfeitamente aceitável, uma vez que o que mente é o desejo, no momento em que, ao se afirmar como tal, expõe o sujeito à anulação lógica em que se detém o filósofo, ao ver a contradição do *eu minto*.

Mas, afinal, o que falta a Freud aí, como sabemos, é o que falta em seu discurso. É aquilo que, para ele, sempre se manteve em estado de pergunta: o que quer uma mulher? É o esbarrão do pensamento de Freud em algo que podemos chamar, provisoriamente, de feminilidade.

Não me façam dizer que a mulher é mentirosa como tal, quando digo que a feminilidade se furta, e que alguma coisa se adivinha por essa vertente — para empregar os termos do I-Ching, uma *meiguice fluida*, algo diante do qual Freud por pouco não morreu sufocado, ao descobrir, pouco depois do fato, o passeio noturno que sua noiva, no mesmo dia em que eles trocaram seus votos supremos, dera com um primo obscuro sem lhe contar. Chamo-o de primo obscuro, já não me lembro bem, não consultei a biografia; é um outro qualquer, um desses janotas com o futuro garantido, como se costuma dizer, o que significa que não têm futuro nenhum.

É aí que está o ponto cego. Freud quer que ela lhe diga tudo, a mulher. Pois bem, ela o fez: fez a *talking cure* e a *chimney sweeping.** Ah, a limpeza foi bem feita.

Durante um certo tempo, ninguém se aborreceu com isso; o importante era estarem juntos na mesma chaminé. Só que, quando se sai dela, uma questão se coloca — vocês a conhecem, ela foi lembrada no fim de um de meus artigos, tirada de empréstimo do Talmude: quando duas pessoas saem juntas de uma chaminé, qual delas se livra da sujeira?

Sim, aconselho-os a reler esse artigo, e não apenas esse, mas também o que fiz sobre "A Coisa freudiana".** A Coisa freudiana, vocês poderão vê-la designada ali, se me atrevo a dizer, com certa ênfase.

É Diana que indico como mostrando a fuga ou a seqüência dessa coisa.

A Coisa freudiana foi o que Freud deixou cair — mas que continua após sua morte, e ainda é ela que conduz toda a caçada, sob a forma de todos nós.

Essa busca, nós a continuaremos da próxima vez.

23 de janeiro de 1963

---

* Cura pela fala e limpeza da chaminé. (N.T.)
** Ver Jacques Lacan, *Escritos*, Rio de Janeiro: Zahar, 1998, p.402-37.

X

De uma falta irredutível ao significante

Topologia diferencial dos furos
Uma falta que o símbolo não supre
O objeto na transferência
Margaret Little e seu grande R
Interpretação-corte

A angústia, como nos ensinam desde sempre, é um medo sem objeto.

Cantilena, já poderíamos dizer aqui, em que se enunciou um outro discurso — cantilena que, por mais científica que seja, aproxima-se da cantiga de acalmar crianças, pois a verdade que enuncio para vocês, eu a formulo assim: ela não é sem objeto.

Isso não quer dizer que esse objeto seja acessível pelo mesmo caminho de todos os demais. Já sublinhei que seria mais uma forma de nos livrarmos da angústia dizer que um discurso homólogo, ou parecido com qualquer outra parte do discurso científico, pode simbolizar esse objeto, colocar-nos com ele na relação do símbolo a que voltaremos. Se a angústia sustenta essa relação, por não ser desprovida de objeto, é sob a condição de ressalvar que isso não equivale a dizer, como em relação a outros, de que objeto se trata — nem tampouco a poder dizê-lo.

Em outras palavras, a angústia nos introduz, com a ênfase da comunicabilidade máxima, numa função que, para nosso campo, é radical — a função da falta.

1

A relação com a falta é tão inerente à constituição de qualquer lógica que podemos dizer que a história da lógica é a de seus sucessos em mascarar aquilo pelo qual ela se aparenta com um vasto ato falho, se dermos a essa expressão seu sentido positivo.

É por isso mesmo que vocês sempre me vêem voltar, por algum trajeto, aos paradoxos da lógica que se destinam a lhes sugerir as portas de entrada pelas quais se nos impõe — e as vias por onde se regula o estilo certo para nos permitir — ter sucesso nesse ato falho, isto é, não faltar para com a falta.

Foi também por isso que pensei mais uma vez em introduzir meu discurso, hoje, por um apólogo.

Ele é apenas isso, e vocês não podem basear-se em nenhuma analogia para encontrar nele com que sustentar um posicionamento dessa falta. No entanto, esse apólogo é útil para reabrir a dimensão — cuja trilha todo discurso, todo discurso da própria literatura analítica, os faz reencontrar forçosamente, nos intervalos, digamos, do discurso em que os aprisiono aqui, de oito em oito dias —, a dimensão de que algo possa fechar-se em nossa experiência, e de que qualquer hiância com que ela pretenda designar essa falta ainda seja alguma coisa que este discurso possa preencher.

Portanto, um pequeno apólogo, o primeiro que me ocorreu, pois que haveria outros, mas desejo apenas andar depressa aqui.

Eu lhes disse, em síntese, que não existe falta no real, que a falta só é apreensível por intermédio do simbólico. É no nível da biblioteca que se pode dizer: *Aqui está faltando o volume tal em seu lugar*. Esse lugar é um lugar apontado pela introdução prévia do simbólico no real. Por isso, a falta de que falo aqui pode ser facilmente preenchida pelo símbolo; ela designa o lugar, designa a ausência, presentifica o que não está presente.

Mas observem o volume que está aqui, que comprei esta semana, e foi ele que me inspirou este pequeno apólogo.

Na primeira página, ele traz a anotação: *Faltam quatro gravuras, de tal a tal*.

Mas será que isso quer dizer que a função da dupla negação entra em jogo aí? Que, se o livro estiver faltando em seu lugar, a falta das quatro gravuras será suspensa e as gravuras voltarão para ele?

Salta aos olhos que não é nada disso.

Este apólogo talvez lhes pareça meio bobo, mas aí está toda a questão da lógica quando a transpomos para os termos intuitivos sobre a inclusão da falta fornecidos pelo esquema euleriano. Qual é a posição da família no gênero, a do indivíduo na espécie? No interior de um círculo planificado, que é o furo?

Se lhes fiz praticar tanta topologia no ano passado, foi justamente para lhes sugerir que a função do furo não é unívoca.

Sempre se introduz na via do pensamento o que chamamos por diversos nomes metafóricos — a planificação, a implicação do plano simples —, mas que realmente se refere a alguma coisa, ou seja, ao plano como aquilo que constitui intrinsecamente o suporte intuitivo natural da superfície. Ora, a relação com a superfície é infinitamente mais complexa, como lhes mostrei ao simplesmente apresentar-lhes o anel ou toro. Na aparência, essa superfície é das mais simples de imaginar, mas, quando a elaboramos, para poder referir-nos a ela, e sob a condição de considerá-la realmente pelo que ela é, uma superfície, vocês puderam constatar que vimos diversificar-se estranhamente nela a função do furo.

Faço-os observar mais uma vez como convém entender isso.

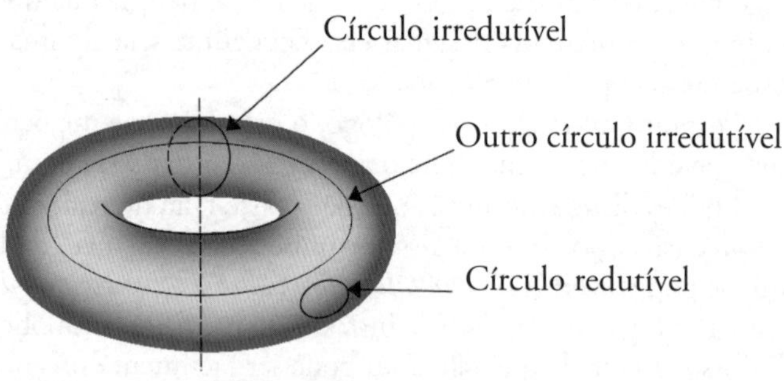

Os dois tipos de furos no toro

A questão é saber como um furo pode encher-se e vir a se obturar. Isso é representável como o encolhimento de um círculo. Embora qualquer círculo desenhado num plano possa encolher até não ser mais que um ponto, limite evanescente, e desaparecer, não é esse o caso na superfície do toro. Nela há círculos sobre os quais não podemos operar dessa maneira, mas basta desenharmos nosso círculo de outro modo para que ele não possa chegar ao zero. Existem estruturas que não comportam a obturação do furo.

Se desenho, é para não me exprimir de outra maneira.

A essência do *cross-cap*, tal como o mostrei a vocês no ano passado, é que ele não nos dá a diversidade dos dois tipos de círculo. Nunca há um círculo de redução puntiforme, independentemente do corte que vocês desenhem em sua superfície.

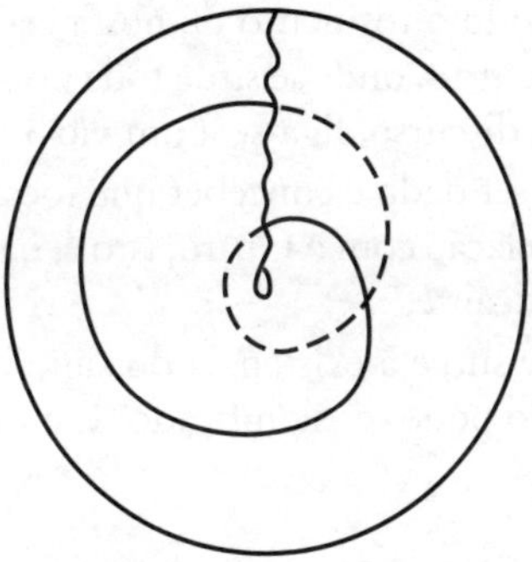

Superfície mínima do cross-cap

Quer o desenhemos de maneira homóloga à do corte que faz parte, no toro, dos dois tipos de círculo, quer passando pelo ponto γ privilegiado para o qual lhes chamei a atenção no ano passado, vocês sempre terão, no nível do *cross-cap*, uma coisa que aparentemente poderá reduzir-se à superfície mínima, não sem que reste, no fim, seja qual for a variedade do corte, algo que se simboliza não como uma redução concêntrica, mas com uma forma irredutível, esta ou aquela, que é a mesma: a chamada forma do oito interior, que não podemos deixar de diferenciar da pontificação concêntrica.

É nisso que o *cross-cap* tem sido, para nós, um outro caminho para abordar a possibilidade de um tipo irredutível de falta.

A falta é radical, radical na própria constituição da subjetividade, tal como esta nos aparece por via da experiência analítica. Eu gostaria de enunciá-la com esta formulação: a partir do momento em que isso é sabido, em que algo chega ao saber, há alguma coisa perdida, e a maneira mais segura de abordar esse algo perdido é concebê-lo como um pedaço do corpo.

Aí está, sob forma maciça e opaca e em seu caráter irredutível, a verdade que nos é dada pela experiência analítica, e a qual, por conseguinte, esta introduz em qualquer reflexão possível sobre qualquer forma concebível de nossa condição.

Esse ponto, convém dizer, comporta o suficiente de insustentável para que tentemos incessantemente contorná-lo. É um fato de duas faces, sem dúvida, quais sejam, que no próprio esforço de contorná-lo só fazemos desenhar mais seu contorno, e que, à medida mesma que nos aproximamos dele, somos sempre tentados a esquecê-lo, em função da própria estrutura representada por essa falta. Daí resulta — outra verdade — que todo o tormento de nossa experiência decorre de que a relação com o Outro, onde se situa toda possibilidade de simbolização e de lugar do discurso, liga-se a um vício estrutural.

O passo a mais a ser dado é conceber que tocamos aí, justamente, no que possibilita a relação com o Outro, isto é, naquilo de onde surge a existência do significante.

O ponto de onde surge a existência do significante é aquele que, em certo sentido, não pode ser significado. É o que chamo de ponto falta-de-significante.

2

Recentemente, ouvi alguém que não me escuta nada mal, na verdade, perguntar-me se isso não equivale a nos referirmos simplesmente ao que é, de certo modo, a matéria imaginária de todo significante — a forma da palavra ou a do caractere chinês, se vocês quiserem —, ou seja, ao que há de irredutível no fato de ser preciso que o significante tenha um suporte intuitivo, como os outros, como todo o resto. Pois bem, justamente, não.

É claro que isso é o que se oferece, essa é a tentação, mas não é disso que se trata no que concerne a essa falta. Para fazer com que vocês o sintam, vou referir-me a definições que já lhes dei e que devem servir.

Eu lhes disse que nada falta que não seja da ordem simbólica. Mas a privação, por sua vez, é algo real.

Aquilo de que falamos aqui, por exemplo, é algo real. Aquilo ao redor de que gira meu discurso, quando tento novamente tornar presente para vocês esse ponto decisivo de que, no entanto, sempre nos esquecemos, não apenas em nossa teoria, mas em nossa prática da experiência analítica, é uma privação, que se manifesta tanto na teoria quanto na prática. Essa privação é real e, como tal, pode ser reduzida; mas será que basta, para anulá-la, circunscrevê-la cientificamente, se conseguirmos fazê-lo?

Isso é perfeitamente concebível, e basta trabalharmos a literatura analítica para ver o que acontece. Dentro em pouco lhes darei uma amostra.

Peguei o primeiro número do *International Journal* que me caiu nas mãos e, em quase toda parte, deparamos com os problemas em pauta, quer se fale da ansiedade, do *acting out* ou de R — não sou só eu quem me sirvo de letras —, *The Total Response*, a resposta total do analista na situação analítica. A autora do artigo que leva esse título é alguém que estamos reencontrando, visto que, no segundo ano de meu Seminário, já falei dessa Margaret Little. Encontraremos, muito centrado em seu artigo, o problema de saber onde se situa a privação, já que, manifestamente, ela escapole à medida que a autora tenciona abordar mais de perto o problema que lhe é levantado por um certo tipo de pacientes.

Mas não é a redução da privação, sua simbolização ou sua articulação que suspenderá a falta. É isso que convém enfiarmos bem na cabeça, desde já, nem que seja para compreender o que significa, na experiência analítica, a forma de aparecimento da falta a que se chama castração. A privação é algo real, enquanto a falta, por sua vez, é simbólica. É claro que uma mulher não tem pênis, mas, se vocês não simbolizarem o pênis como o elemento essencial para se ter ou não ter, ela nada saberá dessa privação.

A castração, eu lhes disse, é simbólica. Ou seja, refere-se a um certo fenômeno de falta. Ela aparece no decorrer da análise uma vez que a relação com o Outro, que aliás não esperou pela análise para se constituir, é fundamental nela. No nível dessa simbolização — isto é, na relação com o Outro, na medida em que o sujeito tem que se constituir no discurso analítico —, uma das formas possíveis de aparecimento da falta é o $(-\varphi)$, o suporte imaginário da castração. Mas essa é apenas uma das traduções possíveis da falta original, do vício estrutural inserido no ser-no-mundo do sujeito com que lidamos. Nessas condições, não seria normal indagar por que a experiência analítica pode ser levada até esse ponto, e não além dele? O termo que Freud nos fornece como último, complexo de castração no homem e *Penisneid* na mulher, pode ser questionado. Não é necessário que seja o último.

É justamente por essa razão que um caminho essencial de abordagem de nossa experiência é conceber em sua estrutura original a função da falta, e é preciso voltar muitas vezes a isso para não perdê-la. Logo, outra fábula.

O inseto que passeia na superfície da banda de Moebius, caso tenha a representação do que é uma superfície, pode acreditar, a todo instante, que existe uma superfície que ele não explorou, a que está sempre no avesso daquela em que ele passeia. Ele pode acreditar nesse avesso, embora este não exista, como vocês sabem. Sem que o saiba, ele explora a única face que existe, e, no entanto, a cada momento, há realmente um avesso.

O que lhe falta, para perceber que passou para o lado avesso, é aquela pecinha que um dia materializei, construí, para colocar na mão de vocês, aquela que lhes é desenhada por esta maneira de cortar o *cross-cap*. Essa pecinha faltante é uma espécie de curto-circuito, que o levaria pelo caminho mais curto para o avesso do ponto em que ele estava no instante anterior.

Essa pecinha faltante, o *a*, no caso, será que seu problema fica resolvido pelo fato de a descrevermos desta forma paradigmática? Absolutamente não, porque é o fato de ela faltar que produz toda a realidade do mundo em que o inseto passeia. O pequeno oito interior é efetivamente irredutível. Em outras palavras, é uma falta que o símbolo não supre. Não é uma ausência contra a qual o símbolo possa se precaver.

Também não é uma anulação nem uma negação. Anulação e negação são formas constituídas pelo que o símbolo permite introduzir no real, ou seja, a ausência. Anular e negar são tentativas de nos desfazermos do que, no significante, afasta-nos da origem e do vício original de estrutura, ou seja, tentativas de reencontrar no significante sua função de signo, coisa em que se empenha e se extenua o obsessivo. A anulação e a negação, portanto, visam esse ponto de falta, mas nem por isso unem-se a ele, porque, como explica Freud, só fazem duplicar a função do significante ao aplicá-la a ela mesma. Ora, quanto mais digo que isso não está ali, mais está ali.

A mancha de sangue, seja aquela com que se extenua Lady Macbeth, seja a que Lautréamont designa pelo termo *intelectual*, é impossível de apagar, porque a natureza do significante é justamente a de se esforçar por apagar um vestígio. E, quanto mais se procura apagá-la, para recuperar o vestígio, mais o vestígio insiste como significante. Daí resulta que, no tocante à relação com o modo pelo qual se manifesta o *a* como causa do desejo, estamos sempre lidando com uma problemática ambígua.

Com efeito, quando o inscrevemos em nosso esquema, sempre a ser renovado, há dois modos pelos quais o *a* pode aparecer na relação com o Outro. Se podemos chegar a eles, é justamente através da função da angústia, uma vez que a angústia, onde quer que se produza, é o sinal deles — pelo menos na medida em que não há outra maneira de interpretar o que nos é dito sobre ela na literatura analítica.

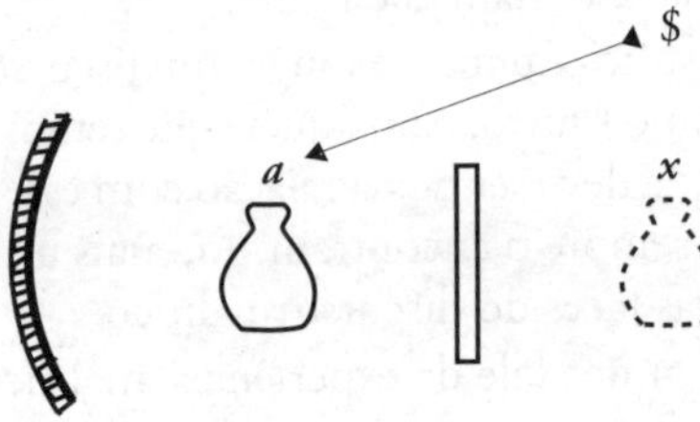

A propósito da angústia, o discurso analítico se divide e apresenta duas faces. Observem como é estranho aproximá-las.

Por um lado, há quem refira a angústia ao real e nos diga que ela é a principal defesa, a mais radical, a resposta ao perigo mais original, à *Hilflosigkeit* insuperável, ao desamparo absoluto da vinda ao mundo. Por outro lado, afirma-se que, posteriormente, ela é retomada pelo eu [*moi*] como sinal de perigos infinitamente mais leves, a propósito dos quais o discurso analítico é freqüentemente enfatizado, evocando-se o que ele chama de ameaças do *Ich* e do *Es*. Quanto a esse ponto, Jones dá mostras de um tato e um comedimento que faltam a nossos colegas, e simplesmente fala, em algum lugar, de um *buried desire*, um desejo enterrado, para então perguntar: afinal, será mesmo tão perigoso assim o retorno de um desejo enterrado? Será que ele justifica a mobilização de um sinal tão fundamental quanto seria a angústia, se, para explicá-lo, somos obrigados a recorrer ao mais absoluto perigo vital?

Esse paradoxo é reencontrado um pouco mais adiante, pois não há discurso analítico que, depois de fazer da angústia a matéria derradeira de toda defesa, não nos fale de defesa contra a angústia. Assim, é desse instrumento tão útil para nos avisar do perigo que teríamos de nos defender. E eis que, por meio dessa defesa contra a angústia, explica-se toda sorte de reações, construções e formações no campo psicopatológico. Não haverá nisso um certo paradoxo, que exige que as coisas sejam formuladas de outra maneira, ou seja, dizendo que a defesa não é contra a angústia, mas contra aquilo de que a angústia é o sinal?

Não se trata, na realidade, de defesa contra a angústia, mas de uma certa falta, exceto por sabemos que, dessa falta, há estruturas diferentes e definíveis como tais. A falta da borda simples, a da relação com a imagem narcísica, não é a mesma da borda duplicada, que se relaciona com o corte feito mais adiante no *cross-cap*, e que concerne ao *a* como tal, na medida em que é com ele que devemos lidar num certo nível do manejo da transferência.

Aqui se evidenciará melhor do que em outros lugares, parece-me, que a falta do manejo não é o manejo da falta.

Toda vez que se leva suficientemente longe um discurso sobre a relação que mantemos, como Outro, com aquele que temos em análise, coloca-se a questão do que deve ser nossa relação com esse *a*. Convém reconhecer isso, e vocês sempre o encontram. Aí, mais uma vez, é patente a hiância entre duas faces do discurso analítico.

Por um lado, há quem nos fale da experiência analítica como um questionamento profundo e permanente, que sempre remeteria o sujeito a algo diferente em relação àquilo que ele nos manifesta, seja de que natureza for. Como me dizia uma de minhas pacientes, não faz muito tempo, *Ah, se eu tivesse certeza de que era unicamente transferência!* A função do *só* em *é só transferência* é o avesso de sua função em *é só fazer assim*. Essa forma do verbo se conjuga, mas não como vocês acreditam, como *só tinha que* – forma que vemos florescer num discurso espontâneo.

Na outra face, o que nos explicam é a carga, o fardo do herói-analista, que seria o ter que internalizar esse *a*, tomá-lo a si como bom ou mau objeto, mas, na totalidade dos casos, como objeto interno, e daí é que surgiria toda a criatividade mediante a qual ele deve restabelecer o acesso do sujeito ao mundo.

As duas coisas são verdadeiras, embora não sejam confluentes. Mas, ao não fazê-las confluir, as pessoas as confundem, e, ao confundi-las, não dizem nada de claro sobre o que concerne ao manejo da relação transferencial, aquela que gira em torno do *a*.

Mas é isso que explica suficientemente a observação que lhes fiz sobre o que distingue, na clínica, a posição do sujeito em relação ao *a*, e a própria constituição de seu desejo.

Para dizer as coisas sumariamente, quando se trata do perverso ou do psicótico, a relação da fantasia ($\$ \diamond a$) institui-se de tal modo que o *a* fica em seu lugar do lado da *i(a)*. Nesse caso, para manejar a relação transferencial, de fato temos que tomar a nós o *a* de que se trata, à maneira de um corpo estranho, de uma incorporação da qual somos o paciente, porque o objeto como causa de sua falta é absolutamente estranho ao sujeito que nos fala.

No caso da neurose, a posição é diferente, na medida em que algo de sua fantasia aparece do lado da imagem *i'(a)*. No *x* aparece algo que é um *a*, e que apenas parece sê-lo, porque o *a* não é especularizável e não poderia aparecer aí, digamos, em pessoa. É apenas um substituto. É só a partir disso que se justifica o questionamento profundo de qualquer autenticidade na análise clássica da transferência.

Mas isso não equivale a dizer que seja essa a causa da transferência. Estamos sempre lidando com esse pequeno *a*, que, por sua vez, não está em cena, mas que a cada instante só pede para subir ao palco, a fim de introduzir seu discurso naquele que continua a ser mantido em cena, nem que seja para lançar ali a desordem, a bagunça, dizendo *Chega de tragédia*, bem como *Chega de comédia*, ainda que assim seja um pouco melhor.

Por que esse Ájax se martiriza, como se costuma dizer, se, afinal, só fez exterminar alguns carneiros? E foi melhor assim, foi até menos grave do que se ele houvesse exterminado todos os gregos. Como não exterminou todos os gregos, sua desonra é ainda menor e, quando ele se entrega a essa manifestação ridícula, todo o mundo sabe que é porque Minerva rogou-lhe uma praga. Em suma, não há drama.

A comédia é menos fácil de exorcizar. Como todos sabem, ela é mais alegre e, mesmo que seja exorcizada, o que se passa no palco pode muito bem continuar. Recomeça-se na canção da pata de bode, na verdadeira história de que se trata desde o começo, na origem do desejo. É por isso mesmo que o próprio nome "tragédia" faz referência ao bode e ao sátiro, cujo lugar, aliás, estava sempre reservado no fim de uma trilogia.

O bode que salta para o palco é o *acting out*. O *acting out* de que falo é o movimento inverso daquele a que aspira o teatro moderno, ou seja, que os atores desçam até a platéia e os espectadores subam ao palco e digam o que têm a dizer.

É por isso, digamos, que convoco aqui Margaret Little, pinçada entre outros como eu lhes disse, à maneira como se pode vendar os próprios olhos e pôr uma faca atravessada sobre as páginas de um livro para fazer adivinhação.

3

Margaret Little, em seu artigo sobre "A resposta total do analista às necessidades de seu paciente", de maio-agosto de 1957, parte III-IV do volume 38, dá continuidade a um discurso em que eu já me detivera, num momento de meu Seminário em que esse artigo ainda não tinha sido publicado.

Os que lá estavam lembram-se das observações que fiz a propósito de um certo discurso angustiado nela, e de suas tentativas de dominar essa angústia, falando de contratransferência. Não me detive na aparência inicial do problema, isto é, nos efeitos de uma interpretação inexata.

Um dia, um analista recebe um de seus pacientes, que acaba de fazer um *broadcast*, um programa de rádio, sobre um assunto que interessa ao próprio analista (vê-se mais ou menos em que meio isso pode ter acontecido). Este lhe diz: *Ontem você falou muito bem, hoje o vejo todo deprimido; com certeza é pelo medo que sente de ter-me magoado, por ter invadido minha seara.*

São necessários mais dois anos para que o sujeito se dê conta, por ocasião de um novo aniversário, de que o que havia provocado sua tristeza estivera ligado a que o *broadcast* reavivara nele o sentimento de luto vivido pela morte muito recente de sua mãe, que, no dizer dele, não pudera ver o sucesso que representava para seu filho o fato de ser promovido dessa maneira a uma posição momentânea de estrela.

Margaret Little, que retomou esse paciente do analista anterior, impressionou-se com o fato de, em sua interpretação, o analista só ter feito interpretar o que se passava em seu próprio inconsciente, o dele, analista — ou seja, ele estava muito contrariado, de fato, com o sucesso de seu paciente.

Mas a coisa de que se trata está realmente em outro lugar. A questão é que não basta falar de luto, nem tampouco da repetição do luto em que estava então o sujeito, pelo luto que fazia de seu analista, dois anos depois, mas sim perceber do que se trata na função do próprio luto, e com isso, ao mesmo tempo, levar um pouco mais longe o que Freud disse sobre o luto como identificação com o objeto perdido. Essa não é uma definição suficiente do luto.

Só nos enlutamos por alguém de quem possamos dizer a nós mesmos: *Eu era sua falta.* Ficamos de luto por pessoas a quem tratamos bem ou mal, e diante das quais não sabíamos que exercíamos a função de estar no lugar de sua falta. O que damos no amor é, essencialmente, aquilo que não temos, e quando isso que não temos volta para nós, com certeza há uma regressão e, ao mesmo tempo, uma revelação daquilo em que faltamos para com essa pessoa, para representar essa falta. Mas aqui, em razão do caráter irredutível do desconhecimento concernente à falta, esse desconhecimento simplesmente se inverte, ou seja, a função que tínhamos de ser sua falta, cremos agora poder traduzi-la em havermos faltado para com ela — quando era justamente nisso que lhe éramos preciosos e indispensáveis.

É isso que lhes pedirei que situem, se tiverem a bondade de se empenhar em fazê-lo, no novo artigo de Margaret Little, que constitui uma fase posterior de sua reflexão, consideravelmente aprofundada, ainda que não melhorada, pois melhorada ela não foi.

A autora não se propõe dar nenhuma definição da contratransferência, questão sempre muito problemática, e, até certo ponto, podemos ser-lhe gratos por isso, já que, se houvesse se proposto a fazê-lo, estaria matematicamente errada. Ela quer apenas considerar a resposta total do analista, ou seja, tudo — tanto o fato de ele estar ali como analista, e de poderem escapar-lhe coisas de seu próprio inconsciente, quanto o fato de que, como todo ser vivo, ele experimenta sentimentos durante a análise, e de que, por último — ela não o diz assim, mas é disso que se trata —, sendo o Outro, ela está numa posição de inteira responsabilidade. Portanto, é com esse imenso *Total* de sua posição de analista que ela pretende expor-nos, honestamente, o que concebe ser a resposta do analista.

Daí resulta que ela chega até a assumir posições as mais contrárias — o que não quer dizer que estejam erradas — às formações clássicas. Longe de ficar fora do jogo, é preciso que o analista, no princípio, suponha-se completamente engajado, considere-se efetivamente responsável e, por exemplo, não se recuse a depor se, no tocante ao que acontece na análise, for chamado a comparecer perante um tribunal de justiça para responder por seu sujeito.

Não digo que esta não seja uma atitude sustentável. Digo que situar dentro dessa perspectiva a função do analista é de uma originalidade que se presta a criar problemas. O analista pode, numa dada ocasião, ser intimado a justificar todos os seus sentimentos não só no próprio tribunal do analista, o que todos hão de admitir, mas até com relação ao sujeito. O peso de todos os sentimentos que o analista pode experimentar a respeito de um dado sujeito, engajado com ele na empreitada analítica, pode chegar a ser não apenas invocado, mas promovido a algo que não será uma interpretação, e sim uma confissão. Isso equivale a enveredar por um caminho cuja introdução inicial na análise, feita por Ferenczi, foi objeto das mais extremas ressalvas por parte dos analistas clássicos.

Nossa autora divide em três partes os pacientes com quem lida. Uma vez que ela parece admitir que se encarrega do mais amplo leque de casos, temos, por um lado, as psicoses. Quanto a estas, ela precisa admitir que descarrega parte de suas responsabilidades em outros suportes, nem que seja, vez por outra, em prol da hospitalização necessária. Nas neuroses, ela nos diz que a maior parte das responsabilidades de que também nos livramos serve para depositá-las nos ombros do sujeito, o que é prova de notável lucidez. Entre essas duas, ela define uma terceira classe, a das neuroses de caráter ou da personalidade reativa, o que Alexander designa como *neurotic characters.* Em suma, é tudo aquilo em torno do que se elaboram tentativas classificatórias bastante problemáticas, quando, na realidade, não se trata de uma espécie de sujeitos, mas de uma zona em que prevalece o que defino aqui como *acting out.*

Com efeito, é disso mesmo que se trata no caso que ela desenvolve para nós. É o caso de um sujeito feminino que procurou a analista por praticar atos classificados no âmbito da cleptomania. Durante um ano, ela não faz a menor alusão a esses furtos. Por um longo período da análise, fica sob o fogo cerrado das mais repetidas interpretações atuais da transferência, no sentido atualmente considerado. No caminho adotado, de fato, considera-se que a transferência, a partir de um certo momento, deve ser estancada, ininterruptamente enxugada durante todo o decorrer da análise. Nenhuma dessas interpretações, por mais sutis e variadas que as elabore a analista, chega sequer a roçar por um instante a defesa de seu sujeito.

Se alguém quiser me fazer o favor, numa data que marcaremos, de entrar na exposição detalhada desse caso, o que não posso fazer diante de vocês porque tenho outras coisas a lhes dizer, vocês verão manifestar-se a pertinência das observações que lhes estou fazendo neste momento.

A análise só começa a andar, diz-nos ela, no momento em que, um dia, sua paciente chega com o rosto inchado pelas lágrimas que vem derramando pela morte — num país do qual saíra muito antes com seus pais, ou seja, a Alemanha de então, a Alemanha nazista — de uma pessoa que não tinha outra distinção, entre aquelas que haviam zelado por sua infância, senão a de ser amiga de seus pais, mas uma amiga com quem ela tivera relações bem diferentes das que tinha com os pais. A verdade é que a paciente nunca fizera por ninguém um luto semelhante.

Diante dessa reação impetuosa, surpreendente, qual é a reação de nossa analista? Interpretar, como ela sempre faz. Mais uma vez, ela varia suas interpretações, para ver qual delas funciona. São interpretações clássicas, quais sejam, as de que esse luto é uma necessidade de represália contra o objeto, ou talvez se dirija à analista, como uma maneira de levar para ela, analista, todas as censuras que a paciente tem a lhe fazer, através do anteparo da pessoa por quem se enluta. Nada funciona. Uma coisinha muito pequena começa a se desencadear quando a analista confessa ao sujeito que está perdendo seu latim, e que vê-la daquele jeito a entristece. E nossa analista logo deduz disso que foi o caráter positivo, real e vivo de um sentimento que restituiu movimento à análise. Quer o estilo, quer a ordem de desenvolvimento escolhidos pela autora permitem-nos dizer que o que atinge o sujeito, e que lhe permite propriamente transferir para a relação com a analista a reação de que se trata nesse luto, prende-se ao aparecimento disto: de haver uma pessoa para quem ela pode ser uma falta.

A intervenção evidenciou para a paciente que havia na analista algo chamado angústia. Nesse ponto, estamos no limite de uma coisa que designa, na análise, o lugar da falta. Essa inserção, esse enxerto, esse transplante abre uma dimensão que permite a esse sujeito feminino apreender-se como falta, coisa que ela absolutamente não podia fazer em toda a relação com seus pais.

Não é como sentimento positivo que funciona a interpretação, se é que podemos qualificar desse modo o que nos é descrito no caso clínico. A verdade é que o sujeito abre os braços e deixa escapar que essa interpretação acertou o alvo. É que se introduziu, por uma via involuntária, o que está em questão e deve sempre entrar em questão na análise, seja em que ponto for, nem que seja em seu término, ou seja, a função do corte.

O que nos permite identificá-la são as viradas que se seguirão e que serão decisivas para a análise. Há dois desses momentos.

Primeiro momento. A analista, munindo-se de coragem, em nome da ideologia, da vida, do real, de tudo que vocês quiserem, faz, afinal, a mais singular intervenção em relação à perspectiva que chamarei de sentimental. Um belo dia, quando o sujeito lhe repisa todas as suas complicações de dinheiro com a mãe, a analista lhe diz, em termos claros: *Olhe, pare com isso, porque, literalmente, não agüento mais ouvir, você está me dando sono.* Não lhes ofereço isso como um modelo de técnica, peço-lhes é que leiam um caso clínico e acompanhem os problemas que se colocam para uma analista tão experiente quanto transbordante de autenticidade.

Na segunda vez, a questão são as ligeiras modificações feitas pela analista no que ela chama de decoração de seu consultório — a acreditarmos no que é a média da decoração de nossos colegas, deve ser bonito. Margaret Little já fora apoquentada o dia inteiro pelos comentários de seus pacientes — *Está bonito, está feio, esse marrom é horroroso, esse verde é admirável* —, e eis que chega nossa paciente, no fim do dia, e repete isso em termos ainda um pouco mais agressivos que os outros. A analista lhe diz, textualmente: — *Escute, estou pouco me importando com o que você possa achar.* Como da primeira vez, a paciente fica chocada, escandalizada, e em seguida sai de seu silêncio com exclamações de entusiasmo — *É formidável o que você fez* etc.

Dispenso-os dos progressos dessa análise. O que eu queria apontar aqui, simplesmente, a propósito de um caso escolhido num setor do campo que é particularmente favorável a essa problemática, é que o fator decisivo do progresso da análise prendeu-se à introdução da função do corte. A primeira interpretação consistiu em dizer à paciente: *Você está me fazendo o efeito de uma rolha, está me dando sono.* Na segunda vez, a analista literalmente a pôs em seu lugar: *Pense o que quiser da decoração do meu consultório, estou pouco me lixando.* E foi então que algo decisivo se mobilizou na relação transferencial que está em causa aqui.

Isso permite assinalar que um dos problemas da paciente é que ela nunca pudera fazer o menor esboço de sentimento de luto em relação a um pai a quem admirava. Mas as histórias que nos são relatadas mostram sobretudo que ela não podia representar, de maneira alguma, fosse por que ângulo fosse, alguma coisa que pudesse faltar a seu pai. Eis uma cena muito significativa: durante um pequeno passeio com ele, a filha segurava uma varinha de madeira, muito simbólica do pênis, como a própria doente apontou. De modo bastante inocente, ao que parece, o pai havia atirado essa sua varinha na água, sem o menor comentário. Não estamos nos domingos de Ville-d'Avray nessa história.*

---

* Referência ao filme "Les dimanches de Ville-d'Avray", de 1962, dirigido por Serge Bourguignon, drama psicológico que gira em torno da relação de amizade casta nascida entre um ex-piloto de guerra, emocionalmente traumatizado, e uma órfã de 12 anos. Premiado com o Oscar de melhor filme estrangeiro em 1963, o filme recebeu no Brasil o título de "Sempre aos domingos". (N.T.)

Quanto à mãe, cuja influência é sumamente próxima no determinismo dos furtos, nunca soube fazer dessa criança outra coisa senão um prolongamento dela mesma, uma peça de mobília ou até um instrumento, instrumento de ameaça e chantagem, de vez em quando, mas nunca algo que pudesse ter uma relação causal em relação a seu próprio desejo. É justamente para designar isso, ou seja, que seu desejo — ela não sabe qual, é claro — poderia ser levado em consideração, que, todas as vezes que a mãe se aproxima, que entra no campo de indução em que pode surtir algum efeito, o sujeito entrega-se sistematicamente a um furto, o qual, como todos os furtos do cleptomaníaco, quer simplesmente dizer: *Mostro-lhe um objeto que peguei à força ou pela esperteza, porque em algum lugar há um outro objeto, o meu, o a, que mereceria ser considerado, mereceria que o deixassem isolar-se por um instante.* Essa função de isolamento do ser-só é como que o correlato pobre da função da angústia. *A vida*, diz em algum lugar uma pessoa que não é analista, Étienne Gilson, *a vida é uma potência ininterrupta de separações ativas.*

Creio que, depois do discurso de hoje, vocês não confundirão esta observação com a que é feita, habitualmente, sobre as frustrações. Trata-se de outra coisa. Trata-se do limite em que se instaura o lugar da falta.

Uma reflexão contínua e variada sobre as formas diversas, metonímicas, em que aparecem na clínica os pontos focais dessa falta constituirá a continuação de nosso discurso. Mas não podemos deixar de questionar também os objetivos da análise. As posições assumidas a esse respeito são tão instrutivas e esclarecedoras que eu gostaria, no ponto em que estamos, que se retomasse o artigo de um certo Szasz sobre os objetivos do tratamento analítico, *On the Theory of Psychoanalytic Treatment*, no qual se afirma que os objetivos da análise estão dados em sua regra, e que, do mesmo modo, o fim supremo de toda análise, didática ou não, só pode ser definido pela iniciação do paciente num ponto de vista científico sobre seus próprios movimentos.

Essa é uma posição extremada, seguramente muito singular e especializada. Não digo "*Será que essa é uma definição que possamos aceitar?*", mas "*Que pode ensinar-nos essa definição?*". Vocês ouviram o bastante aqui para saber que, se há uma coisa que tenho questionado muitas vezes, é justamente o ponto de vista científico, na medida em que sua ambição é sempre considerar a falta como preenchível, ao contrário da problemática de uma experiência que inclui em si levar em conta a falta como tal.

Nem por isso tal ponto de vista deixa de ser algo útil de situar, sobretudo se o relacionarmos com o artigo mais antigo de uma outra analista, Barbara Low, referente ao que ela chama de *Entschädigungen*, as recompensas da posição do analista. Nele vocês verão produzida uma concepção da posição do analista inteiramente oposta à do artista. O que está em questão na análise, diz-nos Low, é algo perfeitamente comparável — não se trata de uma analista menos notável pela firmeza de suas concepções — à sublimação que rege a criação artística. O artigo está em alemão, na *Internationale Zeitschrift* do vigésimo ano [de 1920], e, apesar de sua raridade, eu o coloco à disposição de quem quiser encarregar-se dele.

Em 20 de fevereiro, dia de minha volta, já que agora vou me ausentar, será que duas pessoas que estão aqui e que interroguei há pouco não poderiam ocupar-se dos três artigos de que acabo de falar, distribuindo os papéis entre elas como lhes aprouver, e se juntando a uma terceira, oportunamente, para o terceiro artigo? Não poderiam comprometer-se a não deixar esta tribuna vazia por muito tempo, e a retomá-la em meu lugar, se eu não estiver presente, ou comigo na platéia, se eu houver voltado?

Creio ter obtido o consentimento delas — trata-se, respectivamente, de Granoff e Perrier. Assim, marco um encontro com vocês para ouvi-los no dia 20 de fevereiro, ou seja, daqui a exatamente três semanas. (*Lacan só viria a retornar em 27 de fevereiro.*)

30 de janeiro de 1963

XI

Pontuações sobre o desejo

Da contratransferência ao desejo do analista
O desejo como vontade de gozo
O desejo, da luta ao amor

Bem, eis-me de volta dos esportes de inverno.

A maior parte de minhas reflexões nesse período, como de hábito, girou a serviço de vocês, embora não exclusivamente.

Além de eu ter-me saído bem neles este ano, o que nem sempre acontece, os esportes de inverno me impressionaram por um não-sei-quê que finalmente me ocorreu, e que me levou a um problema do qual eles me parecem ser uma encarnação evidente, uma materialização vivíssima — o problema contemporâneo da função do campo de concentração.

Os esportes de inverno são uma espécie de campo de concentração da velhice abastada, que todos sabem que se tornará um problema cada vez maior no avanço de nossa civilização, dado o aumento da média etária com o tempo.

Isso me lembrou que o problema do campo de concentração, bem como de sua função nesta época de nossa história, de fato tem sido integralmente mal examinado até aqui, completamente mascarado pela era de moralização cretinizante que se seguiu imediatamente à saída da guerra, e pela idéia absurda de que se poderia acabar com ele com toda essa rapidez — continuo a falar dos campos de concentração. Não farei longos comentários por mais tempo sobre os diversos caixeiros-viajantes que se especializaram em abafar o assunto, na linha de frente dos quais há um que abocanhou o Prêmio Nobel. Vimos o quanto ele estava à altura de seu heroísmo do absurdo no momento em que se tratou de se posicionar a sério sobre uma questão atual.

Paralelamente a estas reflexões, reli, sempre a serviço de vocês, meu Seminário de alguns anos atrás sobre a ética, e isso para validar a legitimidade do que creio ter articulado nele de mais essencial, após nosso mestre Freud, e que creio ter acentuado de uma forma digna da verdade de que se trata, ou seja, que toda moral deve ser buscada, em seu princípio e em sua proveniência, do lado do real. Mas resta saber o que se entende por isso.

Que a moral deve ser procurada do lado do real, sem dúvida, e mais especialmente na política, não equivale a incitá-los a procurá-la, no entanto, do lado do Mercado Comum.

Agora passarei não apenas a palavra, mas até a presidência, ou, mais exatamente, a posição de *chairman*, àquele que a ocupou da última vez, Granoff. Já que ele fez uma introdução geral às três partes, será conveniente que dê ao menos uma palavrinha de resposta à Sra. Aulagnier, que hoje fechará o ciclo do que foi iniciado, da última vez, com o artigo de Margaret Little. (*Seguem-se as intervenções.*)

Com certeza, o artigo de Barbara Low é, de longe, o mais extraordinário e o mais notável dos três. Vi um certo sinalzinho de evasão no fato de Granoff nos haver remetido a uma forma mais moderna de intervenção, sob a forma do artigo de Lucia Tower. Sou-lhe muito grato, por outro lado, já que com isso fica introduzido esse artigo, o que eu mesmo não teria feito este ano, mas que agora já não podemos evitar. Sou também muito grato a Perrier por ter-me mandado, ontem, um pequeno resumo do que ele trouxe, por sua vez. Reservo-me o tempo, e talvez uma informação melhor, para fazer alusão a pontos detalhados que terei que destacar.

Portanto, os autores dessas intervenções não perdem nada por esperar um pouco.

1

Penso que, em sua grande maioria, vocês entendem bem o que eu desejava introduzir com a referência a esses artigos totalmente centrados na contratransferência, assunto que não tenho a pretensão de poder esclarecer agora como ele merece. Evoquei-o apenas na perspectiva do que tenho a lhes dizer sobre a angústia, ou, mais exatamente, sobre a função a ser exercida pela referência à angústia na seqüência geral do meu ensino.

Este discurso sobre a angústia não poderia manter-se distante por mais tempo de uma abordagem mais precisa daquilo que, de maneira cada vez mais insistente, de uns tempos para cá, vem surgindo em meu discurso, a saber, o problema do desejo do analista.

Afinal, nem mesmo os ouvidos mais duros podem deixar de escutar que, na dificuldade da abordagem desses autores com respeito à contratransferência, é o problema do desejo do analista que cria o obstáculo. Tomada em massa, sem o respaldo de uma elaboração comparável à que fizemos aqui, toda intervenção dessa ordem, por mais surpreendente que isso se afigure, após sessenta anos de elaboração analítica, parece fazer parte de uma impudência intrínseca.

Nenhum dos autores em questão, quer se trate de Szasz, quer da própria Barbara Low, quer se trate, mais ainda, de Margaret Little — e daqui a pouco direi em que consiste o avanço da coisa nas prodigiosas confidências de Lucia Tower, última autora até aqui, na profundíssima confissão que ela faz de sua experiência —, pode evitar a colocação das coisas no plano do desejo.

O termo "contratransferência" visa, em linhas gerais, a participação do analista. Mais essencial, porém, é o compromisso do analista, a propósito do qual vocês vêem produzir-se nesses textos as mais extremas vacilações, desde cem por cento de responsabilidade até o mais completo tirar o corpo fora.

O último artigo, o de Lucia Tower, aponta, não pela primeira vez, mas pela primeira vez de maneira articulada, para o que é muito mais sugestivo nessa ordem, ou seja, o que ela chama de pequena mudança que pode ocorrer do lado do analista. Diz-nos ela: contratransferência é tudo que o psicanalista recalca do que recebe na análise como significante.

Não se trata de uma definição exata da contratransferência, que poderia ser dada de maneira muito simples. Essa colocação descarrega inteiramente de seu alcance o que está em causa. A questão da contratransferência, aliás, não é verdadeiramente a questão, uma vez que é do estado de confusão a que nos levou que ela retira sua significação. A única significação a que nenhum autor pode escapar é, justamente, o desejo do analista.

Se a questão desse desejo não só não está resolvida, como nem sequer começa a ser resolvida, é simplesmente porque até hoje não houve na teoria analítica, exceto precisamente neste Seminário, nenhum posicionamento exato sobre o que é o desejo.

Fazê-lo, sem dúvida, é uma empreitada nada insignificante. Aliás, vocês podem constatar que nunca tive a pretensão de fazê-lo num único passo. Comecei por ensiná-los a situar o desejo em sua distinção da demanda. Depois, especialmente no começo deste ano, introduzi uma coisa nova — primeiro sugerindo-a a vocês, para ver sua resposta, suas reações, como se costuma dizer, que não faltaram —, qual seja, a identidade entre o desejo e a lei.

É muito curioso que tal evidência, inscrita nos primeiros passos da doutrina analítica, não tenha sido introduzida ou reintroduzida senão com tantas precauções. Por isso é que volto hoje a esse ponto, para mostrar alguns aspectos ou implicações dele.

2

O desejo, portanto, é a lei.

Isso não é verdade apenas na doutrina analítica, onde constitui o corpo central do edifício. É claro que o que constitui a substância da lei é o desejo pela mãe, e que, inversamente, o que normatiza o próprio desejo, o que o situa como desejo, é a chamada lei da proibição do incesto.

Tomemos as coisas pela vertente definida por uma palavra dotada de um sentido que se faz presente na época que estamos vivendo: erotismo.

Sabe-se que sua manifestação edipiana, se não sadiana, é a mais exemplar. O desejo se apresenta como vontade de gozo, não importa por que vertente apareça, tanto pela vertente sadiana — eu não disse "sádica" — quanto pelo lado do que chamamos de masoquismo.

Mesmo na perversão, na qual o desejo se dá como aquilo que serve de lei, ou seja, como uma subversão da lei, ele é, efetivamente, suporte de uma lei. Se há uma coisa que hoje sabemos do perverso, é que aquilo que aparece externamente como uma satisfação irrefreada é uma defesa, bem como o exercício de uma lei, na medida em que esta refreia, suspende, detém o sujeito no caminho do gozo. A vontade de gozo no perverso, como em qualquer outro, é uma vontade que fracassa, que depara com seu próprio limite, seu próprio freio, no exercício mesmo do desejo. Como assinalou muito bem uma das pessoas que hoje falaram a meu pedido, o perverso não sabe a serviço de que gozo exerce sua atividade. Não é, em todo caso, a serviço do seu.

É isso que permite situar o que está em questão no nível do neurótico. O neurótico foi o caminho exemplar para nos levar à descoberta, que é um passo decisivo na moral, da verdadeira natureza do desejo. Esse passo decisivo só foi transposto a partir do momento em que se apontou a atenção, aqui, para o que estou expressamente articulando diante de vocês. O neurótico nos mostra, com efeito, que precisa passar pela própria instituição da lei para sustentar seu desejo. Mais que qualquer outro sujeito, o neurótico valoriza o fato exemplar de que só pode desejar segundo a lei. Ele só pode dar um status a seu desejo como insatisfeito ou impossível.

A verdade é que concedo a mim mesmo uma grande vantagem ao lhes falar apenas da histérica e do obsessivo, uma vez que isso é deixar fora do campo aquilo com que ainda estamos atrapalhados, ou seja, a neurose de angústia, na qual espero, este ano, através do que está sendo introduzido aqui, levá-los a dar o passo necessário. Não esqueçamos que foi daí que Freud partiu, e que, se sua morte nos privou de alguma coisa, foi de não lhe ter dado tempo para voltar plenamente a esse assunto.

Por mais paradoxal que lhes pareça, o tema da angústia leva-nos, portanto, ao plano crucial que chamarei de mito da lei moral, ou seja, o de que qualquer formulação sadia da lei moral deve ser buscada no sentido de uma autonomia do sujeito.

A acentuação cada vez maior da idéia de autonomia, ao longo da história das teorias éticas, mostra bem do que se trata, isto é, de uma defesa. O que é preciso engolir é a verdade primordial e evidente de que a lei moral é heterônoma.

Por isso é que insisto em que ela provém do que chamo de real, na medida em que este intervém como intervém, como nos disse Freud, ou seja, elidindo o sujeito e determinando, por sua própria intervenção, o recalque. O que assim denominamos só adquire pleno sentido a partir da função sincrônica que articulei diante de vocês, ao lhes falar do que, numa primeira aproximação, é simplesmente chamado de apagar os vestígios.

Essa, evidentemente, é apenas uma primeira aproximação, pois todos sabem que os vestígios não se apagam, e é isso que constitui a aporia dessa história. Essa aporia não o é para vocês, já que foi precisamente para resolvê-la que se elaborou em sua presença a idéia de significante. Não se trata do apagamento dos vestígios, mas do retorno do significante ao estado de traço. A abolição da passagem do traço para o significante foi o que tentei fazê-los perceber, através de uma colocação do traço entre parênteses, de um sublinhado, uma barração, uma marca do traço. O significante é aquilo que salta com a intervenção do real. O real remete o sujeito ao traço e, ao mesmo tempo, abole também o sujeito, pois só há sujeito através do significante, da passagem para o significante. Um significante é aquilo que representa o sujeito para outro significante.

O móbil do que está em causa aqui não deve ser apreendido na perspectiva, sempre demasiadamente fácil, da história e da lembrança. O esquecimento parece ser uma coisa muito material, natural demais para que não acreditemos que funciona sozinho, ao passo que é a coisa mais misteriosa do mundo, a partir do momento em que se postula a existência da memória. É por isso que tento introduzi-los numa dimensão transversal, ainda não tão sincrônica quanto a outra.

Tomemos o masoquista, o "masô", como se costuma dizer, ao que parece.

Ele é o mais enigmático da perversão para se colocar em suspenso. Este, dirão vocês, este sabe muito bem que é o Outro que goza. Logo, seria o perverso nascido de sua verdade. Seria uma exceção a tudo que eu disse há pouco — que o perverso não sabe quem goza. É claro, é sempre o Outro, e o masô saberia disso. Pois bem, o que escapa ao masoquista, e que o coloca na mesma situação de todos os perversos, é que ele acredita, com certeza, que o que procura é o gozo do Outro, e, justamente por acreditar nisso, não é isso que ele busca. O que lhe escapa, embora seja uma verdade sensível, jogada por aí em toda parte, ao alcance de todos, porém nunca vista em seu verdadeiro nível de função, o que ele busca é a angústia do Outro.

Isso não quer dizer que ele procure chateá-lo. Na impossibilidade de compreender o que significa buscar a angústia do Outro, é a esse nível grosseiro ou estúpido que as coisas são reduzidas por uma espécie de senso comum. Na impossibilidade de ver a verdade que há por trás disso, abandona-se essa concha em que está contido algo mais profundo, que se formula da maneira como acabo de lhes dizer.

Daí a necessidade de voltarmos à teoria da angústia.

3

O que inaugura a dimensão introduzida no ensino de Lacan a respeito da angústia?

Freud, ao término de sua elaboração, fala numa angústia-sinal que se produz no eu [*moi*] e concerne a um perigo interno. É um sinal que representa alguma coisa para alguém, digamos, o perigo interno para o eu.

Utilizo essa estrutura dando-lhe seu sentido pleno, ao suprimir essa idéia de perigo interno. Como eu lhes disse — paradoxalmente, para os ouvidos distraídos —, no momento em que voltei à topologia do *Entwurf*, por ocasião do meu Seminário sobre a ética, não existe perigo interno, em razão de que o envoltório que é o aparelho neurológico não tem interior, já que é uma superfície única, e de que o sistema ψ, como *Aufbau*, como estrutura, como aquilo que se interpõe entre a percepção e a consciência, situa-se numa outra dimensão, como Outro enquanto lugar do significante. Desde o ano passado, por conseguinte, introduzi a angústia como a manifestação específica do desejo do Outro.

O que representa o desejo do Outro como sobrevindo por essa vertente? É aí que o sinal adquire seu valor. Se ele se produz num lugar que podemos chamar topologicamente de eu, realmente diz respeito a algum outro. Se o eu é o lugar do sinal, não é para o eu que o sinal é dado. Isso é bastante evidente. Se isso se acende no nível do eu, é para que o sujeito seja avisado de alguma coisa, a saber, de um desejo, isto é, de uma demanda que não concerne a necessidade alguma, que não concerne a outra coisa senão meu próprio ser, isto é, que me questiona. Digamos que ele me anula. Em princípio, não se dirige a mim como presente, dirige-se a mim, se vocês quiserem, como esperado, e, muito mais ainda, como perdido. Ele solicita minha perda, para que o Outro se encontre aí. Isso é que é a angústia.

O desejo do Outro não me reconhece. Hegel acredita que sim, o que torna a questão muito fácil, porque, se ele me reconhece, uma vez que nunca me reconhecerá o bastante, só tenho que usar de violência. Na verdade, ele não me reconhece nem me desconhece. Isso seria fácil demais, eu sempre poderia sair daí pela luta e pela violência. Ele me questiona, interroga-me na raiz mesma de meu próprio desejo como *a*, como causa desse desejo, e não como objeto. E, por ser isso que ele visa, numa relação temporal de antecedência, não posso fazer nada para romper esse aprisionamento, exceto nele me engajar.

Essa dimensão temporal é a angústia, essa dimensão temporal é a da análise. É pelo fato de o desejo do analista suscitar em mim a dimensão da expectativa que sou apanhado na eficácia da análise. Eu gostaria muito que ele me visse como isto ou aquilo, que fizesse de mim um objeto. A relação hegeliana com o outro é muito cômoda aqui, porque, nesse caso, de fato, tenho contra isso todas as resistências, ao passo que, contra a outra dimensão, boa parte da resistência escapa. Só que convém saber o que é o desejo. Sua função não está apenas no plano da luta, mas ali onde Hegel, por boas razões, não quis ir procurá-la — no plano do amor.

Quanto mais penso nisso e mais falo disso, mais acho indispensável ilustrar as coisas de que falo. Se vocês lerem o artigo de Lucia Tower, verão a história de amor de dois homens de bem — para falar como se falava depois da guerra, quando se falava de mulheres de bem num certo meio. Num dos casos, o sujeito a colocou no plano do amor. No outro, não conseguiu fazê-lo, e a autora diz por quê. Indico isso para nos induzir a algumas reflexões sobre o fato de que, se há pessoas que disseram alguma coisa sensata sobre a chamada contratransferência, elas foram unicamente mulheres.

Vocês me dirão: e Michael Balint? Só que ele escreveu seu artigo com Alice. Ella Sharp, Margaret Little, Barbara Low, Lucia Tower. Foram as mulheres, em maioria esmagadora, que ousaram falar da coisa e disseram coisas interessantes. Porque a questão se esclarecerá totalmente se a tomarmos pela vertente de que falo, ou seja, pela função do desejo no amor. Vocês estão maduros para entender isso, que aliás é uma verdade conhecida desde sempre, mas à qual nem sempre se deu o devido lugar: na medida em que o desejo intervém no amor e é um pivô essencial dele, o desejo não diz respeito ao objeto amado.

Enquanto essa verdade primordial, a única em torno da qual pode girar uma dialética válida do amor, for colocada por vocês na categoria de um acidente, de uma *Erniedrigung* [humilhação] da vida amorosa, de um Édipo segurado pelos pés, pois bem, não compreenderão absolutamente nada da maneira como se deve formular a pergunta referente ao que pode ser o desejo do analista; é que é preciso partir da experiência do amor, como fiz no ano de meu Seminário sobre a transferência, para situar a topologia em que essa transferência pode se inscrever.

Sem dúvida, meu discurso assume, pelo fato de que vou terminá-lo agora, um aspecto interrompido. O que produzi como formulação na última parte pode passar apenas por uma pausa, um título de capítulo ou uma conclusão, como vocês quiserem. Afinal, é lícito que o tomem por um escândalo ou, a seu critério, por uma banalidade.

É aí que pretendo que retomemos, da próxima vez, a seqüência deste discurso, para situar exatamente a função indicativa da angústia e aquilo a que, em seguida, ela nos permitirá ter acesso.

27 de fevereiro de 1963

A Angústia entre o Gozo e o Desejo

XII

A ANGÚSTIA, SINAL DO REAL

Os pavores de Tchecov
A mama e o objeto caduco
Ágata e Luzia
A perversão e a angústia do Outro
Da detumescência à castração

Agora continuaremos a caminhar em nossa aproximação da angústia, angústia que os faço entender como sendo, ela mesma, da ordem da aproximação.

Vocês já estão suficientemente informados pelo que produzo aqui para saber que a angústia não é o que pensa uma porção de gente vã.

Não obstante, ao relerem posteriormente os textos principais sobre a questão da angústia, poderão ver que o que eu lhes houver ensinado estará longe de se achar ausente deles; está simplesmente velado, mascarado por formulações que são modos de abordagem talvez cautelosos demais, sob o revestimento, digamos, de sua carapaça.

Os melhores autores, contudo, deixam transparecer aquilo que tenho enfatizado: que a angústia não é *objektlos*, não é sem objeto.

1

Em *Hemmung, Symptom und Angst*, apêndice B, *Ergänzung zur Angst, Complemento sobre o tema da angústia*, vocês podem ler a frase na qual, nisso seguindo a tradição, Freud evoca a indeterminação, a *Objektlosigkeit* da angústia. Eu só precisaria lembrar-lhes o próprio conjunto desse artigo para dizer que essa característica de ser sem objeto não pode ser conservada. Mas vejam a frase anterior. O próprio Freud diz que a angústia é, essencialmente, *Angst vor etwas*, angústia diante de algo.

Podemos contentar-nos com essa formulação? É claro que não. Devemos ir mais longe, falar mais dessa estrutura. Esta se coloca em contraste com a que introduzi ao situar a causa do desejo atrás do desejo. Como foi que ela passou para frente? Este talvez seja um dos móbeis do problema.

Seja como for, vale ressaltar que nos encontramos aí, juntamente com a tradição, diante de um tema quase literário, um lugar-comum — o medo e a angústia. Todos os autores que se referem à formação semântica das palavras as opõem, pelo menos de início, mesmo que alguns as reaproximem em seguida, ou as reduzam uma à outra, o que não acontece entre os melhores. Tendemos a acentuar a oposição entre o medo e a angústia em função da posição de cada um deles em relação ao objeto, e é significativo do erro assim cometido que sejamos levados a acentuar que o medo, por sua vez, tem um objeto.

Haveria nele um perigo objetivo, *Gefahr*, periculosidade, *Gefährdung*, situação de perigo, entrada do sujeito no perigo. Isso merece que nos detenhamos. O que é um perigo? Chega-se a dizer que o medo é, por natureza, adequado, correspondente, *entsprechend* ao objeto de que provém o perigo.

O artigo de Goldstein em que nos deteremos, sobre o problema da angústia, é muito significativo, a esse respeito, de uma pluma que se deixa levar, num autor que, no entanto, soube aproximar-se de características muito preciosas em nosso tema. Ele insiste no caráter orientado do medo, como se todo ele fosse produto da localização do objeto, de uma organização da resposta, da oposição, do *entgegenstellen* [objetar], daquilo que é *Umwelt* e de tudo o que, no sujeito, tem de enfrentar isso.

Creio já haver assinalado o que encontramos sobre esse tema no que não é nem sequer um pequeno romance, mas uma anotação, uma impressão de Tchecov, que foi traduzida com o título de *Frayeurs* [pavores]. Tentei fazer com que me dessem conta do título russo, mas em vão, porque, inexplicavelmente, esse texto, perfeitamente situado por seu ano na tradução francesa, nenhum de meus ouvintes russófonos pôde encontrá-lo nas edições de Tchecov, apesar de elas serem cronológicas. É desconcertante, e não posso dizer que não tenha ficado decepcionado.

Trata-se dos pavores que ele experimentou, ele mesmo, Tchecov. Um dia, com um rapazinho que conduzia seu trenó, sua *droschka*, ele avançou por uma planície e, ao pôr-do-sol, embora este já houvesse desaparecido sob a linha do horizonte, viu ao longe um campanário, que parecia próximo o bastante para que ele pudesse discernir seus detalhes. Viu então oscilar através de uma clarabóia, num andar muito alto, ao qual ele sabia, por conhecer o local, que não se podia ter acesso de maneira alguma, uma chama misteriosa, inexplicável, que nada lhe permitia atribuir a qualquer efeito de reflexo. Ele fez um breve cálculo do que poderia motivar a existência desse fenômeno e, havendo excluído toda sorte de causas conhecidas, foi subitamente tomado por algo que, à leitura desse texto, não pode em absoluto ser chamado de angústia, e que foi traduzido pelo termo "pavor" [*frayeur*]. A coisa de que se trata não é da ordem da angústia, mas do medo. O que ele teme não é coisa alguma que o ameace, mas algo que tem a característica de se referir ao desconhecido do que se manifesta.

Segundo exemplo. Um dia, ele vê passar em seu horizonte uma espécie de vagão, que lhe dá a impressão de ser um vagão fantasma, já que nada explica seu movimento. Esse vagão passa a toda velocidade, fazendo a curva dos trilhos que, nesse momento, encontram-se diante dele. De onde vem? Para onde vai? Essa aparição, aparentemente arrancada de qualquer determinismo reconhecível, é de novo o que o deixa momentaneamente na desordem de um verdadeiro pânico, que é, com certeza, da ordem do medo. Também nesse caso, não há ameaça; falta a característica da angústia, no sentido de que o sujeito não está pressionado, implicado nem interessado no mais íntimo de si mesmo.

O terceiro exemplo é o de um cão de raça cuja presença nada lhe permite explicar naquela hora e naquele local. Tchecov põe-se a matutar sobre o mistério do cão de Fausto. É efetivamente pelo lado do desconhecido que aí se desenha o medo. Ele não sabe de que forma o diabo o aborda. Não é de um objeto, não é do cão ali presente que ele tem medo, mas de outra coisa, de algo por trás do cão.

Insiste-se no fato de que os efeitos do medo teriam, em princípio, um caráter de adequação, ou seja, desencadeariam a fuga. Essa tese é bastante comprometida pelo fato de que, em muitos casos, o medo paralisa, manifesta-se em ações inibidoras ou plenamente desorganizadoras, ou lança o sujeito no desarvoramento menos adaptado à resposta. Logo, é em outro lugar que convém buscar a referência pela qual a angústia se distingue.

Vocês têm razão em achar que não é apenas por desejo de brincar com uma inversão, um paradoxo, que promovo aqui que a angústia não é sem objeto. Por certo, o termo "objeto", há muito preparado por mim, tem aqui um acento distinto do que tem nos autores que falam do objeto do medo. Essa formulação desenha uma relação de subjetividade. Marca uma etapa a partir da qual desejo ir mais adiante hoje.

É fácil dar prontamente suporte ao *vor etwas* de Freud, já que ele o articula de todas as maneiras em seu artigo. É o que ele chama de perigo — *Gefahr* ou *Gefährdung* — interno, aquele que vem de dentro. Eu lhes disse que é preciso não nos contentarmos com essa idéia de perigo. Já lhes assinalei há pouco seu caráter problemático, quando se trata do perigo externo. O que avisa o sujeito de que há um perigo senão o próprio medo, senão a angústia? O sentido que pode ter a expressão "perigo interno" está ligado à função de uma estrutura a ser conservada. É da ordem do que chamamos de defesa. No próprio termo "defesa", a função em si do perigo está implicada, mas nem por isso é esclarecida.

Assim, tentemos seguir passo a passo a estrutura e apontar onde tencionamos situar a característica de sinal em que Freud se deteve como a mais apropriada para nos indicar, a nós, analistas, o uso que podemos fazer da função da angústia.

Somente a idéia de real, na função opaca de que falo para lhe opor a do significante, permite que nos orientemos. Já podemos dizer que esse *etwas* diante do qual a angústia funciona como sinal é da ordem da irredutibilidade do real. Foi nesse sentido que ousei formular diante de vocês que a angústia, dentre todos os sinais, é aquele que não engana.

Do real, portanto, de uma forma irredutível sob a qual esse real se apresenta na experiência, é disso que a angústia é sinal. Tal é o fio condutor a que lhes peço que se atenham, para ver aonde ele nos levará.

2

O lugar desse real pode inscrever-se, com o suporte do signo da barra, na operação a que chamamos, aritmeticamente, divisão.

$$\begin{array}{c|c} A & S \\ \hline a & \not{A} \\ \$ & \end{array}$$

Terceiro esquema da divisão

Já lhes ensinei a situar o processo de subjetivação, posto que o sujeito tem que se constituir no lugar do Outro, sob a forma primária do significante, e com base no dado do tesouro do significante já constituído no Outro, tão essencial a todo advento da vida humana quanto tudo que possamos conceber do *Umwelt* natural. O tesouro do significante em que ele tem de se situar espera desde já o sujeito, o qual, nesse nível mítico, ainda não existe. Só existirá a partir do significante que lhe é anterior e que é constitutivo em relação a ele.

Digamos que o sujeito faça uma primeira operação interrogativa em A — quantas vezes? Supondo-se essa operação, surge então uma diferença entre o A-resposta, marcado pela interrogação, e o A-dado, algo que é o resto, a irredutibilidade do sujeito. É o *a*. O *a* é o que resta de irredutível na operação total do advento do sujeito no lugar do Outro, e é a partir daí que ele assume sua função.

A relação desse *a* com o S, do *a* como justamente aquilo que representa o S em seu real irredutível, esse *a* sobre S é o que fecha a operação da divisão, uma vez que o A, com efeito, não tem, por assim dizer, um denominador comum com o *a* e o S. Se, por convenção, mesmo assim quisermos fechar a operação, que faremos? Colocaremos no numerador o resto e no denominador o divisor. O $ é equivalente ao *a* sobre S.

$$\$ = \frac{a}{S}$$

Na medida em que ele é a sobra, por assim dizer, da operação subjetiva, reconhecemos estruturalmente nesse resto, por analogia de cálculo, o objeto perdido. É com isso que lidamos, por um lado, no desejo, por outro, na angústia. Lidamos com isso, na angústia, num momento logicamente anterior ao momento em que lidamos com isso no desejo.

A	S	*x*
a	Ⱥ	*angústia*
$		*desejo*

A angústia entre x e o desejo

Para conotar as três etapas da operação de divisão, diremos que há aqui, no começo, um *x* que só podemos nomear retroativamente, que é, propriamente, a abordagem do Outro, a meta essencial em que o sujeito tem que se colocar. Temos aqui o nível da angústia, constitutivo do aparecimento da função *a*. E é no terceiro termo que aparece o $ como sujeito do desejo.

Para dar vida à abstração que acabo de articular, sem dúvida extrema, vou reconduzi-los à evidência da imagem, ainda mais legitimamente na medida em que é de imagem que se trata, em que essa irredutibilidade do *a* é da ordem da imagem.

Aquele que possuiu o objeto do desejo e da lei, aquele que gozou com a mãe — Édipo, para dizer seu nome — dá um passo a mais, vê o que fez. Vocês sabem o que acontece então. Como dizer o que é da ordem do indizível, mas cuja imagem quero fazer surgir? Ele vê o que fez, e isso tem como conseqüência que ele vê — é essa a palavra diante da qual tropeço —, no instante seguinte, seus próprios olhos, inchados por seu humor vítreo, no chão, como um monte confuso de dejetos, uma vez que, por ter arrancado os olhos de suas órbitas, é evidente que ele perde a visão. No entanto, não deixa de vê-los, de vê-los como tais, como o objeto-causa enfim desvelado da concupiscência derradeira, suprema, não culpada, mas fora dos limites — a de ter querido saber.

A tradição chega até a dizer que é a partir desse momento que ele se torna realmente vidente. Em Colono, Édipo enxerga tão longe quanto se pode enxergar, e com tanta antecipação que vê o futuro destino de Atenas.

Qual é o momento da angústia? Será ele a possibilidade do gesto pelo qual Édipo arranca seus olhos, sacrifica-os, oferece-os como resgate pela cegueira em que se consumou seu destino? Será isso a angústia? Será ela a possibilidade que o homem tem de se mutilar? Não; trata-se propriamente do que me esforço por lhes apontar com essa imagem: é a visão impossível que os ameaça, a de seus próprios olhos no chão.

Essa é a chave mais segura do que vocês sempre poderão encontrar no fenômeno da angústia, qualquer que seja a forma de abordagem pela qual ele se apresente a vocês.

Por mais expressiva, por mais provocadora que seja, digamos, a estreiteza do local que lhes aponto como sendo o que é delimitado pela angústia, percebam bem que essa imagem, não é por um preciosismo de minha escolha que ela se encontra aí como fora dos limites. Essa não é uma escolha excêntrica. É corriqueiro encontrá-la.

Compareçam à primeira exposição que aparecer, por exemplo, a que está atualmente aberta ao público no Museu de Artes Decorativas, e lá vocês verão dois Zurbarán, um de Montpellier, outro de Nantes, que lhes apresentam, este, Luzia, aquele, Ágata, uma com seus olhos num prato, outra tendo neste seu par de seios, ambas mártires, o que significa testemunhas.

Não é o fato de esses olhos serem enucleados, de esses seios serem arrancados, que constitui a angústia. Vale a pena assinalar que essas imagens cristãs não são especialmente mal toleradas, embora alguns, por razões que nem sempre são as melhores, banquem os difíceis diante delas. Stendhal, falando de San Stefano il Rotondo, em Roma, considera que as imagens nas paredes são repulsivas. Com certeza, no local indicado, elas são tão desprovidas de arte, que nos vemos apresentados um pouco mais intensamente à sua significação. Mas as pessoas encantadoras que Zurbarán introduz, a nos exporem esses objetos num prato, não apresentam nada além do que, ocasionalmente, pode constituir — e não nos privamos disso — o objeto de nosso desejo. Essas imagens de modo algum nos introduzem, quanto ao que há de comum entre nós, na ordem da angústia.

Para que isso se produzisse, conviria que o sujeito estivesse mais pessoalmente implicado, que fosse sádico ou masoquista, por exemplo. Não me refiro a alguém que possa ter fantasias que rotulamos de sádicas ou masoquistas, mas a um verdadeiro masoquista, a um verdadeiro sádico, de quem possamos reconhecer, coordenar, construir a condição essencial, a situação fundamental, por eliminações sucessivas, pela necessidade de levar mais longe o plano de sua posição que o do que nos é dado por outros como *Erlebnis* — termo mais homogêneo ao neurótico —, mas que é apenas a imagem de algo mais além, que constitui a especificidade da posição perversa, na qual o neurótico busca referência e apoio para fins sobre os quais voltaremos a falar. Assim, tentemos dizer o que podemos presumir do que é a posição sádica ou masoquista. Aquilo a que as imagens de Luzia e Ágata podem realmente concernir, a chave disso é a angústia. Mas é preciso procurá-la.

O masoquista, como eu lhes disse da última vez, qual é sua posição? O que lhe mascara sua fantasia de ser objeto de um gozo do Outro? Isso é sua própria vontade de gozo, porque, afinal, o masoquista não encontra forçosamente seu parceiro, como lhes recorda um apólogo humorístico citado aqui no passado. O que mascara essa posição de objeto senão ir ao encontro de si mesmo, colocar-se na função de farrapo humano, do pobre dejeto de corpo, separado, que nos é apresentado nessas telas? Por isso é que digo que a meta do gozo do Outro é uma meta fantasística. O que é buscado é, no Outro, a resposta à queda essencial do sujeito em sua miséria suprema, e essa resposta é a angústia.

Onde está o Outro de que se trata? Foi justamente por isso que se produziu, neste círculo, o terceiro termo sempre presente no gozo perverso. A profunda ambigüidade em que se situa uma relação aparentemente dual encontra-se aqui. Com efeito, poderíamos dizer — e isso é suficientemente realçado por toda sorte de elementos da história — que essa angústia, que é a ambição cega do masoquista, pois sua fantasia a mascara dele, não é nada menos, realmente, do que o que poderíamos chamar de angústia de Deus.

Será que preciso apelar para o mais fundamental mito cristão a fim de dar corpo ao que proponho aqui? Toda a aventura cristã está comprometida com uma tentativa central, encarnada por um homem cujas palavras ainda estão todas por ser novamente escutadas, por ter sido aquele que levou ao extremo uma angústia que só encontra seu ciclo verdadeiro no nível daquele para quem se instaurou o sacrifício, ou seja, o Pai.

Deus não tem alma. Isso é muito evidente, nenhum teólogo pensou até hoje em lhe atribuir uma alma. No entanto, a mudança radical da perspectiva da relação com Deus começou por um drama, uma paixão, na qual alguém se fez a alma de Deus. O lugar da alma deve ser situado no nível *a* do resíduo, do objeto decaído. Não há concepção viva da alma, com todo o cortejo dramático em que essa idéia aparece e funciona em nosso ser e nossa cultura, a não ser acompanhada, da maneira mais essencial, pela imagem da queda. Tudo o que Kierkegaard articula não passa de uma referência a esses grandes marcos estruturais.

Observem que comecei pelo masoquista. Era o mais difícil, mas também o que evitava as confusões, porque, a partir daí, podemos compreender melhor o que é o sádico e a armadilha que há em fazer dele apenas o reviramento, o avesso, a posição inversa à do masoquista, a menos que procedamos, como habitualmente se faz, em sentido contrário.

No sádico, a angústia é menos oculta. Chega a sê-lo tão pouco que vem à frente na fantasia, a qual faz da angústia da vítima uma condição exigida. Só que é justamente isso que nos deve deixar desconfiados.

O que busca o sádico no Outro? Está bastante claro que, para ele, o Outro existe, e não é pelo fato de ele o tomar por objeto que devemos dizer que há nisso uma relação imatura qualquer, ou ainda pré-genital. O Outro é absolutamente essencial, e foi exatamente isso que eu quis articular por ocasião do meu Seminário sobre a ética, ao aproximar Sade de Kant e lhes mostrar que o questionamento essencial do Outro por Sade chega até a simular, e não por acaso, as exigências da lei moral, que estão aí justamente para nos mostrar que a referência ao Outro como tal faz parte de sua meta.

O que procura ele? É aí que os textos, aqueles que dão certa margem a uma crítica suficiente, assumem seu valor, assinalado pela estranheza de certos momentos, de certos desvios que se destacam, que destoam em relação ao fio seguido. Deixo-os procurar em *Juliette*, ou então em *Les Cent Vingt Journées*,* o punhado de passagens em que os personagens, inteiramente ocupados em saciar com suas vítimas escolhidas a sua avidez de tormentos, entram num transe bizarro, singular e curioso, que se exprime em palavras tão estranhas, na verdade, que preciso articulá-las aqui: *Tive os gritos do torturador, acabei com a raça do imbecil.*

Essa não é uma característica evidente na trilha do imaginável. Seu caráter privilegiado, o momento de entusiasmo que o conota, seu status de troféu supremo, brandido no auge do capítulo, são suficientemente indicativos de que, de certo modo, é o avesso do sujeito que é buscado, o que adquire sua significação pela característica de luva virada pelo avesso que é sublinhada pela essência feminina da vítima. Trata-se da passagem para o exterior daquilo que é mais oculto. Observe-se, ao mesmo tempo, que o próprio texto como que indica que esse momento é totalmente não penetrado pelo sujeito, deixando mascarado para ele o indício de sua própria angústia.

O pouco esclarecimento que nos é dado sobre a relação verdadeiramente sádica pelos textos que têm forma explicativa, por se desviarem da fantasia, ainda assim nos sugere alguma coisa, qual seja, o caráter instrumental a que se reduz a função do agente, o que lhe furta, a não ser num lampejo, o objetivo de sua ação.

A operação do agente tem o caráter de um trabalho relacionado com Deus. Deus é exibido por toda parte no texto de Sade. Este não

---

* *A nova Justine, seguida da história de Juliette, sua irmã* (1797) e *Os 120 dias de Sodoma* (1782-85), ambos de Donatien Alphonse François, marquês de Sade. (N.T.)

consegue dar um passo na referência ao Ser de Suprema Maldade sem que se evidencie — e isso é tão claro para ele quanto para este que lhes fala — que é de Deus que se trata. O sádico tem uma trabalheira louca, considerável, desgastante, a ponto de fracassar em sua meta, para realizar o que — graças a Deus, convém dizer — Sade nos poupa de termos que reconstituir, uma vez que ele mesmo o articula como tal, ou seja, para realizar o gozo de Deus.

Creio ter-lhes mostrado aqui o jogo de ocultação mediante o qual, no sádico e no masoquista, a angústia e o objeto são levados a passar para o primeiro plano, um à custa do outro termo.

Nessas estruturas denuncia-se a ligação radical da angústia com o objeto como aquilo que sobra. Sua função essencial é ser o resto do sujeito, o resto como real.

Com certeza, isso nos incita a enfatizar mais o status real desses objetos.

3

Ao passar para o capítulo seguinte, não posso deixar de assinalar a que ponto o status real dos objetos, já destacado por nós, foi deixado de lado ou mal definido por pessoas que, no entanto, têm a pretensão de dispor de referenciais biológicos.

Isso dá ensejo a nos apercebermos de um certo número de traços que têm lá seu destaque, e que eu gostaria de lhes apresentar na medida do possível, pondo minha carroça adiante de mim mesmo. Isso porque, afinal, já que temos ali os seios, por exemplo, no prato de Santa Ágata, não será esta uma oportunidade de refletirmos sobre o que vimos dizendo há muito tempo, ou seja, que a angústia aparece na separação? De fato, como bem percebemos, esses são objetos separáveis. Não são separáveis por acaso, como uma pata de gafanhoto. São separáveis porque já têm, anatomicamente, um certo caráter artificial, por estarem agarrados ali.

Esse caráter particularíssimo de algumas partes anatômicas especifica um setor da escala animal, aquele a que chamamos mamífero. É bastante curioso que não se tenha percebido o caráter propriamente significante desse indício. Parece haver coisas mais estruturais do que as mamas para designar esse grupo animal, que apresenta muitos outros traços de homogeneidade pelos quais poderíamos designá-lo. Sem dúvida não se errou ao escolher esse traço, mas trata-se realmente de um caso em que vemos que o espírito de objetivação não deixa de ser influenciado pela pregnância psicológica de certas significações em que estamos mais empenhados.

Vivíparos ou ovíparos, eis uma divisão realmente feita para confundir. Todos os animais são vivíparos, uma vez que geram ovos nos quais há um ser vivo, e todos são ovíparos, já que não há vivíparos que não se tenham "viviparizado" no interior de um ovo.

Mas por que não dar toda a sua importância a um fato realmente análogo ao que eu lhes disse sobre o seio, isto é, ao fato de que, para os ovos que têm um certo tempo de vida intra-uterina, há um elemento irredutível à divisão do ovo, que se chama placenta? Também nisso há qualquer coisa de superposto, de artificial. Em suma, não é tanto a criança que bombeia o leite da mãe, e sim o seio. Do mesmo modo, é a existência da placenta que dá à posição da criança dentro do corpo da mãe seu caráter de nidação parasitária, às vezes manifesto no plano da patologia. Vocês estão vendo que pretendo enfatizar o privilégio de alguns elementos que podemos qualificar de amboceptores.

De que lado está o seio: do lado daquele que suga, ou do lado do que é sugado? Há nisso uma ambigüidade da qual, vez por outra, a teoria analítica foi levada a falar a propósito do seio e da mãe, apontando, é claro, que não se trata da mesma coisa. Será que qualificar o seio de objeto parcial é mesmo tudo? Quando digo *amboceptor*, destaco que é tão necessário articular a relação do sujeito materno com o seio quanto a relação do lactente com o seio. O corte não se dá para os dois no mesmo lugar.

Existem dois cortes, tão distantes que deixam dejetos diferentes. Para a criança, o corte do cordão umbilical deixa separados os envoltórios que são homogêneos a ela, contínuos com seu ectoderma e seu endoderma. Para a mãe, o corte situa-se no nível da queda da placenta. É por essa razão, inclusive, que damos a esta o nome de caduca [decídua]. Está aí a caducidade do objeto *a*, que exerce sua função. A queda, o *niederfallen*, é típica da aproximação de um *a* que, no entanto, é mais essencial para o sujeito do que qualquer outra parte dele.

Esta rápida pincelada sobre as linhas de separação em que se produz essa queda não foi feita para levá-los de imediato a revisões imprudentes, mas para fazer com que vocês naveguem diretamente no nível para o qual esta interrogação se transporta, o da castração.

Também nesse caso, lidamos com um órgão. Será que não podemos indagar, por analogia com a imagem que produzi hoje diante de vocês, se já não temos a indicação de que a angústia deve ser situada em outro lugar que não na ameaça de castração, isto é, no que chamei de gesto possível?

Há quem continue a se comprazer com a biologia, com um caráter de leviandade incrível na abordagem do fenômeno. Um pênis não se limita ao campo do manifesto. Há uma variedade de insetos diversamente repugnantes, da baratinha-francesa à barata-oriental, que têm ferrões. O ferrão vai longe entre os animais. Eu não gostaria de lhes dar hoje uma aula de anatomia comparada, peço-lhes que se refiram aos autores na ocasião que eu lhes indicar, mas, em muitos casos, o ferrão é um instrumento preênsil, que serve para agarrar.

Nada sabemos dos gozos amorosos da baratinha-francesa ou da barata-oriental. Nada indica, no entanto, que sejam privadas destes. Será que o gozo e a conjunção sexual têm sempre a mais estreita relação? É bem provável, mas não vem ao caso. Podemos presumir que nossa experiência, a nossa como homens, seja a dos mamíferos que mais se parecem conosco. Portanto, quer estendamos isso aos insetos, quer unamos o gozo ao ferrão, estamos tomando a coisa como evidente. Ora, tudo indica que, quando o instrumento copulatório é um ferrão, uma garra, um objeto para agarrar, trata-se, de qualquer modo, de um objeto que não é tumescente nem detumescente.

O fato de, entre nós, para nos limitarmos a nós, o gozo do orgasmo coincidir com a colocação do instrumento fora de combate, fora do jogo, através da detumescência, justifica que não o tomemos por uma característica pertencente à *Wesenheit*, à essencialidade do organismo, na terminologia de Goldstein. Tão logo pensamos nisso, essa coincidência nada tem de rigorosa, e não faz parte, digamos, da natureza das coisas do homem.

Com efeito, a intuição inicial de Freud levou-o a situar uma certa fonte da angústia no *coitus interruptus*, no qual, pela própria natureza das operações em curso, o instrumento é evidenciado em sua função e, de repente, privado, na medida em que se supõe que o orgasmo signifique uma satisfação comum. Há nisso algumas questões que estou deixando em suspenso; simplesmente digo que a angústia é promovida por Freud, em sua função essencial, justamente ali onde a intensificação orgástica é desvinculada da exercitação do instrumento. O sujeito pode chegar à ejaculação, mas é uma ejaculação do lado de fora, e a angústia é provocada pelo fato de o instrumento ser posto fora de jogo no gozo. A subjetividade focaliza-se na queda do falo.

Essa queda também existe no orgasmo normalmente consumado. A detumescência na copulação merece reter-nos a atenção, para valorizar uma das dimensões da castração. O fato de o falo ser mais significativo na vivência humana por sua possibilidade de ser um objeto decaído do que por sua presença, é isso que aponta a possibilidade do lugar da castração na história do desejo. É essencial que isso seja posto em relevo, porque, enquanto o desejo não for estruturalmente distinguido da dimensão do gozo, enquanto não se indagar se existe para cada parceiro uma relação, e qual é ela, entre o desejo — especificamente, o desejo do Outro — e o gozo, toda essa história ficará condenada à obscuridade.

Graças a Freud, temos o ponto de clivagem. Só isso já é um milagre. Graças à percepção ultraprecoce que Freud teve de seu caráter essencial, dispomos da função da castração. Ela está intimamente ligada aos traços do objeto caduco. A caducidade o caracteriza em termos essenciais. É somente a partir desse objeto caduco que poderemos ver o que significa o que falei sobre o objeto parcial. Na verdade, digo-lhes desde já, o objeto parcial é uma invenção do neurótico. É uma fantasia. É o neurótico que faz dele um objeto parcial.

Quanto ao orgasmo, tem uma relação essencial com a função que definimos como a queda do que há de mais real no sujeito. Os que têm experiência como analistas aqui, será que não tiveram testemunho disso em mais de uma ocasião? Quantas vezes lhes terão dito que um sujeito teve, não digo forçosamente seu primeiro orgasmo, mas um dos primeiros, no momento em que precisava entregar com extrema pressa a cópia de uma redação, ou um desenho que precisava terminar rapidamente? E aí, o é colhido? Sua obra, aquilo que era essencialmente esperado dele. Alguma coisa tem de lhe ser arrancada.

É a coleta das cópias. Nesse momento, ele ejacula. Ejacula no auge da angústia.

Falam-nos da famosa erotização da angústia. Não será necessário, primeiro, saber que relações tem a angústia com Eros?

Tentaremos iniciar, da próxima vez, o estudo das vertentes da angústia, respectivamente do lado do gozo e do lado do desejo.

6 de março de 1963

XIII

Aforismos sobre o amor

A negação em russo
O desejo e o professor
O sujeito do gozo
a *não é um significante*
O homem e a mulher

Страхи
У страха глаза велики
я боюсь утоб он не пришёл
небосъ боюсь, уто он не придёт

Muitos tiveram a gentileza de atender à minha reclamação da última vez, qual seja, a de eu ainda não ter conseguido conhecer o termo russo correspondente ao título do trecho de Tchecov cujo conhecimento devo ao sr. Pierre Kaufmann. Este, embora não seja russófono, trouxe-me hoje o termo exato, o qual pedi a Smirnoff, como russófono, que tivesse a bondade de comentar rapidamente comigo.

Mal me atrevo a articular esses vocábulos, de cuja fonologia não disponho. Trata-se, no título, de страхи, que é o plural de страх. Essa palavra, como todas as que se referem ao temor, ao medo, à angústia, ao terror, à agonia, levanta-nos problemas dificílimos de tradução. É mais ou menos, pensei nisso agora há pouco, como as cores, cuja conotação não se superpõe de uma língua para outra. Seja como for, julguei compreender, através dos debates entre os russófonos que estão aqui, que aquilo que propus da última vez estava certo, ou seja, que Tchecov, em seu título, não tencionou falar da angústia.

Quanto a isso, desejo fazer um depoimento. Da última vez, servi-me desse exemplo para esclarecer lateralmente a inversão que queria efetuar diante de vocês, ou seja, para afirmar, como aliás já fizera antes, que a angústia não é desprovida de objeto. Introduzir essa questão, dizendo que seria igualmente legítimo sustentar que o medo não tem objeto, tinha certo interesse para mim. Mas é evidente que não esgota a questão do que são os medos, ou pavores, ou agonias designados nos exemplos de Tchecov. É oportuno eu lhes assinalar, a esse respeito, que Pierre Kaufmann teve o cuidado de oferecer uma articulação precisa disso num trabalho posterior, centrado nesses pavores tchecovianos.

Antes de começar, farei com que vocês se beneficiem ainda de um pequeno achado, sempre devido ao sr. Kaufmann.

Este descobriu o termo mais comum para dizer *eu temo*, que é боюсь. A propósito disso, divertiu-se ao reencontrar em russo a função da chamada negação expletiva, que tanto tenho enfatizado. Vocês a encontram em francês na frase *je crains qu'il ne vienne* [temo que ele venha], que dizem quando aquilo que temem é que ele venha. Esse *ne*, não basta qualificá-lo de discordante, em virtude de ele marcar a discordância que há entre meu medo, pois temo que ele venha, e minha esperança, porque espero que não venha. De minha parte, não vejo nisso nada menos do que o vestígio significante daquilo que chamo de sujeito da enunciação, distinto do sujeito do enunciado.

Pois bem, segundo a língua russa, parece visível que convém atribuir-lhe uma especificidade ainda maior, e isso realmente vai no sentido do valor que dou a esse *ne* expletivo, ou seja, que o que ele representa é justamente o sujeito da enunciação como tal, e não simplesmente seu sentimento. Se bem entendi Smirnoff, a discordância, em russo, é indicada por uma nuance especial. O утоб, por si só, já seria um *que ne*, mas é marcado, além disso, por uma outra nuance, na medida em que o *que* que distingue esse утоб do *que* simples do уто encontrado na segunda frase matiza o verbo com uma espécie de aspecto condicional, de modo que a discordância já é marcada no nível da letra б. A negação, portanto, é ainda mais expletiva em russo, do simples ponto de vista do significado.

Isso não impede que ela funcione em russo exatamente como em francês, deixando em aberto, portanto, a questão de sua interpretação, a qual acabo de dizer como resolvi.

E agora, como entrarei na matéria?

1

Esta manhã, de maneira notável, quando eu pensava no que produziria aqui, de repente me pus a evocar a época em que um dos mais inteligentes de meus analisados — há sempre alguns dessa espécie — me fazia com insistência uma pergunta: *O que o leva a se dar todo esse trabalho para dizer isso a eles?* Isso foi nos anos áridos em que a lingüística ou o cálculo das probabilidades tinham certo lugar aqui.

Eu disse a mim mesmo que não seria um caminho ruim, para introduzir o desejo do analista, lembrar que existe uma questão do desejo do docente.

Não lhes darei a chave do enigma aqui, por razões evidentes, mas, quando experimento um esboço de culpa no nível do que podemos chamar de ternura humana, quando me sucede pensar nas tranqüilidades contra as quais atento, é impressionante como formulo de bom grado a desculpa de que, por exemplo, eu não estaria ensinando se não tivesse havido a cisão de 1953. E não é verdade. Enfim, é claro que eu gostaria de me dedicar a trabalhos mais limitados ou mais intermitentes, mas, no fundo, isso não modifica nada.

O fato de podermos formular a alguém a questão do desejo do docente é sinal, como diria o sr. La Palice,* de que a questão existe. É também sinal de que existe um ensino. E isso nos introduz, afinal de contas, na curiosa observação de que, quando essa questão não se coloca, é porque existe o professor. O professor existe toda vez que a resposta a essa pergunta está escrita, digamos, escrita em seu aspecto ou em seu comportamento, naquela espécie de condicionamento que podemos situar no nível do que chamamos de pré-consciente, ou seja, de algo que podemos tirar, venha de onde vier, das instituições, ou até do que é chamado de seus pendores.

Não é inútil nos apercebermos de que o professor se define, então, como aquele que ensina sobre os ensinamentos. Em outras palavras, ele faz recortes nos ensinamentos. Se fosse mais conhecida a verdade de que se trata de algo análogo à colagem, isso permitiria aos professo-

* Em homenagem ao marechal Jacques II de Chabannes, senhor de La Palice (c. 1470-1525), morto em Pavia, seus soldados compuseram uma canção que trazia os versos "Quinze minutos antes de morrer, ele ainda estava vivo"; pretendiam dizer que ele se batera até o último instante, mas esse sentido se perdeu com o tempo, conservando-se na língua francesa apenas a idéia do truísmo, da obviedade, expressa inclusive no substantivo *lapalissade*. É ao que alude Lacan. (N.T.)

res introduzir aí uma arte mais consumada, da qual a colagem, tal como ganhou sentido através da obra de arte, mostra-nos o caminho. Se eles fizessem sua colagem de maneira menos preocupada com a continuidade, menos comedida, teriam alguma chance de chegar ao mesmo resultado a que visa a colagem, ou seja, evocar a falta que responde por todo o valor da própria obra figurativa, quando ela é bem-sucedida, é claro. E assim, por esse caminho, eles conseguiriam atingir o efeito próprio do que é, justamente, um ensino.

É o quanto basta dizer para situá-lo, ou para render homenagens aos que se dignam ter o trabalho de ver, com sua presença, o que é ensinado aqui, e também para lhes agradecer.

Quanto a isso, já que às vezes lido, aliás, com ouvintes que só vêm aqui em caráter intermitente, vou fazer-me, por um momento, professor de meu próprio ensino, e relembrar-lhes o ponto fundamental do que lhes trouxe da última vez.

Partindo, pois, da distinção entre a angústia e o medo, tentei, pelo menos como um primeiro passo, inverter a oposição, atualmente aceita por todo o mundo, em que se deteve a última elaboração da distinção entre eles.

Certamente não é no sentido da transição de um para o outro que vai o movimento. Se persistem vestígios disso em Freud, somente por erro é que lhe seria atribuída a idéia de uma redução de um ao outro. Ainda que, neste ou naquele desvio da frase, o termo *objektlos* possa reaparecer, Freud diz muito bem que a angústia é *Angst vor etwas*, angústia diante de algo. Isso não tenciona, com certeza, reduzi-la a ser uma outra forma de medo, já que ele sublinha a distinção essencial da proveniência daquilo que provoca um e outro. O que eu disse de passagem acerca do medo, portanto, deve ser guardado do lado da recusa de qualquer acentuação que isole o medo do *entgegenstehen*, do que se contrapõe, do medo como resposta, *entgegen*.

Na angústia, inversamente, o sujeito é premido, afetado, implicado no mais íntimo de si mesmo. Já vemos o despontar disso no plano fenomenológico. Lembrei, a esse respeito, a estreita relação da angústia com o aparelho do que chamamos de defesa e, nesse caminho, tornei a apontar que é justamente do lado do real, numa primeira aproximação, que temos de procurar, da angústia, aquilo que não engana.

Isso não quer dizer que o real esgote a idéia do que é visado pela angústia. O que a angústia visa no real, aquilo em relação ao qual ela se apresenta como sinal, foi o que tentei mostrar-lhes com o quadro, digamos, da divisão significante do sujeito. Ele lhes apresenta o x de um sujeito primitivo que vai em direção a seu advento como sujeito, conforme a imagem de uma divisão do sujeito S em relação ao A do Outro, já que é por intermédio do Outro que o sujeito deve se realizar.

$$\frac{A}{S}$$

Em sua primeira posição, deixei esse sujeito indeterminado quanto à sua denominação, mas o final de meu discurso lhes permitiu reconhecer como seria possível denominá-lo nesse nível mítico, anterior a todo o jogo da operação. Trata-se do sujeito do gozo, na medida em que essa expressão tenha sentido, mas, justamente, por razões às quais voltaremos, não podemos de modo algum isolá-lo como sujeito, a não ser miticamente.

A	S	Gozo
a	Ⱥ	Angústia
$		Desejo

A angústia entre o gozo e o desejo

Da última vez, escrevi aqui os três patamares a que correspondem os três tempos dessa operação. São eles, respectivamente, o gozo, a angústia e o desejo. É nessa disposição em patamares que avançarei hoje, para lhes mostrar a função — não mediadora, mas mediana — da angústia entre o gozo e o desejo.

Não há como comentar mais esse tempo importante de nossa exposição senão dizendo algo cujos diversos termos peço que entendam dando-lhes o seu sentido mais pleno: que o gozo não conhece o Outro senão através desse resto, *a*.

O que entra no patamar inferior, o que advém no fim da operação, é o sujeito barrado, ou seja, o sujeito tal como implicado na fantasia, na qual ele é um dos dois termos que constituem o suporte do desejo. A fantasia é o $ numa certa relação de oposição com *a*, relação cuja polivalência é suficientemente definida pelo caráter composto do losango, que tanto é disjunção, ∨, quanto conjunção, ∧, que tanto é o maior quanto o menor. O $\$$ é o término dessa operação em forma de divisão, já que o *a* é irredutível, é um resto, e não há nenhum modo de operar com ele. Nessa maneira de lhe dar uma imagem através de formas matemáticas, ele só pode representar o lembrete de que, se a divisão fosse feita, a relação entre o *a* e o S é que estaria implicada no $\$$.

Que quer dizer isso? Para esboçar a tradução do que assim designo, eu poderia sugerir que o *a* vem assumir a função de metáfora do sujeito do gozo. Isso só seria correto se o *a* fosse assimilável a um significante. Ora, ele é justamente o que resiste a qualquer assimilação à função do significante, e é por isso mesmo que simboliza o que, na esfera do significante, sempre se apresenta como perdido, como o que se perde para a "significantização". Ora, é justamente esse dejeto, essa queda, o que resiste à "significantização", que vem a se mostrar constitutivo do fundamento como tal do sujeito desejante — não mais o sujeito do gozo, porém o sujeito como aquele que está no caminho de sua busca, a qual não é a busca de seu gozo. Mas é ao querer fazer esse gozo entrar no lugar do Outro, como lugar do significante, que o sujeito se precipita, antecipa-se como desejante. Se há nisso uma precipitação, uma antecipação, não é no sentido de que esse processo dê saltos, ande mais depressa do que suas próprias etapas, mas no sentido de que ele aborda, aquém de sua realização, a hiância do desejo no gozo. É aí que se situa a angústia.

Isso é tão certo que o tempo da angústia não está ausente da constituição do desejo, mesmo que esse tempo seja elidido, não seja identificável no concreto. Aqueles a quem preciso sugerir uma autoridade, para que confiem em que não estou cometendo um erro, hão de se lembrar, a propósito disso, da primeira análise da fantasia feita por Freud em *Ein Kind wird geschlagen* [Uma criança é espancada], análise esta que é não apenas estrutural, mas dinâmica. Freud fala, justamente, também ele, de um segundo tempo, sempre elidido na constituição da fantasia, tão elidido que até a análise pode apenas reconstituí-lo. O que não quer dizer que esse tempo da angústia seja sempre tão inacessível assim. Em muitos níveis, ele é fenomenologicamente situável.

A angústia, portanto, é um termo intermediário entre o gozo e o desejo, uma vez que é depois de superada a angústia, e fundamentado no tempo da angústia, que o desejo se constitui.

2

A seqüência de meu discurso serviu para ilustrar algo de que nos apercebemos há muito tempo, mas do qual não sabemos tirar pleno proveito quando se trata de compreender a que corresponde o complexo de castração, o qual assume, em nosso discurso de analistas, um valor totalmente diverso.

No cerne da experiência do desejo, diria eu, está o que resta quando o desejo é satisfeito, digamos, o que resta no fim do desejo, fim este que é sempre um falso fim, que é sempre resultado de um equívoco. Da última vez, articulei suficientemente, a propósito da detumescência, o valor assumido pelo falo em estado de esgotamento. Esse elemento sincrônico, que é a coisa mais simples que há — simples como um talo de couve, para dizê-lo com Petrônio —, está aí para nos lembrar que, essencialmente, o objeto cai do sujeito em sua relação com o desejo.

Estar o objeto nessa queda, eis uma dimensão que convém acentuarmos, para dar mais este passinho a que desejo levá-los hoje e que, com um pouco de atenção, já lhes poderia ter aparecido em meu discurso da última vez, a partir do momento em que tentei mostrar sob que forma se encarna o objeto *a* da fantasia, suporte do desejo.

Quando lhes falei dos seios e dos olhos, a partir de Zurbarán, Luzia e Ágata, será que vocês não se impressionaram com o fato de esses objetos *a* se apresentarem ali sob forma positiva? Os seios e olhos que lhes mostrei, nos pratos em que as duas dignas santas os seguram, ou no solo amargo a que levam os passos de Édipo, aparecem com um sinal diferente do que depois lhes mostrei a propósito do falo, o qual se especifica pelo fato de que, num certo nível da ordem animal, o gozo coincide com a detumescência, sem que haja nisso nada de necessário nem nada que esteja ligado à *Wesenheit* do organismo, no sentido goldsteiniano. É por funcionar na cópula humana não apenas como instrumento do desejo, mas também como seu negativo, que o falo se apresenta na função de *a* com o sinal menos.

É essencial diferenciar a angústia de castração daquilo que se mantém no sujeito ao fim de uma análise, e que Freud designa por ameaça de castração. Esse é um ponto superável. Não é necessário, em absoluto, que o sujeito fique preso à ameaça de castração, quando é do sexo masculino, e, quando é do outro sexo, ao *Penisneid*. Para saber como poderíamos ultrapassar esse ponto-limite, é preciso saber por que a análise, conduzida numa certa direção, leva ao impasse pelo qual o negativo que marca o funcionamento fisiológico da copulação no ser humano é promovido ao nível do sujeito, sob a forma de uma falta irredutível. Isso deverá ser retomado como questão mais adiante, e julgo importante tê-lo assinalado aqui.

Em seguida, introduzi a articulação de dois pontos concernentes ao sadismo e ao masoquismo, dos quais lhes resumo aqui o essencial, que é capital sustentar, na medida em que lhes permite dar pleno sentido ao que se disse de mais elaborado a esse respeito na situação atual. Para minha surpresa, e também para minha alegria, uma leitura recente mostrou-me que um autor levou as coisas muito longe no tocante ao masoquismo, tão perto quanto possível do ponto a que tentarei levá-los este ano pelo ângulo que nos é próprio. Mas o fato é que esse artigo, cujo título lhes direi, continua, como todos os outros, rigorosamente incompreensível, em razão de que a evidência do que enunciarei dentro em pouco é como que elidida nele.

Conseguiu-se não enfatizar o que mais choca nosso finalismo à primeira vista, ou seja, o fato de que a função da dor intervém no masoquismo. Conseguiu-se compreender com clareza que não é esse o essencial. Na experiência analítica, conseguiu-se perceber, graças a Deus, que o Outro é visado, que as manobras masoquistas na transferência situam-se num nível que não deixa de se relacionar com o Outro. Muitos autores pararam por aí, caindo num *insight* cujo caráter superficial salta aos olhos, por mais manejáveis que se tenham revelado alguns casos, por só haverem chegado a esse nível. Não se pode dizer que a função do narcisismo, por exemplo, enfatizada por um autor que não deixa de ter certo talento expositivo, Ludwig Heidelberg, possa bastar-nos.

Ainda sem tê-los feito penetrar em absoluto na estrutura do funcionamento masoquista, eu quis acentuar da última vez, porque a luz esclarecerá os detalhes do quadro por um prisma totalmente diferente, o que não é visto na meta do masoquista. Dizem que o masoquista visa o gozo do Outro. Mostrei-lhes que o que essa idéia esconde é que, em última instância, ele visa realmente a angústia do Outro. É isso que permite desarticular a manobra. Do lado do sadismo, o comentário é análogo. O que fica patente é que o sádico busca a angústia do Outro. O que isso mascara é que se trata do gozo do Outro.

Entre o sadismo e o masoquismo, portanto, estamos todos na presença do que se apresenta como uma alternância. O que está em nível secundário em cada um, velado, escondido, aparece no outro no nível do objetivo. Há uma ocultação da angústia, no primeiro caso, e do objeto *a*, no outro. Nem por isso trata-se de um processo inverso, de uma inversão. O sadismo não é o avesso do masoquismo. Não é um par reversível. A estrutura é mais complexa. Embora hoje eu esteja isolando apenas dois termos, vocês podem presumir, segundo muitos de meus esquemas essenciais, que se trata de uma função com quatro termos, uma função quadrada. A passagem de um para outro se faz por uma rotação de um quarto de volta, e não por alguma simetria ou inversão.

Indiquei-lhes da última vez que o que se esconde por trás da busca da angústia do Outro, no sadismo, é a busca do objeto *a*. Qualifiquei-a com um termo expressivo, retirado do texto das fantasias de Sade, que não lhes recordarei agora.

Termino com um breve lembrete que retrocede ao que eu disse do *a*, desse objeto, acentuando um caráter manifesto que ele tem e que conhecemos bem, embora não nos apercebamos de sua importância. Refiro-me à anatomia, sobre a qual Freud errou ao dizer, sem maiores esclarecimentos, que ela é o destino.

A limitação a que o destino do desejo fica submetido no homem tem por móbil a conjunção de uma certa anatomia — aquela que tentei caracterizar da última vez pela existência do que chamei de membrana caduca [decídua], que só existe no nível mamífero dos organismos — com o que é efetivamente o destino, ou seja, a *Anankê* pela qual o gozo tem que se confrontar com o significante. O desejo está fadado a encontrar o objeto numa certa função que se localiza e se precipita no nível da decídua e de tudo o que pode funcionar como esses tecidos caducos. Esse termo nos servirá para explorar melhor os momentos de corte em que se pode esperar a angústia, para confirmar que é realmente nestes que ela emerge e para fornecer um catálogo exaustivo dessas fronteiras.

Terminei com um exemplo clínico dos mais conhecidos, que ilustra a conexão estreita, muito menos acidental do que se supõe, entre o orgasmo e a angústia, na medida em que ambos podem ser definidos por uma situação exemplar — a da expectativa do Outro. A folha que o candidato tem que entregar, em branco ou não, é um exemplo explícito daquilo que, por um instante, pode ser o *a* para o sujeito.

3

Após todas essas rememorações, tentaremos avançar um pouco mais. Vou fazê-lo por uma via que talvez não seja, como eu disse, exatamente aquela pela qual eu mesmo teria optado. Vocês verão o que pretendo dizer com isso.

Levei-os a observar, a propósito da contratransferência, o quanto as mulheres pareciam deslocar-se nela com mais facilidade. Se as mulheres se movem mais facilmente nela em seus escritos teóricos, é porque, presumo eu, também não se movem nada mal na prática, mesmo que não vejam seu móbil — ou melhor, não o articulem, pois, por que não lhes dar crédito por um tantinho de restrição mental? — de maneira perfeitamente clara.

Aqui, trata-se de atacar, evidentemente, algo que é da ordem da relação do desejo com o gozo. Ao nos referirmos a esses trabalhos, parece que a mulher compreende muitíssimo bem o que é o desejo do analista. Como se produz isso?

Para apreendê-lo, será preciso retomarmos as coisas no ponto em que as deixei neste quadro, dizendo-lhes que a angústia é o meio-termo entre o desejo e o gozo. Trarei aqui algumas formulações, nas quais deixarei que cada um se encarregue de se encontrar, através de sua experiência, visto que serão aforísticas, e é fácil compreender por quê.

Num assunto tão delicado quanto as relações do homem e da mulher, articular tudo o que pode tornar lícita e justificada a permanência de um mal-entendido obrigatório só pode ter o efeito degradante de permitir que todos os meus ouvintes abafem suas dificuldades pessoais, que estão muito aquém daquilo que almejo, na certeza de que esse mal-entendido é estrutural. No entanto, se vocês sabem escutar-me, falar de mal-entendido não equivale, de modo algum, a falar de um fracasso necessário. Se o real é sempre subentendido, não vemos por que o mais eficaz dos gozos não possa ser atingido pelas próprias vias do mal-entendido.

A única coisa que distingue o aforismo do desenvolvimento doutrinal é que ele renuncia à ordem preconcebida. Desses aforismos, proporei aqui algumas formas. Assim, escolherei primeiro esta, que poderá falar-lhes de um modo menos sujeito a fazê-los rolar em risinhos de chacota: Só o amor permite ao gozo condescender ao desejo.

Proporemos também algumas outras, que se deduzem do nosso quadrinho em que se mostra que o *a* como tal, e nada mais, é o acesso não ao gozo, mas ao Outro. Isso é tudo que resta dele, a partir do momento em que o sujeito quer fazer sua entrada nesse Outro.

Isso se presta a dissipar, em última instância, o fantasma — que tem sido venenoso desde o ano de 1927 — da oblatividade, inventada pelo gramático Pichon. Deus sabe que reconheço o mérito dele na gramática, mas é impossível exagerar o pesar de que uma análise ausente, por assim dizer, o tenha deixado, na exposição da teoria psicanalítica, inteiramente à mercê das idéias que ele defendia previamente, e que não eram outras senão as idéias maurrasianas.

Quando o S se destaca desse acesso ao Outro, ele é o inconsciente, ou seja, o Outro barrado. Como eu lhes disse há pouco, só lhe resta fazer do A algo do qual é menos importante a função metafórica do que a relação de queda em que ele se encontrará com respeito a esse *a*. Portanto, desejar o Outro, o A maiúsculo, nunca é senão desejar *a*.

Para tratar do amor, assim como para tratar da sublimação, é preciso lembrar o que os moralistas anteriores a Freud — refiro-me aos da boa tradição, nominalmente a tradição francesa, aquela que se transmite no homem do prazer, cuja escansão lhes recordei em tempos idos — já articularam plenamente, e cujo saber não convém considerarmos ultrapassado: o amor é a sublimação do desejo.

Resulta daí que não podemos, de modo algum, servir-nos do amor como primeiro nem como último termo, por mais primordial que ele se afigure em nossa teorização. O amor é um fato cultural. Não se trata apenas de *Quantas pessoas nunca teriam amado se não tivessem ouvido falar do amor*, como articulou muito bem La Rochefoucauld, mas de que nem se cogitaria de amor se não houvesse a cultura. Isso deve incitar-nos a dispor de outra maneira os suportes do que temos a dizer acerca da conjunção do homem e da mulher no ponto em que o próprio Freud o diz, assinalando que esse desvio poderia ter-se produzido de forma diferente.

Continuo em meu caminho aforístico. Propor-me como desejante, *eron*, é propor-me como falta de *a*, e é por essa via que abro a porta para o gozo de meu ser.

O caráter de aporia dessa posição não pode deixar de se evidenciar a vocês, porém há mais alguns passos a dar. Acho que vocês já entenderam, pois eu lhes disse isso há muito tempo, que, se é no nível do *eron* que me encontro, que abro as portas para o gozo de meu ser, é claro que a declinação mais próxima que se oferece a essa iniciativa é que eu seja apreciado como *eromenos*, amável. Sem fatuidade, é o que não deixa de acontecer, mas já aí se lê que alguma coisa dá errado nessa história.

Isso não é aforismo, já é um comentário. Julguei que devia fazê-lo por duas razões: primeiro, por ter cometido uma espécie de pequeno lapso de dupla negação, o que deveria alertar-me para alguma coisa, e segundo, por ter julgado entrever o milagre da incompreensão brilhar em alguns rostos.

Continuo. Qualquer exigência de *a* sobre a via dessa iniciativa de encontrar a mulher — já que adotei a perspectiva androcêntrica — só pode desencadear a angústia do Outro, justamente por eu não fazer dele mais do que *a*, por meu desejo o "*aizar*", se assim posso dizê-lo. É por isso mesmo que o amor-sublimação permite ao gozo condescender ao desejo. Aqui, meu pequeno circuito de aforismos morde a própria cauda.

Como são nobres estas colocações! Vocês estão vendo que não tenho medo do ridículo. Isto deve parecer-lhes ter um arzinho de pregação, e, toda vez que se avança por esse terreno, não deixa de existir esse risco. Mas parece-me que, ainda assim, vocês não se estão apressando a dar risadas. Só posso agradecer-lhes, e recomeço.

Recomeçarei hoje apenas por um breve instante, mas deixem-me dar mais uns passinhos. Este mesmo caminho que acabo de percorrer, num tom que tem para vocês como que um arzinho de heroísmo, podemos tomá-lo no sentido inverso, e então veremos surgir nele algo que talvez lhes pareça ter um tom menos pretensioso, o que confirmará mais uma vez a irreversibilidade desses percursos.

No caminho que condescende ao meu desejo, o que o Outro quer — aquilo que ele quer, mesmo que não saiba em absoluto o que quer — é, no entanto, necessariamente minha angústia. Não basta dizer que a mulher supera a dela por amor. É preciso examinar isso.

Prosseguindo no caminho que escolhi hoje, deixo de lado — ficará para a próxima vez — como se definem os parceiros, no começo. A ordem das coisas pelas quais nos deslocamos sempre implica que as peguemos no caminho, e até mesmo, às vezes, na chegada, porque não podemos pegá-las na partida.

Seja como for, é na medida em que ela quer meu gozo, isto é, quer usufruir de mim, que a mulher suscita minha angústia. E isso pela simplíssima razão, inscrita há muito tempo em nossa teoria, de que só há desejo realizável implicando a castração. Na medida em que se trata de gozo, ou seja, em que é o meu ser que ela quer, a mulher só pode atingi-lo ao me castrar.

Não vá isso levar a parte masculina de meu auditório a nenhuma resignação quanto aos efeitos sempre manifestos dessa verdade primária no que é chamado, com um termo classificatório, de vida conjugal. A definição de uma verdade primária não tem absolutamente nada a ver com suas incidências acidentais. Nem por isso deixamos de esclarecer muito as coisas ao articulá-la de maneira apropriada.

Ora, articulá-la como acabo de fazer, ainda que isso corresponda à experiência mais manifesta, frisa o perigo de que se veja nela o que é chamado, na linguagem corrente, de fatalidade, o que significaria que isso está escrito. Não é pelo fato de eu o dizer que se deve pensar que isso esteja escrito. Aliás, se eu o escrevesse, dar-lhe-ia mais formas. Essas formas consistem justamente em entrar nos detalhes, ou seja, em dizer o porquê.

Com referência ao que constitui a chave da função do objeto do desejo, o que salta aos olhos é que não falta nada na mulher. Estaríamos inteiramente errados em considerar que o *Penisneid* é um termo final. Já lhes anunciei que nisso estaria a originalidade do que tento formular diante de vocês, este ano, a respeito desse ponto.

A verdade é que, quanto a esse ponto, ela nada tem a desejar. Talvez eu deva tentar articular anatomicamente o porquê. A analogia clitóris-pênis está longe de ter fundamento. O clitóris não é simplesmente um pênis menorzinho, mas sim uma parte do pênis, que corresponde aos corpos cavernosos. O pênis, ao que eu saiba, exceto nas hipospadias, não se limita aos corpos cavernosos. Isto é um parêntese.

O fato de nada terem a desejar no caminho do gozo não resolve para elas, em absoluto, a questão do desejo, justamente na medida em que a função do *a* exerce todo o seu papel para elas, tal como para nós. Mesmo assim, porém, isso lhes simplifica muito a questão do desejo — não para nós, na presença do desejo delas. Mas, enfim, interessarem-se pelo objeto como objeto de nosso desejo cria muito menos complicações para elas.

A hora está adiantada. Deixo as coisas no ponto a que pude conduzi-las. Esse ponto é suficientemente sedutor para que muitos de meus ouvintes desejem conhecer sua continuação.

Para lhes dar alguns prelúdios, direi que, se é possível dar um título ao que enunciarei da próxima vez, este seria algo como *Das relações da mulher, como psicanalista, com a posição de Don Juan.*

13 de março de 1963

¨Io sono sempre vista¨
Desenho de Isabella
(caso clínico de Jean Bobon, Liege)

Acima: *Santa Lucia*, de Francisco de Zurbarán. Museu de Belas Artes, Chartres.

Ao lado: *Santa Agata*, de Francisco de Zurbarán. Museu Fabre, Montpellier.

O Grande Buda, templo Todai-Ji. Nara, Japão.
© Michel Gotin

XIV

A mulher, mais verdadeira e mais real

Tirésias enceguecido
O furo, o vazio, o pote
Na mulher não falta nada
Don Juan, sonho feminino
Lucia Tower e seu desejo

Para situar a angústia, anunciei que seria preciso eu voltar ao campo central já desenhado no Seminário sobre a ética como sendo o do gozo.

Hoje avançaremos na tentativa de articular por quê.

1

Um certo número de abordagens, nominalmente as que fiz no ano do Seminário anteriormente citado, já lhes ensinou que, por mais miticamente que tenhamos de situar seu ponto, convém concebermos o gozo como profundamente independente da articulação do desejo.

O desejo, com efeito, constitui-se aquém da zona que separa o gozo e o desejo, e que é a fenda em que se produz a angústia. Isso não equivale a dizer que o desejo não diga respeito ao Outro implicado no gozo, que é o Outro real. É normativo, diria eu, que o desejo, a lei que constitui o desejo como desejo, não chegue a concernir a esse Outro em seu centro. Ela só lhe diz respeito excentricamente e de lado — pequeno *a*, substituto do A maiúsculo. Isso quer dizer que todas as *Erniedrigungen*, as depreciações da vida amorosa, que vêm apontadas, pontuadas por Freud, são efeitos dessa estrutura fundamental, que é irredutível. Aí está a hiância que não tencionamos mascarar, visto que, por outro lado, achamos que o complexo de castração e o *Penisneid*, que nela florescem, não são, eles próprios, os termos definitivos para designá-la.

A mulher revela-se superior no campo do gozo, uma vez que seu vínculo com o nó do desejo é bem mais frouxo. A falta, o sinal *menos* com que é marcada a função fálica no homem, e que faz com que sua ligação com o objeto tenha que passar pela negativação do falo e pelo complexo de castração, o status do (- φ) no centro do desejo do homem, é isso que não constitui, para a mulher, um nó necessário.

Mas isso não quer dizer que ela deixe de ter relação com o desejo do Outro. Ao contrário, é justamente o desejo do Outro como tal que ela enfrenta, ainda mais que, nesse confronto, o objeto fálico só chega a ela em segundo lugar, e na medida em que desempenha um papel no desejo do Outro. Isso é uma grande simplificação.

Essa relação simplificada com o desejo do Outro é o que permite à mulher, quando se dedica a nossa nobre profissão, ficar no lugar desse desejo numa relação que sentimos ser muito mais livre, não obstante cada particularidade que ela possa representar numa relação, digamos, essencial. Isso se manifesta toda vez que ela aborda o campo confusamente designado como campo da contratransferência. Se ela tem essa liberdade maior, é porque não se prende a isso tão essencialmente, *wesentlich*, quanto o homem, em particular no que concerne ao gozo.

Ao que, depois de lhes haver encarnado o *a*, um dia desses, na queda dos olhos de Édipo, não posso deixar de lhes recordar Tirésias enceguecido.

Tirésias, aquele que deveria ser o padroeiro dos psicanalistas, Tirésias, o vidente, foi cegado pela deusa suprema, Juno, a ciumenta, que assim se vingou por ele a haver ofendido, em circunstâncias que Ovídio nos explica muito bem no livro III das *Metamorfoses*, do verso 316 ao verso 338. Peço-lhes que se reportem a esse texto, do qual uma nota em *Wasteland* sublinha o que T.S. Eliot chamou de enorme interesse antropológico.

Um dia, depois de ter tido, para quebrar a monotonia, uma relação descontraída com sua mulher, Júpiter divertiu-se a implicar com ela sobre o fato de que, certamente, a volúpia que vocês experimentam, vocês, mulheres — é assim que ele fala —, é maior do que a sentida pelo homem. A esse respeito, eis que ele consulta Tirésias, assim, de brincadeira, porque os deuses nem sempre medem as conseqüências de seus atos. Mas, a propósito, diz ele, como é que não pensei nisso? Tirésias foi mulher por sete anos.

A cada sete anos, a padeira mudava de pele, cantou Guillaume Apolinaire, e Tirésias mudava de sexo não por simples periodicidade, mas em razão de um acidente. Tendo tido a imprudência de perturbar duas serpentes acopladas, as de nosso caduceu, ele se descobrira mulher. Depois, renovando o atentado, recuperara sua posição inicial. Seja qual for o sentido dessas serpentes que não podem ser desatadas sem que se corra grande perigo, é na condição de quem foi mulher durante o intervalo de sete anos que Tirésias é chamado a dar seu testemunho, diante de Júpiter e Juno, sobre a questão do gozo. E então, que diz ele? Que dirá a verdade, sejam quais forem as conseqüências. Corroboro o que diz Júpiter, afirma Tirésias. O gozo das mulheres é maior que o do homem.

Será que é um quarto maior ou um décimo maior? Há também versões mais exatas, mas a proporção tem pouca importância. Ela só depende, em suma, da limitação imposta ao homem por sua relação com o desejo, que inscreve o objeto na coluna do negativo. É isso que designo por $(- \varphi)$. Enquanto o profeta do saber absoluto ensina a esse homem que ele faz seu furo no real, o que, em Hegel, é chamado de negatividade, eu digo outra coisa, qual seja, que o furo começa na parte inferior de seu ventre, pelo menos se quisermos remontar à origem do que produz nele o status do desejo.

A esse respeito, Sartre, pós-hegeliano, não deixa de nos insinuar, com o que chamarei de seu maravilhoso talento de desvirtuador, uma imagem que vocês conhecem bem. É a do garotinho — o qual, naturalmente, ele nos mostra como um burguês nato, para complicar um pouco a história — que, ao enfiar o dedo na areia da praia, imita, aos olhos de Sartre e em nosso proveito, o ato que seria o ato fundamental.

Podemos exercitar-nos numa merecida derrisão sobre o que é, nesse caso, uma nova forma do homenzinho-que-existe-no-homem, que agora encarnamos no personagem dessa criança, sem percebermos que ela merece todas as objeções filosóficas que foram feitas ao chamado homenzinho. Mas, afinal, a derrisão não basta. Essa figura que Sartre nos apresenta, ela traz, ela faz ressoar algo no inconsciente. O quê? Ora, meu Deus, nada além do desejado engolfamento do corpo inteiro no seio da terra-mãe, cujo sentido Freud denuncia como convém, ao dizer textualmente, no fim de um dos capítulos de *Hemmung*,

Symptom und Angst, que o retorno ao seio materno é uma fantasia de impotente. É por isso mesmo que o órfão tutelado que Sartre se empenha em superproteger dentro do homem, e o qual, ao longo de toda a sua obra, ele incita a partilhar da simples seiva da vida, permite-se ser o falo, recaindo a ênfase, nesse caso, no ser.

Vocês podem ver o falo em questão encarnar-se numa imagem que está ao alcance de sua investigação: a que se encerra nas válvulas desses bichinhos que chamamos de lingüeirões ou navalhas. De vez em quando, eles se põem a nos espichar a língua de repente, na sopeira em que pomos sua coleta, coleta esta que é feita como a dos aspargos, com um canivete comprido e um pedaço simples de arame em forma de gancho, que se enfia na areia. Não sei se todos já viram essas línguas saírem dos lingüeirões, como num opistótono, mas, se falta isso na experiência de vocês, trata-se de um espetáculo único, que convém vocês se proporcionarem e cuja relação me parece evidente com a fantasia em que Sartre insiste em *A náusea* — a de ver essas línguas dardejarem bruscamente de uma muralha ou de outra superfície, o que se inscreve na temática do rechaço da imagem do mundo para uma facticidade insondável.

Ora, e daí? — podemos perguntar-nos. Já que, afinal de contas, a questão é exorcizar o cosmo, depois de solapar os termos fundamentais da teologia, sendo a cosmologia considerada da mesma natureza, eu diria que esse uso curioso das línguas não me parece ser o caminho certo. Entretanto, muito mais do que julgá-lo, como há pouco, essencialmente (*wesentlich*) duplicado — e eu gostaria de poder sonorizar-lhes a palavra em muitas outras línguas mais —, encontro-me aqui diante de um certo babelismo, do qual, se me espicaçarem, acabarão fazendo um dos pontos-chave daquilo de que tenho que me defender.

Seja como for, esta referência lhes indica por que minha própria experiência não é igual à daquilo que vemos, quando somos pequenos, na praia, isto é, ali onde não se pode cavar um buraco sem que a água se avolume nele. Pois bem, vamos admitir, há uma irritação que também se avoluma, só que em mim, diante da marcha oblíqua do caranguejo, sempre pronto a esconder sua intenção de nos beliscar os dedos. É muito hábil o caranguejo. Vocês podem dar-lhe cartas para embaralhar — o que é muito menos difícil do que abrir um mexilhão, coisa que o caranguejo faz todos os dias —; pois bem, mesmo que haja apenas duas cartas, ele continuará tentando embaralhá-las.

Assim, há quem nos diga, por exemplo, que o real é sempre pleno. Isso faz efeito, soa com um arzinho que dá crédito à coisa, um arzinho daqui, de um lacanismo de boa cepa. Quem pode falar do real desse jeito senão eu? O chato é que eu nunca disse isso. O real fervilha de ocos, pode-se até fazer dele o vazio. O que digo é totalmente diferente. É que ao real não falta nada.

Acrescentei que, quando se fazem potes, ainda que sejam todos iguais, com certeza esses potes serão diferentes. Aliás, é incrível que, sob o nome de princípio de individuação, isso ainda crie tanta dificuldade para o pensamento clássico. Vejam onde as pessoas ainda estão, nesse campo. Estão no nível de Bertrand Russell, a mobilizar o tempo e o espaço inteiros para sustentar a distinção entre os indivíduos. Admitam que isso é uma piada.

Minha história dos potes continua. O momento seguinte é que a identidade deles, ou seja, o que há de substituível entre os potes, é o vazio em torno do qual cada um se constrói. E o terceiro tempo é que a ação humana começa quando esse vazio é barrado, para ser preenchido com o que criará o vazio do pote ao lado, ou seja, ela começa quando estar meio cheio é a mesma coisa, para um pote, que estar meio vazio — o que pressupõe que o pote não vaze por todos os lados.

Em todas as culturas, podemos ter certeza de que uma civilização já está completa e instalada quando encontramos as primeiras peças de cerâmica. Às vezes, em minha casa de campo, contemplo uma belíssima coleção de vasos que tenho. É patente que, para aquelas pessoas, em sua época, como atestam muitas outras culturas, esse era seu bem principal. Mesmo que não saibamos ler o que está pintado, magnífica e luxuosamente, em suas paredes, mesmo que não possamos traduzi-lo numa linguagem articulada de ritos e mitos, há uma coisa que sabemos: é que no vaso há tudo. O vaso basta; a relação do homem com o objeto e com o desejo está inteira nele, sensível e sobrevivente.

É justamente isso que legitima o famoso pote de mostarda que, no passado, fez meus colegas rangerem os dentes durante mais de um ano, a tal ponto que eu, sempre gentil, acabei por recolocá-lo na prateleira dos potes de cola. No entanto, ele tinha serventia para mim. Servia-me de exemplo, na medida em que, à mesa, coisa impressionante, o pote de mostarda está sempre vazio, como vocês sabem por experiência.

Nunca há mostarda, a não ser quando se perdem as estribeiras.*

---

*Lacan faz aqui um trocadilho entre a mostarda como condimento e a expressão idiomática *monter la moutarde au nez (de quelqu'un)*, que significa perder a paciência, ser tomado de cólera etc. (N.T.)

Ao contrário do que se supõe, não sou nada rigoroso quanto ao uso dos potes. Digo isto porque, recentemente, levantou-se para nós um problema dessa ordem. Piera Aulagnier, que é um espírito firme, como sabem sê-lo as mulheres, e sabe até que é isso que lhe traz prejuízos, sabe muito bem que é lícito pôr o rótulo *compota de groselha* num pote que contém ruibarbo. Basta saber a quem se quer purgar por meio disso e aguardar, para colher do sujeito o que se quiser.

De qualquer modo, quando lhes trago aqui baterias de potes finamente acabados, não pensem que isso jamais se dá sem que a quebradeira implique um custo. Também eu, nos velhos tempos, fiz discursos inteiros em que a ação, o pensamento e a fala entravam na dança, de maneira a ter um cheiro de simetria. Pois bem, foi tudo para o lixo.

Quando escrevo *impedimento* no alto da coluna que contém o *acting out*, e *embaraço* no alto da coluna ao lado, que contém a passagem ao ato, se você quiser, Piera, distinguir o caso de *acting out* que observou, e observou muito bem, se quiser distingui-lo para que ele seja o que você chama de *transferência atuada* — o que é uma idéia distinta, é claro, que é sua e merece discussão —, nem por isso deixa de ser a meu quadro que você faz referência, já que invoca nesse texto o *embaraço* em que estaria seu sujeito. Como esse termo quase não é empregado fora daqui, foi aqui que você o notou.

Fica patente no caso clínico que o doente foi impedido pelo obstetra de assistir à saída de seu rebento das portas maternas, e que foi a efusão de ser incapaz de superar um novo impedimento dessa natureza que o precipitou a lançar na angústia os guardiães da ordem, através da reivindicação por escrito do direito paterno ao que chamarei de hilofagia, para deixar clara a idéia representada pela imagem da devoração de Saturno. Esse senhor, de fato, apresenta-se na delegacia para dizer que nada na lei o impede de comer seu bebê que acaba de morrer. Ao contrário, é visivelmente o embaraço em que ele é lançado pela calma em que se mantém na ocasião o delegado, que não nasceu ontem, bem como o choque da efusão que ele queria provocar, que o faz passar ao ato, a atos que são a conta de levá-lo a ser preso.

Então, não reconhecer — quando é claro que você percebe — que eu não podia encontrar caso clínico mais bonito para explicar o que você sabe, o que entende perfeitamente, aquilo em que pôs o dedo, é, de certo modo, trair a si mesma.

Isso, que obviamente não pode ser censurado em ninguém, quando se trata do manejo de coisas como essas, recém-saídas do forno, autoriza-me, de qualquer modo, a lembrar que meu trabalho, o meu, só tem interesse se for empregado como convém, isto é, não como em geral se adquiriu o hábito, o mau hábito de fazê-lo no ensino — isto não se dirige a você, Piera —, a respeito de idéias que são agrupadas numa espécie de coleta de coisas dispersas, unicamente para fins decorativos.

Feito este lembrete, a fim de lhes indicar o que lhes dá um certo direito de zelar pelo que lhes trago, e que escolhi para vocês com tanto cuidado, retomo minhas colocações.

2

O que pretendo dizer agora quanto à relação da mulher com o gozo e o desejo, também tentarei fazer com que vocês o percebam mediante uma de minhas observações.

Eis que uma mulher um dia me disse que seu marido, cujas insistências, digamos, eram um alicerce do casamento, largou-a por um tempo meio longo demais para que ela não o percebesse. Dada a maneira como essa mulher sempre acolhia o que sentia como mais ou menos canhestro da parte dele, isso mais deveria ser-lhe um alívio. Foi então que ela me soltou uma frase que extrairei de seu monólogo, confiando em que vocês não se precipitem de imediato em saborear nela uma ironia que me seria atribuída de forma totalmente indevida. Ela se expressou assim: *Não importa que ele me deseje, desde que não deseje outras.*

Eu não chegaria a dizer que essa seja uma posição comum nem regular. Só pode adquirir valor a partir da seqüência da constelação, tal como esta se desenrolou nas associações que constituíram o monólogo da paciente.

Pois eis que ela falou de seu próprio estado. Falou dele — uma vez não chega a constituir hábito — com uma precisão singular, a qual evidenciou que a tumescência não é privilégio do homem. Essa mulher, que tem uma sexualidade normal, atestou o que lhe acontece quando, estando ao volante, por exemplo, surge o alerta de um movimento que a faz monologar algo assim como *Meu Deus, um carro!* Pois bem, inexplicavelmente, ela se apercebe então da existência de uma inchação vaginal. Foi isso que a impressionou nesse dia, e ela observou que, em certos períodos, esse fenômeno era uma reação ao surgimento, em seu campo, de um objeto qualquer, totalmente estranho, ao que parece, ao espaço sexual. Esse estado, que não era desagradável, no dizer dela, porém mais da natureza de um estorvo, cedia por si só.

"A propósito, e me aborrece emendar no que vou lhe dizer", prosseguiu ela, "porque isso não tem nenhuma relação, é claro", ela me disse que todas as suas iniciativas me eram dedicadas, a mim, seu analista. *Não posso dizer que sejam dedicadas*, acrescentou, *o que significaria fazê-las com um certo objetivo, mas não; um objeto qualquer me obriga a invocá-lo como testemunha, não é nem mesmo para ter a sua aprovação do que vejo; não, é simplesmente o olhar; e, ao dizer isso, chego até a me adiantar um pouco demais; digamos que esse olhar me ajuda a fazer com que cada coisa ganhe sentido.*

Nisso, veio a evocação irônica do encontro, numa data juvenil de sua vida, com o famoso título da peça de Steve Passeur, *Viverei um grande amor*. Teria ela conhecido essa referência em outros momentos de sua vida? Essa pergunta a fez reportar-se ao começo de sua vida de casada e, em seguida, a recuar ainda mais e dar um testemunho sobre o que fora, na verdade, o seu primeiro amor, aquele que não se esquece. Tratava-se de um estudante de quem ela logo fora separada, mas com quem se mantivera em correspondência, no sentido pleno do termo. E tudo o que lhe escrevia, no dizer dela, era realmente — cito suas palavras — *um tecido de mentiras. Eu criava fio a fio um personagem, aquele que eu desejava ser aos olhos dele, e que não era de jeito nenhum. Receio que isso tenha sido uma iniciativa puramente romanesca, e que persegui da maneira mais obstinada, envolvendo-me numa espécie de casulo.* E acrescentou, com toda gentileza: *Sabe, ele teve dificuldade para se recuperar disso.*

Ela voltou então ao que fazia especialmente para mim: *É exatamente o inverso do que me esforço por ser aqui. Esforço-me por ser sempre verdadeira com o senhor. Não escrevo um romance quando estou com o senhor; escrevo-o quando não estou.* E recomeçou a tecelagem, sempre fio a fio, da dedicatória de cada gesto, que não era forçosamente um gesto tido como agradável para mim, nem com o qual eu forçosamente concordasse. Não me digam que ela estava forçando seu talento. Afinal, o que ela queria não era tanto que eu a olhasse, mas que meu olhar substituísse o seu. *É pela sua ajuda que eu clamo. O olhar, o meu, não é suficiente para captar tudo o que tem que ser absorvido de fora. Não se trata de o senhor me olhar enquanto eu faço alguma coisa, trata-se de fazer por mim.*

Ponho fim a esta leitura, embora ainda tenha uma página inteira dela. Quero apenas extrair a única palavra de mau gosto que aparece ali: *Sou telecomandada*, disse ela. Isso não exprime metáfora alguma, não há nenhum sentimento de influência, podem crer. Destaco essa formulação apenas porque vocês podem tê-la lido nos jornais, a propósito do esquerdista que, depois de ter-se envolvido num pretenso atentado, julgou ter que dar-nos o exemplo imortal de que, na política, a esquerda, na verdade, é sempre teleguiada pela direita. Aliás, é assim mesmo que se pode estabelecer uma relação estreitamente paritária entre essas duas facções.

Pois bem, a que nos leva tudo isso? Ao vaso. Será que o vaso feminino está vazio ou está cheio? Não importa, uma vez que ele se basta, mesmo que seja para *se consumir burramente*, como se expressa minha paciente. Não lhe falta nada. A presença do objeto encontra-se ali, por assim dizer, de quebra. Por quê? Porque essa presença não está ligada à falta do objeto causa do desejo, ao (- φ) a que está ligada no homem.

A angústia do homem liga-se à possibilidade do não poder. Daí o mito, bastante masculino, que faz da mulher o equivalente de uma de suas costelas. Essa costela lhe foi retirada, não se sabe qual, e, por outro lado, não lhe falta nenhuma. Mas está claro que, no mito da costela, trata-se justamente desse objeto perdido. A mulher, para o homem, é um objeto feito disso.

A angústia também existe na mulher. Kierkegaard, que devia ter algo da natureza de Tirésias, provavelmente mais do que eu, pois faço questão de meus olhos, diz até que a mulher está mais exposta à angústia que o homem. Devemos acreditar nisso? Na verdade, o que nos importa é apreender a ligação da mulher com as possibilidades infinitas, ou melhor, indeterminadas do desejo, no campo que se estende ao redor dela.

Ela tenta a si mesma tentando o Outro, coisa em que o mito também nos servirá aqui. Como mostra o complemento do mito de agora há pouco, a famosa história da maçã, qualquer coisa lhe serve para tentá-lo, qualquer objeto, mesmo supérfluo para ela, porque, afinal, o que tinha ela de fazer com essa maçã? Não mais do que faria um peixe. Mas ocorre que essa maçã já é o suficiente para que ela, peixinho, fisgue o pescador com a linha. É o desejo do Outro que lhe interessa.

Para enfatizar um pouco mais, eu diria que o desejo é uma coisa mercantil, que há uma cotação do desejo que fazemos subir e baixar culturalmente, e que é do preço atribuído ao desejo no mercado que dependem, a cada momento, o modo e o nível do amor. O amor, sendo ele próprio um *valor*, como dizem muito bem os filósofos, é feito da idealização do desejo. Digo "idealização" porque não é como um desejo enfermo que nossa paciente de há pouco falava do desejo de seu marido. Que ela faça questão deste, isso é o amor. Que não faça muita questão de que ele o manifeste não é obrigatório, mas é da ordem das coisas.

A propósito do gozo da mulher, que justifica que se concentre nela toda sorte de atenções por parte do parceiro, e que ela sabe muito bem conseguir, a experiência nos ensina que a impotência do parceiro pode ser muito bem aceita, assim como seus deslizes técnicos, uma vez que a coisa se manifesta igualmente por ocasião do fiasco, como observou Stendhal. Nos casos em que essa impotência é duradoura, se, vez por outra, passado um certo tempo, vemos a mulher recorrer a uma ajuda tida como mais eficaz, parece que isso ocorre mais por uma espécie de pudor, para que não se diga que essa ajuda lhe foi recusada, seja a que título for.

Se vocês estiverem lembrados de minhas formulações da última vez sobre o masoquismo, que se destinam, como verão, a devolver ao masoquismo — seja o masoquismo do perverso, o masoquismo moral ou o masoquismo feminino — sua unidade, que de outro modo seria inapreensível, se estiverem lembrados do que assinalei sobre a ocultação, pelo gozo do Outro, ou pelo gozo aparentemente alegado do Outro, de uma angústia que se trata de despertar, incontestavelmente, vocês verão que o masoquismo feminino adquire um sentido totalmente diverso, bastante irônico, e um alcance inteiramente diferente.

Ele só é captado quando se apreende bem que, em princípio, é preciso postular que o masoquismo feminino é uma fantasia masculina.

Segundo ponto. Nessa fantasia, e em relação com a estrutura masoquista imaginada na mulher, é por procuração que o homem faz com que seu gozo seja sustentado por algo que é sua própria angústia. É isso que o objeto encobre. No homem, o objeto é a condição do desejo. O gozo depende dessa questão. Ora, o desejo, por sua vez, só faz encobrir a angústia. Portanto, vocês percebem a margem que lhe resta percorrer para ficar ao alcance do gozo.

Para a mulher, o desejo do Outro é o meio para que seu gozo tenha um objeto, digamos, conveniente. Sua angústia se dá apenas diante do desejo do Outro, que, afinal de contas, ela não sabe muito bem o que encobre. Para ir mais longe em minhas formulações, direi que, no reino do homem, há sempre a presença de alguma impostura. No da mulher, se existe algo correspondente a isso, trata-se da farsa — como já dissemos, no devido tempo, com referência a um artigo de Joan Riviere, mas isso é outra coisa inteiramente diversa.

De modo geral, a mulher é muito mais real e muito mais verdadeira que o homem, no sentido de que sabe o valor da medida daquilo com que lida no desejo, passa por isso com enorme tranqüilidade e mostra, se assim posso dizer, um certo desprezo por sua equivocação, luxo este que o homem não se pode oferecer. Ele não pode desprezar a equivocação do desejo, porque prezar é sua qualidade de homem.*

Deixar que se veja seu desejo pela mulher, evidentemente, às vezes é angustiante. Por quê? Peço-lhes de passagem que observem a distinção da dimensão do deixar ver em relação ao par voyeurismo/exibicionismo. Não há apenas o mostrar e o ver; há o deixar ver para a mulher, cujo perigo provém, quando muito, da farsa. O que há para deixar ver, na mulher, é o que existe, é claro. Se não existe muita coisa, isso é angustiante, mas continua a ser algo que existe, ao passo que, para o homem, deixar que se veja seu desejo é, essencialmente, deixar ver o que não existe.

Assim, vejam bem, não pensem que essa situação, cuja demonstração pode parecer-lhes bastante complexa, deva por isso ser tomada como tão desesperadora. Se ela certamente não lhes apresenta isso como algo fácil, porventura vocês podem ignorar o acesso que ela providencia para o homem?

A verdade, porém, é que tudo isso é muito manejável, quando daí só se espera a felicidade.

Sendo conclusiva esta observação, entramos agora no exemplo do qual, em síntese, encontro-me em condições de fazer com que vocês se beneficiem, pelo obséquio que todos devemos a Granoff, por havê-lo introduzido aqui.

3

Para compreender o que Lucia Tower nos diz em seu artigo a propósito dos dois homens que teve em mãos, creio não poder encontrar um preâmbulo melhor, como lhes disse, do que a imagem de Don Juan.

---

* Não há como preservar na tradução o jogo de palavras lacaniano, nessa frase, entre *mépriser, méprise e priser*. "*Il ne peut pas mépriser la méprise du désir, parce que c'est sa qualité d'homme de priser.*" (N. T.)

Reconsiderei muito essa questão para vocês nos últimos tempos. Não posso fazê-los percorrerem novamente seus labirintos. Leiam o execrável livro de Rank chamado *Die Don Juan Gestalt.* Uma gata não conseguiria encontrar seus filhotes naquela confusão, mas, se vocês dispuserem do fio que lhes darei, a coisa lhes parecerá muito mais clara. Don Juan é um sonho feminino.

O que se faria necessário, no caso, seria um homem que fosse perfeitamente igual a si mesmo, como a mulher pode gabar-se de ser, de certa maneira, em relação ao homem. Don Juan é um homem a quem não faltaria nada. Isso é perfeitamente sensível no termo a que terei de voltar a propósito da estrutura geral do masoquismo. Tem quase um jeito de embuste apontar a relação de Don Juan com a imagem do pai como não castrado. O que talvez o seja é assinalar que essa é uma pura imagem feminina. Essa relação é perfeitamente legível no que vocês poderão encontrar no labirinto e no desvio de Rank. Se conseguirmos ligá-lo a um certo estado dos mitos e dos ritos, veremos que Don Juan representaria, como nos diz Rank — e nisso ele é guiado por seu faro —, aquele que, em épocas passadas, era capaz de dar a alma, sem por isso perder a sua. A famosa prática do direito de senhor,* assim como a existência, que vocês sabem ser mítica, do padre deflorador da primeira noite, seriam fundamentadas nisso. Mas Don Juan é uma bela história, que funciona e surte efeito até para os que não conhecem todas essas gentilezas. Certamente, elas não estão ausentes do canto mozartiano, encontrando-se mais do lado das *Bodas de Fígaro* que do *Don Giovanni.*

A marca sensível do que lhes exponho a respeito de Don Juan é que a relação complexa do homem com seu objeto é apagada para ele, mas ao preço de ele aceitar sua impostura radical. O prestígio de Don Juan está ligado à aceitação dessa impostura. Ele está sempre ali no lugar de um outro. É, por assim dizer, o objeto absoluto.

Observem que não se diz, de modo algum, que ele inspira o desejo. Se ele se infiltra na cama das mulheres, chega ali sem que se saiba como. Podemos até dizer que ele também não o tem. Relaciona-se com alguma coisa diante da qual cumpre uma certa função. Esse algo, chamem-no de *odore di femmina*, e isso nos levará longe. Mas o desejo

---

* Nos termos do *droit de cuissage*, o senhor feudal tinha o direito de pôr a perna na cama da esposa recém-casada de um servo, ou, em alguns locais, de exigir que esta passasse a noite de núpcias com ele. (N.T.)

entra tão pouco nessa história que, quando passa o *odore di femmina*, Don Juan é capaz de não perceber que é Dona Elvira, ou seja, aquela de quem ele se fartou ao máximo, que acaba de atravessar o palco.

Cabe dizer que esse não é um personagem angustiante para a mulher. Quando sucede à mulher sentir-se realmente como o objeto que está no centro de um desejo, pois bem, acreditem, é aí que ela foge de verdade.

Agora entraremos, se possível, na história de Lucia Tower.

Ela tem dois homens — em análise, quero dizer. Como afirma, sempre terá com eles relações muito satisfatórias em termos humanos. Não me façam dizer que a história é simples, nem que eles não se agüentam por um bom tempo. Ambos são casos de neurose de angústia. Pelo menos, tudo bem examinado, é nesse diagnóstico que ela se detém. Esses dois homens tiveram, como convém, algumas dificuldades com a mãe e com *female siblings*, o que quer dizer "irmãs", porém situadas numa equivalência com os irmãos. Agora, os dois acham-se intimamente ligados a mulheres que escolheram, a rigor, segundo nos é dito, para poder exercer nelas um certo número de tendências agressivas e outras, e para com isso se protegerem de um pendor — Deus meu, analiticamente incontestável — para o sexo oposto. *Com esses dois homens*, diz-nos Lucia Tower, *eu estava perfeitamente a par do que acontecia com suas mulheres e, especificamente*, diz ela, *de que eles eram submissos demais, pouco hostis demais e, em certo sentido,* devotious [dedicados] *demais, e de que as duas mulheres* — assim nos diz Tower, que entra em cheio na apreciação desse ponto de vista, com grande minúcia — *sentiam-se frustradas com essa falta de uma* sufficiently uninhibited masculine assertiveness, *de uma assertividade masculina suficientemente desinibida.* Em outras palavras, os homens não fazem de conta o bastante. Com isso entramos no cerne da questão: ela tem uma idéia sobre o assunto.

Quanto a Lucia Tower, é claro, sem saber o risco que isso traz de fazê-la cair numa cilada, ela mesma sente-se muito *protective* [protetora], um pouco *protective* demais, embora de um modo diferente, segundo nos diz. No caso do primeiro homem, ela protege um tantinho demais sua mulher. No caso do segundo, protege um pouquinho demais a ele. O que a tranqüiliza é que ela se sente muito mais atraída pelo segundo, e isso porque o primeiro, em todo caso, tem certos *psychosexual problems* que não são muito atraentes. Afinal, é preciso ler as coisas em sua inocência e seu frescor. Mas o primeiro se manifesta de uma maneira que não se distingue muito da do outro.

Ambos a cansam com seus resmungos, suas pausas na fala, sua *circumstantiality* — o que significa que eles lhe contam em detalhe uma porção de coisas sem importância —, sua maneira de se repetir e suas minúcias. Mas, enfim, ela é analista, e o que observa no primeiro é sua tendência a atacá-la em sua potência de analista. Quanto ao segundo, mais do que destruí-la como frustrante, trata-se de buscar nela um objeto. A esse respeito, ela comenta que talvez isso seja porque o segundo é mais narcisista. Na verdade, como podem observar os que têm um pouco de cultura, isso não combina com as outras referências que podemos ter acerca do narcisismo. Por outro lado, o que está em jogo aí é menos o narcisismo, no que concerne ao paciente, do que aquilo que chamamos de vertente anaclítica, como ela mesma verá em seguida.

Por mais longo e fastidioso que seja o caminho percorrido com um e com outro, sem que nada manifeste a eficácia da análise da transferência, ainda assim resta em Lucia Tower, de tudo isso, algo que nada tem de intrinsecamente desagradável, e as respostas contratransferenciais que ela percebe como suas não ultrapassam, de modo algum, o limite do razoável, limite além do qual se exporia a se perder qualquer analista feminina que, com personagens dessa ordem, não se mantivesse em guarda. Ela se mantém, e de modo muito especial.

De modo muito especial, em se tratando de seu primeiro paciente, ela atenta para o que acontece do lado da mulher deste. Zela por essa mulher de forma um pouco mais precisa, talvez. Ao saber que a esposa teve um pequeno acidente psicossomático, diz a si mesma que isso não é ruim, pois temia que essa mulher derivasse um pouco para a psicose, mas aí está uma angústia bem fixada.

Depois, ela não pensa mais nisso e a mesma situação prossegue. Por mais que se analise tudo o que acontece na transferência, e portanto, inclusive o uso que o paciente, o primeiro, pode fazer na análise de seus conflitos com a mulher a fim de obter uma atenção ainda maior de sua analista e as compensações que nunca encontrou junto a sua mãe, a coisa continua a não avançar.

O que desencadeia o movimento e faz as coisas caminharem? Um sonho, diz-nos Tower, que se passa com ela, a analista, e por meio do qual ela percebe que talvez não seja tão certo que as coisas venham correndo muito mal do lado dessa esposa.

No sonho, essa mulher acolhe a analista extremamente bem, mostra-lhe de todas as maneiras que não tem nenhuma intenção de sabotar a análise do marido, o que até então fazia parte dos pressupostos da história, e que está inteiramente pronta, portanto, para se colocar junto à analista do marido numa disposição que chamaremos, para traduzir o clima do sonho, de cooperativa. Isso deixa nossa analista com a pulga atrás da orelha. Ela compreende que alguma coisa precisa ser inteiramente revista em sua concepção do paciente, que esse sujeito realmente procura, em seu casamento, fazer o que é preciso para deixar sua mulher mais à vontade, ou seja, que o desejo do homenzinho não está tão à deriva assim, que o rapazinho se leva a sério, afinal, e que há meios de cuidar dele. Em outras palavras, ele é capaz de entrar no jogo, de se tomar por um homem, coisa cuja dignidade lhe era recusada até então.

Ao fazer essa descoberta, ao re-situar o eixo de sua relação com o desejo do paciente, ao perceber que, até então, havia desconhecido em que pé as coisas se situavam, Lucia Tower pode realmente fazer com ele uma revisão de tudo o que se encenara com ela no engodo até ali; as próprias reivindicações transferenciais revelam ter sido uma impostura e, a partir desse momento, segundo ela nos diz, tudo muda.

Mas tudo muda como, e em que sentido?

É preciso lê-la para compreender que é a partir desse momento que a análise torna-se particularmente dura de suportar, para ela. Tudo se passa, no dizer de Tower, em meio a uma tempestade de movimentos depressivos e raivas escancaradas, "como se ele me pusesse à prova, a mim, analista, em todos os meus menores pedacinhos". "Se um instante de desatenção", diz-nos ela, "fizesse com que um desses pedacinhos não soasse verdadeiro, com que um deles soasse falso, eu tinha a sensação de que meu paciente se desfaria inteiramente em pedaços." Mesmo que não veja tudo, ela sabe nomear do que se trata: é, segundo nos diz, um sadismo fálico revestido de uma linguagem oral.

O que nos retém aqui? Duas coisas.

Em primeiro lugar, os próprios termos empregados confirmam o que lhes apontei como sendo a natureza do sadismo, a saber, que a busca sádica visa o objeto e, no objeto, o pedacinho que falta. Uma vez reconhecida a verdade de seu desejo, é realmente de uma busca do objeto que se trata na maneira como se comporta o paciente, cujas anomalias apontadas como pouco atraentes são, com certeza, de ordem sádica.

Em segundo lugar, de modo algum é ser masoquista colocar-se na linha por onde passa a busca do objeto sádico. Nossa Lucia Tower não se acusa de nada parecido, e também não temos nenhuma necessidade de lhe imputar isso. Ela simplesmente atrai para si uma tempestade, e por parte de um personagem com quem realmente só passou a se relacionar, na transferência, a partir do momento em que o desejo dela foi implicado, como Tower sublinha com uma coragem especial, e na função em que ela mesma fica numa posição de rivalidade terceira com personagens de sua própria história. Portanto, ela suporta as conseqüências desse desejo a ponto de experimentar o que os analistas englobam sob o nome de *carry-over*, que significa *transporte*, e que designa o fenômeno em que os efeitos da contratransferência são mais manifestos. É quando se continua a pensar num paciente quando se está com outro.

E, no entanto, diz ela, quando eu quase havia chegado ao cabo de minhas forças, tudo isso desapareceu da maneira mais divertida, *amusingly*, e súbita. Ao sair em férias numa de suas pausas anuais, ela percebe que desse assunto não lhe resta nada. Essa história não lhe interessa de modo algum. Ela está, verdadeiramente, na posição mítica do mais livre e mais volátil Don Juan, ao sair do quarto onde acaba de fazer das suas.

Uma vez consumada essa cisão, esse descolamento, ela recupera sua eficácia, sua adaptação ao caso e, por assim dizer, a nudez implacável de seu olhar. Foi preciso que tirasse a medida de sua relação com o desejo e percebesse que, por mais complexo que se possa supô-lo — pois ela indica com clareza que também tem seus problemas —, isso nunca é, afinal de contas, senão algo de que ela pode manter distância.

É nesse ponto que continuarei da próxima vez.

20 de março de 1963

XV

COISA DE MACHO

Lucia Tower e a comédia edipiana
O que falta, coisa de macho
O que é ridiculamente chamado de perversão
Um vaso sem interior, nem exterior
A circuncisão, uma instituição

Então, recomecemos pelo essencial.

Vou fazer-lhes uma pergunta coletiva. Aqueles que, em razão das férias escolares, acharem que não poderão estar em nosso encontro da próxima quarta-feira, levantem a mão.

Muito bem. Então, não haverá Seminário na próxima quarta-feira, nem na seguinte, a chamada semana de Ramos, nem na outra, a chamada semana da Páscoa. Logo, recomeçaremos na quarta-feira da chamada semana de Quasímodo, ou seja, em 24 de abril.

1

Retomo as coisas por nossa Lucia Tower, que me ocorreu tomar como exemplo, por uma certa vertente do que chamarei de facilidades da posição feminina quanto à relação com o desejo.

O termo "facilidades" tem aqui um alcance ambíguo. Digamos que uma implicação ínfima nas dificuldades do desejo permitiu-lhe raciocinar, na posição psicanalítica, se não de maneira mais sadia, ao menos mais livremente, em seu artigo, o citado artigo sobre a contratransferência.

Por efeito do que ela chama ali, muito saudavelmente, de sua contratransferência, e que chamarei de sua autocrítica interna, ela percebeu que havia negligenciado algo do que poderíamos chamar de justa apreciação ou centração do desejo de seu paciente. Ela não nos informa propriamente o que lhe disse nesse momento, diz-nos apenas que voltou mais uma vez às exigências transferenciais do paciente, mas, dessa feita, explicitando-lhe as coisas.

Ora, ao fazê-lo, ela só pode ter-lhe dado a impressão de que era sensível àquilo que ela mesma acabara de descobrir — a saber, que o paciente se ocupava muito mais de sua mulher, que era mais cuidadoso com o que acontecia no interior do círculo conjugal do que ela havia suspeitado — e o paciente só pode ter traduzido essa retificação, ao que parece, nos seguintes termos: seu desejo, o dele, paciente, era muito menos desprovido de influência sobre sua analista do que ele supunha, e não era impossível que ele curve essa mulher, que era sua analista, até certo ponto, dobrá-la a seu desejo — em inglês, *to stoop*, curvar-se; *She stoops to conquer* é o título de uma comédia de Sheridan. Pelo menos, isso é o que nos relata Lucia Tower em seus próprios termos, e só podemos fiar-nos nela.

Tower destaca, igualmente, que nem por um instante a produção disso entrou em cogitação. Quanto a esse aspecto, ela está mais do que suficientemente precavida, sabe *ware it off*, não é nenhum bebezinho — aliás, quando é que uma mulher é um bebê? Mas a questão não é essa. Através dessa retificação, que lhe parece ser uma concessão, uma abertura feita a ele, o desejo do analisado é realmente reposto em seu lugar. Ora, a questão toda é que esse lugar, ele nunca pôde encontrá-lo. Essa é sua neurose de angústia.

O que Tower encontra nesse momento no paciente, como dissemos da última vez, é um surto. Não seria inoportuno eu voltar um pouquinho a isso, talvez.

O tal surto a coloca sob pressão. Ela é *scrutinized*, perscrutada, minuciosamente examinada, como se diz em inglês, o que lhe dá a sensação de que não pode permitir-se o menor desvio. Fui posta à prova, diz ela, pedacinho por pedacinho, e se, por um só instante, eu parecesse não estar em condições de responder, pois bem, meu paciente é que se desfaria em mil pedaços.

Que significa isso senão que, havendo procurado o desejo do homem, o que ela encontrou nele como resposta não foi a procura do desejo dela, mas a procura de *a*, do objeto, do objeto verdadeiro, daquilo de que se trata no desejo, que não é o Outro, mas esse resto, o *a*? Foi o que ela mesma chamou de *ter mais masoquismo do que eu supunha.*

Digo-lhes isto porque ela o escreveu. Entendam bem que está enganada. Ela não foi feita, em absoluto, para entrar no diálogo masoquista. Sua relação com o Outro, o Outro paciente, o Outro masculino — que ela deixa escapar muito bem, vocês verão —, demonstra-o de maneira suficiente.

Ela agüenta muito bem o tranco, embora isso seja desgastante. Só que não está agüentando mais quando se aproximam suas férias. Felizmente, as férias chegam e, de um modo que é para ela *amusingly sudden* — tão surpreendente quanto divertido em sua subitaneidade —, Lucia Tower percebe que, afinal, nada daquilo dura muito, a partir do momento em que as sessões são suspensas. Ela sacode a poeira e pensa em outra coisa.

Por quê? É que ela sabe muito bem que, por mais que o paciente procure, nunca se cogitou de que encontrasse. É justamente disso que se trata: de que ele perceba que não há nada a encontrar, porque aquilo que, para o homem, para o desejo masculino, é o objeto da busca, só diz respeito, se posso expressar-me dessa maneira, a ele.

É esse o objeto de minha lição de hoje. O que ele procura é o (- φ), aquilo que falta a ela — mas isso é coisa de macho.

Já ela, ela sabe muito bem — permitam-me dizê-lo, e não se entusiasmem – que não lhe falta nada. Ou melhor, que o modo como atua a falta no desenvolvimento feminino não se articula no nível em que ela é procurada pelo desejo do homem, quando se trata propriamente, para ele, da busca sádica que acentuei inicialmente aqui este ano, que consiste em fazer brotar o que deve existir no parceiro no suposto lugar da falta.

É disso que ele precisa fazer o luto. Tower articula muito bem, no texto, que o que eles fazem juntos é o trabalho do luto. Ele tem que fazer o luto de encontrar em sua parceira — na medida em que ela mesma se colocou como uma parceira feminina, sem saber muito bem o que estava fazendo — sua própria falta, (- φ), a castração primária, fundamental no homem, tal como a apontei a vocês no nível de sua raiz biológica, das particularidades do instrumento de copulação nesse nível da escala animal.

Uma vez que ele tenha feito esse luto, tudo correrá bem, diz-nos Lucia Tower. Que significa isso, senão que poderemos entrar com esse homenzinho, que nunca atingira esse nível até então, no que vocês me permitirão chamar, no caso, de comédia edipiana? Poderemos começar a nos divertir — *Foi papai quem fez isso tudo.*

É disso que se trata, como sabemos há muito tempo; lembrem-se de Jones e da *moralisches Entgegenkommen*, da gentileza com a intervenção moral. Se ele é castrado, é por causa da lei. Encenaremos a comédia da lei. Ficamos muito mais à vontade nela, que é bem conhecida, bem situada. Em suma, eis que o desejo de nosso homenzinho envereda pelos caminhos inteiramente traçados pela lei, demonstrando, mais uma vez, que a norma do desejo e a lei são uma única e mesma coisa.

Será que deixei isso claro o bastante para dar o passo seguinte?

Ah, não o bastante, porque não falei da diferença entre o que havia antes e o que é liberado como etapa graças a esse luto.

Pois bem, o que havia antes era a falha. Ele se curvava sob o fardo, sob o peso de seu $(-\varphi)$. Era *desmedidamente pecador* — lembrem-se da utilização que fiz, em certa época, dessa passagem de são Paulo.

Assim, dou o passo a mais.

2

A mulher não tem nenhuma dificuldade e, até certo ponto, não corre nenhum risco ao investigar o que acontece com o desejo do homem.

Não posso fazer menos do que lembrar-lhes, nesta ocasião, a célebre passagem, que citei há muito tempo, do texto atribuído a Salomão. Forneço-a a vocês em latim, língua em que ela adquire todo o seu sabor: *Tria sunt difficilia mihi*, diz ele, o rei da sabedoria, *et quartum penitus ignoro* — há quatro coisas sobre as quais nada posso dizer, porque não resta nenhum vestígio delas —, *viam aquilae in caelo*, o sulco da águia no céu, a da serpente na terra, a do navio no mar, e *viam viri in adulescentula*, e o vestígio do homem na menina. Nenhum vestígio.

Trata-se aí do desejo, e não do que advém quando é o objeto como tal que se faz valer. Logo, isso deixa de lado os efeitos de muitas coisas na *adulescentula*, a começar pelo exibicionismo e, por trás dele, a cena primária. É de outra coisa que se trata.

Então, por onde tomar as coisas para conceber o que acontece, na mulher, com essa coisa de que suspeitamos, ou seja, que ela tem sua entrada na falta?

Martelam-nos bastante os ouvidos com a história do *Penisneid*. É neste ponto que julgo necessário acentuar a diferença.

É claro que, também para ela, existe a constituição do objeto *a* do desejo. Ocorre que as mulheres falam. Podemos lamentá-lo, mas é um fato. Portanto, ela também quer o objeto, e até um objeto na medida em que ela não o tem. É justamente isso que Freud nos explica: sua reivindicação do pênis permanece essencialmente ligada, até o fim, à relação com a mãe, isto é, com a demanda. É na dependência da demanda que o objeto *a* se constitui para a mulher. Ela sabe muito bem que, no Édipo, não se trata de ser mais forte ou mais desejável que a mãe — pois se dá conta bem depressa de que o tempo trabalha a seu favor —, mas de ter o objeto. A insatisfação intrínseca que está em jogo na estrutura do desejo é, digamos, pré-castradora. Se lhe sucede interessar-se pela castração (- φ) como tal, é na medida em que ela entra nos problemas do homem. Isso é secundário. É deuterofálico, como o formulou Jones, com muita justeza.

É em torno disso que gira toda a obscuridade do debate, afinal nunca resolvido, sobre o famoso falicismo da mulher, debate este em que todos os autores têm igualmente razão, na impossibilidade de saber onde se encontra, de verdade, a articulação. Não tenho a pretensão de que vocês a mantenham presente e prontamente situada em sua mente, mas tenciono levá-los a isso por um número suficiente de caminhos para que vocês acabem sabendo onde isso acontece, e onde se dá um salto ao teorizar.

Quanto à mulher, é inicialmente o que ela *não tem* que constitui, a princípio, o objeto de seu desejo, ao passo que, no homem, trata-se daquilo que ele *não é* e no qual falha.

Foi por essa razão que os fiz avançar pelo caminho da fantasia de Don Juan. Se a fantasia de Don Juan é uma fantasia feminina, é por corresponder ao anseio da mulher de uma imagem que exerça a função dele, função fantasística — a de haver um homem que o tenha —, o que, considerando-se a experiência, é, obviamente, um desconhecimento flagrante da realidade — e mais ainda, que ele o tenha sempre, que não possa perdê-lo. O que a posição de Don Juan implica na fantasia, justamente, é que nenhuma mulher pode tirar-lhe isso — eis o essencial. É isso que ele tem em comum com a mulher, de quem, é claro, não se pode tirá-lo, já que ela não o tem.

O que a mulher vê na homenagem do desejo masculino é que esse objeto — sejamos prudentes em nossos termos — se torna uma propriedade sua. Isso não quer dizer nada além do que acabo de formular: que ele não se perde. O membro perdido de Osíris, tal é o objeto da busca e da guarda da mulher. Esse mito fundamental da dialética sexual entre o homem e a mulher é suficientemente acentuado por toda uma tradição. Aliás, a experiência psicológica da mulher, no sentido dessa expressão nos textos de Paul Bourget, diz-nos que a mulher nem sempre acha que um homem se perde com outra mulher. Don Juan lhe assegura que há um homem que não se perde em nenhuma situação.

Evidentemente, há outras maneiras privilegiadas, típicas, de resolver o difícil problema da relação com o *a* na mulher; há uma outra fantasia, se vocês quiserem, mas esta não é uma decorrência natural, não foi ela quem a inventou, ela a encontra *ready-made*. Para se interessar por ela, a mulher precisa ter um certo estômago.

Contemplo, na ordem do normal, o tipo de mulher voluptuosa e rude cujo mais nobre exemplo nos é fornecido por santa Teresa d'Ávila. Uma outra via de acesso, esta mais imaginária, também nos é dada pelo tipo daquela que se apaixona por padres. Mais um pouquinho e temos a erotômana. A diferença é uma função do nível em que se faz vacilar o desejo do homem, com o que ele representa de mais ou menos imaginário, como inteiramente confundido com o *a*.

Fiz alusão a santa Teresa d'Ávila, mas também poderia ter falado da bem-aventurada Margarida Maria Alacoque, que tem a vantagem de nos permitir reconhecer a própria forma do *a* no Sagrado Coração de Jesus. Quanto à apaixonada por padres, não podemos dizer, de maneira nua e crua, que a castração institucionalizada seja suficiente para criá-la, mas é nesse sentido, em todo caso, que destacaremos que o *a* como tal, perfeitamente isolado, é posto em evidência e lhe é proposto como o objeto eleito de seu desejo. Na erotômana, não é preciso que o trabalho seja preparado, ela mesma o faz.

Eis-nos reconduzidos, portanto, ao problema anterior, ou seja, o que podemos articular da relação do homem com esses diversos *a*, tais como eles se propõem ou se impõem e dos quais se dispõe mais ou menos, como aquilo que dá ao objeto do desejo seu status supremo em sua relação com a castração.

Peço-lhes que retornem por um instante ao meu estádio do espelho.

Tempos atrás, passaram um filme que fora feito na Inglaterra, numa escola especializada, num esforço de ajustar à genética psicanalítica o que a observação de crianças podia oferecer. O valor desse documentário foi ainda maior na medida em que a filmagem foi feita sem nenhuma idéia preconcebida. Cobriu-se todo o campo do que se podia observar do confronto do bebezinho com o espelho, o que, aliás, confirmou plenamente as datas iniciais e finais que eu tinha indicado.

Lembro-me de que esse filme foi uma das últimas coisas apresentadas na Sociedade Psicanalítica de Paris antes de nos separarmos dela. A separação estava muito próxima, e talvez só tenhamos assistido ao filme com um ligeiro toque de distração. Mas eu conservava toda a minha presença de espírito, e ainda me lembro da imagem cativante representada pela menininha diante do espelho. Se há uma coisa que concretiza a referência ao não especularizável que destaquei no ano passado, é justamente o gesto dessa garotinha, com a mão passando rapidamente sobre o gama formado pela junção do ventre com as duas coxas, como que num momento de vertigem diante do que via.

Já o menino, pobrezinho, olha para a torneirinha problemática. Desconfia vagamente de que há uma esquisitice ali. Depois, será preciso que aprenda, e o faça à sua custa, que aquilo que ele tem ali não existe, comparado ao que têm o papai, os irmãos mais velhos etc. Vocês conhecem toda a dialética inicial da comparação. Depois, ele aprenderá que isso não só não existe, como também não quer saber de nada, ou, mais exatamente, só faz o que lhe dá na telha. Em síntese, ele terá de aprender passo a passo, em sua experiência individual, a riscá-lo do mapa de seu narcisismo, justamente para que isso possa começar a servir para alguma coisa.

Não digo que isso seja simples, seria insensato atribuir-me tal idéia, porque, é claro, naturalmente, há também a questão de que, digamos, quanto mais se empurra a coisa para o fundo, mais ela volta à tona. Essa brincadeira, afinal, é o princípio do apego homossexual, ou seja, *Estou brincando de quem-perde-ganha.*

Com isso, dou-lhes apenas uma indicação, mas que se ligará ao que foi possível apontar-lhes da estrutura fundamental do que é ridiculamente chamado de perversão. A todo instante, no apego homossexual, o que está em jogo é a castração. Essa castração, o homossexual a assume. É o (- φ) que é o objeto da brincadeira, e é na medida em que perde que ele sai ganhando.

Passo a ilustrar o que, para meu espanto, criou problemas da última vez, em minha recordação do pote de mostarda.

Um de meus ouvintes, particularmente atento, disse-me: *Estava tudo bem com o pote de mostarda, ou, pelo menos, havia um certo número de nós que não se ofendia demais com isso, mas, de repente, o senhor reintroduziu a questão do conteúdo, encheu-o pela metade, e com quê?*

Então, vamos lá.

O (- φ) é o vazio do vaso, o mesmo que define o *Homo faber*. Se a mulher, segundo nos dizem, é primordialmente uma tecelã, o homem, com certeza, é o oleiro. Aliás, essa é a única vertente que, na espécie humana, constitui o fundamento do estribilho segundo o qual, dizem-nos, a linha está para a agulha assim como a menina para o menino, referência esta que se pretende natural. Mas não é tão natural assim. A mulher se apresenta com a aparência do vaso, é claro, e evidentemente é isso que engana o parceiro, o *Homo faber* em questão, o oleiro. Ele imagina que o vaso pode conter o objeto de seu desejo.

Só que, vejam bem a que isso nos conduz. É algo inscrito em nossa experiência, nós o soletramos passo a passo, e isso retira do que lhes digo qualquer aparência de dedução ou de reconstrução. Percebeu-se a coisa, sem dúvida a partir do lugar certo nas premissas, mas ela foi percebida muito antes de se compreender o que queria dizer. A presença fantasística do falo no fundo do vaso — refiro-me ao falo de outro homem — é um objeto cotidiano de nossa experiência analítica. Não preciso voltar mais uma vez a Salomão para lhes dizer que essa presença é inteiramente fantasística.

Claro, há coisas que se encontram nesse vaso, e muito interessantes para o desejo, como o ovo, por exemplo. Mas, afinal, este vem do interior e nos prova que, se existe vaso, é para complicar um pouquinho o esquema. O ovo pode tirar vantagem dos encontros preparados pelo mal-entendido fundamental, ou seja, não é inútil que ele encontre o espermatozóide. Mas, enfim, a partenogênese futura não está excluída. Entrementes, a inseminação pode assumir formas completamente diversas. Aliás, é nos fundos da loja que se encontra o vaso verdadeiramente interessante, o útero. Ele é interessante em termos objetivos, e também o é ao máximo em termos psíquicos — ou seja, havendo a maternidade, ela é mais que suficiente para atrair o investimento de todo o interesse da mulher. Na hora da gravidez, como todos sabem, todas essas histórias de desejo masculino tornam-se ligeiramente supérfluas.

Então, passemos ao nosso pote do outro dia, ao nosso digno potinho das primeiras cerâmicas, e o identifiquemos com (- φ). Ele é o pote da castração.

Num potinho ao lado, deixem-me colocar por um instante, a bem da demonstração, o que pode constituir-se para o homem como pequeno *a*, o objeto do desejo.

Esses dois potes estão aí a título de apólogo, destinado a acentuar que *a*, o objeto do desejo, só tem sentido para o homem depois de ser virado no vazio da castração primordial.

O primeiro nó do desejo masculino com a castração só pode produzir-se a partir do narcisismo secundário, isto é, do momento em que o *a* se desprende, cai de *i(a)*, a imagem narcísica. Há nisso um fenômeno que é o fenômeno constitutivo do que podemos chamar de borda. Como eu lhes disse no ano passado, a propósito de minha análise topológica, não há nada mais estruturante do que a forma do vaso, a forma de sua borda, o corte pelo qual ele se isola como vaso.

Numa época longínqua, esboçou-se a possibilidade de uma verdadeira lógica, reformulada de acordo com o campo psicanalítico. Ela ainda está por fazer, embora eu lhes tenha dado mais do que uma introdução — de grande e pequena lógica; estou dizendo "lógica", e não "dialética". Alguém como Imre Hermann havia começado a se dedicar a ela, por certo de maneira muito confusa, na falta de qualquer articulação dialética, mas, enfim, havia esboçado o fenômeno que qualificou de *Randbevorzugung*, escolha preferencial do campo fenomênico analítico para os fenômenos de borda.

A borda do pote da castração é uma borda perfeitamente redonda, muito correta, que não tem nenhum dos requintes de complicação a que os apresentei com a banda de Moebius. No entanto, é muito fácil

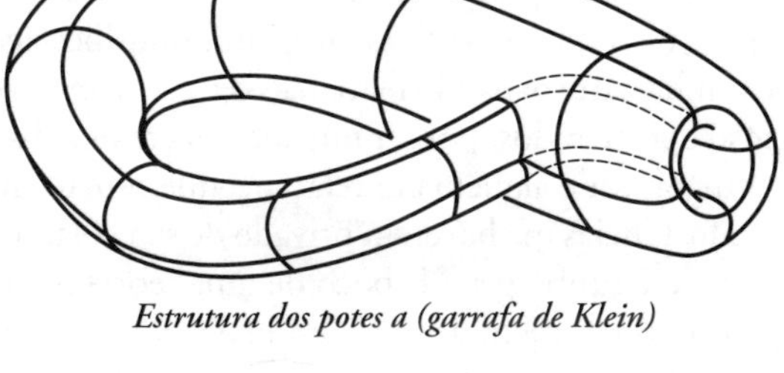

Estrutura dos potes a (garrafa de Klein)

introduzi-los. Basta fazer com que se unam dois pontos opostos da borda do vaso, virando a meio caminho as superfícies, de maneira a que elas se juntem como na fita de Moebius, e vemo-nos diante de um vaso que permite passar com extrema facilidade da face interna para a face externa, sem jamais ter de atravessar a borda.

É isso que se produz no nível dos outros potinhos, os potes *a*, e é aí que começa a angústia.

Uma metáfora como esta não poderia ser suficiente, é claro, para reproduzir o que é preciso lhes explicar: que o potinho original tem enorme relação com o que está em questão no tocante à potência sexual, ao jorro intermitente de sua força. É isso que toda uma série de imagens — chinesas, japonesas e outras —, fáceis de pôr diante de seus olhos, imagens de uma erotopropedêutica, ou até de uma erótica propriamente dita, tornam de acesso facílimo. Também não seria difícil encontrar em nossa cultura uma porção de imagens desse tipo.

Não é isso que é angustiante. O transvasamento nos permite apreender como o *a* assume seu valor, por vir no pote de menos *phi* e ser, aqui, menos *a*. O vaso, por conseguinte, está a um tempo meio vazio e meio cheio. Mas, como eu lhes disse da última vez, o essencial não é o fenômeno do transvasamento, mas o da transfiguração do vaso. Se esse vaso torna-se então angustiante, é na medida em que o *a* vem preencher nele, pela metade, o vazio constituído pela castração original.

Resta ainda acrescentar que esse *a* vem de outro lugar e que só é constituído por intermédio do desejo do Outro. É aí que deparamos com a angústia e com a forma ambígua da borda do outro vaso, que, do modo como é feita, não permite distinguir o interior nem o exterior.

A angústia, portanto, constitui-se e assume seu lugar numa relação que se instaura além do vazio de um primeiro tempo, digamos, da castração. É por isso que o sujeito só tem um desejo quanto a essa castração primária, que é voltar a ela.

Depois da interrupção que teremos, eu lhes falarei longamente do masoquismo, e não há hipótese de eu abordá-lo hoje. Se vocês quiserem preparar-se para me ouvir a esse respeito, dou-lhes agora — foi um lapso de minha parte não tê-lo feito mais cedo — a indicação de um artigo precioso dentre todos, por ser nutrido pela mais substancial experiência, e cujo autor é alguém em relação a quem mais me desola o fato de as circunstâncias me haverem privado de sua colaboração. Trata-se do artigo de Grünberger, "Esboço de uma teoria psicodinâmica do masoquismo", no número de abril-junho de 1954, nº 2 do volume

XVIII, da *Revue Française de Psychanalyse.* Ao que eu saiba, não se deu a esse trabalho o destino que ele merecia, embora o tenham publicado em Londres por ocasião da pompa da fundação do Instituto de Psicanálise. A que se deve esse esquecimento, não procurarei determinar.

Vocês verão assinalado nesse artigo — invoco-o aqui apenas para lhes mostrar desde já o valor do material que se pode retirar dele — como o recurso ao imaginário da castração, a um *eu gostaria que me cortassem isso*, pode surgir como uma saída tranqüilizadora, salutar, para a angústia do masoquista.

Encontro nele apenas uma indicação do primeiro tempo da castração, na medida em que o sujeito retorna a ele, na medida em que este se torna um alvo de sua mira. Certamente, esse não é um fenômeno que forneça, em absoluto, a última palavra sobre essa estrutura complexa, e, aliás, introduzi suficientemente as coisas para que vocês saibam que, quanto às ligações da angústia com o masoquismo, viso um ponto totalmente diferente da efusão momentânea do sujeito.

É isso que nos leva ao que já acentuei a respeito da circuncisão no fim de um de meus últimos Seminários.

3

Não sei em que ponto você se encontra, Stein, no comentário que vem fazendo sobre *Totem e tabu*, mas isso talvez possa levá-lo a abordar também *Moisés e o monoteísmo.*

Penso que não poderá deixar de chegar a ele, e então ficará impressionado com a completa escamoteação do problema — que, no entanto, não poderia ser mais estruturante — de saber se alguma coisa no nível da instituição mosaica reflete o complexo cultural inaugural, e qual foi, a esse respeito, a função da instituição da circuncisão.

Seja como for, vocês não podem deixar de aproximar a ablação do prepúcio daquele curioso objetinho retorcido que um dia lhes pus nas mãos, materializado, para que vocês vissem como isso se estrutura, uma vez realizado sob a forma de um pedacinho de papelão. Tratava-se do resultado do corte central do *cross-cap*, no que ele isola algo que se define como encarnando o não-especularizável. É isso que pode ter a ver com a constituição da autonomia do pequeno *a* do objeto do desejo.

Que é possível introduzir uma espécie de ordem no furo, na falha constitutiva da castração primordial, é isso que a circuncisão encarna, no sentido próprio da palavra. Todas as coordenadas da circuncisão, a configuração ritualística ou mítica dos acessos iniciáticos primordiais em que ela se efetua, mostram que ela tem a mais evidente relação com a normatização do objeto do desejo.

O circuncidado é consagrado — menos consagrado a uma lei do que a uma certa relação com o Outro, e é por isso que se trata do *a*. A verdade é que estamos no ponto em que pretendo lançar a chama da *sunlight* [luz solar] sobre o que é sustentado por um A que está um pouco nisso: o Deus da tradição judaico-cristã.

É extremamente surpreendente que, num meio tão judaico quanto o da psicanálise, não se tenham voltado a interrogar textos cem mil vezes percorridos, desde os Padres da Igreja até os Padres da Reforma, se assim posso me exprimir, e até o século XVIII, ou seja, o período da Contra-Reforma.

O que nos é dito no capítulo XVII do Gênesis refere-se ao caráter fundamental da lei da circuncisão, como algo que faz parte do pacto feito por Javé na sarça. Esse capítulo data de Abraão a instituição da circuncisão. Sem dúvida, tal passagem se afigura à crítica exegética um acréscimo sacerdotal, sensivelmente posterior à tradição do jeovista e do eloísta, ou seja, aos dois textos primitivos de que se compõem os livros da Lei.

No entanto, temos no capítulo XXXIV o famoso episódio, que não deixa de ter humor, referente ao rapto de Dina, irmã de Simeão e Levi, filha de Jacó. Para o homem de Siquém que a raptou, trata-se de obtê-la de seus irmãos varões. Simeão e Levi exigem que ele se circuncide — "Não podemos entregar nossa irmã a um incircuncidado, ficaríamos desonrados". Evidentemente, há aí uma superposição de dois textos. De fato, não sabemos se é apenas um que se faz circuncidar, ou se são todos os siquemitas ao mesmo tempo. Essa proposta de aliança, é claro, não poderia ser feita unicamente em termos de duas famílias, mas de duas raças. Todos os siquemitas se fazem circuncidar. Resultado: ficam debilitados por três dias, coisa de que os outros se aproveitam para degolá-los.

Trata-se de um daqueles episódios encantadores que não conseguiam entrar na cachola do sr. Voltaire, e que o fizeram falar tão mal desse livro admirável quanto à revelação do que chamamos de significante, como tal.

Seja como for, isso serve para nos fazer pensar que não é apenas de Moisés que data a lei da circuncisão. Aqui, apenas destaco os problemas levantados a esse respeito.

Já que se trata de Moisés, e já que Moisés seria reconhecido em nossa esfera como egípcio, não seria inteiramente supérfluo nos indagarmos o que acontece nas relações da circuncisão judaica com a circuncisão dos egípcios. Isso me desculpará por prolongar por mais cinco a sete minutos o que tenho a lhes dizer hoje, para que o que escrevi no quadro não fique perdido para vocês.

Um certo número de autores da Antigüidade fala da circuncisão dos egípcios. O velho Heródoto, especificamente, que decerto disparata em alguns pontos, mas que é muito precioso, não deixa a menor dúvida quanto ao fato de que, em sua época, ou seja, numa época muito remota do Egito, os egípcios em seu conjunto praticavam a circuncisão. Ele a menciona de forma tão patente, que chega a afirmar que foi aos egípcios que todos os semitas da Síria e da Palestina deveram esse costume. Muito se discorreu sobre essa afirmação e, afinal, não somos obrigados a acreditar nela. Heródoto a faz, de maneira igualmente bizarra, a propósito dos cólquidas, dizendo que eles seriam uma colônia egípcia, mas deixemos isso para lá.

Sendo grego como era, e em sua época, é claro que ele não poderia ver nisso outra coisa senão uma medida de higiene. Ele assinala que os egípcios sempre preferiam ser asseados, *katharoi*, a ter uma bela aparência. Ao que Heródoto, grego como é, não nos dissimula que circuncidar-se era, de todo modo, desfigurar-se um pouco.

Felizmente, temos testemunhos mais diretos da circuncisão dos egípcios. Dispomos de dois testemunhos que chamarei de iconográficos — e vocês me dirão que isso não é muito.

Um deles é do Antigo Império; encontra-se em Saqqarah, no túmulo do médico Ankhmahor. Dizem que ele era médico porque as paredes do túmulo são cobertas de imagens de operações. Uma dessas paredes mostra-nos duas imagens de circuncisão, das quais representei para vocês a da esquerda. Não sei se consegui tornar inteligível o meu desenho, que se limita a acentuar as linhas, tais como se apresentam. Aqui está o menino circuncidado. Aqui está o órgão. Um menino atrás dele segura-lhe as mãos, porque é preciso. Um personagem que é um sacerdote, e sobre cuja qualificação não me estenderei hoje, está aqui. Com a mão esquerda, ele segura o órgão, e com a outra, esse objeto oblongo, que é uma faca de pedra.

Essa faca de pedra, vamos reencontrá-la num outro texto que até hoje se mantivera completamente enigmático, um texto bíblico que diz que, depois do episódio da sarça ardente, quando Moisés fosse avisado de que haviam desaparecido todos os que, no Egito, lembravam-se do assassinato que ele cometera de um egípcio, ele poderia voltar. Ele volta, mas, no caminho em que se detém — a tradução antiga é "numa estalagem", mas deixemos isso de lado —, Jeová o ataca, para matá-lo. É só isso que se diz. Séfora, sua mulher, então circuncida seu filho, que é um bebezinho, e, tocando com o prepúcio em Moisés, que não é circuncidado, assim o preserva misteriosamente, por essa operação, por esse contato, do ataque de Jeová, que então é suspenso.

O texto diz que Séfora circuncida o filho com uma faca de pedra. Voltamos a encontrar essa faca uns quarenta e poucos anos depois, já que há também todo o episódio dos ordálios impostos aos egípcios, o das dez pragas, quando, no momento de entrar na terra de Canaã, Josué recebe uma ordem: Toma uma faca de pedra e circuncida todos os que lá estiverem, os que entrarão na terra de Canaã. Trata-se dos que nasceram no correr dos anos passados no deserto, durante os quais não foram circuncidados. Jeová acrescenta: Hoje revolvi de sobre vós — o que foi traduzido por "levantei", "suspendi" — o opróbrio dos egípcios.

Recordo-lhes esses textos não porque tenha a intenção de utilizá-los todos, mas a fim de suscitar em vocês ao menos o desejo ou a necessidade de se referirem a eles.

Por enquanto, detenho-me na faca de pedra. Ela indica, pelo menos, que a cerimônia da circuncisão teve uma origem muito antiga. Isso foi confirmado pela descoberta — por Eliot Smith, perto de Luxor, se não me falha a memória, provavelmente em Naga-ed-Deir — de dois cadáveres que traziam a marca da circuncisão e que eram do período pré-histórico, ou seja, não tinham sido mumificados de acordo com as formas que permitem datá-los na história. Por si só, a faca de pedra conferiria a essa cerimônia uma origem que remonta, pelo menos, ao período neolítico.

De resto, para que não haja nenhuma dúvida, três letras egípcias — estas três, que são, respectivamente, um S, um B e um T, *SeBeTh* — indicam-nos expressamente que se trata da circuncisão. O sinal marcado aqui é um hápax, só é encontrado aí. Parece ser uma forma apagada, frustra, do determinativo do falo, que encontramos gravado com muito mais clareza em outras inscrições.

Outro modo de designar a circuncisão aparece nesta linha, que se lê *FaHeT*. F, a víbora chifruda. O H aspirado, que também é o sinal que está aqui, é a placenta. Aqui, o T, idêntico ao que vocês vêem ali. Aqui, um determinativo que é o determinativo da roupa íntima; peço-lhes que tomem nota hoje, porque voltarei a isso; ele não se pronuncia.

Aqui há outro F, que designa *ele*. *PaN*. P quer dizer *prepúcio*. Com o N, um N que é a preposição *de*, isso quer dizer *antes que eu seja separado de meu prepúcio*. *Pa* quer dizer ser separado de seu prepúcio. Isso também tem toda a sua importância, porque a circuncisão não deve ser tomada unicamente como uma operação, digamos, totalitária. Um signo, o *ser separado de algo*, encontra-se propriamente articulado numa inscrição egípcia.

Vejam o valor, o peso dado nessas inscrições, por assim dizer, à mais ínfima palavra; a manutenção do prepúcio, como sendo tanto o objeto da operação quanto aquele que a sofre, é algo cuja ênfase lhes peço que retenham. Nós a reencontraremos no texto de Jeremias, tão enigmático e tão não interpretado até hoje quanto aquele a que acabo de aludir diante de vocês, a saber, o da circuncisão do filho por Séfora.

Creio haver esboçado suficientemente a função da circuncisão — não apenas em suas coordenadas de festa, de iniciação, de introdução a uma consagração especial, mas em sua estrutura de referência à castração a partir de suas relações com a estruturação do objeto do desejo — para poder ir mais adiante com vocês, no dia para o qual marquei nosso próximo encontro.

27 de março de 1963

As Cinco Formas do Objeto pequeno *a*

XVI

As pálpebras de Buda

A causa, síncope do objeto
A certeza da angústia
Os judeus e a função a *do resto*
O masoquismo cristão
Homem ou mulher?

Deixei-os com uma afirmação que questionava a função da circuncisão na economia do desejo — a do objeto, no sentido em que a análise o fundamenta como objeto do desejo.

O término dessa aula foi numa passagem de Jeremias, versículos 24 e 25 do capítulo IX, que, ao longo dos séculos, tem criado algumas dificuldades para os tradutores, porque o texto hebraico se traduziria por *Castigarei todo circuncidado em seu prepúcio.* É uma expressão paradoxal, que os tradutores tentaram contornar, inclusive um dos últimos e melhores deles, Édouard Dhorme, com a formulação *Punirei todo circunciso à maneira do incircunciso.*

Relembro esse ponto aqui apenas para lhes indicar que é de uma relação permanente com um objeto perdido como tal que se trata. Esse objeto *a*, como cortado, presentifica uma relação essencial com a separação como tal. A passagem citada não é única na Bíblia, mas, por seu extremo paradoxo, esclarece do que se trata toda vez que os termos "circunciso" e "incircunciso" são nela empregados. Aquilo de que se trata não se localiza, longe disso, no pedacinho de carne que é objeto do rito. *Incircuncisos nos lábios, incircuncisos no coração,* todas essas expressões, que são numerosas ao longo de todo esse texto, que são quase correntes e comuns nele, sublinham que a separação essencial de uma certa parte do corpo, de um certo apêndice, torna-se simbólica de uma relação fundamental com o próprio corpo, para o sujeito doravante alienado.

Hoje retomarei as coisas de maneira mais ampla, mais de cima, mais de longe.

Como sabem alguns, estou voltando de uma viagem que me trouxe algumas experiências, assim como o essencial: na totalidade dos casos, a aproximação, a visão, o encontro com algumas dessas obras sem as quais o mais atento estudo dos textos, da letra, da doutrina — especificamente, a do budismo, no caso — só pode manter-se como algo seco, incompleto, não vivificado.

Vou oferecer-lhes alguns relatos do que foi essa aproximação para mim, e veremos de que modo ela pode inserir-se naquilo que é, este ano, nossa questão fundamental, quando a dialética sobre a angústia desloca-se para a questão do desejo.

1

O desejo, com efeito, é o fundo essencial, o objetivo, a meta e também a prática de tudo que se anuncia aqui, neste ensino, acerca da mensagem freudiana. Algo novo e absolutamente essencial passa por essa mensagem, e é por essa via que caminha esta mensagem. Quem de vocês — deve haver alguém, ou alguns, espero — poderá destacá-la?

No ponto em que estamos, ou seja, numa retomada de nosso impulso após uma longa interrupção, realmente devemos tornar a fundamentar o que está em pauta este ano, ou seja, que o lugar sutil, o lugar que tentamos delimitar e definir, o lugar nunca situado até aqui em tudo o que possamos chamar de sua irradiação ultra-subjetiva, o lugar central da função pura do desejo, se assim podemos dizê-lo, esse lugar é aquele em que lhes demonstro como se forma o *a* — *a*, o objeto dos objetos.

Nosso vocabulário promoveu, para esse objeto, o termo "objetalidade", na medida em que este se opõe a "objetividade". Para reunir essa oposição em formulações rápidas, diremos que a objetividade é o termo supremo do pensamento científico ocidental, o correlato de uma razão pura que, no final das contas, traduz-se — resume-se, articula-se — num formalismo lógico. Se vocês têm-me acompanhado em meu ensino dos últimos cinco ou seis anos, sabem que a objetalidade é outra coisa. Para lhes dar o relevo dela em seu ponto crucial e forjar uma formulação equilibrada em relação à anterior, direi que a objetalidade é o correlato de um *pathos* de corte. Mas, paradoxalmente, é ai que esse próprio formalismo, no sentido antigo do termo, liga-se a seu efeito. Esse efeito, desconhecido na *Crítica da razão pura*, dá conta desse formalismo, no entanto.

Até Kant, e sobretudo Kant, diria eu, continua composto de causalidade, continua preso à justificação — que nenhum *a priori* conseguiu reduzir até hoje — de uma função essencial a todo o mecanismo da vivência do que é mental em nós: a função da causa. Em toda parte, a causa revela-se irrefutável, irredutível à crítica, quase inapreensível por ela.

Qual é essa função? Como podemos justificar sua subsistência, que contraria qualquer tentativa de reduzi-la? Quase podemos dizer que essa tentativa constitui o movimento contínuo de todo o progresso crítico da filosofia ocidental — um movimento nunca bem-sucedido.

Pois bem, se essa causa se revela tão irredutível, é na medida em que se superpõe, em que é idêntica em sua função ao que lhes venho ensinando a delimitar e a manejar, este ano, como a parte de nós mesmos, a parte de nossa carne que permanece necessariamente aprisionada na máquina formal, sem o que o formalismo lógico, para nós, não seria absolutamente nada.

Esse formalismo só faz nos exigir e nos dar os quadros de nosso pensamento e de nossa estética transcendental, captando-nos por algum lugar. Nós lhe damos não simplesmente a matéria, não apenas nosso ser de pensamento, mas também o pedaço carnal arrancado de nós mesmos. Esse é o pedaço que circula no formalismo lógico, tal como ele foi constituído por nosso trabalho do uso do significante. É essa parte de nós que é aprisionada na máquina e fica irrecuperável para sempre. Objeto perdido nos diferentes níveis da experiência corporal em que se produz seu corte, é ela que constitui o suporte, o substrato autêntico, de toda e qualquer função da causa.

Essa parte corporal de nós é, essencialmente e por função, parcial. Convém lembrar que ela é corpo e que somos objetais, o que significa que não somos objetos do desejo senão como corpo. Esse é um ponto essencial a lembrar, uma vez que um dos campos criadores da negação consiste em apelar para alguma outra coisa, para algum substituto. O desejo sempre continua, em última instância, a ser desejo do corpo, desejo do corpo do Outro, e nada além de desejo de seu corpo.

Com certeza se diz *É teu coração que eu quero, mais nada.* Nisso, ouvimos designar-se um não-sei-quê de espiritual, a essência do teu ser ou do teu amor. Mas a linguagem, aqui como sempre, deixa transparecer a verdade. Esse coração só é metáfora se não nos esquecermos de que não há nada na metáfora que justifique um costume comum dos livros de gramática, o de opor o sentido próprio ao sentido figurado. Esse coração pode querer dizer muitas coisas, metaforizar coisas diferentes, conforme as culturas e as línguas. Para os semitas, por exemplo, o coração é o órgão da própria inteligência. Mas não é para essas nuances que estou atraindo seu olhar. Nessa formulação, como em qualquer outra metáfora orgânica, o coração deve ser tomado ao pé da letra. É como parte do corpo que ele funciona, como víscera, digamos. Por que a subsistência tão prolongada dessa metáfora? Sabemos de lugares em que ela continua viva, especificamente sob a forma do culto do Sagrado Coração de Jesus.

Esse livrinho de Édouard Dhorme lembra-nos quão fundamental é o emprego metafórico dos nomes de partes do corpo para qualquer compreensão da literatura viva do hebraico e do acádio, com a falta singular, curiosamente, da expressão *todas as partes do corpo.* Recomendo-lhes esse livro, possível de encontrar, pois acaba de ser relançado pela Gallimard. Todas as partes do corpo passam por ele em suas funções metafóricas, singularmente o órgão sexual e, em particular, o órgão sexual masculino. Os textos que evoquei há pouco sobre a circuncisão, o órgão sexual masculino e o prepúcio, estranhamente, são omitidos nele e nem sequer figuram no índice.

O uso metafórico sempre vivo dessa parte do corpo, para expressar o que vai além da aparência no desejo, como explicá-lo a não ser dizendo que a causa já está alojada na víscera e figurada na falta? Há uma obsessão com a víscera causal.

Aliás, toda a discussão mítica sobre as funções da causalidade sempre se refere a uma experiência corporal — desde as posturas mais clássicas até as mais ou menos modernizadas, como a de Maine de Biran, por exemplo.

Este procura fazer-nos intuir, através do sentido do esforço, o equilíbrio sutil em torno do qual se articula a posição do que é determinado e do que é livre. O que é que proponho sempre para dar uma idéia daquilo que se trata na ordem da causa? No final das contas, meu braço — mas meu braço na medida em que o isolo, considerando-o, como tal, como intermediário entre minha vontade e meu ato. Se me detenho em sua função, é na medida em que ele é isolado por um instante e quer que eu o recupere a qualquer preço, por qualquer meio. Convém eu modificar imediatamente o fato de que, se ele é instrumento, nem por isso é livre. Convém eu me precaver, digamos, contra o fato não prontamente de sua amputação, mas de seu descontrole — contra o fato de que alguém possa apoderar-se dele, de que eu possa tornar-me o braço direito ou o braço esquerdo de um outro —, ou simplesmente contra o fato de que possa esquecê-lo no metrô, como um guarda-chuva ordinário, ou como aqueles corpetes que, ao que parece, ainda eram achados em abundância alguns anos atrás.

Nós, analistas, sabemos o que isso quer dizer. A experiência da histérica é suficientemente significativa para nós para que saibamos que essa comparação, na qual se deixa entrever que o braço pode ser esquecido, pura e simplesmente, como um braço mecânico, não é uma metáfora forçada. É por isso que me certifico da pertinência desse braço à função do determinismo. Mesmo quando esqueço seu funcionamento, faço questão de saber que ele funciona de maneira automática, e faço questão de que um estágio inferior, de que toda sorte de reflexos tônicos ou voluntários, toda sorte de condicionamentos me garantam que ele não escapará, mesmo que haja um instante de desatenção de minha parte.

A causa, portanto, sempre surge em correlação com o fato de que algo é posto em consideração no conhecimento. Ora, é precisamente o desejo que move a função do conhecimento. Toda vez que é invocada, e em seu registro mais tradicional, a causa é a sombra ou a contrapartida daquilo que é um ponto cego na função do conhecimento. Isso é algo que não esperamos por Freud para evocar. Acaso precisarei evocar Nietzsche e outros antes dele? Esses outros questionaram o que existe de desejo por trás da função do conhecer: aquilo que Platão quer, e que o leva a crer na função central, original e criadora do Bem Supremo; aquilo que Aristóteles quer, e que o leva a crer no motor primário singular que vem colocar-se no lugar do *nous* anaxagórico, mas que não pode ser um motor surdo e cego àquilo que sustenta, ou seja, o cosmo inteiro. Esses questionamentos sempre contestaram o que o conhecimento se julga obrigado a forjar como causa última.

A que leva esse tipo de crítica? A um questionamento sentimental do que parece ser o mais desprovido de sentimento, ou seja, o conhecimento elaborado e purificado em suas derradeiras conseqüências. Ela chega a criar um mito psicológico originário. São as aspirações, os instintos, as necessidades — acrescentem "religiosos", vocês só estarão dando um passo a mais, e seremos responsáveis por todos os extravios da razão, pelo *Schwärmerei* kantiano, com todos os seus desfechos implícitos no fanatismo.

Será essa uma crítica com que possamos contentar-nos? Não podemos levar mais longe o que está em pauta, articulá-lo de modo mais ousado, para além do psicológico que se inscreve na estrutura? Quase não precisamos dizer que é exatamente isso que estamos fazendo.

Não se trata de um sentimento que exija satisfação, mas de uma necessidade estrutural. A relação do sujeito com o significante exige a estruturação do desejo na fantasia, e o funcionamento da fantasia implica uma síncope temporalmente definível da função do *a*, que, forçosamente, apaga-se e desaparece numa dada fase do funcionamento fantasístico. Essa afânise do *a*, o desaparecimento do objeto como aquilo que estrutura um certo nível da fantasia, é aquilo cujo reflexo temos na função da causa. Toda vez que nos encontramos diante desse funcionamento último da causa, irredutível até mesmo à crítica, devemos buscar seu fundamento e sua raiz nesse objeto oculto, como algo sincopado.

Há um objeto oculto impulsionando a confiança atribuída ao Primeiro Motor aristotélico, que lhes apontei há pouco como surdo e cego àquilo que o causa. A certeza que se liga ao que chamarei de prova essencialista — aquela que não está apenas em santo Anselmo, porque vocês também a encontram em Descartes, aquela que se baseia na perfeição objetiva da idéia para nela fundamentar a existência desta, aquela certeza, por mais contestável e sempre ligada ao escárnio que seja, precária e derrisória ao mesmo tempo —, se essa certeza se mantém, a despeito de toda a crítica, e se somos sempre levados a voltar a ela por alguma vertente, é porque ela é a sombra de uma outra certeza, e essa certeza, eu a indiquei aqui por seu nome, é a da angústia.

A angústia, como eu lhes disse, deve ser definida como o que não engana, precisamente na medida em que todo e qualquer objeto lhe escapa. A certeza da angústia é fundamentada, não ambígua. A certeza ligada ao apelo à causa primária é apenas a sombra dessa certeza fundamental. É seu caráter de sombra que lhe confere seu aspecto essencialmente precário. Esse aspecto só é superado, na verdade, pela articulação afirmativa que caracteriza o que chamei de argumento essencialista, mas isso não convence, porque tal certeza, se a procurarmos em seu verdadeiro fundamento, revela-se pelo que é — um deslocamento, uma certeza secundária em relação à certeza da angústia.

O que isso implica? Com certeza, um questionamento mais radical do que jamais se articulou, em nossa filosofia ocidental, da função do conhecimento.

Essa crítica só pode começar a ser feita, da maneira mais radical, se nos dermos conta de que já existe conhecimento na fantasia.

2

Qual é a natureza do conhecimento que já existe na fantasia?

Não é nada além disto: o homem que fala, o sujeito, a partir do momento em que fala, já está implicado por essa fala em seu corpo. A raiz do conhecimento é esse engajamento no corpo.

Não se trata, porém, do tipo de engajamento que a fenomenologia contemporânea tentou apontar, de maneira fecunda e sugestiva, ao nos lembrar que a totalidade da função e da presença corporais — a estrutura do organismo, de Goldstein, a estrutura do comportamento, de Maurice Merleau-Ponty — está envolvida em toda percepção. Esse caminho, enriquecido por uma coleta de fatos, oferece-nos algo que sempre nos pareceu muito desejável: a solução do dualismo mente-corpo. Ele faz do nosso corpo, tomado no nível funcional, uma espécie de duplo, de avesso de todas as funções da mente. Nem por isso devemos sentir-nos satisfeitos, pois, de todo modo, há aí uma certa escamoteação.

As reações filosóficas de natureza fideísta que a fenomenologia contemporânea soube produzir, entre os que servem à causa materialista, certamente não são imotivadas, na medida em que, tal como é articulado ou exilado da experiência na exploração inaugurada pela fenomenologia contemporânea, o corpo torna-se algo irredutível aos mecanismos materiais. Depois que longos séculos nos deram, na alma, um corpo espiritualizado, a fenomenologia contemporânea faz do nosso corpo uma alma corporizada.

O que nos interessa nessa questão, e ao qual é preciso reduzir a dialética da causa, não é o corpo participante em sua totalidade. Não é que salientemos que só os olhos são necessários para ver, mas sim que nossas reações são diferentes, conforme nossa pele esteja ou não imersa numa certa atmosfera de cor, como nos observou Goldstein, a quem não faltaram experiências perfeitamente válidas. Não é essa ordem de fatos que está implicada na recapitulação da função do corpo, mas sim o engajamento do homem falante na cadeia do significante, com todas as suas conseqüências — com a repercussão doravante fundamental, com esse ponto de eleição de uma irradiação ultra-subjetiva, com esse alicerce do desejo, em suma. Não se trata do corpo como algo que nos permita explicar tudo, por uma espécie de esboço da harmonia do *Umwelt* com o *Innenwelt*, mas é que sempre há no corpo, em virtude desse engajamento na dialética significante, algo de separado, algo de sacrificado, algo de inerte, que é a libra de carne.

Só nos resta admirar-nos mais uma vez, nesta digressão, com o incrível talento que guiou aquele a quem chamamos Shakespeare a fixar na figura do mercador de Veneza a temática da libra de carne. Esta é a conta certa para nos lembrar que a lei da dívida e do dom — desse fato social total, como desde então se expressou Marcel Mauss, embora esta certamente não tenha sido uma dimensão que escapasse do alvorecer do século XVII — não ganha peso por nenhum elemento que possamos considerar como um terceiro, no sentido de um terceiro externo — troca de mulheres ou de bens, como lembra Lévi-Strauss em suas *Estruturas elementares* —, mas que o que está em jogo no pacto só pode ser e só é a libra de carne, a ser retirada, como diz o texto do *Mercador*, bem junto do coração.

Com certeza, não foi à toa que, depois de ter animado com essa temática uma de suas peças mais incandescentes, Shakespeare — impelido por uma espécie de adivinhação que nada mais é que o reflexo de algo roçado desde sempre, mas nunca abordado em sua profundidade última — a atribuiu ao mercador que é Shylock, e que é judeu. É que, na verdade, nenhuma história escrita, nenhum livro sagrado, nenhuma Bíblia, para dizer a palavra, nos faz viver, mais do que a Bíblia hebraica, a zona sagrada em que é evocada a hora da verdade, aquela que soa o encontro com o lado implacável da relação com Deus, com a maldade divina em função da qual é sempre com nossa carne que temos de saldar a dívida.

Esse campo, que mal aflorei para vocês, convém que o chamemos por seu nome. O nome que o designa, e que para nós constitui o valor dos diferentes textos bíblicos que evoquei, é correlato ao chamado sentimento anti-semita, pelo qual tantos analistas julgaram dever interessar-se, às vezes não sem sucesso, para determinar suas fontes. Estas devem ser procuradas, precisamente, nessa zona sagrada e, diria eu, quase proibida, que é mais bem articulada aí do que em qualquer outro lugar — não só articulada, mas viva, sempre carregada na vida desse povo, na medida em que ele subsiste por si na função que, a propósito do *a*, já enunciei com um nome: a de resto.

O que é o resto? É aquilo que sobrevive à provação da divisão do campo do Outro pela presença do sujeito. Numa certa passagem bíblica, esse resto é formalmente metaforizado na imagem do cepo, do tronco cortado a partir do qual, em sua função viva, o novo tronco ressurge, no nome do segundo filho de Isaías, Chear-Yachoub. Um resto ressurgirá nesse *shorit*, que também encontramos numa determinada passagem de Isaías. A função do resto, essa função irredutível que sobrevive à prova do encontro com o significante puro, foi a esse ponto que eu já os tinha levado, no fim de minha última conferência, com a passagem de Jeremias sobre a circuncisão.

Eu também lhes havia indicado qual foi a solução cristã — deveria dizer a atenuação cristã — dada a essa relação irredutível com o objeto do corte. Não é outra coisa senão o milagre que se prende à saída masoquista, uma vez que o cristão aprendeu, através da dialética da Redenção, a se identificar idealmente com Aquele que é, na verdade, idêntico a esse próprio objeto, ao dejeto deixado pela vingança divina.

É na medida em que essa solução foi vivida, orquestrada, adornada e poetizada que pude, há não mais de 48 horas, ter novamente um encontro, que não poderia ser mais cômico, com o ocidental que retorna do Oriente e descobre que, lá, eles não têm coração — são ardilosos, hipócritas, regateadores e até escroques; entregam-se, santo Deus, a toda sorte de pequenas tramóias.

O ocidental que falava comigo era um homem de instrução perfeitamente mediana, embora, a seus próprios olhos, considere-se uma estrela de grandeza um tanto superior. Ele achava que, se fora bem recebido no Japão, era porque lá, nas famílias, tirava-se vantagem de demonstrar que se mantinha relações com alguém que quase fora agraciado com o Prêmio Goncourt. São essas coisas, disse-me ele, que nunca aconteceriam, é claro, na minha... — neste ponto, censuro o nome de sua província —, digamos, na minha Camargue natal, pois qualquer um sabe que todos temos o coração na mão, somos pessoas muito mais francas, jamais capazes dessas manobras oblíquas.

Essa é a ilusão do cristão, que sempre acredita ter mais coração que os outros. E por quê, meu Deus? Sem dúvida, a coisa parece mais clara quando se percebe que a base do masoquismo, que é a tentativa de provocar a angústia do Outro, aqui transformada em angústia de Deus, tornou-se, no cristão, uma segunda natureza. O que sempre existe de lúdico e de ambíguo nessa hipocrisia, somos capazes de senti-lo na experiência analítica a propósito da posição perversa.

Será que essa hipocrisia vale mais ou menos do que o que ele sente, por sua vez, como hipocrisia oriental? Ele tem razão em sentir que não se trata da mesma. É que o oriental não é cristianizado, e é justamente por aí que tentaremos avançar.

3

Não bancarei aqui o Keyserling nem lhes explicarei a psicologia oriental.

Para começar, não existe psicologia oriental. Graças a Deus, agora vamos diretamente ao Japão pelo Pólo Norte, o que tem a vantagem de nos fazer sentir que ele poderia muito bem ser considerado quase uma ilha da Europa. Na verdade o é, eu lhes asseguro, e um dia vocês verão surgir, eu prevejo, um Robert Musil japonês que nos mostrará onde estamos e até que ponto essa relação do cristão com o coração ainda está viva, ou fossilizada.

Não é por aí que pretendo levá-los hoje. Quero tomar uma via indireta, utilizar uma experiência, estilizar um encontro que foi meu, para abordar algo do campo do que ainda pode viver das práticas budistas, especificamente as do Zen.

Vocês têm razão em pressentir que não é no decorrer de uma incursão tão breve quanto esta que poderei relatar-lhes coisa alguma. Talvez eu lhes diga, ao cabo do que percorreremos agora, uma frase simplesmente colhida do abade de um dos conventos de Kamakura, com quem me haviam arranjado um contato. Sem nenhuma solicitação de minha parte, ele me trouxe uma frase que não me parece inoportuna quanto ao que tentamos definir aqui sobre a relação do sujeito com o significante. Porém, isso mais constitui um campo do futuro a ser reservado. Os encontros de que falei há pouco foram mais modestos, mais acessíveis, mas fáceis de inserir nessas viagens-relâmpago a que nos reduz o tipo de vida que levamos. Trata-se de encontros com obras de arte.

Talvez lhes pareça espantoso que eu assim qualifique estátuas de função religiosa que, em princípio, não foram feitas no intuito de representar obras artísticas. Mas elas o são, incontestavelmente, em sua intenção e sua origem, e sempre foram aceitas e sentidas como tais, independentemente dessa função. Assim, não é despropositado tomarmos essa via de acesso para receber dela algo que nos conduza, não digo à mensagem das estátuas, mas ao que elas podem representar de uma certa relação do sujeito humano com o desejo.

Fiz às pressas, no intuito de preservar uma integridade que prezo muito, uma pequena montagem de três fotos de uma única estátua, dentre as mais belas que se podem ver nessa zona em que elas não faltam, e que datam do século X. Ela se encontra no mosteiro feminino, no convento de Todai-ji, em Nara, que foi o local de exercício da autoridade imperial durante vários séculos, antes do século X. Manuseiem-nas com precaução, pois pretendo recuperar daqui a pouco essas três fotos.

Entramos no budismo. Vocês já sabem que a ambição dele, os princípios do recurso dogmático, assim como da prática de ascese que se relaciona com estes, podem resumir-se nesta formulação que nos interessa no que há de mais sensível: o desejo é ilusão. Que quer dizer isso? Ilusão, aqui, só pode ser uma referência ao registro da verdade. A verdade de que se trata não pode ser uma verdade última, pois, ao lado da ilusão, resta precisar a função do ser. Dizer que o desejo é ilusão é dizer que ele não tem sustentação, não tem escoadouro, sequer tem ambição em relação a nada. Ora, nem que seja em Freud, vocês ouviram falar o bastante do nirvana para saber que ele não se identifica com uma pura redução ao nada. O uso da negação, que é corrente no Zen, por exemplo, através do recurso ao signo *mu*, 無, não deixa que nos enganemos. Trata-se de uma negação muito particular, de um *não ter* que, por si só, bastaria para nos deixar de sobreaviso.

Aquilo de que se trata, pelo menos na etapa mediana da relação com o nirvana, é sempre articulado, de maneira difundida em toda e qualquer formulação da verdade budista, no sentido de um não-dualismo. Se existe um objeto de teu desejo, ele não é outro senão tu mesmo. Aliás, esse não é um traço original do budismo. *Tat wan asi* — é a ti mesmo que reconheces no outro — já está inscrito no Vedanta.

Não dispondo de nenhum meio para lhes fazer uma história e uma crítica do budismo, lembro-o aqui apenas para abordar, pelas vias mais curtas, aquilo em que a experiência particularíssima, como vocês verão, feita por mim em relação a essa estátua é utilizável por nós.

Tal como tende, por etapas, progressivamente, a se estabelecer para aquele que a vive, que envereda por seus caminhos de maneira propriamente ascética, e sem dúvida isso é raro, a experiência budista pressupõe uma referência eminente à função do espelho. Aliás, a metáfora disso é usual. Muito tempo atrás, em razão do que eu já estava apto a conhecer a esse respeito, aludi num de meus textos ao espelho sem superfície em que nada se reflete. Era esse o termo, a etapa, se vocês quiserem, a fase a que eu pretendia referir-me, em prol da meta exata que eu visava na época. Vocês encontrarão isso em meu artigo sobre a causalidade psíquica. Essa relação em espelho com o objeto é, para qualquer gnosiologia, uma referência tão comum e de tão fácil acesso que é igualmente fácil enveredarmos pelo erro da projeção. Sabemos como é fácil as coisas de fora assumirem a cor de nossa alma, e mesmo sua forma, e sabemos até que elas avançam em direção a nós sob a forma de um duplo.

Mas, se introduzirmos o objeto *a* como essencial na relação com o desejo, a questão do dualismo e do não-dualismo assumirá um destaque totalmente diverso. Se o que mais existe de mim mesmo está do lado de fora, não tanto porque eu o tenha projetado, mas por ter sido cortado de mim, os caminhos que eu seguir para sua recuperação oferecerão uma variedade inteiramente diferente.

Para dar à função do espelho, nessa dialética do reconhecimento, um sentido que não seja da ordem do passe de mágica, da escamoteação, da magia, convém fazer algumas observações, a primeira das quais, que não deve ser tomada no sentido idealista, é que o olho já é um espelho.

O olho, eu chegaria a dizer, organiza o mundo como espaço. Reflete aquilo que é reflexo no espelho, mas, para o olho mais penetrante, é visível o reflexo que ele mesmo carrega do mundo, nesse olho que ele vê no espelho. Numa palavra, não há necessidade de dois espelhos opostos para que logo sejam criados os reflexos infinitos do palácio dos espelhos. A partir do momento em que existem o olho e um espelho, produz-se um desdobramento infinito de imagens entrerefletidas.

Esta observação não está aí simplesmente por sua engenhosidade, mas para nos conduzir ao ponto privilegiado que está na origem, e que é o mesmo em que se ata a dificuldade original da aritmética, o fundamento do Um e do zero.

A imagem que se produz no olho, essa que vocês podem ver na pupila, exige, de início, um correlato que, por sua vez, não seja uma imagem. Se a superfície do espelho não está aí para sustentar o mundo, não é porque nada reflita esse mundo, não é porque o mundo se esvaeça com a ausência do sujeito, mas, propriamente, porque ele não reflete nada de si. Isso significa que, antes do espaço, existe um Um que contém a multiplicidade como tal, que é anterior ao desdobramento do espaço como tal — espaço que nunca é senão um espaço escolhido, onde só podem caber coisas justapostas, desde que haja lugar. O fato de esse lugar ser indefinido, ou infinito, não altera em nada a questão.

Para fazê-los entender o que quero dizer quanto a esse Um que não é *mia*, mas *pollè*, todos no plural, vou mostrar-lhes simplesmente o que vocês podem ver em Kamakura. É, pela mão de um escultor cujo nome é muito conhecido, do fim do século XII, Buda, representado materialmente por uma estátua de três metros de altura, e materialmente representado por milhares de outras.

Isso causa uma certa impressão, ainda mais que desfilamos diante delas por um corredor bem estreito, e que mil estátuas são uma coisa que ocupa lugar, sobretudo quando todas são de dimensões humanas, perfeitamente feitas e individualizadas. Esse trabalho consumiu cem anos do referido escultor e de sua escola. Vocês verão o que isso produz, a coisa vista de frente, e depois, ao avançarem pelo corredor, vista numa perspectiva oblíqua.

A oposição monoteísmo/politeísmo talvez não seja uma coisa tão clara quanto vocês habitualmente a imaginam, já que as mil estátuas que aí estão são todas, identicamente, o mesmo Buda. Aliás, de direito, cada um de vocês é um Buda — de direito, porque, por razões particulares, vocês podem ter sido lançados no mundo com claudicações que criarão para esse acesso um obstáculo mais ou menos irredutível.

Nem por isso o Um subjetivo, em sua multiplicidade e variabilidade infinitas, deixa de ser mostrado, aqui, idêntico ao Um derradeiro, no acesso consumado ao não-dualismo, ao além de qualquer variação patética e qualquer mudança cósmica. Menos temos que interessar-nos por isso como fenômeno do que pelo que ele nos permite abordar das relações que demonstra, através das conseqüências que teve, histórica e estruturalmente, no pensamento dos homens.

Devo dar-lhes alguns esclarecimentos.

O primeiro é que, graças a efeitos de multiplicação inscritos na multiplicidade de braços, insígnias e cabeças que coroam a cabeça central, há aqui, na realidade, trinta e três mil trezentos e trinta e três mesmos seres, idênticos. Isso é só um detalhe.

O segundo é que esse não é, falando em termos absolutos, o deus Buda. É um bodisatva, ou seja, para andarmos depressa, um quase-Buda. Ele seria completamente Buda se, justamente, não estivesse ali, mas está, e está nessa forma multiplicada que exigiu muito trabalho.

Essas estátuas são apenas a imagem do trabalho que ele tem para estar ali, ali para vocês. Trata-se de um Buda que ainda não conseguiu desinteressar-se da salvação da humanidade, em razão, sem dúvida, de um dos obstáculos a que fiz alusão há pouco. É por essa razão que, se forem budistas, vocês se prostrarão diante dessa assembléia suntuosa. Deverão reconhecimento à unidade que se desorganizou num número tão grande, para ficar em condições de lhes prestar socorro. A iconografia enumera os casos em que essas imagens os socorrerão.

O bodisatva de que se trata é chamado, em sânscrito, de *Avalokiteshvara*. Seu nome é extremamente difundido, sobretudo nos dias atuais, na esfera mundana que pratica ioga.

A primeira imagem da estátua que faço circular entre vocês é um avatar desse personagem. Antes que eu me interessasse pelo japonês, quis o destino que eu passasse pelos caminhos certos e esclarecesse com meu bom mestre Demiéville, nos anos em que a psicanálise me permitia mais lazer, um livro chamado *O lótus da verdadeira lei*, que foi escrito em chinês, para traduzir um texto sânscrito de Kamârajîva. Esse texto foi mais ou menos a virada histórica em que se produziu o avatar, a metamorfose singular que lhes pedirei para guardarem em mente, isto é, o fato de *Avalokiteshvara*, aquele que ouve o pranto do mundo, ter-se transformado — a partir da época de Kamârajîva, que me parece ter sido meio responsável por isso — numa divindade feminina.

Isso é chamado — creio que vocês também estão sintonizados com isso, nem que seja um pouquinho — *Kwan yin*, ou ainda *Kwan ze yin*. Esse nome tem o mesmo sentido do nome *Avalokiteshvara*, é "aquela que considera, que vai, que se harmoniza". É *Kwan*. É a palavra de que lhes falei há pouco. É seu gemido ou seu pranto. O *ze* às vezes pode ser apagado.

Kwan yin é uma divindade feminina. Na China, não há ambigüidade nisso, ela sempre aparece sob forma feminina, e é nessa transformação e a respeito dessa transformação que lhes peço que se detenham por um minuto. No Japão, essas mesmas palavras são lidas como *Kwan non* ou *Kwan ze non*, conforme nelas introduzamos ou não o caráter do mundo.

Nem todas as formas de *Kwan non* são femininas, eu diria até que a maioria não o é. Já que vocês têm diante dos olhos a imagem das estátuas desse templo, no qual a mesma santidade ou divindade — termo a ser deixado em suspenso — é representada sob forma múltipla, podem observar que os personagens são dotados de pequenos bigodes e de ínfimos esboços de barba. Portanto, estão ali sob forma masculina, o que corresponde, com efeito, à estrutura canônica do que essas estátuas representam, com o número de cabeças e braços que convém.

É exatamente do mesmo ser que se trata na primeira estátua cujas representações faço circular aqui entre vocês. Essa estátua corresponde à forma especificada como uma *Nyo i Rin*, *Kwan non* ou *Kwan ze non*. *Nyo i Rin* quer dizer, do mesmo modo que seu correspondente em sânscrito, "como a roda dos desejos".

Pois é isso que se apresenta a nós.

Encontramos as divindades pré-budistas, da maneira mais atestada, assimiladas aos diferentes patamares dessa hierarquia, os quais se articulam, por conseguinte, como níveis, etapas, formas de acesso à realização suprema da Beleza, isto é, à compreensão suprema do caráter radicalmente ilusório de todo desejo. No entanto, no próprio interior dessa multiplicidade, que converge para um centro que é, essencialmente, um centro de lugar nenhum, vocês vêem ressurgir, da maneira mais encarnada, o que pode haver de mais vivo, mais real, mais animado, mais humano e mais patético numa relação primordial com o mundo divino, a qual, por sua vez, é essencialmente alimentada e como que pontuada por toda uma variação do desejo. A Santidade, com S maiúsculo, quase a mais central do acesso à Beleza, é encarnada numa forma feminina da divindade que chegou a ser identificada, na origem, com nada menos do que o reaparecimento da Shakti indiana, princípio feminino do mundo — com a alma do mundo.

Aí está algo que deve deter-nos por um instante.

Não sei se essa estátua cujas fotos fiz chegar a suas mãos conseguiu estabelecer em vocês a vibração, a comunicação a que, na presença dela, garanto-lhes que podemos ser sensíveis. Não fui simplesmente eu que me sensibilizei.

Quis o acaso que, acompanhado por meu guia, um desses japoneses para quem nem Maupassant nem Mérimée têm segredos, nem nada em nossa literatura, dispenso-os disso, nem tampouco Valéry — aliás, no mundo só se ouve falar de Valéry, o sucesso desse Mallarmé dos novos-ricos é uma das coisas mais consternadoras que se pode encontrar em nossa época, mas recobremos a serenidade —, quis o acaso que eu entrasse na salinha dessa estátua e ali encontrasse, ajoelhado, um homem de trinta a trinta e cinco anos, tipo do empregado bem subalterno, talvez do artesão, e realmente já muito desgastado pela vida. Ele estava de joelhos diante dessa estátua e era evidente que rezava, o que não é algo de que nos sintamos tentados a participar. Mas, depois de haver rezado, chegou bem perto da estátua, pois nada impede que ela seja tocada, pela direita, pela esquerda e por baixo. Ficou assim a olhá-la, durante um tempo que eu não saberia calcular; não vi o fim dele, pois, para dizer a verdade, esse tempo superpôs-se ao de meu próprio olhar. Evidentemente, era um olhar de efusão, de caráter ainda mais extraordinário na medida em que se tratava não de um homem comum, porque um homem que se comporta assim não pode sê-lo, mas de alguém que nada parecia predestinar, nem que fosse em razão do evidente fardo de trabalho que ele carregava nos ombros, a esse tipo de comunhão artística.

Vou lhes apresentar a outra faceta dessa compreensão sob outra forma.

Vocês olharam para a estátua, para seu rosto, viram essa expressão absolutamente espantosa, pelo fato de que é impossível discernir se está toda voltada para vocês ou toda voltada para dentro. Na ocasião, eu não sabia o que era uma Nyo i Rin, uma Kwan ze non, mas fazia muito tempo que ouvira falar da Kwan yin. A propósito dessas estátuas, e também de outras, perguntei: *Afinal, isso é um homem ou uma mulher?*

Dispenso-os dos debates, das digressões do que se desenvolveu em torno dessa pergunta, que faz perfeito sentido no Japão, repito-lhes, dado que nem todas as Kwan ze non têm uma aparência unívoca. E foi nisso que o que colhi teve um caraterzinho de pesquisa, enfim, no nível do relatório Kinsey: adquiri a certeza de que, para aquele rapaz culto, versado em Mérimée e Maupassant, e também para um grande número de seus colegas a quem interroguei, a questão de saber, diante de uma estátua dessa espécie, se ela é masculina ou feminina nunca é levantada.

Creio que há nisso um fato sumamente decisivo para abordarmos o que poderemos chamar de variedade das soluções do problema do objeto. Por tudo que acabo de contar sobre minha primeira aproximação desse objeto, creio ter-lhes mostrado suficientemente a que ponto ele é um objeto para o desejo.

Se vocês ainda precisam de outros detalhes, podem observar que não há abertura do olho nessa estátua. Ora, as estátuas budistas têm sempre um olho que não podemos propriamente dizer que esteja fechado, nem semicerrado, pois trata-se de uma posição do olho que só se obtém através da aprendizagem, ou seja, de uma pálpebra abaixada que só deixa passar um fio do branco do olho e uma borda da pupila. Todas as estátuas de Buda são feitas assim. Essa estátua, por sua vez, não tem nada parecido. Simplesmente tem, no nível do olho, uma espécie de crista aguda, que faz com que, com o reflexo próprio da madeira, pareça haver sempre um olho movendo-se embaixo. Mas não há nada na madeira. Examinei-a bem, pedi informações, e a solução que obtive — sem que eu mesmo possa decidir quanta confiança cabe depositar nela; ela me foi dada por uma pessoa altamente especializada, muito séria, que é o professor Kando, para citá-lo pelo nome — foi que a fenda do olho, nessa estátua, desapareceu com o correr dos séculos em razão da massagem a que a submetem, mais ou menos cotidianamente, as freiras do convento no qual ela é o tesouro mais precioso, quando pensam estar enxugando as lágrimas dessa imagem do socorro divino por excelência.

Aliás, a estátua inteira é tratada pelas mãos das religiosas do mesmo modo que essa borda do olho. Seu polimento é qualquer coisa de inacreditável, e a foto só consegue dar-lhes um vago reflexo dele — um reflexo do que é, sobre ela, a irradiação invertida do que não podemos deixar de reconhecer como um desejo prolongado, depositado por essas reclusas, ao longo dos séculos, nessa divindade de sexo psicologicamente indeterminável.

A hora já vai muito adiantada hoje para que eu leve mais longe meu discurso. O que lhes disse hoje nos permitirá esclarecer a passagem a que chegamos agora.

Há, no estágio oral, uma certa relação da demanda com o desejo velado da mãe. No estágio anal, há, para o desejo, a entrada em jogo da demanda da mãe. No estágio da castração fálica, há o menos-falo, a entrada da negatividade quanto ao instrumento do desejo, no momento do surgimento do desejo sexual como tal no campo do Outro. Mas, nessas três etapas, o processo não se detém, uma vez que, em seu limite, deveremos encontrar a estrutura do *a* como separado.

Não foi à toa que hoje lhes falei de um espelho, não o do estádio do espelho, da experiência narcísica, da imagem do corpo em sua totalidade, mas o espelho como campo do Outro em que deve aparecer pela primeira vez, se não o *a*, pelo menos seu lugar — em suma, a mola radical que faz passar do nível da castração para a miragem do objeto do desejo.

Qual é a função da castração nesse objeto, nessa estátua, de tipo tão comovente que é, ao mesmo tempo, nossa imagem e uma outra coisa, ao passo que, no contexto de uma certa cultura, parece não ter relação com o sexo? Aí está o fato estranho e peculiar a que hoje os conduzi.

8 de maio de 1963

XVII

A boca e o olho

Os lábios, os dentes, a língua
O lactente, um parasita
Ponto de angústia e ponto de desejo
Angústia e orgasmo
Anulação escópica da castração

A lista dos objetos na teoria freudiana — objeto oral, objeto anal, objeto fálico (vocês sabem que ponho em dúvida que o objeto genital seja homogêneo a ele) — precisa ser completada.

De fato, o objeto definido em sua função por seu lugar como *a*, o objeto que funciona como resto da dialética do sujeito com o Outro, ainda está por ser definido em outros níveis do campo do desejo. Tudo lhes indica isso no que já esbocei em meu ensino, mais especialmente no deste ano.

Por exemplo, mesmo grosseiramente, já indiquei o bastante para que vocês sintam que o desejo ligado à imagem é função de um corte que sobrevém no campo do olho. Ou ainda uma outra coisa, e que vai mais longe do que o que já conhecemos — aquilo que até aqui se afigurou enigmático, sob a forma de um certo imperativo dito categórico, no qual encontramos o caráter de certeza fundamental já delimitado pela filosofia tradicional e articulado por Kant sob a forma da consciência moral. Abordá-lo pelo prisma do *a* nos permitirá situá-lo em seu lugar.

Se escolhi proceder, este ano, a partir da angústia, foi porque esse caminho revivifica toda a dialética do desejo, e porque é o único que nos permite introduzir uma nova clareza quanto à função do objeto em relação ao desejo.

Da última vez minha lição pretendeu mostrar como todo um campo da experiência humana, que se propõe constitutivo de uma espécie de salvação, a experiência budista, soube postular em seu princípio que o desejo é ilusão.

O que significa isso? É fácil sorrir diante da afirmação precipitada de que *tudo é nada.* Aliás, eu lhes disse que não é disso que se trata no budismo. Mas, se a assertiva de que o desejo é apenas ilusão também pode ter um sentido para nossa experiência, é preciso saber por onde esse sentido pode introduzir-se e, numa palavra, onde está o engodo.

O desejo, eu lhes ensino a ligá-lo à função do corte e a pô-lo numa certa relação com a função do resto, que sustenta e move o desejo, como aprendemos a identificar na função analítica do objeto parcial. Uma outra coisa é a falta a que se liga a satisfação.

A distância, a não-coincidência dessa falta com a função do desejo em ato, estruturado pela fantasia e pela vacilação do sujeito em sua relação com o objeto parcial, é isso que cria a angústia, e a angústia é a única a almejar a verdade dessa falta. É por isso que, em cada etapa da estruturação do desejo, devemos situar o que chamarei de ponto de angústia.

Isso nos fará retroceder — num movimento comandado por toda a nossa experiência, pois tudo se passa como se, havendo Freud esbarrado num impasse, o do complexo de castração, a teoria analítica houvesse conhecido como que um refluxo, um retorno que a levou a buscar novamente o funcionamento mais radical da pulsão no nível oral. Ora, esse impasse, promovo-o como sendo apenas aparente e nunca superado até hoje.

O que tenho a lhes dizer hoje talvez nos permita tirar conclusões sobre algumas afirmações acerca do que significa a topada de Freud no complexo de castração.

1

É singular que a psicanálise, que discerniu inauguralmente a função nodal do que é propriamente sexual na formação do desejo, tenha sido levada, no correr de sua evolução histórica, a buscar cada vez mais na pulsão oral a origem de todos os acidentes, anomalias e perplexidades que podem produzir-se no plano da estruturação do desejo.

Não basta dizer que ela é cronologicamente original; também é preciso justificar por que é estruturalmente original, e que é a ela que deve reconduzir, no final das contas, a etiologia de todos os tropeços com que temos de lidar.

Aliás, já abordei o que deve reabrir para nós a questão dessa redução à pulsão oral. Tal como funciona atualmente, ela não passa de um modo metafórico de abordar o que acontece no nível do objeto fálico, eludindo o impasse criado pelo fato de que Freud nunca resolveu, em última análise, o funcionamento do complexo de castração. A redução oral o encobre e permite falar dele sem deparar com o impasse. Mas, se é correto falar de metáfora, devemos encontrar, no próprio nível da pulsão oral, o esboço daquilo de que, aqui, ela é apenas metáfora.

Eis por que já tentei, uma vez, retomar a função do corte do objeto em relação ao nível da pulsão oral, à disjunção entre o lugar da satisfação e o lugar da angústia. Agora, trata-se de darmos o passo seguinte àquele a que os levei da última vez, isto é, de situar o ponto de junção entre o *a* que funciona como (- φ), ou seja, o complexo de castração, e o nível que chamaremos de visual ou espacial, conforme a faceta pela qual o contemplemos, nível este que é aquele em que podemos ver melhor o que significa o engodo do desejo.

Para chegar a isso, que é nossa finalidade de hoje, devemos primeiro reportar-nos a algo anterior e voltar à análise da pulsão oral, para esclarecer bem onde fica o corte nesse nível.

O lactente e o seio, foi em torno disso que vieram concentrar-se todas as nuvens da dramaturgia da análise, a origem das primeiras pulsões agressivas, do reflexo ou da retenção delas, a fonte das claudicações mais fundamentais no desenvolvimento libidinal do sujeito. Ao retomarmos essa temática, convém não esquecermos que ela se fundamenta num ato original essencial à subsistência biológica do sujeito na ordem dos mamíferos, qual seja, a sucção.

O que funciona na sucção? Aparentemente, os lábios.

Aí reencontramos o funcionamento do que nos pareceu essencial na estrutura da erogenidade — a função de uma borda. O fato de o lábio nos apresentar a própria imagem da borda, de ser ele mesmo a encarnação, digamos, de um corte, é perfeito para nos fazer intuir que estamos em terreno seguro.

Não nos esqueçamos de que, num plano totalmente diverso, o da articulação significante, os fonemas mais fundamentais, os mais ligados ao corte, os elementos consonantais do fonema, são, em sua reserva mais basal, essencialmente modulados no nível dos lábios. Se tivermos tempo, talvez eu volte a falar do que já apontei várias vezes sobre as palavras fundamentais e sua especificidade aparente. *Mamãe* e *papai* são articulações labiais, ainda que possamos duvidar de que sua distribuição seja específica, geral, ou mesmo universal.

Por outro lado, o fato de, no nível dos ritos de iniciação, o lábio ser algo que pode ser simbolicamente perfurado ou esticado, triturado de mil maneiras, nos fornece também a referência de que estamos realmente num campo vivo, e reconhecido desde longa data nas práxis humanas.

Será que é só isso? Por trás dos lábios, há ainda o que Homero chama de *recinto dos dentes*, bem como a mordida.

A existência da chamada dentição de leite, mordida virtual implícita que pomos em jogo na temática agressiva da pulsão oral, com o isolamento fantasístico da extremidade do seio, é em torno disso que temos feito girar a possibilidade da fantasia do mamilo isolado, que já se apresenta como um objeto não apenas parcial, mas seccionado. É por aí que se introduz nas primeiras fantasias a função do despedaçamento como inaugural, com a qual nos temos contentado até aqui. Porventura isso quer dizer que podemos manter essa posição?

Já no Seminário que dei em 6 de março, acentuei que toda a chamada dialética do desmame, da separação do seio, deveria ser retomada em função de suas ressonâncias, de suas repercussões naturais, de tudo aquilo que, em nossa experiência, permitiu-nos ampliá-la até a separação primordial, ou seja, a do nascimento. Foi por bons motivos que reconhecemos, em nossa experiência, que há uma analogia entre o desmame oral e o desmame do nascimento. Se introduzirmos nisso um pouco mais de fisiologia, essa experiência servirá para nos esclarecer.

No nascimento, disse-lhes eu, o corte está num lugar diferente daquele em que o situamos. Não é condicionado pela agressão exercida sobre o corpo materno. É interno à unidade individual primordial, tal como esta se apresenta no nível do nascimento. O corte se dá entre aquilo em que se transformará o indivíduo lançado no mundo exterior e seus envoltórios, que são partes dele mesmo, uma vez que são elementos do óvulo, homogêneos ao que se produziu no desenvolvimento ovular, num prolongamento direto de seu ectoderma e de seu endoderma. A separação se dá no interior da unidade que é a do ovo.

A ênfase que pretendo conferir a isso decorre da especificidade da chamada organização mamífera na estrutura orgânica.

O que especifica o desenvolvimento do ovo, na quase-totalidade dos mamíferos, é a existência da placenta, inclusive de uma placenta absolutamente especial, aquela a que chamamos corioalantoidiana, através da qual, em toda uma faceta de seu desenvolvimento, o ovo se apresenta, em sua posição intra-uterina, numa relação semiparasitária com o organismo da mãe.

É sugestivo para nós que, no conjunto dos mamíferos, distingam-se duas ordens, a dos monotremados e a dos marsupiais. Nos marsupiais, há dois tipos de placenta, a corioalantoidiana e a coriovitelina, mas não nos deteremos nessa sutileza. Os monotremados, creio que, desde a infância, vocês têm pelo menos uma imagem deles, sob a forma dos animais que, no *Petit Larousse*, formigam em bando e se comprimem à porta de uma nova arca de Noé. Há dois deles por espécie, às vezes apenas um. Vocês têm a imagem do ornitorrinco e também a do que chamamos de tipo equidnídeo. Esses monotremados são mamíferos, mas neles, o ovo, embora depositado num útero, não tem nenhuma relação placentária com o organismo materno. Não obstante, a mama já existe.

Nesse nível, vemos melhor qual é a função original da mama. Esta se apresenta como algo intermediário entre o rebento e sua mãe. Portanto, convém concebermos que é entre a mama e o próprio organismo materno que reside o corte.

Aqui, antes mesmo que apareça a placenta em outro nível do organismo vivo, e que vejamos a relação de nutrição prolongar-se, para além da função do ovo — carregado com toda a bagagem que permite seu desenvolvimento —, numa experiência comum de busca de alimento, na qual a criança se unirá a seus genitores, vemos claramente uma relação que chamei de parasitária, uma função ambígua em que intervém o órgão amboceptor que é a mama.

Dito de outra maneira, a relação da criança com a mama é mais primitiva do que o aparecimento da placenta, o que nos permite dizer que é homóloga à sua relação com a placenta. Do mesmo modo que a placenta forma uma unidade com a criança, há, juntos, a criança e a mama. A mama é como que aplicada, implantada na mãe. É isso que lhe permite funcionar estruturalmente no nível do *a*, que se define como algo de que a criança é separada de maneira interna à esfera de sua própria existência.

Vocês verão a conseqüência resultante da ligação da pulsão oral com esse objeto amboceptor.

Qual é o objeto da pulsão oral? É o que habitualmente chamamos de seio materno. Onde fica, nesse nível, o que chamei há pouco de ponto de angústia? Fica justamente além dessa esfera que reúne a criança e a mama. O ponto de angústia está no nível da mãe. Na criança, a angústia da falta da mãe é a angústia do ressecamento do seio. O lugar do ponto de angústia não se confunde com o lugar em que se estabelece a relação com o objeto do desejo.

A coisa é singularmente ilustrada pelos animais que revelei sob a aparência de representantes da ordem dos monotremados. É como se essa organização biológica tivesse sido fabricada por um criador previdente, para nos evidenciar a verdadeira relação oral com o objeto privilegiado que é a mama.

Com efeito, saibam vocês ou não, o pequeno ornitorrinco passa um certo tempo fora da cloaca após o nascimento, num lugar situado sobre o ventre da mãe, chamado incubador. Nesse momento, o filhote ainda está nos envoltórios de uma espécie de ovo duro, do qual sai com a ajuda de um chamado dente de eclosão, reforçado por algo que se situa no nível de seu lábio superior e que se chama carúncula. Esses órgãos, que permitem ao feto sair do ovo, não lhe são específicos. Existem desde antes do aparecimento dos mamíferos, no nível dos répteis. As cobras têm apenas o chamado dente de eclosão, enquanto outras variedades, como as tartarugas e os crocodilos, têm somente a carúncula.

O importante é isto: a mama da mãe do ornitorrinco parece necessitar da estimulação da ponta armada que é exibida pelo focinho de seu filhote, para desencadear sua função. Durante uns oito dias, o filhote de ornitorrinco empenha-se nesse desencadeamento, que parece muito mais dependente de sua presença e sua atividade que de um funcionamento autônomo do organismo da mãe. Aliás, ele nos dá, curiosamente, a imagem de uma relação como que invertida, no cotejo com a da protuberância mamária. As mamas da fêmea do ornitorrinco são ocas. O bico do filhote introduz-se nelas. Desenho para vocês os elementos glandulares, os lóbulos produtores de leite e o focinho armado que vem alojar-se neles — o focinho ainda não está endurecido na forma de um bico, como virá a ficar mais tarde.

Portanto, há na organização mamífera dois pontos originais a distinguir. Por um lado, existe a mama como tal. A relação com a mama é estruturante para a subsistência e para a manutenção da relação com o desejo. Posteriormente, a mama se tornará o objeto fantasístico. Por outro lado, em outro lugar, existe o ponto de angústia, no qual o sujeito se relaciona com sua falta. Esse ponto não é coincidente com a mama. É como que deportado para o Outro, pois, no nível da mãe, depende da existência do organismo dela.

S	A
a	Angústia

O ponto de angústia

Eis o que nos é permitido estruturar de maneira mais articulada pela simples consideração da fisiologia. Esta nos mostra que o *a* é um objeto separado, não do organismo da mãe, mas do organismo da criança. A relação com a mãe é distinta dessa totalidade orgânica da qual o *a*, desconhecido como tal, se separa e se isola. A relação com a mãe, a relação de falta com a mãe, situa-se além do lugar onde intervém a distinção do objeto parcial como algo que funciona na relação do desejo.

Obviamente, a relação é ainda mais complexa, e é preciso levar em conta a existência, na função da sucção, ao lado dos lábios, desse órgão enigmático que é a língua. Ele é identificado como tal há muito tempo — lembrem-se da fábula de Esopo.

A língua permite-nos fazer intervir, a partir do nível oral, aquilo que, nas subjacências de nossa análise, está presente para alimentar uma dupla homologia com a função fálica e sua dissimetria singular. Por um lado, a língua desempenha na sucção o papel essencial de funcionar por aspiração, como sustentação de um vazio cuja força de apelo permite que a função seja eficaz. Por outro, proporciona a imagem, sob uma forma inicial, da saída mais íntima do segredo da sucção, que permanecerá em estado de fantasia no fundo de tudo que podemos articular em torno da função fálica — a saber, o reviramento da luva, a possibilidade de uma reversão do que está no plano mais profundo do segredo do interior.

Que o ponto de angústia encontra-se além do lugar em que se assegura a fantasia, em sua relação com o objeto parcial, é o que se evidencia no prolongamento da fantasia que serve de ilustração e que está sempre mais ou menos subjacente ao crédito que damos a uma certa modalidade de relação oral, ou seja, a fantasia que se exprime sob a imagem do vampirismo.

Se é verdade que, numa certa forma de sua relação com a mãe, a criança é um pequeno vampiro, e que seu organismo, durante algum tempo, fica pendente numa posição parasitária, nem por isso deixa de ser verdade que ela também não é esse vampiro, ou seja, que em momento algum procura na mãe, com os dentes, a fonte viva e cálida de sua alimentação. No entanto, por mais mítica que seja, a imagem do vampiro nos revela, pela aura de angústia que a cerca, a verdade da relação oral com a mãe. Para além da realidade do funcionamento orgânico se esboça e perfila uma dimensão que confere à mensagem sua ênfase mais profunda, a de uma possibilidade de falta que se realiza além do que a angústia encerra de medos virtuais pelo ressecamento do seio. Ela questiona a função da mãe. A relação com a mãe, na medida em que se perfila na imagem do vampirismo, é o que nos permite distinguir o ponto de angústia do ponto de desejo. No plano na pulsão oral, o ponto de angústia encontra-se no nível do Outro, é aí que o experimentamos.

Freud nos diz que *a anatomia é o destino.* Vocês sabem que, em certos momentos, ergui-me contra essa formulação, pelo que ela pode ter de incompleto. Mas ela se torna verdadeira se atribuirmos ao termo "anatomia" seu sentido estrito e, digamos, etimológico, que valoriza a *ana-tomia*, a função de corte. Tudo o que sabemos de anatomia está ligado, de fato, à dissecação. O destino, isto é, a relação do homem com essa função chamada desejo, só adquire toda a sua animação na medida em que é concebível o despedaçamento do próprio corpo, esse corte que é o lugar dos momentos de eleição de seu funcionamento.

A separtição [*sépartition*] fundamental — não separação, mas divisão por dentro —, eis o que está inscrito desde a origem, e desde o nível da pulsão oral, no que será a estruturação do desejo.

Como nos surpreendermos, portanto, por termos ido ao nível oral para encontrar uma imagem mais acessível daquilo que, até hoje, continua a ser para nós um paradoxo — e por quê? — no funcionamento ligado à copulação, ou seja, o fato de que também nela prevalece a imagem de um corte, de uma separação?

2

Esse corte, nós o chamamos impropriamente de castração, uma vez que o que funciona é uma imagem de emasculação.

Decerto não foi por acaso, nem tampouco por falta de discernimento, sem dúvida, que fomos buscar nas fantasias mais antigas a justificação do que sabíamos muito bem justificar no nível da fase fálica. Mas convém assinalar que, no nível oral, produz-se algo que permitirá nos situarmos em toda a dialética posterior.

Acabo de lhes enunciar, na verdade, a distribuição topológica do desejo e da angústia. O ponto de angústia fica no nível do Outro, do corpo da mãe. O funcionamento do desejo — isto é, da fantasia, da vacilação que une estreitamente o sujeito ao *a*, daquilo pelo qual o sujeito se descobre suspenso, identificado com esse resto *a* — está sempre elidido, oculto, subjacente a qualquer relação do sujeito com tal ou qual objeto, e é preciso que o detectemos aí.

Vocês podem vê-lo aqui no quadro. Aqui está o nível S do sujeito, que, em meu esquema do vaso refletido no espelho do Outro, encontra-se aquém do espelho. É aí que se encontram as relações no plano da pulsão oral. O corte, como eu lhes disse, é um termo essencial para o campo do sujeito. O desejo funciona no interior de um mundo que, apesar de rompido, traz a marca de seu primeiro fechamento no interior daquilo que resta, imaginário ou virtual, do envoltório do ovo. Aí reencontramos a idéia freudiana de auto-erotismo.

O que acontecerá no nível em que se produz o complexo de castração? Assistimos então a uma verdadeira inversão do ponto de desejo e do lugar da angústia.

Se há uma coisa que foi promovida pela forma — sem dúvida ainda imperfeita, mas carregada de todo o destaque de uma conquista penosa, feita passo a passo desde a origem — da descoberta freudiana que a revelou na estrutura, é justamente a castração, ou seja, a descoberta de que a relação com o objeto na relação fálica contém implicitamente a privação do órgão. Nesse nível, o Outro está evidentemente implicado. Se não houvesse Outro — e pouco importa que aqui o chamemos de mãe castradora ou de pai da interdição original —, não haveria castração.

A relação essencial da castração com o funcionamento copulatório incitou-nos desde logo a tentar — segundo a indicação do próprio Freud, afinal, pois ele nos diz, embora sem justificá-lo em nada, que, nesse nível, é numa rocha biológica que esbarramos — articulá-la aqui como jazendo numa particularidade da função do órgão copulatório no nível biológico humano.

Como lhes assinalei, em outros níveis, em outros ramos animais, o órgão copulatório, aquilo que pode ser chamado de órgão masculino, da maneira mais sumariamente analógica, é um gancho, um órgão de fixação. É essencial não supor que essa metamorfose do funcionamento particular desse órgão copulatório, no nível das chamadas organizações animais superiores — a saber, o mecanismo da tumescência e da detumescência —, seja, por si só, essencial ao orgasmo.

Decerto não tentaremos conceber o que pode ser o orgasmo em relações copulatórias estruturadas de outra maneira. De resto, há um número suficiente de espetáculos naturais impressionantes. Basta vocês passearem à beira de um lago, à noite, para verem duas libélulas voando, estreitamente ligadas, e esse simples espetáculo já nos diz bastante sobre o que podemos conceber como sendo um orgasmo prolongado, um *longorgasmo*, se vocês me permitem fazer uma brincadeira. Aliás, não foi à toa que evoquei a imagem fantasística do vampiro, que não é concebida pela imaginação humana senão como uma forma de fusão ou subtração primária na própria fonte da vida em que o sujeito agressor pode encontrar a fonte de seu gozo. Com certeza, a existência mesma do mecanismo de detumescência, na copulação dos organismos mais análogos ao organismo humano, já basta, por si só, para marcar a ligação do orgasmo com o que realmente se apresenta como a imagem primeira, o esboço do corte — separação, amolecimento, afânise, desaparecimento da função do órgão.

Se tomarmos as coisas por essa vertente, reconheceremos que, nessa escansão, o ponto de angústia encontra-se numa posição rigorosamente inversa àquela em que se encontrava no nível da pulsão oral. O homólogo do ponto de angústia oral é o próprio orgasmo, como experiência subjetiva.

É isso que permite justificar o que a clínica nos mostra com muita freqüência, a saber, a equivalência fundamental entre o orgasmo e pelo menos certas formas da angústia, a possibilidade da produção de um orgasmo no auge de uma situação angustiante, a eventual erotização, dizem-nos em toda parte, de uma situação angustiante, buscada como tal.

Também é isso que justifica algo de que temos o testemunho humano universal, renovado pelo de Freud. Afinal, vale a pena assinalar o fato de alguém do nível de Freud se atrever a atestar que, no fim das contas, não há maior satisfação para o ser humano do que o orgasmo. Se essa satisfação ultrapassa tudo o que pode ser dado ao homem experimentar, sendo posta numa função de primazia e precedência, se a função do orgasmo pode atingir essa proeminência, não será porque, no fundo do orgasmo consumado, existe o que chamei de certeza ligada à angústia, na medida em que o orgasmo é a própria realização do que a angústia indica como referencial, como direção do lugar da certeza? O orgasmo, dentre todas as angústias, é a única que realmente acaba.

É por essa razão, aliás, que o orgasmo não é de alcance muito comum. Se nos é lícito indicar sua função eventual no sexo, onde só há realidade fálica sob a forma de uma sombra, é também nesse mesmo sexo que o orgasmo continua a ser o mais enigmático para nós, o mais fechado, talvez nunca autenticamente situado, até aqui, em sua essência última.

Que nos indica esse paralelo, essa simetria, essa inversão estabelecida entre o ponto de angústia e o ponto de desejo, senão que em nenhum dos dois casos eles coincidem? E é nisso, sem dúvida, que devemos ver a origem do enigma que nos foi legado pela experiência freudiana.

Na medida em que a situação do desejo — virtualmente implicada em nossa experiência, e que, se me permitem dizê-lo, tece-a por inteiro — não é verdadeiramente articulada em Freud, o fim da análise esbarra num obstáculo e tropeça no sinal implicado na relação fálica, o (- φ), no que este funciona estruturalmente como (- φ), o que faz com que essa forma seja tomada como o correlato essencial da satisfação.

Se, no fim da análise freudiana, o paciente, masculino ou feminino, reclama-nos o falo que lhe devemos, é em função de uma insuficiência nossa para distinguir a relação do desejo com o objeto e a falta constitutiva da satisfação.

O desejo é ilusório, por quê? Porque sempre se dirige a um outro lugar, a um resto, um resto constituído pela relação do sujeito com o Outro que vem substituí-lo. Mas isso deixa em aberto a questão de saber onde pode encontrar-se a certeza. Nenhum falo permanente, nenhum falo onipotente é próprio por natureza para fechar, seja pelo que for de apaziguador, a dialética da relação do sujeito com o Outro e com o real. Se com isso tocamos na função estruturante do engodo, será que isso quer dizer que devemos ficar por aí, confessar nossa impotência, nosso limite e o ponto em que se rompe a distinção entre a análise finita e a análise indefinida? Creio que não.

É aí que intervém o que se encerra na essência mais secreta do que tenho enunciado, há muito tempo, sob a forma do estádio do espelho, e que nos obriga a tentar ordenar numa mesma relação o desejo, o objeto e o ponto de angústia — a saber, esse novo objeto *a* do qual a última lição foi a introdução: o olho.

3

Obviamente, esse objeto parcial não é novo na análise.

Bastará que eu evoque aqui o artigo do autor mais clássico e mais universalmente aceito na análise, o sr. Fenichel, sobre as relações da função escopofílica com a identificação, e as homologias que ele descobre dessa função com a relação oral. No entanto, tudo o que se disse sobre esse assunto pode, com justiça, parecer insuficiente.

A origem do olho não nos remete somente aos mamíferos, nem tampouco aos vertebrados e nem mesmo aos cordados. O olho aparece na escala animal desde o nível de organismos que nada têm em comum conosco. Como já tive que assinalar, ele existe no nível do louva-a-deus, mas também no nível do polvo. Surge de maneira extraordinariamente diferenciada, com uma aparência anatômica essencialmente semelhante à do olho de que somos portadores.

O olho apresenta-se com uma particularidade que devemos salientar de imediato, a saber, ele é sempre um órgão duplo. Funciona, em geral, na dependência de um quiasma, ou seja, está ligado ao nó entrecruzado que liga duas partes simétricas do corpo. A relação do olho com uma simetria ao menos aparente, pois que nenhum organismo é inteiramente simétrico, deve ser eminentemente considerada por nós.

Minhas reflexões da última vez assinalaram a função radical da miragem, que está incluída desde o funcionamento inicial do olho. O fato de o olho ser um espelho já implica, de certo modo, sua estrutura. O fundamento, digamos, estético-transcendental de um espaço constituído deve ceder lugar a outro. Falamos da estrutura transcendental do espaço como um dado irredutível da apreensão estética do mundo, embora essa estrutura exclua apenas uma coisa — o próprio olho, aquilo que ele é, sua função. A questão é encontrar os vestígios dessa função excluída. Ela já se indica suficientemente, na fenomenologia da visão, como homóloga da função do *a*.

Aqui só podemos proceder por pontuações, indicações, comentários.

Todos aqueles, especificamente os místicos, que se ligaram ao que eu poderia chamar de realismo do desejo, e para quem qualquer tentativa de atingir o essencial deve superar o que há de mais cativante numa aparência que nunca é concebida senão como aparência visual, já nos puseram na trilha de algo que também é atestado por toda sorte de fenômenos naturais, a saber, as chamadas aparências miméticas, que se manifestam na escala animal exatamente no mesmo ponto em que aparece o olho. No nível dos insetos — ante os quais podemos surpreender-nos, por que não?, pelo fato de terem um par de olhos feito como o nosso —, vemos aparecer a existência de uma mancha dupla, cujo efeito é fascinar o outro, predador ou não. E os fisiologistas, sejam ou não evolucionistas, quebram a cabeça a se perguntar o que pode condicionar seu aparecimento.

Esse componente de fascínio na função do olhar, no qual toda subsistência subjetiva parece perder-se, ser absorvida, sair do mundo, é enigmático em si mesmo. No entanto, é ele o ponto de irradiação que nos permite questionar o que a função do desejo nos revela no campo visual.

Aliás, é impressionante notar que, em todas as tentativas de apreender, logicizar, raciocinar sobre o mistério do olho, a fim de elucidar essa forma de grande captura do desejo humano, manifesta-se a fantasia do terceiro olho. Não preciso dizer-lhes que, nas imagens de Buda que mencionei da última vez, o terceiro olho é sempre indicado de algum modo.

Esse terceiro olho é promulgado, promovido, articulado na mais antiga tradição mágico-religiosa. Repercute até no nível de Descartes, que, coisa curiosa, só vai encontrar seu substrato num órgão regressivo, rudimentar — a epífise [glândula pineal]. Talvez possamos dizer que, num ponto da escala animal, aparece e se realiza algo que traria a marca de uma antiga emergência desse aparelho chamado de terceiro olho, mas isso não passa de devaneio, pois é algo de que não temos nenhum testemunho, fóssil ou outro.

Nesse novo campo da relação com o desejo, o que aparece como correlato do pequeno *a* da fantasia é uma coisa que podemos chamar de ponto zero, cuja extensão sobre todo o campo da visão é fonte, para nós, de uma espécie de apaziguamento, traduzido desde sempre pelo termo *contemplação*. Há nesta uma suspensão do dilaceramento do desejo — uma suspensão frágil, por certo, tão frágil quanto uma cortina sempre pronta a se reabrir para desmascarar o mistério que oculta. A imagem budista parece levar-nos em direção a esse ponto zero, na medida mesma em que as pálpebras baixadas preservam-nos da fascinação do olhar, ao mesmo tempo que no-lo indicam. Essa figura está, no visível, inteiramente voltada para o invisível, mas poupa-nos dele. Em síntese, essa figura toma totalmente a seu encargo o ponto de angústia e suspende, anula, aparentemente, o mistério da castração. Foi o que quis apontar da última vez com meus comentários e com a pequena pesquisa que fiz sobre a aparente ambigüidade psicológica dessas imagens.

Equivale isso a dizer que, de certo modo, existe uma possibilidade de nos confiarmos a um campo apolíneo, noético, contemplativo, em que o desejo possa ser sustentado por uma anulação de seu ponto central, por uma identificação de *a* com o ponto zero? Certamente, não, já que resta justamente o ponto zero entre os dois olhos, único lugar de inquietação que persiste em nossa relação com o mundo, quando esse mundo é espacial. É isso que nos impede de encontrar na formulação do desejo-ilusão a última palavra da experiência.

Aqui, o ponto de desejo e o ponto de angústia coincidem, mas não se confundem, e até deixam em aberto o *mas* em que é eternamente retomada a dialética de nossa apreensão do mundo, esse *mas* que sempre vemos ressurgir em nossos pacientes, esse *mas* que investiguei um pouco como se diz em hebraico, o que os divertirá.

O ponto de desejo e o ponto de angústia coincidem aqui, e, *entretanto*, o desejo, que aqui se resume à nulificação de seu objeto central, não existe sem esse outro objeto que chama a angústia. Ele não existe sem objeto. Não foi à toa que com esse *sem* lhes forneci a fórmula da articulação da identificação do desejo.

É mais além do *não é sem objeto* que se coloca, para nós, a questão de saber onde é possível transpor a barra, o impasse do complexo de castração.

Vamos abordar isso da próxima vez.

15 de maio de 1963

XVIII

A VOZ DE JAVÉ

Reik e o uso do símbolo
O som do chofar
Que Deus se lembre
*Função da pitada/pinta de beleza**
Aquilo que nos olha

Grosseiramente, para dar uma orientação sumária a alguém que porventura chegasse em meio a este discurso, eu diria que estamos completando a gama das relações de objeto.

De fato, vemo-nos necessitados, pela experiência da angústia, de acrescentar ao objeto oral, ao objeto anal e ao objeto fálico, na medida em que cada um é gerador e correlato de um tipo de angústia, dois outros patamares do objeto, elevando-os a cinco, portanto.

Em nossos dois últimos encontros, tenho-me situado no patamar do olho. Nele tornarei a me situar hoje, para fazê-los passarem ao patamar que se trata de abordar agora, o do ouvido.

Como lhes disse, esta apresentação das coisas é grosseira. Seria absurdo acreditar que as coisas são assim, a não ser de maneira esotérica e obscurecedora. Na verdade, a questão é determinar, em todos os níveis, qual é a função do desejo, e nenhum deles pode separar-se das repercussões que tem sobre todos os demais. Une-os uma solidariedade íntima, que se expressa na fundação do sujeito no Outro por interm-

* No francês, *grain de beauté*, a pinta ou sinal de tom escuro na pele, natural ou artificial. (N.T.)

dio do significante, e no advento de um resto em torno do qual gira o drama do desejo, drama este que permaneceria opaco para nós se não houvesse a angústia para nos permitir revelar seu sentido.

Isso freqüentemente nos leva a incursões eruditas em que alguns podem ver não sei que encanto comprovado, ou reprovado, de meu ensino. Acreditem, não é sem hesitação que avanço por aí. Um dia estudaremos o método pelo qual procedo no ensino que lhes ofereço. Certamente não cabe a mim soletrar-lhes o rigor dele. No dia em que buscarem seu princípio nos textos que possam subsistir, ser transmissíveis, tornar a se fazer ouvir a partir disto que lhes dou aqui, perceberão que, em sua essência, esse método não se distingue do objeto abordado.

Este método decorre de uma necessidade. A verdade da psicanálise, pelo menos em parte, só é acessível à experiência do psicanalista. O próprio princípio de um ensino público parte da idéia de que, não obstante, ela é comunicável em outros lugares. Dito isto, não há nada resolvido, já que a própria experiência psicanalítica deve ser orientada, sem o que se extravia. Ela se perde quando se parcializa, e, como não paramos de assinalar desde o início deste ensino, ela se parcializa em diversos pontos do movimento analítico, especificamente naquilo que, longe de ser um aprofundamento ou um complemento dado às indicações da última doutrina de Freud na exploração dos móbeis e do status do eu, longe de ser uma continuação de seu trabalho, é propriamente um desvio, uma redução, uma verdadeira aberração do campo da experiência, sem dúvida comandada por uma espécie de adensamento que se produziu no campo da primeira exploração analítica, aquela que se caracterizou pelo estilo da iluminação, da espécie de brilho que continua ligado às primeiras décadas da difusão do ensino freudiano e à forma das investigações da primeira geração.

Hoje farei intervir um dos integrantes dessa geração, que ainda está vivo, creio — Theodor Reik —, e, precisamente, dentre suas numerosas e imensas contribuições técnicas e clínicas, alguns de seus trabalhos muito impropriamente qualificados de psicanálise aplicada: os que ele produziu sobre o ritual.

Trata-se aqui, nominalmente, do artigo publicado em *Imago*, por volta do oitavo ano — eu não o trouxe para cá, por esquecimento —, e que é dedicado àquilo cujo nome vocês estão vendo escrito no quadro, em letras hebraicas: o *chofar* — שׁפר.

1

Esse estudo de Reik* é de um fulgor, de um brilhantismo, de uma fecundidade cujo estilo, cujas promessas e cujas características da época em que esteve inserido viram-se, podemos dizer, subitamente extintos.

Nada equivalente ao que foi produzido nesse período teve continuidade, e convém nos interrogarmos sobre as razões dessa própria interrupção.

No entanto, se vocês lerem esse artigo, verão manifestar-se nele ao máximo, a despeito do elogio que eu possa fazer à sua penetração e à sua significação elevada, a espécie de confusão, a profunda falta de respaldo cuja forma mais sensível e manifesta encontra-se no que chamarei de uso puramente analógico do símbolo.

O chofar de que se trata, primeiro convém que eu esclareça o que ele é, pois não estou muito seguro de que todos aqui saibam o que isso designa. É um objeto, e que me servirá de eixo para substantivar diante de vocês o que entendo pela função do *a* nesse estágio, o último, no qual ele nos permite revelar a função de sustentação que liga o desejo à angústia no que é seu derradeiro nó. Vocês compreenderão por que, em vez de nomear de imediato qual é o *a* nesse nível — ele ultrapassa o da ocultação da angústia no desejo ligado ao Outro —, eu o abordo pelo manejo de um objeto, um objeto ritual.

Esse chofar é o quê? Um chifre. É um chifre em que se sopra e que faz ouvir um som. Aos que não o ouviram, só posso dizer que compareçam a uma sinagoga no ciclo ritual das festas judaicas, aquelas que se seguem ao Ano-Novo, chamado *Rosh Hashana*, e se encerram no Dia do Perdão, o *Yom Kippur*, para se proporcionarem a audição dos sons do chofar, três vezes repetidos.

Esse chifre, em geral, mas nem sempre, é de carneiro — em alemão, *Widderhorn*, em hebraico, *Queren ha yobel*. Três exemplares dele são reproduzidos no artigo de Reik, particularmente preciosos e célebres, os quais pertencem, respectivamente, às sinagogas de Londres e Amsterdã. Seu perfil geral é mais ou menos parecido. Classicamente, ele se apresenta assim:

---

* T. Reik, *Das Ritual: psychoanalytische Studien*, livro XI, Leipzig, Viena e Zurique: Imago, 1928, tradução francesa *Le rituel, psychanalyse des rites religieux*, Paris: Denoël, 1974. O estudo sobre o chofar encontra-se no capítulo 4. (N.T.)

Isso nos faz pensar ainda mais no que ele é.

Os autores judaicos que se interessaram por esse objeto e fizeram o catálogo de suas diversas formas assinalam que há uma forma que é feita de chifre de bode selvagem. Com certeza, um objeto com esse aspecto deve ter saído, mais provavelmente, da fabricação, da alteração, da redução — quem sabe? é um objeto de comprimento considerável, maior do que o que lhes apresento no quadro —, da instrumentalização de um chifre de bode.

Os que se houverem proporcionado ou vierem a se proporcionar essa experiência atestarão, creio eu, o caráter — digamos, para permanecer dentro de limites que não sejam líricos demais — profundamente comovente e inquietante desses sons. Independentemente do clima de recolhimento, de fé ou de arrependimento em que eles se manifestem e ressoem, uma emoção inusitada surge pelas vias misteriosas do afeto propriamente auditivo, as quais não podem deixar de comover, num grau realmente insólito, todos os que ficam ao alcance desses sons.

À leitura desse estudo, não podemos deixar de nos impressionar com a pertinência, a sutileza e a profundidade características da época a que ele pertence, e com as reflexões abundantes no texto. Estas não só se espargem por ele, como o estudo realmente dá a impressão de que foram produzidas em torno de sabe-se lá que centro de intuição, de faro. De lá para cá, decerto não sei que repisamento e que desgaste do método embotaram-nos para o que surge desses primeiros trabalhos. Mas, em comparação com tudo que se fazia na época, à guisa de trabalhos eruditos — posso atestar-lhes isso, confiem em mim, pois vocês sabem que tudo que lhes trago aqui é muitas vezes alimentado, de minha parte, por pesquisas aparentemente levadas aos limites do supérfluo —, a forma de interrogação reikiana dos textos bíblicos em que o chofar é indicado como correlato das circunstâncias primordiais da revelação levada a Israel foi de um alcance inteiramente diverso. Embora Reik parta de uma posição que, pelo menos em princípio, repudia qualquer apego tradicional, ou até se coloca numa postura quase radical de crítica, para não dizer de ceticismo, não podemos deixar de nos impressionar ao ver quão mais fundo ele vai do que todos os comentadores aparentemente mais respeitadores, mais devotos, mais preocupados em preservar a essência de uma mensagem. Ele vai direto ao que parece ser a verdade do advento histórico narrado pelas passagens bíblicas que evoco sem cessar.

Não menos impressionante é ver como, no final, ele cai numa confusão inextricável, certamente por falta de qualquer dos apoios teóricos que permitem a uma forma de estudo impor-se seus próprios limites. Não nos basta que o chofar e a voz que ele sustenta possam ser apresentados como analogias da função fálica — e por que não, na verdade? —, mas como e em que nível: é aí que começa a questão. É também aí que nos detemos. Num certo limite, esse manejo intuitivo e analógico do símbolo deixa o interpretador desprovido de qualquer critério, e então, tudo se interpenetra, e cai-se numa misturada inominável. Indicarei a vocês apenas alguns pontos, para lhes dar uma idéia.

O chifre de carneiro certamente é indicativo da correlação e, por que não dizer, também do conflito com toda a estrutura social totêmica em cujo meio esteve imersa toda a aventura histórica de Israel. Mas, como é que nenhuma barreira detém Reik em sua análise e não o impede, no fim, de identificar o próprio Javé com o Bezerro de Ouro?

Moisés, ao descer do monte Sinai, irradiando a sublimidade do amor do Pai, já o havia matado, e a prova disso é que se transforma no ser verdadeiramente enfurecido que destrói o Bezerro de Ouro e o dá a comer, desfeito em pó, a todos os Hebreus. Vocês reconhecem aí a dimensão do banquete totêmico. O mais estranho é que, como as exigências da demonstração só podem passar pela identificação de Javé não com um bezerro, mas com um touro, o Bezerro de que se trata será, necessariamente, representante de uma divindade-filho, ao lado de uma divindade-pai. Falam-nos do Bezerro apenas para confundir as pistas e nos deixar ignorar que havia também um touro. Assim, portanto, já que Moisés é o filho assassino do Pai, que vem ele a destruir no Bezerro? Pela sucessão de todos esses deslocamentos, seguida de um modo em que nos falta uma bússola qualquer capaz de nos orientar, será, portanto, a própria insígnia dele, Moisés. Tudo se consuma numa autodestruição geral.

Com isso, dou-lhes apenas um pequeno número de pontos, que lhes mostram a que extremos pode chegar uma certa forma de análise em seu exagero. Quanto a nós, veremos o que parece digno de ser preservado nisso, em função do que estamos investigando.

Nossa pesquisa nos impõe não abandonar os princípios que figuram num certo texto, que não é outro senão o texto fundador de uma sociedade de psicanálise, a minha, aquela que é a razão de eu estar aqui em condições de lhes oferecer este ensino. Esse texto estipula que a psicanálise só pode ser corretamente situada entre as ciências ao submeter sua técnica ao exame do que ela pressupõe e efetua de verdade.

Esse texto, tenho pleno direito de me lembrar que tive que defendê-lo e impô-lo, embora alguns dos que se deixaram arrastar para essa Sociedade talvez só vissem nele palavras vazias. Esse texto me parece fundamental, pois o que essa técnica pressupõe e efetua de verdade é aquilo em que se situa nosso ponto de apoio, em torno do qual devemos fazer girar toda e qualquer prescrição, inclusive estrutural, do que temos a expor. Se desconhecermos que, em nossa técnica, trata-se de um manejo, de uma interferência, ou até, em última instância, de uma retificação do desejo, mas que deixa inteiramente em aberto e em suspenso a idéia do desejo e exige seu perpétuo questionamento, só poderemos perder-nos na rede infinita do significante, ou então recair nos caminhos mais corriqueiros da psicologia tradicional.

Assim é o que Reik descobre no decorrer desse estudo, e do qual não pode tirar nenhum partido, por não saber onde enfiar o resultado.

Para retomar sua análise dos textos bíblicos, enumero-lhes apenas aqueles que pretendem referir-se a um evento histórico revelador. São eles, primeiro, o Êxodo, capítulos XIX e XX, respectivamente nos versículos 16 a 19 e no versículo 18.

Primeira referência. Menciona-se o som do chofar no diálogo tonitruante entre Moisés e o Senhor, muito enigmaticamente estendido numa espécie de tumulto imenso, de verdadeira tempestade de ruídos.

Um trecho desse versículo indica também que, embora fosse severamente proibido, não apenas a qualquer homem mas a todo e qualquer ser vivo, aproximar-se do círculo rodeado de raios e trovões em que transcorre esse diálogo, o povo poderia altear quando quisesse a voz do chofar. Esse é um ponto tão contraditório e enigmático que, na tradução, modifica-se o sentido e se diz que alguns poderão subir. Quais? A questão permanece na obscuridade.

O chofar volta a ser expressamente mencionado na seqüência do diálogo, pois diz-se que o povo, que estaria reunido em torno desse grande evento, percebe o som do chofar.

A fim de justificar sua análise, Reik não encontra outra coisa para caracterizá-la senão dizer que uma exploração analítica consiste em buscar a verdade nos detalhes. Essa característica não é incorreta nem descabida, mas é apenas um critério externo, a garantia de um estilo, e não do discernimento crítico que consiste em saber qual é o detalhe a ser preservado. Com certeza, sabemos desde sempre que o detalhe que nos guia é o que parece escapar ao desígnio do autor e permanecer opaco, fechado, em relação à intenção de sua pregação, mas nem por isso é menos necessário encontrar entre os detalhes um critério, se não de hierarquia, pelo menos de ordem e precedência. Seja como for, não podemos deixar de sentir que a demonstração de Reik toca em algo correto.

Voltemos aos textos bíblicos. Aos do Êxodo somam-se as passagens de Samuel, segundo livro, capítulo VI, e, do primeiro livro das Crônicas, capítulo XIII, que mencionam a função do chofar todas as vezes que se trata de renovar a aliança com Deus em algum novo conflito, seja ele periódico ou histórico.

Esses textos também mencionam outras ocasiões em que esse instrumento é empregado. Para começar, há os usos que se perpetuam nas festas anuais, na medida em que elas mesmas se referem à repetição e à rememoração da Aliança. Há também ocasiões excepcionais, como a chamada cerimônia da excomunhão, aquela a que, em 27 de julho de 1656, como vocês sabem, sucumbiu Espinosa. Ele foi excluído da comunidade hebraica nos moldes mais completos, aqueles que comportavam, ao lado da fórmula da maldição proferida pelo grande sacerdote, o toque do chofar.

Visto por esse prisma, que se completa com a aproximação das diversas ocasiões em que ele nos é assinalado e entra efetivamente em funcionamento, esse chofar parece realmente ser, diz-nos Reik, a voz de Javé, a voz do próprio Deus.

2

A uma leitura rápida, essa formulação certamente não parece muito suscetível de ser explorada pela análise, ao passo que assume importância para nós na perspectiva em que formo vocês aqui.

Com efeito, introduzir um dado critério mais ou menos bem situado é diferente de esses critérios, em sua novidade e com a eficiência que comportam, constituírem o que é chamado de uma formação, e que é, antes de mais nada, uma reformação do espírito em seu poder.

A nós, tal formulação só pode reter-nos na medida em que nos faz perceber o que completa a relação do sujeito com o significante, no que poderíamos chamar, numa primeira apropriação, de sua passagem ao ato.

Tenho aqui, bem à esquerda da assembléia, alguém que não pode deixar de se interessar por essa referência: é nosso amigo Conrad Stein, a quem direi, neste momento, da satisfação que experimentei ao ver que sua análise de *Totem e tabu* levou-o a falar do que ele chama de significantes primordiais, os quais ele não pode desvincular do que chama igualmente de ato, ou seja, do que acontece quando o significante é não somente articulado — o que pressupõe apenas sua ligação, sua coerência encadeada com os outros —, mas emitido e vocalizado. Quanto a mim, farei toda a reserva sobre a introdução aí, sem maiores comentários, do termo *ato*. Por ora, quero reter apenas que isso nos coloca na presença de uma certa forma não do ato, mas do objeto *a*.

O que sustenta o *a* deve ser bem desvinculado da fonetização. A lingüística acostumou-nos a perceber que esta não é outra coisa senão um sistema de oposições, com o que ele introduz de possibilidades de substituição e deslocamento, metáforas e metonímias. Esse sistema apóia-se em qualquer material capaz de se organizar em oposições distintivas entre um e todos. Quando alguma coisa desse sistema passa para uma emissão, trata-se de uma dimensão nova, isolada, de uma dimensão em si, a dimensão propriamente vocal.

Em que mergulha, em termos corporais, a possibilidade dessa dimensão emissível? É aí que vocês compreendem, se é que já não o adivinharam, que adquire valor a introdução desse objeto exemplar que, desta vez, tomei no chofar.

Vocês têm razão em pensar que esse não é o único exemplo de que eu poderia ter-me servido, pelo fato de estar a seu alcance, de estar — se ele é realmente o que nos dizem que é — num ponto-fonte da irrupção de uma tradição que nos é própria, ou pelo fato de um de nossos ancestrais, na enunciação analítica, já se haver ocupado dele e tê-lo valorizado. Existem também a tuba, o trompete e outros instrumentos, pois não é necessário que seja um instrumento de sopro, embora não possa ser um instrumento qualquer. Na tradição abissínia, é o tambor. Se eu tivesse continuado a lhes fazer o relato de minha viagem ao Japão, teria destacado o lugar, no teatro japonês em sua forma mais característica, a do Nô, de um certo tipo de batidas rítmicas, uma vez que elas desempenham, por sua forma e seu estilo, em relação ao clímax do interesse, uma função particularíssima, precipitante e de ligação. Poderia também, referindo-me ao campo etnográfico, pôr-me a lembrar-lhes, como faz Reik, a função do *bullroarer*, instrumento muito próximo de um pião, embora os dois sejam feitos de maneira muito diferente, o qual, nas cerimônias de algumas tribos australianas, faz surgir um certo tipo de ronco que o nome do instrumento compara a nada menos do que o mugido de um boi. O estudo de Reik o aproxima do som do chofar, pois também ele é posto em equivalência com o que outras passagens do texto bíblico chamam de o mugido de Deus.

O interesse desse objeto está em nos apresentar a voz de uma forma exemplar, na qual, de certa maneira, ela é potencialmente separável. É isso que nos permitirá fazer surgir um certo número de questões que quase não são levantadas. De que voz se trata? Não nos apressemos demais. Veremos seu sentido e seu lugar referenciando-nos pela topografia da relação com o grande Outro.

A função do chofar entra em ação em certos momentos periódicos, que se apresentam, à primeira vista, como renovações do pacto da Aliança. O chofar não articula seus princípios básicos, os mandamentos, mas é manifestamente apresentado como tendo uma função de rememoração desse pacto, inclusive na articulação dogmática feita a seu respeito. Essa função — *Zakhor*, o lembrar-se, זכר — acha-se até mesmo inscrita no nome corrente do momento em que ele intervém — o momento médio das três emissões solenes do chofar, ao cabo dos dias de jejum do *Rosh Hashana*, que se chama *Zikkaron* — ao passo que a espécie de *tremolo* que é característica de uma certa maneira de tocar o chofar chama-se *Zikkron teru ah*. Digamos que o som do chofar, o *Zikkronot*, é o que existe de lembrança ligada a esse som. Sem dúvida, essa lembrança é a daquilo sobre o qual se medita nos instantes precedentes, na *Aquedah*, que é o momento exato do sacrifício de Abraão, no qual Deus detém sua mão já aquiescente e substitui a vítima, Isaac, pelo carneiro que vocês conhecem, ou pensam conhecer.

Mas será que isso significa que o próprio momento do pacto esteja totalmente incluído no som do chofar? Lembrança do som do chofar, som do chofar como aquilo que sustenta a lembrança — quem tem que se lembrar? Por que achar que são os fiéis, se eles acabam justamente de passar um tempo de recolhimento em torno dessa lembrança?

Essa pergunta tem enorme importância, porque nos leva ao campo em que se desenhou no espírito de Freud, em sua mais fulgurante forma, a função de repetição. Será que a função de repetição é apenas automática e ligada ao retorno, à carreação necessária da bateria do significante, ou terá ela uma outra dimensão? Parece-me inevitável deparar com essa outra dimensão em nossa experiência, se esta tiver sentido. Essa dimensão é a que confere o sentido da interrogação trazida pelo lugar do Outro. Em suma, será que aquele cuja lembrança se trata de despertar nessa ocasião, fazendo com que ele se lembre, não é o próprio Deus?

Esse é o ponto a que nos leva, eu não diria esse instrumento simplíssimo — pois, na verdade, todos nós só podemos experimentar no mínimo um profundo sentimento de embaraço diante da existência e da função de tal aparelho —, mas seu encontro com nosso caminho.

O que está em pauta agora, para nós, é saber onde se insere esse objeto como separado, a que domínio ligá-lo — não na oposição interior-exterior, da qual vocês percebem aqui toda a insuficiência, mas na referência ao Outro e às etapas da emergência e da instauração progressiva, para o sujeito, do campo de enigmas que é o Outro do sujeito. Em que momento esse tipo de objeto pode intervir, em sua face enfim desvelada sob sua forma separável?

De que objeto se trata? Daquilo a que chamamos voz.

Nós o conhecemos bem, acreditamos conhecê-lo bem, a pretexto de conhecermos seus dejetos, as folhas mortas, sob a forma das vozes perdidas da psicose, e seu caráter parasitário, sob a forma dos imperativos interrompidos do supereu.

É aí que devemos situar o lugar desse objeto novo que, certo ou errado, na preocupação da exposição, julguei dever apresentar-lhes primeiro sob uma forma manejável, se não exemplar.

Para nos orientarmos, temos de situar o que ele introduz de novo em relação ao nível anteriormente articulado, que concernia à função do olho na estrutura do desejo.

Tudo o que é revelado na nova dimensão parece, a princípio, estar mascarado no nível precedente, ao qual é preciso voltarmos por um momento, para salientar melhor o que traz de novo o nível em que aparece a forma do *a* que se chama voz.

3

Voltemos ao nível do olho, que é também o do espaço.

O espaço em questão não é o espaço que interrogamos sob a forma de uma categoria da estética transcendental, ainda que a referência à contribuição de Kant nesse campo nos seja, se não muito útil, no mínimo muito cômoda, mas o espaço no que ele nos apresenta de característico em sua relação com o desejo.

A base da função do desejo é, num estilo e numa forma que têm que ser precisados a cada vez, o objeto central *a*, na medida em que ele é não apenas separado, mas sempre elidido em outro lugar que não aquele em que sustenta o desejo, mas numa relação profunda com ele. Esse caráter de evitação em parte alguma é mais manifesto que no nível da função do olho. É por isso que o suporte mais satisfatório da função do desejo, ou seja, a fantasia, é sempre marcado por um parentesco com os modelos visuais em que comumente funciona, e que, por assim dizer, dão o tom de nossa vida desejante.

No espaço, entretanto — e é nesse *entretanto* que está todo o peso da observação —, aparentemente nada é separado. O espaço é homogêneo, quando pensamos em termos de espaço — inclusive este corpo, o nosso, do qual surge sua função. Isso não é idealismo. Não se dá porque o espaço seja uma função do espírito. Não há nisso nada que possa justificar nenhum berkelianismo. O espaço não é uma idéia. Tem uma certa relação não com o espírito, mas com o olho. O espaço está pendurado neste corpo.

A partir do momento em que pensamos em espaço, devemos como que neutralizar o corpo, localizando-o. Pensem na maneira como o físico faz menção, no quadro-negro, à função de um corpo no espaço. Corpo é uma coisa qualquer e não é nada, é um ponto. Mas, assim mesmo, é uma coisa que se localiza no espaço por algo alheio às dimensões espaciais, a não ser quando produz as questões insolúveis do problema da individuação, a propósito das quais, em mais de uma ocasião, vocês já ouviram a expressão de meu escárnio.

Um corpo no espaço é, no mínimo, algo que se apresenta como impenetrável. Um certo realismo do espaço é insustentável. Não refarei aqui as antinomias disso, mas o próprio uso da função espacial sugere a unidade indivisível e puntiforme, a um tempo necessária e insustentável, a que chamamos átomo — que não é, obviamente, o que é chamado por esse termo na física, e nada tem de atômica, no sentido de que não é indivisível.

O espaço só tem interesse por supor essa resistência última à divisão, já que só tem serventia real quando é descontínuo, ou seja, quando a unidade que atua nele não pode estar em dois pontos ao mesmo tempo. O que significa, para nós, que essa unidade espacial, o ponto, só possa ser reconhecida como inalienável? — significa que ela não pode, de modo algum, ser o *a*.

O que significa o que lhes estou dizendo? Apresso-me a fazê-los recair nas malhas do já ouvido. Isso quer dizer que, através da forma *i(a)*, a minha imagem, minha presença no Outro, não tem resto. Não consigo ver o que perco ali. É esse o sentido do estádio do espelho.

O esquema no quadro destina-se a fundamentar a função do eu ideal e do ideal de eu, e a lhes mostrar de que maneira funciona a relação do sujeito com o Outro quando nela predomina a relação especular, chamada, nessa ocasião, de espelho do grande Outro.

A imagem, em sua forma *i(a)*, imagem especular, é o objeto característico do estádio do espelho. Ela tem mais de um aspecto sedutor, que não se liga apenas à estrutura de cada sujeito, mas também à função do conhecimento. Essa imagem é fechada, encerrada, gestáltica, ou seja, marcada pela predominância de uma boa forma, o que é a conta certa para nos pôr em guarda contra o que contém de armadilha essa função da *Gestalt*, tal como fundamentada na experiência característica desse campo, que é a da boa forma.

Para revelar o que há de aparência no caráter satisfatório da forma como tal, ou da idéia enquanto enraizada no *eidos* visual, para ver dilacerar-se o que há de ilusório nisso, basta introduzir uma mancha no campo visual, e então vemos a que se liga realmente a ironia do desejo. Se vocês me permitem o uso dúbio de um termo corrente, para respaldar o que quero fazê-los entender, eu diria que basta uma mancha para exercer a função da pinta.

Os sinais e tecidos de beleza — vocês me permitirão continuar o trocadilho — mostram o lugar do *a*, aqui reduzido ao ponto zero cuja função evoquei da última vez. Mais que a forma que ele mancha, é o sinal que me olha. É por me olhar que ele me atrai tão paradoxalmente, às vezes com mais razão que o olhar de minha parceira, porque esse olhar me reflete e, por me refletir, não passa de meu reflexo, vapor imaginário. Não é preciso que o cristalino seja espessado pela catarata para tornar cega a visão — cega, pelo menos, para a castração, sempre evitada no nível do desejo, quando ele se projeta na imagem.

O que nos olha? O branco do olho do cego, por exemplo. Ou, para tomar outra imagem de que vocês se lembram, espero, embora isso seja eco de um outro ano, pensem no boêmio de *A doce vida*, no último momento fantasístico do filme, quando ele avança como que pulando de uma sombra à outra do bosque de pinheiros no qual se perfila, até desembocar na praia, e vê o olho inerte da coisa marinha que os pescadores estão fazendo emergir. Ali está aquilo por que mais somos olhados, e que mostra como a angústia emerge na visão, no lugar do desejo comandado por *a*.

Essa é também a virtude da tatuagem. Não preciso recordar-lhes a admirável passagem de Lévi-Strauss em que ele nos evoca o desencadear do desejo dos colonos sedentos quando eles desembocam na zona do Paraná em que são esperados por mulheres inteiramente cobertas por uma cintilação de desenhos, que imbricam a mais ampla variedade de formas e cores.

No outro extremo, evocarei o aparecimento, digamos — pois a referência à emergência das formas é marcada, para mim, por um estilo mais criacionista que evolucionista —, do próprio aparelho visual, que, no nível dos filamentos dos lamelibrânquios, começa na mancha pigmentar, primeiro aparecimento de um órgão diferenciado no sentido de uma sensibilidade já propriamente visual. E, é claro, não há nada mais cego que uma mancha. Será que, à mosca de agora há pouco, devo juntar a mosca voadora, que dá o primeiro aviso dos perigos orgânicos na virada dos cinqüenta?*

Zero do *a*: é por aí que o desejo visual às vezes mascara a angústia daquilo que falta essencialmente no desejo. É isso que lhes ordena nunca poder apreender qualquer ser vivo, no campo puro do sinal visual, senão como aquilo que a etologia chama de *dummy* — um boneco, uma aparência.

O objeto *a* é aquilo que falta, é não especular, não é apreensível na imagem. Apontei-lhes o olho branco do cego como a imagem revelada e irremediavelmente oculta, ao mesmo tempo, do desejo escopofílico. O olho do próprio *voyeur* aparece para o Outro pelo que é — impotente. É justamente isso que permite a nossa civilização fazer troça daquilo que sustenta o desejo, sob formas diversas, perfeitamente homogêneas aos dividendos e às reservas bancárias que ele ordena.

A relação recíproca entre o desejo e a angústia apresenta-se, nesse nível específico, sob uma forma radicalmente mascarada, que está ligada às funções mais enganosas da estrutura do desejo. Agora temos que lhe opor a abertura que lhe é propiciada pela função distinta que hoje introduzi, através do acessório nada acidental do chofar.

---

* Lacan joga aqui com acepções diferentes do termo *mouche*, a primeira designando a pinta preta feita na pele com um lápis, muito usada pelas mulheres de outrora à guisa de enfeite, e a segunda ("moscas voadoras") designando as manchas ou pontos luminosos que aparecem no campo visual nos casos de descolamento do corpo vítreo, comuns entre os míopes a partir da faixa etária dos cinqüenta ou sessenta anos. (N.T.)

Nossa tradição mais elementar, aquela que parte dos primeiros passos de Freud, manda-nos distinguir essa outra dimensão. Neste ponto, mais uma vez, renderei homenagens a nosso amigo Stein, por ter articulado isso muito bem em seu discurso. *Se o desejo*, diz ele — e subscrevo sua formulação, pois a considero mais que brilhante —, *fosse primordial, se fosse o desejo pela mãe que ditasse a entrada em jogo do crime original, estaríamos no campo do vaudevile.*

A origem, diz-nos Freud da maneira mais formal — ao esquecermos isso, toda a cadeia se desfaz, e é por não ter reassegurado esse começo da cadeia que a análise, tanto na teoria quanto na prática, parece sofrer uma forma de dispersão em que podemos perguntar-nos, em certos momentos, o que é passível de ainda conservar sua coerência —, é o assassinato do pai, com tudo o que ele ordena.

A seguirmos o que nos atrevemos a esperar que seja apenas uma metáfora na boca de Reik, é o mugido de touro abatido do pai que ainda se faz ouvir no som do chofar. Digamos, mais simplesmente, que é o fato original inscrito no mito do assassinato do pai que dá partida naquilo cuja função temos de apreender, por conseguinte, na economia do desejo, isto é, que interditamos, como impossível de transgredir, aquilo que constitui, em sua forma mais fundamental, o desejo original. No entanto, ele é secundário no tocante a uma dimensão que temos de abordar aqui: a relação com esse objeto essencial que exerce a função do *a*, a voz, e aquilo que sua função introduz de dimensões novas na relação do desejo com a angústia.

É por esse desvio que readquirem valor as funções de desejo, objeto e angústia, em todos os níveis, até o nível da origem.

Para não deixar de me antecipar a suas perguntas, e também, quem sabe, para dizer àqueles que as formulam para si que não esqueço as trilhas que tenho de traçar neste campo, a fim de ser completo nele, observo que, como vocês podem ter notado, não destaquei, pelo menos desde a retomada de nossas conversas deste ano, o objeto nem o estágio anais.

É que, aliás, propriamente falando, esse objeto é impensável, a não ser na retomada total da função do desejo a partir do ponto que, apesar de ser o último enunciado aqui, é o mais original: o objeto *voz*.

Eu o retomarei da próxima vez.

22 de maio de 1963

XIX

O FALO EVANESCENTE

Pedagogia da castração
O gozo na fantasia
A defecação do Homem dos Lobos
Sempre cedo demais
Os impasses do desejo

Ao ler, um dia desses, alguns livros recém-publicados sobre as relações entre a linguagem e o pensamento, fui levado a presentificar de novo para mim o que, afinal, bem posso questionar por mim mesmo a cada instante, ou seja, o lugar e a natureza da vertente pela qual procuro aqui atacar alguma coisa — alguma coisa que, de todo modo, só pode ser um limite, obrigatório, necessário, da compreensão de vocês.

Caso contrário, o que teria a lhes dizer?

1

O obstáculo de que se trata não apresenta, em seu princípio objetivo, nenhuma dificuldade particular, já que todo progresso de uma ciência concerne mais à reformulação periódica de seus conceitos que à extensão de sua influência. Mas o que pode constituir um obstáculo aqui, no campo psicanalítico, quero dizer, merece uma reflexão particular.

Ele não é tão fácil de superar quanto os obstáculos da passagem de um sistema conceitual para outro, como, por exemplo, do sistema copernicano para o sistema einsteiniano, passagem esta que não cria dificuldade por muito tempo para as mentes suficientemente desenvolvidas e receptivas à matemática. O sistema se impõe tão logo as equações einsteinianas se sustentam, incluem as que as precederam e as situam como casos particulares, ou seja, resolvem-nas inteiramente. Isso não quer dizer que não possa haver um momento de resistência, como prova a história, mas ele é curto.

Na análise, na técnica analítica, na medida em que estejamos implicados nela — seja mais, seja menos; já é estar meio implicado interessar-se um pouco pela análise —, devemos deparar, na elaboração dos conceitos, com o mesmo obstáculo reconhecido como o que constitui os limites da experiência analítica — a saber, a angústia de castração.

Ao escutar o que me volta das diversas distâncias de minha voz — e nem sempre, forçosamente, para responder ao que eu disse, mas com certeza em resposta, resposta proveniente de uma certa zona —, é como se, em alguns momentos, se endurecessem certas posturas técnicas, estritamente correlatas, nessa matéria — a análise —, do que posso chamar de limitações da compreensão. É também como se, para superar esses limites, eu houvesse escolhido o caminho definido por uma escola pedagógica que tivesse tido sua maneira de formular o problema da relação do ensino escolar com a maturação do pensamento da criança, e o adotasse.

Com efeito, adoto um modo pedagógico de proceder, que agora vou articular e definir. Examinando de perto o debate pedagógico, as escolas estão longe de se coadunar com o que dizem, como poderão constatar aqueles de vocês que estiverem mais necessitados que os outros de se interessar pelos procedimentos pedagógicos.

Para uma das escolas — vamos designá-la, por exemplo, pelas teorias de Steiner, embora boa parte de vocês nunca tenha aberto os trabalhos desse psicólogo, apesar de ele ser universalmente reconhecido —, tudo é ditado por um amadurecimento autônomo da inteligência, e só o que se faz é acompanhar a idade escolar. Para outra, digamos, a de Piaget, há uma hiância, uma lacuna entre o que o pensamento infantil é capaz de formar e o que lhe pode ser proporcionado pela via científica. Se examinarem de perto, verão que isso equivale, nos dois casos, a reduzir a zero a eficácia do ensino.

Ora, o ensino existe.

Se numerosos espíritos na área científica o desconhecem, é porque, uma vez que se tenha atingido o campo científico, aquilo que é propriamente da ordem do ensino — no sentido que deixarei claro — pode ser tido como evitável. Quando se transpôs uma certa etapa da compreensão matemática, uma vez feito isso, está feito, e já não se tem que procurar os caminhos dela. Pode-se ter acesso a isso sem nenhuma dificuldade, desde que se pertença à geração à qual as coisas teriam sido ensinadas, segundo a intenção primária, sob essa forma ou formalização. Conceitos que teriam parecido extremamente complicados, numa etapa anterior da matemática, são imediatamente acessíveis a espíritos muito jovens. Não se necessita de nenhum intermediário.

É claro que, na idade escolar, a coisa não é assim. Todo o interesse da pedagogia escolar está em captar esse ponto vivo e em promover as chamadas capacidades mentais da criança através de problemas que as ultrapassem ligeiramente. Ao ajudar a criança a abordar esses problemas, apenas ao ajudá-la, quero dizer, faz-se algo que tem não só um efeito prematurador, um efeito de pressa no amadurecimento mental, mas que, em certos períodos chamados sensíveis — os que entendem um pouco desse assunto podem perfeitamente acompanhar-me no caminho por onde sigo, pois o importante é meu discurso, e não minhas referências, que eles podem não conhecer —, permite obter verdadeiros efeitos de abertura ou de desencadeamento. Algumas atividades de apreensão têm, em certos campos, efeitos de fecundidade absolutamente especiais.

É exatamente isso que me parece possível obter no campo pelo qual avançamos juntos aqui. Em razão da especificidade do campo em questão, trata-se sempre de algo que, um dia, conviria que os pedagogos situassem.

Já houve esboços disso nos trabalhos de autores cujo testemunho é ainda mais interessante conservar, na medida em que eles não têm nenhuma idéia do que suas experiências podem trazer-nos. Refiro-me aos experimentadores que não conhecem nem querem reconhecer nada da análise. O fato de um dado pedagogo ter formulado que só há verdadeiro acesso aos conceitos a partir da idade da puberdade mereceria que acrescentássemos nosso olhar, que metêssemos nosso nariz nisso. Há milhares de indícios sensíveis de que o momento em que realmente começa o funcionamento do conceito, e que os autores chamam — no caso, por uma homonímia puramente fortuita com o termo *complexo*, do qual nos servimos — de *momento-limite complexual*, poderia ser situado de maneira totalmente diversa, em função de um vínculo a ser estabelecido entre a maturação do objeto *a*, tal como eu o defino, e a idade da puberdade.

2

A posição do *a*, no momento de sua passagem pelo que simbolizo com a fórmula (- φ), eis o que constitui uma das metas de nossa explicação deste ano.

O momento caracterizado pela notação (- φ), e que é a angústia de castração, só pode ser-lhes validamente transmitido, ser assimilável por seus ouvidos, mediante uma abordagem que, aqui, só pode constituir uma digressão.

É por essa angústia não poder presentificar-se como tal, mas situada apenas por uma via concêntrica, que, da última vez, vocês me viram oscilar do estádio oral para alguma coisa que é a voz, e que sustentei mediante sua evocação sob uma forma separada, materializada num objeto, o chofar. Esse objeto, hoje vocês me permitirão deixá-lo de lado por um instante, para voltar ao ponto central que evoco ao falar da castração.

Qual é, na verdade, a relação entre a angústia e a castração? Não basta sabermos que ela é vivida como tal numa dada fase da análise, dita terminal — ela o é ou não —, para sabermos verdadeiramente o que ela é.

Para dizer prontamente as coisas tal como se articularão no passo seguinte, direi que a função do falo como imaginário é exercida em toda parte, em todos os níveis que caracterizei por uma certa relação do sujeito com o *a*. O falo funciona em toda parte, numa função mediadora, exceto onde é esperado, ou seja, na fase fálica. É essa carência do falo, presente e identificável em todos os outros lugares, não raro para nossa grande surpresa, é o esvaecimento da função fálica no nível em que se espera que o falo funcione, que constitui o princípio da angústia de castração. Daí a notação (- φ), que denota essa carência, digamos, positiva. Nunca tê-la formulado dessa maneira não deu margem a que extraíssemos as conseqüências disso.

No intuito de sensibilizá-los para a verdade dessa fórmula, tomarei diversos caminhos, à maneira do girar ao redor. E, já que lhes lembrei, da última vez, a estrutura própria do campo visual, a sustentação e a ocultação simultâneas do objeto *a* nesse campo, não posso deixar de voltar a ele, posto que é nesse campo que se faz a primeira abordagem da presença fálica, e de um modo que sabemos ser traumático. É aquilo a que chamamos cena primária.

Todos sabem que, embora o falo esteja presente e visível nela, sob a forma de um funcionamento do pênis, o que impressiona, na evocação da realidade da forma fantasiada da cena primária, é sempre uma certa ambigüidade concernente a essa presença. Quantas vezes podemos ler que, justamente, ele não é visto em seu lugar? Às vezes, a essência mesma do efeito traumático da cena prende-se às formas sob as quais ele desaparece, se escamoteia. Aliás, terei apenas que evocar o modo de aparecimento dessa cena primária em sua forma exemplar, com a angústia que a acompanha, na história do Homem dos Lobos.

Ouvimos dizer em algum lugar que haveria algo de obsessivo, ao que parece, em voltarmos aqui aos exemplos originais da descoberta freudiana. Esses exemplos são mais que apoios, mais até que metáforas: eles nos fazem pôr o dedo na própria substância daquilo com que lidamos.

Na revelação do que aparece ao Homem dos Lobos pela abertura e pela moldura — prefigurando aquilo do qual fiz uma função — da janela aberta, e que é identificável, em sua forma, com a função da fantasia em sua modalidade mais angustiante, onde está o essencial? É patente que o essencial não é saber onde está o falo. Ele está, por assim dizer, em todos os lugares, idêntico ao que eu poderia chamar de catatonia da imagem da árvore e dos lobos empoleirados, que — revejam nisso o eco do que lhes articulei da última vez — olham fixamente para o sujeito. Não há nenhuma necessidade de procurá-lo do lado da pelagem cinco vezes repetida da cauda dos cinco animais. Ele está ali no próprio reflexo da imagem, a qual ele sustenta com uma catatonia que não é outra coisa senão a do próprio sujeito, da criança estupefata por aquilo que vê, paralisada por esse fascínio, a ponto de podermos conceber que o que o olha na cena, e que é invisível por estar em toda parte, não é nada menos que a transposição do estado de estagnação de seu próprio corpo, aqui transformado nessa árvore, a árvore coberta de lobos, diríamos, para fazer eco a um título célebre.

Que aí se trata de algo que faz eco ao pólo vivido que definimos como sendo o do gozo, disso não há dúvida. Esse gozo — parente do que Freud chama, em outro lugar, de horror ao gozo, ignorado pelo Homem dos Ratos, um gozo que ultrapassa qualquer referenciamento possível do sujeito — está presentificado aí sob essa forma erigida. O sujeito não passa de uma ereção nessa tomada que faz dele o falo, que o imobiliza inteiro, que o transforma em árvore.

Algo acontece, então, no nível do desenvolvimento sintomático dos efeitos dessa cena. Freud nos dá seu testemunho de que esse elemento foi apenas reconstruído, mas ele é tão essencial que a análise feita por Freud não se sustentaria se não o admitíssemos. Esse elemento continua a ser, até o fim, o único que não é integrado pelo sujeito, e nos presentifica, no caso, o que Freud articularia tempos depois a respeito da reconstrução como tal. Esse elemento é a reação do sujeito à cena traumática por meio de uma defecação.

Na primeira ou quase primeira vez, ou, pelo menos, na primeira vez em que Freud mencionou o aparecimento do objeto excrementício num momento crítico, ele o articulou numa função a que não podemos dar outro nome senão o que julgamos dever articular, mais tarde, como característico da fase genital, ou seja, a função da oblatividade. Trata-se de um dom, diz-nos ele. Todos sabem que Freud sublinhou desde o início o caráter de dádiva das ocasiões em que a criança pequena solta, intempestivamente, algo de seu conteúdo intestinal. Essas ocasiões, vocês me permitirão chamá-las — de passagem e sem outro comentário, caso estejam lembrados de meus referenciais — de ocasiões de passagem ao ato.

No texto do Homem dos Lobos, as coisas até vão mais longe, dando seu verdadeiro sentido ao que tornamos indiscernível sob uma vaga assunção moralizante, ao falar de oblatividade. Quanto a Freud, ele fala de sacrifício a esse respeito. Dado que era um homem lido, que lera, por exemplo, Robertson Smith, quando falava de sacrifício, ele não falava à toa, por uma vaga analogia moral. Se Freud fala em sacrifício a propósito do aparecimento do objeto excrementício no campo, isso realmente deve querer dizer alguma coisa, afinal.

É aqui que retomaremos as coisas no nível do ato normal, se vocês quiserem, que é qualificado, justificadamente ou não, de maduro.

3

Em meu penúltimo Seminário, julguei que podia articular o orgasmo como o equivalente da angústia.

Situei-o no campo interior do sujeito, ao passo que deixei provisoriamente a castração apenas nesta marca, $(-\varphi)$. É bastante evidente que não podemos desvincular disso o sinal da intervenção do Outro, uma vez que essa característica, desde o começo, sempre lhe foi imputada, sob a forma das ameaças de castração.

Observei a esse respeito que, ao fazer o orgasmo e a angústia se equivalerem, toquei no que dissera anteriormente sobre a angústia como referencial, sinal da única relação que não engana, e disse que podíamos encontrar nisso a razão de poder haver satisfação no orgasmo. É a partir de algo que acontece no enfoque em que se confirma que a angústia não é desprovida de objeto que podemos compreender a função do orgasmo e, mais especialmente, a satisfação que ele traz.

Eu acreditava poder não falar mais disso e ser compreendido, mas chegou-me pelo menos o eco, digamos, de uma certa perplexidade, cujos termos foram trocados entre duas pessoas que creio haver formado particularmente bem, e as quais, portanto, é ainda mais surpreendente que possam ter-se interrogado sobre o que eu entendia, no caso, por essa satisfação. Com que então, conversavam elas, tratava-se do gozo? Seria isso voltar ao absolutismo derrisório que alguns querem pôr na pretensa fusão do genital? E além disso, tratava-se do ponto de angústia — ponham nesse ponto toda a ambigüidade que quiserem. Ora, já não há angústia, se o orgasmo a mascara. Quanto ao ponto de desejo, que é marcado pela ausência do objeto *a* sob a forma (- φ), o que acontece com essa relação na mulher?

Resposta: eu não disse que a satisfação do orgasmo se identificava com o que defini, no Seminário sobre a ética, a respeito do lugar do gozo. Parece até irônico sublinhar o pouco de satisfação, apesar de tão suficiente, que é trazido pelo orgasmo. Por que seria ele o mesmo, e por que se produziria no mesmo ponto do outro pouco que é oferecido na copulação, ainda que bem-sucedida, à mulher? É isso que convém articular da maneira mais exata.

Não basta dizer vagamente que a satisfação do orgasmo é comparável ao que chamei, no plano oral, de esmagamento da demanda sob a satisfação da necessidade. No nível oral, a distinção entre a necessidade e a demanda é fácil de sustentar, ao passo que, em outros lugares, não deixa de nos levantar o problema de saber onde se situa a pulsão. Se, por algum artifício, podemos ser ambíguos, no nível oral, sobre o que a fundamentação da demanda na pulsão tem de original, não temos nenhum direito de fazê-lo no nível do genital. Justamente aí, onde pareceríamos lidar com o instinto mais primitivo, o instinto sexual, não podemos deixar de referir-nos, mais ainda que em outros lugares, à estrutura da pulsão como sustentada pela fórmula (S ◇ D), ou seja, pela relação entre o desejo e a demanda.

O que é demandado no nível genital, e a quem?

Que a copulação inter-humana é algo transcendente em relação à existência individual, esse é um dado tão comum da experiência, que, diante da evidência, acabamos não mais observando seu relevo. Foi preciso termos o desvio de uma biologia já um tanto avançada para assinalar a rigorosa correlação entre o aparecimento da bissexualidade, de dois sexos, e a emergência da função da morte individual. Mas, afinal, já o havíamos pressentido desde sempre. Nesse ato, o que devemos chamar de sobrevivência conjunta da espécie liga-se estreitamente, portanto, a alguma coisa que, se as palavras têm sentido, não pode deixar de concernir ao que situamos, em última instância, como pulsão de morte.

Afinal, por que nos recusarmos a ver o que é sensível de imediato em fatos que conhecemos perfeitamente bem, e que são expressos nos usos mais corriqueiros da língua? O que pedimos — eu ainda não disse a quem, mas, afinal, como convém que se peça alguma coisa a alguém, verifica-se que é a nosso parceiro; é certo mesmo que seja a ele? isso terá que ser visto num segundo momento —, o que pedimos é o quê? É para satisfazer uma demanda que tem uma certa relação com a morte. Não vai muito longe isso que pedimos — é a pequena morte —, mas, enfim, fica claro que a demandamos e que a pulsão está intimamente mesclada à demanda de fazer amor. O que pedimos é para morrer, e até para morrer de rir — não é à toa que sempre destaco o que, do amor, faz parte do que chamo de sentimento cômico. Em todo caso, é justamente nisso que deve residir o que há de repousante no pós-orgasmo. Se o que é satisfeito é essa demanda de morte, ora, meu Deus, ela se satisfaz por um custo baixo, já que nós nos safamos.

A vantagem desta concepção é explicitar o que acontece com o aparecimento da angústia num certo número de maneiras de obter o orgasmo. A angústia aparece — foi no *coitus interruptus* que Freud teve sua primeira apreensão disso — na medida em que o orgasmo se desliga do campo da demanda ao Outro. Ela aparece, por assim dizer, nessa margem de perda de significação, mas, como tal, continua a designar o que é almejado por uma certa relação com o Outro.

Não estou dizendo, justamente, que a angústia de castração seja uma angústia de morte. É uma angústia que se relaciona com o campo em que a morte se ata estreitamente à renovação da vida. O fato de a análise a haver localizado nesse ponto da castração permite compreender muito bem que ela seja interpretável, de maneira equivalente, como aquilo através do qual nos é dada na última concepção de Freud, ou seja, como o sinal de uma ameaça ao *status* do *eu* [*je*] proibido. A angústia de castração relaciona-se com o além desse *eu* proibido, com o ponto de apelo de um gozo que ultrapassa nossos limites, uma vez que o Outro, propriamente falando, é evocado aqui no registro do real pelo qual se transmite e se sustenta uma certa forma de vida.

Chamem isso como quiserem, Deus ou o espírito da espécie; creio já ter deixado suficientemente implícito em meus discursos que isso não nos leva a nenhuma altura metafísica. Trata-se de um real, daquilo que mantém o que Freud articulou, no nível de seu princípio do nirvana, como sendo a propriedade que a vida exibe, para chegar à morte, de ter que passar novamente por formas que reproduzem aquelas que deram à forma individual a oportunidade de aparecer, através da conjunção de duas células sexuais.

O que significa isso? O que significa, no tocante ao que acontece no nível do objeto, senão que, em suma, esse resultado — ou o que chamo de resultado, com tão pouco esforço — só se realiza de maneira tão satisfatória ao longo de um certo ciclo automático, a ser definido, e precisamente em razão de que o órgão nunca é suscetível de resistir por muito tempo no caminho do apelo do gozo? Com respeito a esse fim do gozo, e com respeito à consecução do fim, que seria trágica, visada no apelo do outro, pode-se dizer que o órgão amboceptor sempre cede prematuramente. No momento em que ele poderia ser o objeto sacrificial, por assim dizer, pois bem, digamos que, na situação comum, faz muito tempo que ele saiu de cena. Já não passa de um trapinho, já não está ali para a parceira senão como um testemunho, uma lembrança de ternura.

É disso que se trata no complexo de castração. Em outras palavras, isso só se torna um drama na medida em que o questionamento do desejo é levantado e empurrado num certo sentido — aquele que deposita toda a confiança na consumação genital.

Se abandonarmos esse ideal da realização genital, apercebendo-nos do que ele tem de estruturalmente enganador, felizmente enganador, não haverá razão alguma para que a angústia ligada à castração não nos pareça estar numa correlação muito mais flexível com seu objeto simbólico e, portanto, numa abertura inteiramente diferente com os objetos de outro nível. Isso, aliás, é implicado desde sempre pelas premissas da teoria freudiana, que coloca o desejo, quanto à sua estruturação, numa relação totalmente distinta de uma relação pura e simplesmente natural com o chamado parceiro natural.

Para dar uma idéia mais clara do que está em questão, eu gostaria de lembrar, no entanto, o que acontece com as relações inicialmente selvagens, por assim dizer, entre o homem e a mulher. Afinal, conforme o que lhes expus sobre a relação da angústia com o desejo do Outro, a mulher não sabe com quem está lidando, não fica, diante do homem, sem uma certa inquietação quanto a até onde poderá levá-lo o caminho do desejo. Depois que o homem, Deus meu, faz amor como todo o mundo e fica desarmado, quando se constata que a mulher não teve, digamos, um benefício sensível — o que, como vocês sabem, é perfeitamente concebível —, há pelo menos uma coisa que ela sai ganhando: é que, a partir desse momento, ela fica inteiramente tranqüila quanto às intenções de seu parceiro.

No mesmo capítulo de *The Waste Land* em que T.S. Eliot dá a palavra a Tirésias, a quem julguei que devia referir-me, certo dia, para confrontar com nossa experiência a velha teoria da superioridade da mulher no plano do gozo, encontramos estes versos, cuja ironia sempre me pareceu que um dia deveria ter lugar aqui em nosso discurso. Depois que o janotinha carbunculoso, empregadinho de uma agência imobiliária, termina seu pequeno romance com a datilógrafa, cujo círculo nos é retratado ao longo do texto, T.S. Eliot assim se exprime:

> *When lovely woman stoops to folly and paces about her room again*
> *[alone*
> *She smoothes her hair with automatic hand and puts the record on*
> *[the gramophone.*

When lovely woman stoops to folly — isso não se traduz, é uma canção de *O vigário de Wakefield*.* Digamos, *Quando uma mulher bonita se entrega à loucura* (*stoop* não é o mesmo que *entregar-se*, é *rebaixar-se*) *e de novo se vê sozinha, ela anda a esmo pelo quarto, alisa o cabelo com um gesto automático e muda o disco no gramofone*. Isso é para responder à pergunta que meus alunos formularam entre si sobre o que acontece na questão do desejo da mulher.

O desejo da mulher é ditado pela questão, também para ela, de seu gozo. Que do gozo ela não apenas está muito mais perto que o homem, mas é duplamente dominada por ele, é o que a teoria analítica nos diz desde sempre. Que o lugar desse gozo está ligado ao caráter enigmático de seu orgasmo, impossível de situar, é o que nossas análises têm levado longe o bastante para podermos dizer que esse lugar é um ponto tão arcaico que é mais antigo que a compartimentagem atual da cloaca. Isso foi perfeitamente assinalado, numa certa perspectiva analítica, por uma dada analista do sexo feminino. Que o desejo, que não é o gozo, está naturalmente nela onde deve estar, de acordo com a natureza, ou seja, que é tubário, é o que designa perfeitamente o desejo daquelas a quem chamamos histéricas. O fato de devermos

---

* *The Vicar of Wakefield*, de 1762, romance que é uma das obras-primas do escritor anglo-irlandês Oliver Goldsmith (1730-74). (N.T.)

classificar esses sujeitos de histéricos não altera em nada o fato de o desejo assim situado ser conforme à verdade, à verdade orgânica.

Posto que o homem jamais levará até aí o auge de seu desejo, podemos dizer que o gozo do homem e o da mulher não se conjugam organicamente. É na medida em que o desejo do homem fracassa que a mulher é normalmente levada, por assim dizer, à idéia de ter o órgão do homem, uma vez que ele seria um verdadeiro amboceptor, e é a isso que se chama falo. É por não realizar o encontro dos desejos, a não ser em seu desvanecimento, que o falo se torna o lugar comum da angústia.

O que a mulher pede ao analista, no fim de uma análise conduzida de acordo com Freud, é um pênis, sem dúvida, *Penisneid*, mas para agir melhor que o homem. Há alguma coisa, muitas coisas, milhares de coisas que confirmam tudo isso. Sem a análise, que maneira haveria de a mulher superar seu *Penisneid*, se o supusermos sempre implícito? Nós a conhecemos muito bem, é o modo mais comum de sedução entre os sexos — é oferecer ao desejo do homem o objeto da reivindicação fálica, o objeto não detumescente para sustentar seu desejo, ou seja, é fazer de seus atributos femininos os sinais da onipotência do homem.

Foi isso que já julguei ter valorizado no passado — peço-lhes que se refiram a meus Seminários antigos —, ao apontar, seguindo Joan Riviere, a função própria do que ela chama de encenação feminina. Simplesmente, a mulher não deve dar muita importância a seu gozo. Quando a deixamos como que nesse caminho, assinamos o decreto da renovação dessa reivindicação fálica, que se torna, não direi a compensação, mas uma espécie de refém do que lhe é pedido, em síntese, a título de responsabilização pelo fracasso do Outro.

São esses os caminhos em que se apresenta a realização genital, como algo que poria termo ao que poderíamos chamar de impasses do desejo, se não houvesse a abertura da angústia.

Tornando a partir do ponto a que os conduzi hoje, veremos, da próxima vez, como toda a experiência analítica nos mostra que é na medida em que é convocado como objeto de propiciação, numa conjunção em impasse, que o falo, revelando-se faltoso, constitui a própria castração como um ponto impossível de contornar, na relação do sujeito com o Outro, e como um ponto resolúvel quanto à sua função de angústia.

29 de maio de 1963

XX

O QUE ENTRA PELO OUVIDO

Enganosa potência fálica
O monólogo da criança pequena
O camarão de Isakower
A incorporação da voz
Os deuses na armadilha do desejo

O que eu lhes disse da última vez fechou-se, creio que significativamente, no silêncio que respondeu à minha fala, pois ninguém, ao que parece, conservou o sangue-frio para coroá-la com um pequeno aplauso.

Ou estou enganado, ou não é demais ver nisso o resultado do que eu havia anunciado expressamente ao começar este discurso, ou seja, que não era possível abordar de frente a angústia de castração sem provocar alguns ecos.

Afinal, isto não é uma pretensão exagerada, já que o que lhes disse, em suma, é algo que se pode qualificar de não muito encorajador em se tratando da união do homem e da mulher, problema este que, em todo caso, sempre esteve presente, com justa razão, nas preocupações dos psicanalistas. Espero que ainda entre nelas.

Jones girou por muito tempo em torno desse problema, encarnado no que se supõe implicado pela perspectiva falocêntrica, a saber, a ignorância primitiva não só do homem, mas da própria mulher, no tocante ao lugar da conjunção, isto é, à vagina. Os desvios percorridos por Jones nesse caminho, em parte fecundos, embora inacabados, mostram a que visavam na invocação a que ele recorre, a famosa *Ele os criou homem e mulher*, aliás muito ambígua.

Afinal, Jones não havia examinado esse versículo 27 do capítulo I do Gênesis no texto hebraico.

1

Seja como for, tentemos fazer com que o que eu disse da última vez seja sustentado por meu esqueminha, fabricado com base no uso do círculo de Euler.

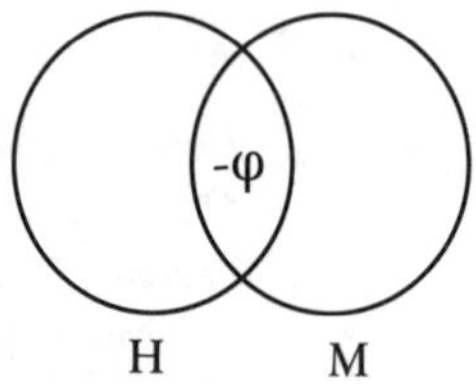

A falta da mediação

O campo abarcado pelo homem e pela mulher, no que poderíamos chamar, no sentido bíblico, de seu conhecimento um do outro, só coincide em que a zona a que seus desejos os levam, para que se atinjam, e na qual eles poderiam efetivamente superpor-se, caracteriza-se pela falta do que seria seu meio. O falo: é isso que, em cada um, quando ele é atingido, justamente o aliena do outro.

Do homem, em seu desejo da onipotência fálica, a mulher certamente pode ser o símbolo, e justamente na medida em que não é mais a mulher. Quanto à mulher, está muito claro em toda parte que o que descobrimos com o termo *Penisneid* é que ela só pode tomar o falo pelo que ele não é — quer por *a*, o objeto, quer pelo pequeníssimo *phi* dela, que lhe dá apenas um gozo aproximado do que ela imagina do gozo do Outro, o qual ela decerto pode compartilhar por uma espécie de fantasia mental, mas só mediante uma aberração de seu próprio gozo. Em outras palavras, ela só pode gozar com (- φ) por ele não estar em seu lugar, no lugar de seu gozo, no lugar em que seu gozo pode realizar-se.

Vou dar-lhes uma pequena ilustração disso, meio delicada e lateral, mas atual.

Num auditório como este, quantas vezes não vimos, a ponto de isso se tornar uma constante em nossa prática, as mulheres quererem psicanalisar-se como os maridos, e, muitas vezes, com o mesmo psicanalista? O que isso significa senão que elas ambicionam partilhar do desejo supostamente coroado dos maridos? O menos-menos-*phi*, -(- φ), a repositivação do *phi* que elas supõem operar-se no campo psicanalítico, é a isso que elas ambicionam alcançar.

O fato de o falo não se encontrar onde é esperado, ali onde é exigido, ou seja, no plano da mediação genital, é o que explica que a angústia seja a verdade da sexualidade, isto é, aquilo que aparece toda vez que seu fluxo recua e mostra a areia. A castração é o preço dessa estrutura, substitui essa verdade. Mas, de fato, esse é um jogo ilusório. Não existe castração, porque, no lugar em que ela tem que se produzir, não há objeto a castrar. Para isso, seria preciso que o falo estivesse ali, mas ele só está ali para que não haja angústia. O falo, ali onde é esperado como sexual, nunca aparece senão como falta, e é essa a sua ligação com a angústia.

Tudo isso significa que o falo é chamado a funcionar como instrumento da potência. Quando falamos de potência em análise, nós o fazemos de maneira vacilante, pois é sempre à onipotência que nos referimos, embora não seja disso que se trata. A onipotência já é um deslizamento, uma evasão em relação ao ponto em que toda potência falha. A potência, não lhe pedimos que esteja em toda parte, pedimos que esteja ali onde ela está presente, pois, quando ela falta onde é esperada, começamos a fomentar a onipotência. Dito de outra maneira, o falo está presente, presente em todo lugar em que não está inserido no contexto.

É essa face que nos permite desvendar a ilusão da reivindicação gerada pela castração, na medida em que ela encobre a angústia presentificada por qualquer atualização do gozo. Essa ilusão decorre da confusão do gozo com os instrumentos do poder. Com o progresso das instituições, a impotência humana torna-se melhor do que seu estado de miséria fundamental, constitui-se como profissão. Quero dizer "profissão" em todos os sentidos da palavra, desde a profissão de fé até o ideal profissional. Tudo que se abriga por trás da dignidade de qualquer profissão é sempre essa falta central que é a impotência. A impotência, em sua formulação mais geral, destina o homem a só poder gozar com sua relação com o esteio de (+ φ), isto é, com uma potência enganosa.

Se lhes recordo que essa estrutura decorre da seqüência que articulei da última vez, é para levá-los a alguns fatos notáveis que controlam a estrutura assim articulada.

A homossexualidade, situada como princípio do cimento social em nossa teoria, a freudiana, é privilégio do macho. Observemos que Freud sempre a assinalou assim, e nunca levantou a menor dúvida quanto a isso. Esse cimento libidinal do vínculo social, na medida em que só se produz na comunidade dos homens, está ligado à faceta de fracasso sexual que é muito particularmente conferida ao homem, em virtude da castração.

Inversamente, o que chamamos de homossexualidade feminina talvez tenha uma grande importância cultural, mas nenhum valor de função social, porque se volta, por sua vez, para o campo próprio da concorrência sexual, isto é, para ali onde, aparentemente, teria menos probabilidades de êxito, se os sujeitos que levam vantagem nesse campo não fossem justamente os que não têm o falo. A onipotência, a vivacidade máxima do desejo, produz-se no nível do amor que chamamos de uraniano, cuja mais radical afinidade com a homossexualidade feminina creio haver assinalado no devido momento.

O amor idealista presentifica a mediação do falo como (- φ). O (- φ) é, nos dois sexos, aquilo que eu desejo, mas é também o que só posso ter como (- φ). É esse menos que se revela o ponto médio universal no campo da conjunção sexual.

Esse menos, caro Reboul, não é hegeliano, não é recíproco. Ele constitui o campo do Outro como falta, e só tenho acesso a ele na medida em que tomo esse mesmo caminho e me atenho a que o funcionamento do menos me faz desaparecer. Só me encontro naquilo que Hegel percebeu, é claro, mas que ele explica sem esse intervalo, ou seja, num *a* generalizado, na idéia do menos como estando em toda parte, isto é, não estando em lugar algum.

O suporte do desejo não foi feito para a união sexual, porque, generalizado, ele já não me especifica como homem *ou* mulher, mas como um *e* outro. A função do campo descrito neste esquema como sendo o da união sexual propõe a ambos os sexos uma alternativa: ou o Outro, ou o falo, no sentido da exclusão. Esse campo é vazio. Mas, se eu o positivar, o *ou* assumirá outro sentido, e então significará que um é substituível pelo outro a qualquer momento.

Foi por essa razão que introduzi o campo do olho que se esconde atrás de todo o universo espacial através de uma referência aos seres-imagens no encontro com os quais se inscreve um certo percurso de salvação, nominalmente o percurso budista. Quanto mais Avalokiteshvara, em sua completa ambigüidade sexual, é presentificado como masculino, mais ele assume aspectos femininos. Se isso os diverte, vou lhes apresentar, num outro dia, imagens de estátuas ou pinturas tibetanas, existentes em grande abundância, nas quais o traço que estou apontando é patente.

Hoje, a questão é apreender como a alternativa do desejo e do gozo pode encontrar sua passagem.

A diferença que há entre o pensamento dialético e nossa experiência é que não acreditamos na síntese. Se há uma passagem onde a antinomia se fecha, é porque ela já estava ali antes da constituição da antinomia.

2

Para que o objeto *a* em que se encarna o impasse do acesso do desejo à Coisa lhe dê passagem, é preciso voltar a seu começo.

Se não houvesse nada preparando essa passagem, antes da captura do desejo no espaço especular, não haveria saída.

Com efeito, não omitamos que a própria possibilidade desse impasse está ligada a um momento que antecipa e condiciona o que vem marcar-se no fracasso sexual do homem. Esse momento é aquele em que o acionamento da tensão especular erotiza, muito precocemente e muito profundamente, o campo do *insight.*

Sabemos o que se esboça, no antropóide, do caráter condutor desse campo, desde o momento em que a observação do macaco mostrou-nos que ele não é desprovido de inteligência, uma vez que é capaz de muitas coisas, mas sob a condição de que veja aquilo que tem de alcançar. Ontem à noite aludi a que tudo se resume nisto: não é que o primata seja mais incapaz que nós de falar, mas sim que não pode fazer sua fala entrar nesse campo operatório.

Essa não é a única diferença. Há uma outra, decorrente de que, para o animal, não existe estádio do espelho, donde não há narcisismo, na medida em que, nesse nome, trata-se de uma certa subtração da libido ubíqua e de sua injeção no campo do *insight,* cuja forma é fornecida pela visão especularizada. Mas essa forma nos esconde o fenômeno da ocultação do olho que, a partir desse momento, deveria olhar de todo canto para aquele que somos, situá-lo na universalidade do ver.

Sabemos que isso pode acontecer. É o chamado *unheimlich,* mas para isso é preciso circunstâncias muito particulares. De hábito, o que a forma especular tem de satisfatório é justamente mascarar a possibilidade desse aparecimento. Em outras palavras, o olho institui a relação fundamental desejável porque sempre tende a fazer desconhecer, na relação com o Outro, que por trás do desejável há um desejante.

Reflitam sobre o alcance dessa formulação, que acredito poder oferecer como a mais geral sobre o que é o surgimento do *unheimlich*. Pensem que estão lidando com o mais repousante dos desejáveis, em sua forma mais tranqüilizadora — a estátua divina que é apenas divina; que há de mais *unheimlich* do que vê-la animar-se, ou seja, mostrar-se desejante?

Ora, a hipótese estruturante que propomos na gênese do *a* é que ele nasce em outro lugar, e antes dessa captura que o oculta. Essa hipótese fundamenta-se em nossa práxis, e é a partir desta que a introduzo.

Ou nossa práxis é falha, quer dizer, falha em relação a si mesma, ou ela supõe que nosso campo é o do desejo, e que o desejo é gerado pela relação de S com A. Essa relação, só podemos encontrá-la em nossa práxis na medida em que reproduzamos seus termos. O que nossa práxis gera é esse universo, simbolizado, em última instância, pela famosa divisão que nos guia, a partir de um certo momento, pelos três tempos em que o S, sujeito ainda desconhecido, tem que se constituir no Outro, e nos quais o *a* aparece como resto dessa operação.

Faço-os observar, de passagem, que a alternativa *ou nossa práxis é falha, ou supõe isso* não é excludente. Nossa prática pode permitir-se, em parte, ser falha em relação a si mesma, e permitir que haja um resto, já que é justamente esse o previsto. Assim, podemos presumir — grande presunção! — que arriscamos pouquíssimo quando nos empenhamos numa formalização que se impõe como necessária. Mas convém realmente dizer que a relação de S com A ultrapassa em muito, em sua complexidade — apesar de muito simples, inaugural —, o que aqueles que nos legaram a definição do significante consideram ter o dever de formular no início do jogo que organizam, ou seja, a idéia de comunicação.

A comunicação como tal não é o que é primitivo, já que, na origem, o S não tem nada a comunicar, em razão de todos os instrumentos da comunicação estarem do outro lado, no campo do Outro, e de ele ter que recebê-los deste. Como tenho dito desde sempre, daí resulta, por princípio, que é do Outro que o sujeito recebe sua própria mensagem. A primeira emergência, aquela que se inscreve neste quadro, é apenas um "*quem sou eu?*" inconsciente, posto que não formulável, ao qual responde, antes que ele o formule, um "*tu és*". Ou seja, primeiro o sujeito recebe sua própria mensagem, sob forma invertida.

Isso eu tenho dito há muito tempo. Hoje acrescento, se vocês estão ouvindo, que primeiro ele a recebe sob forma interrompida. Primeiro ele ouve um "*tu és*" sem atributo. No entanto, por mais interrompida, por mais insuficiente que seja essa mensagem, ela nunca é amorfa, porque a linguagem existe no real, está em curso, em circulação, e muitas coisas a propósito dele, S, em sua suposta interrogação primitiva, são desde logo pautadas por essa linguagem.

Ora, para retomar minha frase de agora há pouco, se defino como defino a relação do S com o A, não é somente por hipótese, pois esta é uma hipótese que eu disse estar fundamentada em nossa práxis, que identifiquei com essa práxis, até mesmo em seus limites. Além disso, a realidade observável — e por que tão mal observada? — confirma o funcionamento autônomo da fala tal como pressuposto neste esquema. Creio que há aqui um número suficiente de mães não atacadas de surdez para saber que uma criança muito pequena, na idade em que a fase do espelho está longe de haver concluído sua obra, monologa antes de dormir, desde que disponha de algumas palavras. Hoje o tempo me impede de ler para vocês uma página magistral em que foi transcrito um desses monólogos. Prometo-lhes uma certa satisfação quando não deixar de fazê-lo.

Quis a sorte que, depois de meu amigo Roman Jakobson ter passado dez anos suplicando a todos os seus alunos que pusessem um gravador no berçário, a coisa finalmente fosse feita, há dois ou três anos, e graças a isso, temos enfim a publicação de um desses monólogos primordiais. Se os faço esperar um pouco, é porque isso é propício a mostrar muitas outras coisas além do que tenho a delinear hoje.

O fato de eu precisar evocar referências assim, de longe, sem saber muito bem o que pode corresponder a elas no conhecimento de vocês, mostra, por si só, a que ponto é nosso destino termos que nos deslocar num campo em que a educação de vocês é tudo, menos garantida, pensem dele o que pensarem e sejam quais forem as despesas com cursos e conferências que se façam.

Seja como for, é possível que alguns aqui se lembrem do que Piaget chama de linguagem egocêntrica e do que está em pauta por trás dessa denominação, talvez defensável, mas certamente propícia a toda sorte de mal-entendidos. Essa expressão designa, com efeito, aquela espécie de monólogos a que uma criança se entrega em voz alta, quando colocada com alguns coleguinhas numa tarefa comum. No entanto, o que é evidentemente um monólogo voltado para ela mesma só pode produzir-se numa certa comunidade. Isso não equivale a objetar à qualificação de egocêntrico, se precisarmos seu sentido. Além disso, já que se fala de egocentrismo, talvez pareça impressionante que o sujeito do enunciado seja elidido com tanta freqüência.

Recordo essa referência para levá-los, quem sabe, a retomar o contato com esse fenômeno nos textos piagetianos, úteis para todos os fins no futuro, mas sobretudo para fazê-los notar que se coloca o problema de situar, em relação a essa manifestação, o que é o monólogo hipnopômpico gravado pelos alunos de Jakobson, que provém de uma fase muito anterior.

Indico-lhes desde já que o famoso grafo que tanto os tem aborrecido, durante anos, readquire seu valor com respeito a esses problemas de gênese e desenvolvimento. Como quer que seja, o monólogo da criancinha de que lhes falo nunca se produz quando há outra pessoa presente. A presença de um irmão ou de outro bebê no quarto é o bastante para que ele não se produza. Muitas outras características indicam que o que acontece nesse nível, e que é tão espantosamente revelador da precocidade das tensões denominadas de primordiais no inconsciente, é análogo, em todos os aspectos, à função do sonho. Tudo se passa na Outra cena, com a ênfase que dei a essa expressão.

Será que não devemos ser guiados aqui pela portinha — nunca é uma entrada ruim — pela qual os introduzi no problema? Trata-se, em outras palavras, da constituição do *a* como resto. Seja como for, esse fenômeno, quando as condições são realmente as que lhes descrevi, nós só o temos em estado de resto, quer dizer, na fita do gravador. Caso contrário, temos no máximo um murmúrio longínquo, sempre pronto a se interromper à nossa aparição. Será que isso não nos leva a considerar que desse modo nos é oferecido um caminho para apreender que, quanto ao sujeito em vias de se constituir, é exatamente do lado de uma voz desligada de seu suporte que devemos procurar o resto?

Prestem muita atenção. Não convém, neste ponto, andarmos depressa demais.

3

Tudo que o sujeito recebe do Outro pela linguagem, diz a experiência comum que ele o recebe sob forma vocal. A experiência de casos que não são tão raros assim, embora sempre se evoquem os casos espetaculares, como o de Helen Keller, mostra que existem outras vias que não as vocais para receber a linguagem. A linguagem não é vocalização. Vejam os surdos.

No entanto, creio que podemos adiantar-nos ao dizer que uma relação mais que acidental liga a linguagem a uma sonoridade. E talvez acreditemos até estar avançando pelo caminho certo ao tentar articular as coisas de perto, qualificando essa sonoridade de instrumental, por exemplo. É verdade que, nisso, a fisiologia abre o caminho.

Não sabemos tudo sobre o funcionamento de nosso ouvido, mas, de todo modo, sabemos que a cóclea é uma caixa de ressonância. É um ressonador complexo ou composto, se quiserem, mas, afinal, mesmo composto, um ressonador decompõe-se numa composição de ressonadores elementares. Isso nos leva ao caminho de dizer que é próprio da ressonância que o aparelho predomine. O aparelho ressoa, e não ressoa qualquer coisa. Se quiserem, para não complicar demais as coisas, ele só ressoa em sua nota, em sua própria freqüência.

Na organização do aparelho sensorial em questão, nosso ouvido, lidamos concretamente com uma caixa de ressonância que não é qualquer uma, é um ressonador do tipo tubo. O retorno feito pela vibração, sempre trazida da janela redonda e passando da rampa timpânica para a rampa vestibular, parece estar nitidamente ligado à extensão do espaço percorrido num conduto fechado, que funciona, portanto, à maneira de um tubo, seja ele qual for, uma flauta ou um órgão. É evidente que a coisa é complicada, pois esse aparelho não se assemelha a nenhum outro instrumento musical. É um tubo que seria, por assim dizer, um tubo com teclas, no sentido de que, segundo parece, é a célula colocada na posição de corda, mas sem funcionar como uma corda, que é implicada no ponto de retorno da onda e se encarrega de conotar a ressonância em questão.

Peço ainda mais desculpas por esta digressão na medida em que, certamente, não é por esse caminho que chegaremos à última palavra das coisas. Mas esta recapitulação destina-se a atualizar o seguinte: que alguma coisa na forma orgânica parece-nos aparentada com os dados topológicos primários, transespaciais, que fizeram com que nos interessássemos pela forma mais elementar da constituição criada e criadora de um vazio, aquela que encarnamos apologeticamente na história do pote, porque um pote também é um tubo, e que pode ressoar.

Dissemos que dez potes completamente iguais não deixam de se impor como individualmente indiferentes, mas que poderia surgir a questão de saber se, quando um é posto no lugar do outro, o vazio que esteve sucessivamente no bojo de cada um continua sempre o mesmo, ou não. Ora, o vazio que há no bojo do tubo acústico realmente impõe uma ordem a tudo que possa vir a ressoar nele de uma dada realidade — que se abre para um passo posterior de nossa caminhada, e que não é simples de definir —, qual seja, aquela a que chamamos sopro. De fato, uma flauta dedilhada no nível desta ou daquela de suas aberturas impõe a todos os sopros possíveis a mesma vibração. Se essa ordem não é uma lei, a nosso ver, ainda assim fica indicado que o *a* de que se trata funciona, aqui, numa verdadeira função de mediação.

Pois bem, não cedamos a essa ilusão. Tudo isso tem apenas interesse metafórico. Se a voz, no sentido em que a entendemos, tem alguma importância, não é por ressoar num vazio espacial qualquer. A mais simples imissão da voz no que é lingüisticamente chamado de sua função fática — que alguns acreditam estar no nível da simples tomada de contato, embora se trate de algo bem diferente — ressoa num vazio que é o vazio do Outro como tal, o *ex nihilo* propriamente dito. A voz responde ao que é dito, mas não pode responder por isso. Em outras palavras, para que ela responda, devemos incorporar a voz como a alteridade do que é dito.

É por isso mesmo, e não por outra coisa, que, separada de nós, nossa voz nos soa com um som estranho. É próprio da estrutura do Outro constituir um certo vazio, o vazio de sua falta de garantia. A verdade entra no mundo com o significante antes de qualquer controle. Ela se experimenta, reflete-se unicamente por seus ecos no real. Ora, é nesse vazio que a voz ressoa como distinta das sonoridades, não modulada, mas articulada. A voz de que se trata é a voz como imperativo, como aquela que reclama obediência ou convicção. Ela não se situa em relação à música, mas em relação à fala.

A propósito desse famoso desconhecimento da voz gravada, seria interessante ver que distância pode haver entre a experiência do cantor e a do orador. Proponho aos que quiserem tornar-se benevolentes pesquisadores disso que o façam, porque eu mesmo não tenho tempo.

Creio que é aqui que pomos o dedo na forma de identificação que não pude abordar no ano passado, e da qual a identificação da voz nos fornece ao menos o primeiro modelo. Em certos casos, com efeito, não falamos da mesma identificação que em outros, ou seja, falamos de *Einverleibung*, incorporação. Os psicanalistas da boa geração o haviam percebido, e houve um certo sr. Isakower que, no vigésimo ano do *International Journal*, escreveu um artigo muito singular, que, na minha opinião, só tem interesse pela necessidade que a ele se impôs de fornecer uma imagem marcante do que havia de distinto nesse tipo de identificação.

Essa imagem, ele foi buscá-la numa coisa singularmente distante do fenômeno identificatório de que se trata. Com efeito, interessou-se por um bichinho chamado dáfnia [pulga-d'água], que absolutamente não é um camarão, mas o imaginem como se fosse sensivelmente parecido com este. Seja como for, esse animal, que vive em águas salinas, tem o curioso hábito, num momento de suas metamorfoses, de obturar sua carapaça com minúsculos grãos de areia, os quais introduz no que tem como um chamado aparelho estato-acústico reduzido, ou, em outras palavras, em seu utrículo, que não tem o benefício de nossa prodigiosa cóclea. Uma vez introduzidas de fora essas partículas de areia, pois o camarão não as produz sozinho, de modo algum, o utrículo volta a se fechar, e eis que o animal passa a ter em seu interior os pequenos guizos necessários a seu equilíbrio, e os quais ele precisou trazer de fora.

Admitam que é remota a relação com a constituição do supereu. Mas o que me interessa é que o sr. Isakower não tenha julgado necessário encontrar uma comparação melhor do que se referir à seguinte operação, na qual, afinal, vocês devem ter pensado, se ouviram despertar em si ecos de fisiologia. Essa operação, executada por experimentadores maldosos, consiste em substituir os grãos de areia por grãos de ferro, para depois eles se divertirem com a dáfnia e um ímã.

A voz, portanto, não é assimilada, mas incorporada. É isso que pode conferir-lhe uma função que serve de modelo para nosso vazio. Aí reencontramos meu instrumento do outro dia, o chofar da sinagoga, e sua música. Mas, será que é mesmo música essa quinta elementar, esse intervalo de quinta que lhe é próprio? Não será isso, antes, o que dá sentido à possibilidade de que, num dado momento, ele seja o substituto da fala, arrancando poderosamente nossos ouvidos de todas as suas harmonias costumeiras? Ele serve de modelo do lugar de nossa angústia, mas, observem, só depois de o desejo do Outro ter assumido a forma de uma ordem. É por isso que pode desempenhar sua função eminente de dar à angústia sua resolução, que se chama perdão ou culpa, mediante a introdução de uma outra ordem.

Que o desejo seja falta, diremos que essa é sua principal falha, no sentido de alguma coisa que faz falta. Mudem o sentido dessa falha, dando-lhe um conteúdo — na articulação de quê? deixemos em suspenso —, e aí estará o que explica o nascimento da culpa e sua relação com a angústia.

Para saber o que se pode fazer com isso, preciso arrastá-los para um campo que não é o deste ano, mas no qual me convém entrar um pouquinho. Eu disse não saber o que, no chofar — digamos, no clamor da culpa —, articula-se do Outro que encobre a angústia. Se nossa formulação é correta, algo como o desejo do Outro deve estar implicado nisso.

Concedo-me mais três minutos para introduzir uma coisa que prepara os caminhos que nos permitirão dar nosso próximo passo.

Aqui, o que se presta mais favoravelmente para esclarecer, e, inversamente, para esclarecer a si mesmo, é a idéia de sacrifício.

Muitos outros além de mim ensaiaram abordar o que está em jogo no sacrifício. Eu lhes direi, sucintamente, que o sacrifício de modo algum se destina à oferenda ou ao dom, que se propagam numa dimensão bem diferente, mas sim à captura do Outro na rede do desejo.

A coisa já seria perceptível ao vermos a que isso se reduz, para nós, no plano da ética. É da experiência comum que não levamos nossa vida, quem quer que sejamos, sem oferecer incessantemente a não sei que divindade desconhecida o sacrifício de uma pequena mutilação, válida ou não, que nos impomos no campo de nossos desejos.

Nem todas as subjacências dessa operação são visíveis. Que se trata de alguma coisa relacionada com o *a* como pólo de nosso desejo, quanto a isso não há dúvida. Mas vocês terão de esperar pela próxima vez para que eu lhes mostre que é preciso algo mais — nominalmente, que esse *a* seja algo já consagrado, o que só se pode conceber ao retomar em sua forma original o que está em questão no sacrifício. Espero ter nesse encontro uma grande assembléia de obsessivos.

Quanto a nós, sem dúvida perdemos nossos deuses na grande feira civilizadora, mas um tempo bastante prolongado, na origem de todos os povos, mostra que tínhamos desavenças com eles como com pessoas do real. Eles não eram deuses onipotentes, mas deuses potentes, ali onde existiam. A questão toda era saber se esses deuses desejavam alguma coisa. O sacrifício consistia em agir como se eles desejassem como nós, e, se desejavam como nós, o *a* teria a mesma estrutura. Isso não quer dizer que eles engulam o que lhes sacrificamos, nem tampouco que isso possa lhes servir para alguma coisa; o importante é que o desejem e, direi ainda, que isso não os angustie.

Há um aspecto cujo problema, até hoje, creio eu, ninguém resolveu de maneira satisfatória — as vítimas sempre tinham que ser imaculadas.

Ora, lembrem-se do que eu lhes disse da mancha no nível do campo visual. Com a mancha, aparece ou se prepara a possibilidade de ressurgimento, no campo do desejo, do que há de oculto por trás dela, ou seja, no caso, do olho cuja relação com esse campo deve ser necessariamente esvaziada, para que o desejo possa permanecer nele com a possibilidade ubíqua ou nômade que lhe permite furtar-se à angústia.

Quando domesticamos os deuses na armadilha do desejo, é essencial não despertar sua angústia.

O tempo me obriga a terminar aqui. Vocês verão que, por mais lírica que lhes possa parecer esta última incursão, ela nos servirá de guia em realidades muito mais cotidianas de nossa experiência.

5 de junho de 1963

XXI

A torneira de Piaget

A categoria da causa
A conformação do sintoma
Uma questão de compreender
A água e os desejos
As cinco etapas da constituição do a

A angústia jaz na relação fundamental do sujeito com o que tenho chamado, até aqui, de desejo do Outro.

A análise sempre teve e conserva com o objeto a descoberta de um desejo. É por alguma razão estrutural, admitirão vocês, que sou levado a articular isto, este ano, pelo caminho de uma definição, digamos, algébrica, de uma articulação em que a função aparece numa espécie de lacuna, de *gap*, de resíduo da função significante. Mas eu também o fiz, toque após toque, por meio de exemplos. É o caminho que tomarei hoje.

Em todo advento do *a* como tal, a angústia aparece em função de sua relação com o desejo do Outro, mas qual é sua relação com o desejo do sujeito? Ela é situável na formulação que propus, no devido tempo, ao lhes dizer que o *a* não é o objeto do desejo que procuramos revelar na análise, mas sua causa.

Esse traço é essencial. Se a angústia marca a dependência de qualquer constituição do sujeito em relação ao A, o desejo do sujeito acha-se apenso a essa relação por intermédio da constituição anterior do *a*. Daí o interesse de lhes recordar de que modo essa presença do *a* como causa do desejo se anuncia desde os primeiros dados da investigação analítica. Ela se anuncia, de maneira mais ou menos velada, na função da causa.

Essa função pode ser situada nos primeiros dados do campo em que se iniciou a investigação, isto é, o campo do sintoma. Em todo sintoma, na medida em que um elemento que leva esse nome nos interessa, tal dimensão se manifesta. Tentarei fazê-la funcionar hoje diante de vocês.

1

Para fazê-los perceber, partirei de um sintoma que, como verão depois, não é à toa que exerce essa função exemplar, ou seja, o sintoma do obsessivo.

Indico desde já que, se o estou propondo, é porque ele nos permite entrar no processo de situar a função do *a* como algo que revela funcionar, desde os dados iniciais do sintoma, na dimensão da causa.

O que nos apresenta o obsessivo sob a forma patognomônica de sua posição? É a obsessão, ou compulsão, articulada numa motivação em sua linguagem interna — *Vá fazer isto ou aquilo, Vá se certificar de que a porta está fechada*, ou *a torneira* — que talvez tornemos a ver daqui a pouco. Quando não lhe é dada continuidade, o que acontece? A não-continuidade de sua linha, digamos, desperta a angústia. Assim, o próprio fenômeno do sintoma nos indica que estamos no nível mais favorável para ligar a posição do *a* tanto às relações de angústia quanto às relações de desejo.

A angústia aparece antes do desejo. Historicamente, antes da investigação freudiana, assim como antes da análise, em nossa práxis, o desejo se oculta, e sabemos a dificuldade que temos para desmascará-lo, se é que um dia o desmascaramos.

Aqui, é justo valorizar o dado de nossa experiência que aparece desde as primeiríssimas observações de Freud e que, mesmo que não tenha sido situado como tal, talvez constitua o passo mais essencial de nosso avanço no que concerne à neurose obsessiva. O que Freud reconheceu, e que nós mesmos podemos reconhecer todos os dias, é que o processo analítico não parte do enunciado do sintoma tal como acabei de descrevê-lo a vocês, isto é, sob sua forma clássica, definida desde sempre — a compulsão, com a luta ansiosa que a acompanha —, mas do reconhecimento de que *isso funciona assim*.

O sujeito tem que se dar conta de que isso funciona assim. Esse reconhecimento não é um efeito desligado do funcionamento desse sintoma, não é epifenomênico. O sintoma só se constitui quando o sujeito se apercebe dele, pois sabemos por experiência que existem formas de comportamento obsessivo em que não é apenas que o sujeito não tenha identificado suas obsessões, mas é que não as constituiu como tais. Nesse caso, o primeiro passo da análise — são célebres as passagens de Freud a esse respeito — é que o sintoma se constitua em sua forma clássica, sem o que não haverá meio de sair dele, porque não haverá meio de falar dele, porque não há como agarrar o sintoma pelas orelhas. O que é a orelha em questão? É o que podemos chamar de o não-assimilado do sintoma, não assimilado pelo sujeito.

Para que o sintoma saia do estado de enigma ainda não formulado, o passo a ser dado não é que ele se formule, mas que se desenhe no sujeito uma coisa tal que lhe seja sugerido que *há uma causa disso.*

Essa é a dimensão original. Ela é tomada aqui na forma do fenômeno, e eu lhes mostrarei onde se pode encontrá-la noutros lugares. É somente por aí que se rompe a implicação do sujeito em sua conduta, e essa ruptura é a complementação necessária para que o sintoma seja abordável por nós. Esse sinal não constitui apenas um passo no que eu poderia chamar de entendimento da situação, mas é algo a mais, que é essencial no tratamento da obsessão.

Isso é impossível de articular quando não evidenciamos a relação radical da função do *a*, causa do desejo, com a dimensão mental da causa. Já indiquei isso nos apartes de meu discurso e o escrevi num ponto que poderei encontrar do artigo "Kant com Sade", que saiu no número de abril da revista *Critique.* É em torno disso que pretendo fazer girar, hoje, o principal de meu discurso.

Vocês vêem desde já o interesse de dar crédito à idéia de que a dimensão da causa é a única a indicar a emergência, nos dados iniciais da análise do obsessivo, desse *a* em torno do qual deve girar toda a análise da transferência, para não ser exigida a girar em círculos. É claro que um círculo não é nada, uma vez que o circuito é percorrido. Mas há um problema do fim da análise — e não fui eu quem o enunciou — que se prende à irredutível neurose de transferência. A neurose de transferência em uma análise é ou não é a mesma que a neurose identificável no começo? Às vezes ela nos aparece como um impasse, às vezes leva a uma perfeita estagnação das relações do analisado com o analista, mas, em síntese, sua única diferença do que podia manifestar-se de análogo no começo é que ela está inteiramente remontada, inteiramente presente.

Entra-se na análise por uma porta enigmática, porque a neurose de transferência está aí em todo o mundo, mesmo num ser tão livre quanto Alcibíades. É Agatão que ele ama. É ali que está a transferência, transferência evidente, aquela que com muita freqüência chamamos de transferência lateral — embora esse amor seja um amor real. O espantoso é que entramos na análise apesar de tudo o que nos retém na transferência funcionando como real.

Mas o verdadeiro motivo de espanto, no que concerne ao circuito da análise, é como, havendo entrado nela a despeito da neurose de transferência, pode-se obter, na saída, a própria neurose de transferência. Sem dúvida, deve ser porque há alguns mal-entendidos no tocante à análise da transferência. Caso contrário, não veríamos manifestar-se a satisfação que ouvi expressar-se algumas vezes, a de que ter dado forma a essa neurose de transferência talvez não seja a perfeição, mas, mesmo assim, é um resultado. É verdade. É um resultado, de qualquer maneira, mas que gera bastante perplexidade.

Se enuncio que o caminho passa pelo *a*, que é o único objeto a ser proposto à análise da transferência, isso não quer dizer que, desse modo, todos os problemas sejam resolvidos. Isso deixa em aberto, como vocês verão, um outro problema. É justamente nessa subtração que pode aparecer a dimensão essencial de uma questão formulada desde sempre, mas por certo não resolvida, porque a insuficiência das respostas é flagrante a todos os olhos toda vez que ela se coloca: a questão do desejo do analista.

Dito isto, para lhes mostrar o interesse do desafio presente, feita esta breve recapitulação, voltemos ao *a*.

O *a* é a causa, a causa do desejo. Indiquei-lhes que não é um modo ruim de compreendê-lo voltar ao enigma que nos é proposto pelo funcionamento da categoria da causa, pois está bastante claro que, seja qual for a crítica, seja qual for o esforço de redução, fenomenológica ou não, que lhe apliquemos, essa categoria funciona, e não como uma etapa meramente arcaica de nosso desenvolvimento. Essa categoria, tenciono transferi-la do campo que chamarei de estética transcendental, acompanhando Kant, para o que chamarei, se vocês tiverem a bondade de consentir nisso, de minha ética transcendental.

Neste ponto, avanço por um terreno do qual sou obrigado a simplesmente fazer uma varredura das bordas laterais com um projetor, sem poder insistir. Seria conveniente, eu diria, que os filósofos fizessem seu trabalho e se atrevessem a formular algo que lhes permitisse realmente situar em seu lugar a operação que lhes indico ao dizer que extraio a função da causa do campo da estética transcendental, a de Kant. Seria preciso que outros lhes indicassem que esta é apenas uma extração totalmente pedagógica, porque há muitas outras coisas que ainda convém extrair dessa estética transcendental.

Quanto a isso, devo pelo menos lhes apontar o que consegui evitar da última vez, com um passe de mágica, quando lhes falei do campo escópico do desejo. Isso eu não posso cortar, é realmente preciso que eu explique aqui, no momento em que sigo adiante, o que estava implícito no que lhes disse a propósito do espaço: que esta não é, em absoluto, uma categoria *a priori* da intuição sensível.

É muito surpreendente que, no ponto de avanço da ciência em que nos encontramos, ninguém ainda se tenha empenhado diretamente em formular aquilo a que tudo nos incita: que o espaço não é um traço de nossa constituição subjetiva, além do qual a coisa-em-si encontraria, por assim dizer, um campo livre, mas que o espaço faz parte do real.

Nas formas topológicas que desenhei aqui diante de seus olhos, no ano passado, alguns já ouviram essa nota. A dimensão topológica, cujo manejo simbólico transcende o espaço, evocou em muitos várias das formas que nos são presentificadas pelos esquemas do desenvolvimento do embrião — formas singulares, pela *Gestalt* comum e singular que lhes é própria e que nos leva para muito, muito longe da boa forma. Numa notação impressionista, eu diria que essa forma que se reproduz por toda parte é sensível na espécie de torção a que a organização da vida parece obrigar-se, para se alojar no espaço real.

A coisa está presente em toda parte do que lhes expliquei no ano passado, assim como neste ano. Com efeito, é justamente nesses pontos de torção que se produzem também os pontos de ruptura dos quais, em mais de um caso, tento mostrar-lhes o alcance em nossa própria topologia, a do S, do grande A e do pequeno *a*, de um modo que seja mais eficaz, mais verdadeiro e mais conforme à ação das funções do que tudo o que está situado na doutrina de Freud, cujas vacilações já são indicativas, por elas mesmas, da necessidade do que faço aqui. Refiro-me às vacilações, por exemplo, que estão ligadas à ambigüidade, em Freud, das relações entre eu e não-eu, conteúdo e continente, eu e mundo externo. Todas essas divisões, salta aos olhos que elas não se superpõem, e por quê? Para responder a isso, é preciso ter captado do que se trata na topologia, e haver encontrado outros referenciais na topologia subjetiva que exploramos.

Termino por esta indicação, cuja importância sei que ao menos alguns conhecem muito bem por me haverem escutado agora. É essencial apreender a natureza da realidade do espaço como espaço tridimensional, para definir a forma assumida no estágio escópico pela presença do desejo, a saber, como fantasia. Trata-se de que a função da moldura, da janela, entenda-se, que tentei definir na estrutura da fantasia não é uma metáfora. Se a moldura existe, é porque o espaço é real.

Quanto à causa, procuremos apreendê-la no que é o matagal comum dos conhecimentos que são legados a vocês por um certo burburinho de discussões, através da passagem por uma aula designada pelo nome de filosofia.

Um indício da origem da função da causa nos é dado, com muita clareza, pela história da crítica dessa função. Tal crítica consiste em assinalar que a causa é inapreensível, que o *propter hoc* é, forçosamente, sempre pelo menos um *post hoc* — e o que mais é preciso que exista para equivaler a esse incompreensível *propter hoc*, sem o qual, aliás, nem sequer podemos começar a articular seja o que for? Mas isso não impede que tal crítica tenha sua fecundidade, como se vê na história. Quanto mais a causa foi criticada, mais se impuseram ao pensamento as exigências do que podemos chamar de determinismo. Quanto menos a causa é apreensível, mais tudo parece causado — até o último termo, aquele que se chamou de sentido da história.

Nada podemos dizer sobre isso senão que *tudo é causado*, exceto que tudo que acontece aí sempre provém, no começo, de um *suficientemente causado* em nome do qual se reproduz, na história, um começo que não ousarei chamar de absoluto, mas que certamente era inesperado, e que dá os clássicos panos para mangas aos profetas *nachträglich* que são os *intérpretes* profissionais do sentido da história.

Então, digamos sem mais delongas como encaramos aqui essa função da causa.

Essa função onipresente em nosso pensamento, nós a encaramos, direi desde já, para me fazer entender, como a sombra, ou melhor, a metáfora da causa primordial que é o *a* como anterior a toda essa fenomenologia, o *a* que definimos como o resto da constituição do sujeito no lugar do Outro, na medida em que ele tem que se constituir como sujeito barrado.

Se o sintoma é o que dizemos, ou seja, inteiramente implicável no processo da constituição do sujeito, na medida em que ele tem que ser feito no lugar do Outro, a implicação da causa faz parte, legitimamente, do advento do sintoma. Isso significa que a causa implicada na questão do sintoma é, se quiserem, um problema, mas do qual o sintoma não é efeito. Ele é resultado disso. O efeito é o desejo. Mas é um efeito único e totalmente estranho, posto que é ele que nos explicará, ou, pelo menos, nos fará entender todas as dificuldades que houve para ligar a relação comum, que se impõe ao espírito, entre a causa e o efeito. É que o efeito primordial dessa causa, *a*, esse efeito chamado desejo, é um efeito que não efetuou nada.

Nessa perspectiva, o desejo situa-se, de fato, como uma falta de efeito. Assim, se a causa se constitui como pressupondo efeitos, é a partir desse fato que, primordialmente, o efeito lhe falta. Isso vocês poderão encontrar em toda a fenomenologia da causa. A lacuna entre a causa e o efeito, à medida que é preenchida — e é justamente isso que se chama, numa certa perspectiva, de progresso da ciência —, faz desaparecer a função da causa, entenda-se, ali onde a lacuna é preenchida.

Aliás, à medida que se completa, a explicação seja do que for leva a que se deixem apenas ligações significantes, a que se volatilize o que a animava no princípio, e que levou vocês a procurarem o que não compreendiam, ou seja, a hiância efetiva. Não há causa que não implique essa hiância.

Tudo isto pode parecer-lhes inteiramente supérfluo. No entanto, é o que permite apreender o que chamarei de ingenuidade de algumas pesquisas de psicólogos, especificamente as de Piaget.

2

Os caminhos pelos quais os conduzo este ano passaram por uma certa evocação do que Piaget chama de linguagem egocêntrica. Como ele mesmo reconhece, sua idéia do egocentrismo de um certo discurso infantil parte da suposição de que as crianças não se compreendem entre si, de que falam sozinhas. Piaget acredita tê-lo demonstrado.

O mundo de suposições que há por trás disso, não o direi insondável, porque podemos precisar sua premissa maior. É uma suposição extremamente difundida: a de que a fala é feita para comunicar. Não é verdade. Piaget não pode apreender o *gap* que ele mesmo aponta, no entanto, e nisso está todo o interesse de seus trabalhos.

Rogo-lhes que se apossem de *A linguagem e o pensamento na criança*, que é, em síntese, um livro admirável. Ele ilustra a todo instante o quanto o que Piaget colhe de fatos nesse processo, aberrante em seu princípio, é demonstrativo de algo totalmente diferente do que ele pensa. Naturalmente, como ele está longe de ser burro, sucede que seus próprios comentários, os dele, Piaget, seguem esse mesmo caminho.

Tomemos, por exemplo, o problema de saber por que a linguagem do sujeito é essencialmente feita para ele mesmo. Peço-lhes que leiam essas páginas, porque não posso examiná-las em minúcias com vocês. Vocês verão que, a todo instante, o pensamento desliza e adere a uma formulação da questão que é justamente a que esconde o fenômeno, muito claramente manifesto, por outro lado. A essência do erro está em acreditar que a fala tem como efeito, essencialmente, comunicar, quando o efeito do significante é fazer surgir no sujeito a dimensão do significado. Voltarei a isso, se necessário, mais uma vez.

Sob o nome de socialização da linguagem, a relação com o outro é ali retratada como a chave do ponto de inflexão entre a linguagem egocêntrica e a linguagem acabada em sua função. Esse ponto de inflexão não é um ponto de efeito, de impacto efetivo, mas pode ser denominado de desejo de comunicar. Aliás, é justamente por esse desejo não se realizar que toda a pedagogia de Piaget vem instalar aí seus aparelhos e seus fantasmas. Muito insatisfeito, em suma, com o fato de a criança só parecer compreendê-lo pela metade, ele acrescenta que as crianças não se compreendem nem mesmo entre si. Mas será essa a questão?

A questão, vê-se muito bem em seu texto, não está aí. Podemos vê-lo pela maneira como ele articula o que chama de compreensão entre as crianças.

Vejamos como procede Piaget. Ele começa por tomar uma imagem que será a base das explicações. É o esquema de uma torneira, que dá uma coisa mais ou menos assim:

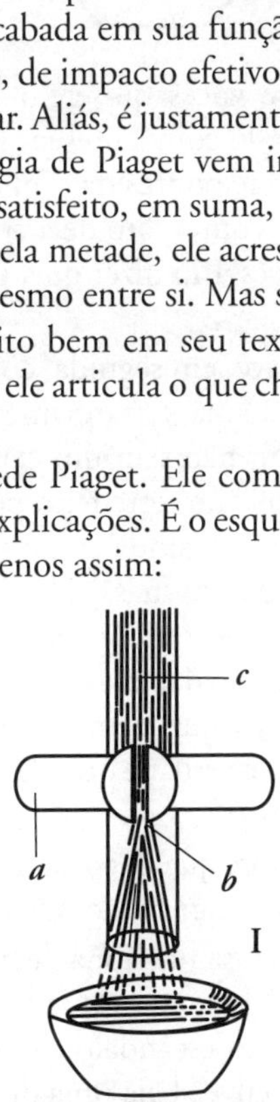

Nesse caso, diz-se à criança, tantas vezes quantas forem necessárias: "*Está vendo este caninho aqui? Ele está fechado, o que faz com que a água que está ali não possa passar por ele e vir escoar aqui, no que também chamamos de saída.*" E por aí vai. Piaget explica.

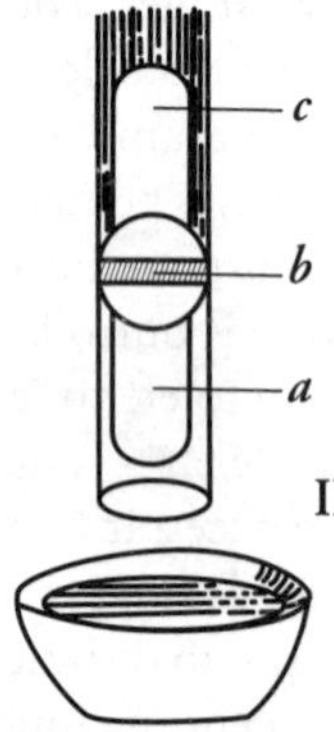

II

Aí está o esquema, se vocês quiserem verificá-lo. Aliás, Piaget achou que devia completá-lo com a presença da bacia, que não intervirá, absolutamente, nos sete pontos da explicação dada à criança. Ele fica muito impressionado com o fato de a criança repetir muito bem todos os termos. É desnecessário dizer que, para Piaget, isso significa que ela compreendeu.

Dessa criança ele se serve, em seguida, como explicadora para outra criança, a qual Piaget chama, estranhamente, de reprodutora. Pois bem, ele é forçado a notar, não sem um certo espanto, que o que a criança lhe repetiu tão bem, no teste feito por ele, de modo algum é idêntico ao que ela explica à segunda criança. Ao que Piaget faz a observação corretíssima de que, em suas explicações, ela elide justamente aquilo que havia entendido — sem se aperceber do que essa observação implicaria, ou seja, que, ao dar as explicações, na verdade a criança não explica coisa alguma, se é que realmente entendeu tudo, como diz Piaget. Naturalmente, não é verdade que ela tenha entendido tudo — não mais que qualquer pessoa.

Ao lado desses exemplos, que decorrem do que Piaget chama de campo das explicações, há o campo do que ele chama de histórias.

Quanto às histórias, a coisa funciona de outra maneira. Mas o que Piaget chama de histórias? Ele tem um jeito de transcrever a história de Níobe que é um perfeito escândalo, pois não parece ocorrer-lhe que ali está um mito, que talvez haja uma dimensão própria do mito, dimensão esta que se impõe quando se enuncia o nome próprio Níobe, e que, ao transformá-lo numa zurrapa emoliente — peço-lhes que se reportem a esse texto, que é simplesmente fabuloso —, talvez se proponha à criança uma coisa que não está a seu alcance, mas também uma coisa que assinala um profundo déficit do experimentador, o próprio Piaget, a respeito do que são as funções da linguagem. Quando se propõe um mito, é bom que ele o seja, e não esta historinha vaga: "Era uma vez uma mulher chamada Níobe, que tinha doze filhos e doze filhas. Ela conheceu uma fada que só tinha um filho e nenhuma filha. Assim, a mulher zombou da fada, por ela só ter um filho. Então, a fada se zangou e amarrou a mulher num rochedo. A mulher chorou durante dez anos. No fim, tinha-se transformado no rochedo, e suas lágrimas formaram um riacho que corre até hoje."

Isso só tem equivalente, na verdade, nas outras duas histórias propostas por Piaget: a do negrinho que estraga seu bolo na ida e deixa derreter a manteiga na volta, e a outra, pior ainda, das crianças transformadas em cisnes, que passam a vida inteira separadas dos pais por esse feitiço, mas, quando voltam, não apenas descobrem que os pais estão mortos, como também, recuperando sua forma inicial, mesmo assim envelheceram. Ao que eu saiba, não há um único mito que deixe o envelhecimento prosseguir durante a transformação. Numa palavra, as histórias inventadas por Piaget têm em comum com as de Binet o fato de refletir a profunda maldade de toda postura pedagógica.

Peço-lhes desculpas por ter-me deixado extraviar neste parêntese. Pelo menos vocês terão conquistado a dimensão, assinalada por Piaget, da entropia da compreensão, que necessariamente se degrada. O próprio Piaget constata, para sua grande surpresa, que há um imenso contraste entre as explicações e as "histórias", termo que coloco entre aspas. É muito provável que, se as histórias confirmam sua teoria da entropia da compreensão, seja justamente por não ser histórias, e porque, se fossem histórias, mitos de verdade, provavelmente não haveria essa perda.

Em todo caso, proponho-lhes um sinalzinho. Quando tem que repetir a história de Níobe, uma dessas crianças, no ponto em que Piaget nos diz que a mulher foi amarrada a um rochedo — nunca, sob nenhuma forma, o mito de Níobe articulou esse momento —, faz surgir a dimensão de um rochedo que tem uma mancha, restabelecendo o traço que eu lhes evidenciei, num Seminário anterior, como essencial na vítima do sacrifício: o de não ter mancha alguma. É claro, hão de me dizer, isso é fácil, você está jogando com uma falha da audição, com um trocadilho.* Sim, mas por que justamente esse? Deixemos para lá. Isso não é uma prova, é claro, mas apenas uma sugestão.

Volto às minhas próprias explicações e à observação de Piaget de que, embora o explicador explique mal, aquele a quem é dada a explicação compreende muito mais que o explicador demonstra por sua insuficiência de explicações, haver compreendido. Naturalmente, nesse ponto nos é dito: ele mesmo refaz o trabalho. Isso porque: como Piaget define o índice de compreensão entre as crianças?

$$\frac{\text{o que o reprodutor compreendeu}}{\text{o que o explicador compreendeu}}$$

Não sei se vocês notam que há uma coisa da qual nunca se fala: é do que o próprio Piaget compreendeu. No entanto, isso é essencial, já que não deixamos as crianças entregues à linguagem espontânea para ver o que elas compreenderam, quando há uma que faz alguma coisa no lugar de outra.

Ora, o que Piaget parece não ter visto é que sua explicação, do ponto de vista de qualquer um, de qualquer terceiro, é totalmente incompreensível. Se o cano, aqui fechado, é colocado — graças a algo a que Piaget dá toda importância —, pela operação dos dedos que giram a torneira, de tal maneira que a água possa correr, será que isso significa que ela corre? Não há em Piaget o menor esclarecimento a esse respeito. Claro, ele sabe muito bem que, se não houver pressão, a torneira não soltará nada, mesmo que vocês a girem, mas julga que pode omitir isso, por se colocar no nível da pretensa mentalidade infantil.

Deixem-me prosseguir. Tudo isto parece uma completa besteira, mas vocês vão ver. A irrupção do sentido de toda a aventura não sai de minhas especulações, mas da experiência. Evidencia-se, enfim, pela observação que lhes faço de que eu mesmo não tenho a pretensão de ter compreendido exaustivamente.

Uma coisa é certa: é que, em se tratando da torneira como causa, não se dá uma boa explicação ao dizer que o manuseio da torneira ora

---

* O trocadilho em questão se dá entre *attachée* (amarrada) e [*quelqu'un*] *a taché* [*le rocher*] ([alguém] manchou [o rochedo]), o que "resulta" no reaparecimento da mancha, *tache*. (N.T.)

abre, ora fecha. A torneira foi feita para fechar. Basta que um dia, durante uma greve, vocês não saibam em que momento a pressão deve voltar, para saber que, se a tiverem deixado aberta, haverá uma porção de inconvenientes, e portanto, que convém que a torneira fique fechada, mesmo quando não há pressão.

Ora, o que falta na transmissão do explicador ao reprodutor? Uma coisa que Piaget deplora. É que, digamos, a criança reprodutora não mais se interesse, em absoluto, pelo que está em questão a respeito das duas ramificações, da operação dos dedos e de tudo que vem depois. No entanto, assinala Piaget, a primeira criança, de qualquer modo, transmitiu-lhe uma parte disso. A perda de compreensão lhe parece enorme. Mas eu lhes garanto que, se vocês lerem as explicações do pequeno terceiro, do pequeno reprodutor, que é o menino *Rib* no texto em questão, perceberão que ele enfatiza duas coisas: o efeito da torneira, como sendo uma coisa que fecha, e o resultado, ou seja, que, graças à torneira, pode-se encher uma bacia sem que ela transborde. Em suma, é o surgimento da dimensão da torneira como causa.

Por que Piaget deixa escapar a tal ponto o fenômeno que se produz? Porque desconhece totalmente que o que há de interessante para uma criança numa torneira como causa, são os desejos que a torneira desperta nela, ou seja, por exemplo, ela lhe dá vontade de fazer xixi, como toda vez que estamos na presença da água e somos, em relação a essa água, um vaso comunicante. Não foi à toa que tomei essa metáfora para lhes falar da libido e do que acontece entre o sujeito e sua imagem especular. Se o homem tivesse alguma tendência a esquecer que, na presença da água, ele é como que um vaso comunicante, haveria, na infância da maioria, a seringa do clister para relembrá-lo disso.

Numa criança da idade das que nos são apontadas por Piaget, o que se produz na presença de uma torneira é um tipo irresistível de *acting out*, que consiste em fazer uma operação que traz enormes riscos de desmontá-la. Com o que, mais uma vez, a torneira fica em seu lugar de causa, dessa vez no nível da relação fálica. De fato, como mostra a história de Hans, introduz-se necessariamente a idéia de que a torneirinha é algo que pode estar relacionado com o bombeiro, que pode ser desatarraxado, desmontado, substituído etc. Em suma, o $(- \varphi)$.

O que pretendo apontar não é que Piaget omita esses elementos da experiência, os quais, aliás, estando muito bem informado sobre as coisas analíticas, ele não desconhece, mas que não vê a ligação das relações que, por nosso turno, chamamos de "complexuais" com toda a constituição original da função de causa que ele pretende interrogar.

Voltaremos à linguagem da criança.

Indiquei-lhes da última vez que alguns trabalhos originais, os quais é espantoso que não tivessem sido feitos até hoje, permitem-nos agora apreender realmente, *in statu nascendi*, o funcionamento primário do significante nos monólogos hipnopômpicos da criança muito pequena, de no máximo dois anos, e captar neles, numa forma fascinante, o próprio complexo de Édipo já articulado, com isso fornecendo a prova experimental da idéia que sempre formulei diante de vocês — a de que o inconsciente é, essencialmente, efeito do significante.

Para terminar, com respeito à posição dos psicólogos, eu lhes direi que o livro a que fiz alusão é prefaciado por um psicólogo, à primeira vista muito simpático, no sentido de que confessa nunca ter ocorrido a um psicólogo interessar-se realmente por essas funções, em razão da suposição cega dos psicólogos, no dizer dele, de que nada se destaca como interessante com respeito à entrada da linguagem em funcionamento no sujeito, a não ser no nível da educação. De fato, linguagem se aprende. Mas o que a linguagem faz fora do campo da aprendizagem, foi preciso a sugestão de um lingüista — Jakobson, para citá-lo nominalmente — para que se começasse a ter interesse nisso.

Tem-se a impressão de que, nesse ponto, o psicólogo está entregando as armas, pois certamente é com humor que ele aponta esse déficit das pesquisas psicológicas. Pois bem, nada disso. No fim de seu prefácio, ele faz duas observações que mostram a que ponto a atitude dos psicólogos é realmente inveterada.

Como se trata de um livro de umas trezentas páginas, que pesam muito, e como esses monólogos infantis foram compilados durante um mês, e se fez uma lista cronológica completa, nesse ritmo, o que isso nos custará em termos de pesquisa? Primeira observação.

A segunda é ainda mais incrível. É muito interessante notar tudo que a criança articula, mas a mim me parece, diz esse psicólogo, que se chama Georges Miller, que a única coisa interessante seria saber "*What of that he knows?*" — o que a criança sabe daquilo que nos diz? Ora, a questão, justamente, é que ela não sabe o que diz, e é importantíssimo notar que assim mesmo ela o diz. Ela já diz o que saberá ou não saberá depois, ou seja, os elementos do complexo de Édipo.

3

São duas e dez. Mesmo assim, eu gostaria de lhes dar o esqueminha daquilo em que prosseguirei no tocante ao obsessivo. Em cinco minutos, eis a questão tal como se apresenta, em formulações provisórias.

Trata-se das cinco etapas, se assim me posso exprimir, da constituição do *a* na relação do S com o A. Elas podem ser definidas como lhes direi agora, o que se impõe suficientemente pelo que enunciei passo a passo nas aulas anteriores.

Aqui vocês vêem a primeira operação.

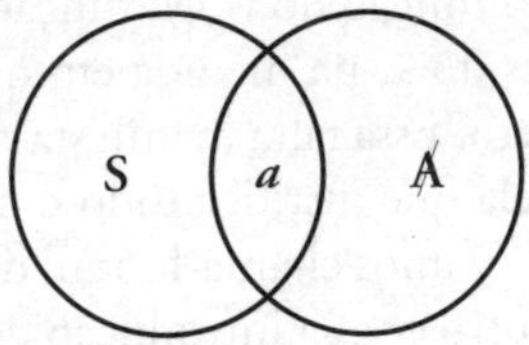

O segundo tempo da operação não está totalmente fora do alcance de sua compreensão, a partir da divisão que já acrescentei como sendo a do Outro. Ela fica distante da transformação do sujeito S em $, quando ele passa do lado esquerdo do primeiro esquema para a parte comum do segundo, cabendo esclarecer, evidentemente, a função do círculo de Euler.

No nível da relação com o objeto oral, vamos dizê-lo hoje para que isso fique claro, há não uma necessidade *do* outro — essa ambigüidade é rica, e decerto não nos recusamos a nos servir dela —, mas uma necessidade *no* Outro, no nível do Outro. É em função da dependência do ser materno que se produz a disjunção do sujeito com *a*, o mamilo, cujo verdadeiro alcance vocês só podem perceber se virem que o mamilo faz parte do mundo interno do sujeito, e não do corpo da mãe.

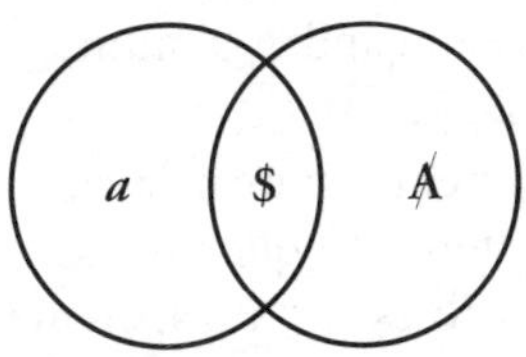

Na segunda etapa, a do objeto anal, vocês têm a demanda no Outro. É a demanda educativa por excelência, na medida em que se relaciona com o objeto anal. Não há meio de captar qual é a verdadeira função desse objeto anal, se não o perceberem como sendo o resto na demanda do Outro, que chamo aqui, para me fazer entender bem, de demanda no Outro.

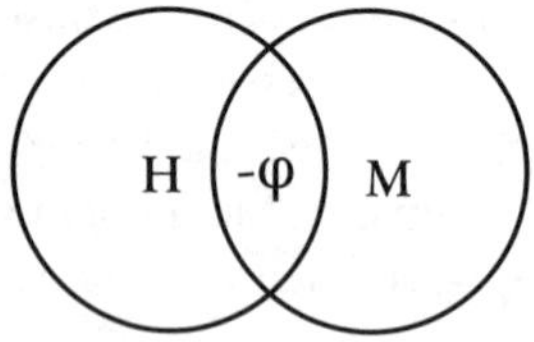

Terceira etapa, o falo. Aí vocês encontrarão toda a dialética que os ensinei a reconhecer na função do (- φ), função singular em relação a todas as outras funções do *a*, na medida em que é definida por uma falta, a falta de um objeto. Essa falta manifesta-se aqui como tal, é central nessa relação, e é ela que justifica todo o centramento da análise no eixo da sexualidade. Vamos chamá-la aqui de gozo no Outro. A relação desse gozo no Outro com a introdução do instrumento faltante designado pelo (- φ) é uma relação inversa. Foi isso que articulei em minhas duas últimas aulas, e é essa a base, o eixo sólido de toda situação suficientemente eficaz do que chamamos de angústia de castração.

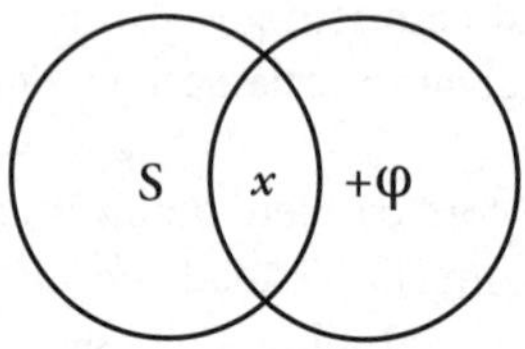

Na etapa escópica, que é propriamente a da fantasia, lidamos com a potência no Outro, que é a miragem do desejo humano. No que é a forma dominante de toda posse, a posse contemplativa, o sujeito está condenado a desconhecer que essa é apenas uma miragem de potência.

Como vocês vêem, estou andando muito depressa. Que há no nível da quinta e última etapa?

Diremos, provisoriamente, que é nela que deve emergir, numa forma pura, o desejo no Outro. O que nos assinala isso no exemplo de que partimos, isto é, no obsessivo, é o aparente predomínio da angústia em sua fenomenologia. O fato estrutural do qual nós, só nós nos apercebemos, é que, até um certo momento da análise, faça ele o que fizer, e seja qual for o refinamento a que levem suas fantasias e práticas ao se construírem, o que o obsessivo apreende dela é sempre o desejo no Outro. Verifiquem o alcance desta formulação. É na medida do retorno desse desejo no Outro, posto que ele é essencialmente recalcado no obsessivo, que tudo é comandado em sua sintomatologia, especificamente nos sintomas em que a dimensão da causa é vislumbrada como *Angst*.

A solução, também a conhecemos no fenômeno. Para encobrir o desejo do Outro, o obsessivo tem um caminho: é o recurso à demanda dele. Observem um obsessivo em seu comportamento biográfico, no que chamei há pouco de suas tentativas de passagem com respeito ao desejo. Essas tentativas, por mais audaciosas, complicadas, requintadas, exuberantes e perversas que sejam para atingir seu objetivo, são sempre marcadas por uma condenação original. Ele sempre precisa fazer com que elas sejam autorizadas. É preciso que o Outro lhe peça isso.

Aí está a mola do que se produz num certo momento de virada em toda análise de obsessivos. Na medida mesma em que a análise sustenta uma dimensão análoga à da demanda, persiste alguma coisa, até um ponto muito avançado — será que ele é ultrapassável? —, dessa forma de fuga do obsessivo. Pois bem, vejam quais são as conseqüências disso. Na medida em que a evitação do obsessivo é o encobrimento do desejo no Outro pela demanda no Outro, o *a*, objeto de sua causa, vem situar-se onde a demanda é predominante, ou seja, no estágio anal, no qual o *a* não é, pura e simplesmente, o excremento, porque é o excremento enquanto demandado.

Ora, nunca se analisou nada da relação com o objeto anal dentro destas coordenadas, que são as coordenadas verdadeiras, para se compreender a origem do que podemos chamar de angústia anal, aquela que sai da análise de um obsessivo conduzida até esse ponto, o que nunca acontece. Num ponto que deve ser situado como um ponto-limite, a angústia aparece com um caráter de dominação, como um núcleo irredutível, e é quase impossível controlá-la em alguns casos.

É isso que teremos de situar da próxima vez, e que pressupõe articularmos o que resulta da relação com o objeto anal com a demanda que o requer, demanda esta que nada tem a ver com a modalidade de desejo determinada por essa causa.

12 de junho de 1963

XXII

Do anal ao ideal

Constituição circular do objeto
A origem da causa
Jones e a Imaculada Conceição
Amar além do falo
O desejo dos deuses

A definição da função do objeto *a* que busco este ano diante de vocês tende, como me observou alguém depois de meu último discurso, a se opor à concepção abrahâmica — refiro-me a Abraham, o psicanalista — que liga o objeto e suas mutações a fases.

Ela lhes propõe, com efeito, por assim dizer, uma constituição circular do objeto.

Em todos os níveis dessa constituição, o objeto adere a si mesmo como objeto *a*. Sob as diversas formas em que ele se manifesta, trata-se

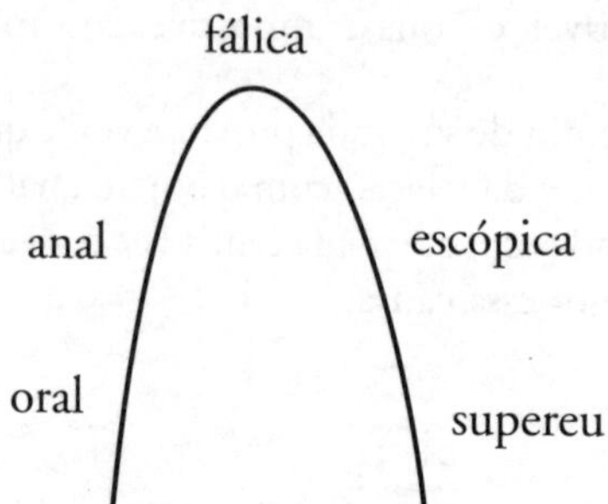

As formas dos objetos nos diferentes estágios

sempre de uma mesma função, e de saber como ele se liga à constituição do sujeito no lugar do Outro e o representa.

No nível da fase fálica, que é central em relação aos diversos estágios do objeto e que, por convenção, chamamos de nível 3, a função do *a* é representada por uma falta, ou seja, a falta do falo como constitutiva da disjunção que une o desejo ao gozo.

Esse estágio tem aqui uma posição extrema. O estágio 4 e o estágio 5, por sua vez, estão numa posição de retorno que os coloca em correlação, respectivamente, com o estágio 1 e o estágio 2.

Todos sabem, e este esqueminha destina-se apenas a lhes recordar isso, das ligações da fase oral e de seu objeto com as manifestações primárias do supereu. Ao lembrar-lhes sua ligação evidente com a forma de objeto *a* que é a voz, indiquei-lhes que não pode haver concepção analítica válida do supereu que se esqueça de que, por sua fase mais profunda, essa é uma das formas do objeto *a*. Por outro lado, a ligação da fase anal com a escopofilia foi denotada há muito tempo.

Por mais que se unam duas a duas as formas dos estágios 1, 2 e 4, 5, nem por isso o conjunto deixa de se orientar por esta seta que sobe e depois desce. Ela exprime o que faz com que, em toda fase analítica de reconstituição dos dados do desejo recalcado, numa regressão, haja uma faceta progressiva, e faz com que, em todo acesso progressivo ao estágio situado como superior na própria inscrição feita dele aqui no quadro, haja uma faceta regressiva.

Uma vez lembradas estas indicações, para que fiquem presentes em seu espírito durante meu discurso de hoje, agora prosseguirei.

1

Como eu lhes disse da última vez, trata-se de explicar a função, na constituição do desejo anal, de um certo objeto que, se quiserem, é a merda, para chamá-lo por seu nome.

Afinal, desse objeto desagradável, é privilégio da análise, na história do pensamento, ter feito emergir a função determinante na economia do desejo.

Observei-lhes da última vez que, em relação ao desejo, o objeto *a* sempre se apresenta na função de causa e é, para nós, possivelmente, se vocês estão me acompanhando, o ponto-raiz no qual se elabora no sujeito a função da causa. A forma primordial da causa é a causa de um desejo.

A causa, para subsistir em sua função mental, sempre necessita da existência de uma hiância entre ela e seu efeito. Essa hiância é tão necessária que, para poder continuar a pensar na causa ali onde ela correria o risco de ser preenchida, precisamos fazer com que subsista um véu sobre o determinismo rigoroso, sobre as ligações mediante as quais a causa age. Foi isso que ilustrei, da última vez, com o exemplo da torneira.

A quem vimos revelar-se a essência da função da torneira como causa, isto é, como conceito de torneira? Unicamente à criança que fraquejou no nível do que Piaget chama de compreensão, ou que prescindiu dele, e da qual nos é dito que, na ocasião, por não o ter entendido, ela desprezou o mecanismo estrito que lhe foi representado sob a forma de um esquema em corte da torneira.

A exigência que liga a subsistência da causa a uma lacuna, uma hiância, tem sua origem em que a causa, em sua forma primária, é causa do desejo, isto é, de algo essencialmente não efetuado. É por isso mesmo que não podemos, de modo algum, confundir o desejo anal com o que as mães, assim como os partidários da catarse, chamariam, no caso, de efeito, no sentido de "*Isso fez efeito?*". O excremento não desempenha o papel de efeito do que situamos como desejo anal, mas é a causa desse desejo.

Se pretendemos deter-nos nesse objeto singular, sem dúvida é pela importância de sua função, sempre reiterada à nossa atenção, e especialmente, vocês sabem, na análise dos obsessivos, mas, na verdade, é igualmente pelo fato de que esse objeto ilustra para nós, mais uma vez, como convém conceber isto: que o objeto *a* subsiste sob modalidades diversas.

De fato, à primeira vista, o anal fica um tanto à parte entre as outras dessas modalidades.

Todos esses fatos anatômicos — a constituição mamífera, o funcionamento fálico do órgão copulatório, a plasticidade da laringe humana, com sua marca fonemática — e outros mais, desde o valor antecipatório da imagem especular até a prematuridade neonatal do sistema nervoso, que lhes tenho recordado nestes últimos tempos, uns após outros, para lhes mostrar em que eles se conjugam com a função do *a*, e os quais, por sua simples enumeração, vocês podem ver como têm lugares dispersos na árvore das determinações orgânicas, pois bem, todos eles só assumem no homem seu valor de destino, como diz Freud, por virem bloquear um lugar situado num tabuleiro cujas casas se estruturam a partir da constituição subjetivante, tal como esta resulta da dominação do sujeito que fala sobre o sujeito que compreende, ou seja, o sujeito do *insight*.

Esse sujeito, nós conhecemos seus limites sob a forma do chimpanzé. Seja qual for a suposta superioridade das aptidões do homem em relação ao chimpanzé, o fato de ele ir mais longe na prática está ligado ao predomínio, nele, do sujeito que fala. Pelo fato de falar, ele acredita atingir o conceito, isto é, acredita poder apreender o real por um significante que comanda esse real de acordo com sua causação íntima.

O campo da relação intersubjetiva, que parece não criar grandes problemas para os psicólogos, cria um pouco mais para nós. Por menos que pretendamos dar conta da maneira como a função do significante se imiscui originalmente nessa relação, as dificuldades são tamanhas que nos levam a uma nova crítica da razão, pelo que seria uma idiotice, bem típica da escola, ver nisso um recuo qualquer do movimento conquistador da citada razão. Essa crítica, com efeito, indica como essa razão já está tecida no nível do mais opaco dinamismo no sujeito, ali onde se modifica o que ele experimenta como necessidade sob as formas do desejo, sempre mais ou menos paradoxais quanto a seu suposto caráter natural.

Assim é que a nova crítica da razão de que eu falava revela-se no que lhes mostrei ser a causa do desejo. Será que é pagar caro demais ter de acrescentar a essa revelação que a idéia de causa também revela sua origem aí? Será que isso é fazer psicologismo, com todas as conseqüências absurdas que isso comporta no tocante à legalidade da razão? Não, não é isso que fazemos, porque a subjetivação de que se trata não é psicológica nem é do desenvolvimento. Aos acidentes do desenvolvimento que enumerei há pouco, às particularidades anatômicas de que se trata no homem, junta-se sempre o efeito de um significante cuja transcendência, por conseguinte, é evidente em relação ao citado desenvolvimento.

Transcendência, disse eu. E daí? Não há motivo para se assustarem. Essa transcendência não é mais nem menos acentuada, nesse nível, do que em qualquer outra incidência do real, desse real que é chamado de *Umwelt* em biologia, para domesticá-lo. Mas, justamente, a existência da angústia no animal rejeita perfeitamente as imputações de espiritualismo, que de modo algum poderiam vir à tona a meu respeito, a pretexto de que, no caso, postulo como transcendente a situação do significante. Na verdade, na angústia animal, trata-se realmente de um além do dito *Umwelt*. É pelo fato de que algo, um tremor de terra, por exemplo, ou qualquer outro acidente meteorológico, vem abalar esse *Umwelt* até seus alicerces que o animal se mostra prevenido quando se assusta.

Aí se confirma, mais uma vez, que a angústia é aquilo que não engana. Prova disso: quando virem os animais se agitarem dessa maneira em regiões em que tais incidentes podem ocorrer, é bom que levem isso em conta, para ficarem vocês mesmos prevenidos do que é iminente. Para eles, tal como para nós, há nisso a manifestação de um lugar do Outro. É uma Outra coisa que se manifesta como tal.

Isso não quer dizer, é evidente, que não haja parte alguma em que esse lugar do Outro tenha que se alojar fora do espaço real, como lembrei da última vez.

2

Agora entraremos na particularidade do caso que faz com que o excremento possa vir a funcionar no ponto determinado pela necessidade de o sujeito se constituir, primeiramente, no significante.

É uma questão importante, porque aqui, talvez mais que em outras áreas, impera uma sombra de confusão.

Ao tratar do anal, acreditamos aproximar-nos mais da matéria, digamos, ou do concreto. Com isso cremos demonstrar que nós, sim, sabemos levar em conta até as facetas mais desagradáveis da vida. Felicitamo-nos por ser aí, e não no empíreo, que vamos buscar o domínio das causas. Toda essa temática é muito divertida de apreender nas colocações introdutórias de Jones, num artigo da coletânea de seus *Selected Papers* cuja leitura é impossível recomendar-lhes em demasia, porque ela vale milhões.

O artigo de que se trata intitula-se "Madonna's Conception through Ears", a concepção da Virgem pelo ouvido. A malícia protestante desse galês não pode ser eliminada, em absoluto, do fundo de complacência com que ele aborda o assunto. O texto foi escrito em 1914, quando o próprio Jones acabava de emergir de suas primeiras apreensões, que lhe foram realmente esclarecedoras, da prevalência da função anal em alguns grandes obsessivos que lhe haviam caído nas mãos, assim, alguns anos depois do encontro de Freud com os obsessivos dele. Essas observações de Jones, fui procurá-las em seu texto original, publicado nos dois números do *Jahrbuch*, volume V, que antecederam justamente a publicação do artigo sobre a Madona. São casos evidentemente sensacionais, embora tenhamos visto outros desde então.

No artigo sobre a Madona, Jones aborda o tema logo de saída, dizendo-nos que é belíssimo o sopro fecundante, que em toda parte dos mitos, das lendas e da poesia temos vestígios dele, que nada é mais belo que o despertar do ser à passagem do sopro do Eterno, mas que ele, Jones, é um pouco mais esperto. É verdade que sua ciência ainda é recente, mas, enfim, deixa-o entusiasmado. Assim, ele pretende mostrar-nos de que tipo de vento se trata. Trata-se do vento anal.

Como nos diz Jones, a experiência comprova o interesse — supõe-se aí que o interesse seja o interesse vivo, o interesse biológico — que o sujeito, tal como é revelado na análise, mostra por seus excrementos, pelas fezes que produz, e esse interesse é infinitamente mais presente, mais evidente e mais dominante que a preocupação que haveria muitas razões para ele ter com sua respiração, a qual, ao que parece, no dizer de Jones, não o instiga. Por quê? Porque a respiração é habitual.

Esse é um argumento fraco. É um argumento fraco numa disciplina em que não se pôde deixar de destacar, em seguida, a importância da sufocação, da dificuldade respiratória, no estabelecimento original da função da angústia. Dizer que o sujeito vivo, mesmo humano, não está ciente da importância dessa função é um argumento inicial que surpreende, ainda mais que já se havia descoberto, na época, uma coisa que era a conta certa para valorizar a eventual relação da função respiratória com o momento fecundo da relação sexual. A respiração, sob a forma do arquejo paterno ou materno, certamente fazia parte da fenomenologia básica da cena traumática, a ponto de entrar na esfera do que dela podia surgir de teoria sexual infantil.

Não digo que o que Jones expõe posteriormente deva ser refutado, pois é fato que o caminho pelo qual ele envereda encontra mil correlatos que nos lembram o caráter oportuno disso, numa multiplicidade de campos antropológicos e em toda sorte de referências da literatura mitológica. Assinala-se a função desse sopro inferior, por exemplo, até no Upanixade, no qual se esclareceria, usando o termo *Apana*, que foi do vento de seu traseiro que Brama gerou, em especial, a espécie humana. Na verdade, se vocês se reportarem a esse artigo, verão que a própria extensão das referências sobre esse assunto específico chega à difluência, o que mostra bastante bem que, no fim, ele não tem nada de convincente, longe disso.

Para nós, porém, esse é apenas um estímulo a mais para fazer com que nos perguntemos por que a função do excremento desempenha esse papel privilegiado na modalidade de constituição subjetiva que qualificamos de desejo anal. Talvez isso só possa ser resolvido em termos decisivos ao fazermos intervir de maneira mais estrutural, segundo o espírito de nossa pesquisa, por que o excremento pode ocupar o lugar de *a*.

Em relação aos diferentes acidentes que lhes evoquei há pouco, desde o lugar anatômico da mama até a plasticidade da laringe humana, passando, no intervalo, pela imagem especular da castração, ligada à conformação particular do órgão copulador num nível bem elevado da escala animal, o excremento existe desde o começo e, antes mesmo da diferenciação entre a boca e o ânus, no nível do blastóforo, já o vemos funcionar.

No entanto, na idéia biológica ainda insuficiente, é claro, que temos das relações do ser vivo com seu meio, parece, de qualquer modo, que o excremento se caracteriza como rejeição e, por conseguinte, coloca-se mais no fluxo daquilo de que o ser vivo tende a se desinteressar. O que lhe interessa é o que entra. O que sai, a estrutura parece implicar que ele não tende a reter. Assim, parece recomendável, a partir dessas considerações biológicas, nos perguntarmos exatamente por que caminhos o excremento vem a assumir a importância subjetivada que lhe é própria no nível do ser humano.

No plano do que podemos chamar de economia viva, pode-se constatar, é claro, que o excremento continua a ter sua importância no meio. Às vezes, em certas condições, vem a saturá-lo a ponto de torná-lo incompatível com a vida. Em outras ocasiões e para outros organismos, assume a função de suporte no meio externo. Há toda uma economia da função do excremento, uma economia intravivente e intervivente.

Isso também não está ausente do campo humano. Em vão procurei em minha biblioteca, para mostrá-lo a vocês aqui — ele se perdeu, como o excremento —, um livrinho admirável, como muitos outros de meu amigo Aldous Huxley, que se chama *Adônis e o alfabeto.* Sob esse título promissor, vocês encontrarão um esplêndido artigo sobre a organização industrial da recuperação do excremento, no nível urbanístico, numa cidade do oeste norte-americano.

Isso tem apenas valor de exemplo, porque a coisa se produz em muitos outros lugares além da América industrializada. Vocês nem desconfiam de tudo que se pode reconstituir de riqueza com a ajuda dos simples excrementos de uma massa humana.

Aliás, não é extemporâneo lembrar, a esse respeito, o que um certo progresso das relações inter-humanas, dessas *human relations* tão em moda desde a última guerra, pôde realizar durante a referida última guerra, quanto à redução de massas humanas inteiras à função de excremento. A transformação de numerosos indivíduos de um povo, escolhido precisamente por ser um povo eleito entre outros, por intermédio do forno crematório, no estado de algo que acabava sendo distribuído pela *Mitteleuropa*, ao que parece, sob a forma de sabonetes, é também uma coisa que nos mostra que, no circuito econômico, a vida do homem como redutível ao excremento não está ausente.

Mas nós, analistas, nós nos atemos à questão da subjetivação.

3

Por que via o excremento entra na subjetivação?

Bem, entra por intermédio da demanda do Outro, representada, no caso, pela mãe. Isso é perfeitamente claro nas referências analíticas, ou pelo menos parece sê-lo, à primeira vista.

Depois de as encontrarmos, ficamos todos contentes: eis que reunimos dados da observação, os da educação da chamada higiene, que ordena à criança prender-se. Isso não é simples nem evidente. Conhecemos as cenas familiares, fundamentais, de uso corrente; não há por que criticar nem refrear, nem tampouco, acima de tudo, deuses poderosos!, fazer tantas recomendações educativas. A educação dos pais, sempre na ordem do dia, só faz produzir um excesso de devastações em todos esses campos.

Pede-se à criança que retenha as fezes. Exige-se que ela as retenha por muito tempo, a ponto de esboçar a introdução do excremento no campo do pertencente ao corpo e de fazer dele uma parte do corpo, considerada, pelo menos durante um certo tempo, como não devendo ser alienada. Então, depois disso, diz-se a ela que as solte, sempre mediante a demanda. A demanda, também nesse aspecto, tem um papel decisivo. Aquele pedaço que o sujeito tem um certo receio de perder, afinal, vê-se reconhecido por um instante a partir de então. É elevado a um valor muito especial, é pelo menos valorizado por satisfazer a demanda do Outro, além de ser acompanhado por todos os cuidados de que temos conhecimento. Não só o Outro o aprova e lhe dá atenção, como também lhe acrescenta todas as dimensões suplementares que não preciso evocar — em outras áreas, é uma física divertida —: a cheirada, a limpeza do bumbum, cujos efeitos erógenos todos sabem ser incontestáveis. Esses efeitos tornam-se ainda mais evidentes quando sucede a uma mãe continuar a limpar o bumbum do filho até os doze anos de idade. Vê-se isso todos os dias.

Tudo isso parece indicar que minha pergunta inicial não é tão importante, e que vemos muito bem por que o cocô assume facilmente a função do que chamei, santo Deus, de *ágalma*. Que esse *ágalma* se transponha aqui para o registro do nauseabundo seria apenas efeito da disciplina da qual ela é parte integrante. Mas nada disso lhes permite dar conta, de um modo que nos satisfaça, da amplitude dos efeitos que se prendem à relação agalmática da mãe com o excremento do filho, a menos que estabeleçamos a ligação desses fatos com as outras formas do *a*. O *ágalma* só é concebível em sua relação com o falo, com a ausência dele, com a angústia fálica como tal.

Em outras palavras, foi como simbolizador da castração que o *a* excrementício chegou ao âmbito de nossa atenção.

Afirmo que não podemos compreender nada da fenomenologia da obsessão, por mais fundamental que ela seja para toda a nossa especulação, se não apreendermos, de maneira muito mais íntima, justificada e regular do que habitualmente fazemos, a ligação do excremento não apenas com o $(-\varphi)$ do falo, mas com as outras formas do *a*, evocadas no quadro em sua classificação, digamos, escalonada.

Retomemos as coisas regressivamente, exceto pela ressalva que fiz, no começo, de que esse regressivo tem, forçosamente, uma faceta progressiva.

No nível da fase oral, na qual o objeto *a* é o seio, o mamilo, como quiserem, o cerne do que está em pauta é o seguinte. O sujeito, constituindo-se originalmente e se completando no comando da voz, não sabe nem pode saber até que ponto ele próprio é esse ser chapado no peito da mãe sob a forma do mamilo, depois de ter sido o parasita que mergulhava suas vilosidades na mucosa uterina, sob a forma da placenta. Ele não sabe, não tem como saber que o seio, a placenta, isso é a realidade do limite do *a* em relação ao Outro. Ele acredita que o *a* é o Outro e que, ao lidar com *a*, está lidando com o Outro, o grande Outro, a mãe.

Inversamente, é no nível anal que, pela primeira vez, ele tem a oportunidade de se reconhecer num objeto. Mas não nos apressemos demais aqui.

Alguma coisa gira nesse objeto. Trata-se da demanda da mãe. Ela gira: "*Guarde-o. Dê para mim.*" "*— E, se eu te der, para onde isso vai?*" A importância determinante dos dois tempos da demanda, não preciso recordá-la aqui aos que têm um mínimo de experiência analítica. Quanto aos outros, meu Deus, que só fizerem ler isto, eles verão o que acontece por menos que abram o que chamei, em outro lugar, de *psychoanalytical dunghill*, ou seja, a literatura analítica. *Dunghill* quer dizer *montinho de merda.**

Em que são importantes esses dois tempos? No que o montinho em questão é obtido a pedidos, e é admirado: "*Que cocô bonito!*" Mas o segundo tempo dessa demanda implica que ele seja, digamos, renegado, porque esse belo cocô, também se ensina à criança que ela não deve ter muitas relações com ele, a não ser pela via muito conhecida, igualmente identificada pela análise, das satisfações sublimatórias. Se a criança faz sujeira com ele — todos sabem que é com isso que a gente se suja —, prefere-se indicar-lhe que é melhor fazê-la com outra coisa, com as massinhas do psicanalista infantil ou com as cores certas, que têm um cheiro menos ruim. Nessa primeira relação com a demanda do Outro, portanto, vemo-nos no nível de um reconhecimento ambíguo. Ao mesmo tempo, o que está ali é a criança e não deve ser ela, e mais até, não é dela.

Estamos progredindo, as satisfações se desenham, e bem poderíamos ver nisso a origem da ambivalência obsessiva. Poderíamos inscrevê-la numa fórmula, esta, *(a ◊ $), onde a* é a causa dessa ambivalência, desse sim-e-não. É meu esse sintoma, mas, apesar disso, não é meu. Os maus pensamentos que tenho a seu respeito, analista, é evidente que os aponto a você, mas, afinal, de todo modo não é verdade que eu o considere uma merda. Em suma, vemos desenhar-se aí toda uma ordem de causalidade.

Não podemos ratificá-la de imediato como sendo a causalidade do desejo, mas, enfim, já é um resultado, como eu disse da última vez, ao falar justamente do sintoma, de maneira geral. Nesse nível, desenha-se uma estrutura que parece fornecer-nos imediatamente a do sintoma, em sua função de resultado. Só que lhes assinalei que essa estrutura, baseada na demanda, deixa fora de seu circuito aquilo que deve nos

* Lacan traduz nesse ponto, e coloca no diminutivo a formação literal do termo: monte de esterco. Em português, traduzimos *dunghill* por monturo, esterqueira, estrumeira etc. (N.T.)

interessar, se a teoria que lhes exponho estiver certa, ou seja, a ligação com o desejo. Logo, podemos supor que a introdução de uma outra dimensão, externa, estranha — a do desejo e, especificamente, do desejo sexual —, fará passar para o segundo plano, afastará o que temos aqui de uma certa relação em que o sujeito se constitui como dividido, ambivalente, na relação com a demanda do Outro. Na verdade, não é nada disso.

Já sabemos por que o desejo sexual não a afasta, longe disso. É que, por sua própria duplicidade, o objeto passa a poder simbolizar maravilhosamente, pelo menos durante um de seus tempos, aquilo de que se tratará no advento da fase fálica, isto é, o falo, na medida em que seu desaparecimento — sua *afânise*, para empregar o termo de Jones que ele aplica ao desejo, e que só se aplica ao falo — é o intermediário, no homem, das relações entre os sexos. A evacuação do resultado da função anal, sendo ordenada como é, assumirá toda a sua importância no nível fálico, como imagem da perda do falo.

Tudo isto só é válido, naturalmente, dentro do que eu disse antes a esse respeito. À simples idéia de que alguns possam ter estado ausentes e não tê-lo ouvido, sinto-me no dever de lhes recordar, mais uma vez, o que é a essência do tempo (- φ), que é central no esquema seguinte.

5	voz	*a*	desejo do Outro
4	imagem	potência do Outro	
3	desejo	angústia (-φ)	gozo do Outro
2	marca	demanda do Outro	
1	angústia	*a*	desejo *x* do Outro

Tabela (- φ)

Peço-lhes que guardem estas fórmulas.

Em razão do (- φ), o momento de avanço do gozo, do gozo do Outro, em seu movimento em direção ao gozo do Outro, comporta a constituição da castração como garantia do encontro entre eles.

Em outras palavras, o fato de o desejo masculino deparar com sua própria queda *antes* da entrada da parceira feminina no gozo, e até o fato de o gozo da mulher ser esmagado, para retomar um termo retirado da fenomenologia do seio e do lactente, na nostalgia fálica, isso implica que a mulher, por conseguinte, fica sob a exigência e, eu diria, quase sob a condenação de só amar o Outro masculino num ponto situado além daquilo que a detém, também a ela, como desejo, e que é o falo.

Esse além é almejado no amor. É um além, para dizê-lo corretamente, ora transverberado pela castração, ora transfigurado em termos de potência. O Outro masculino não é o Outro como um Outro a quem se trataria de estar unido. O gozo da mulher está nela mesma. Não se conjuga com o Outro.

Essa função central, vocês podem chamá-la de obstáculo, se quiserem, mas ela não é um obstáculo, é o lugar da angústia da caducidade do órgão, na medida em que dá conta, de maneira diferente de cada lado, do que podemos chamar de insaciabilidade do desejo.

É somente através desta recapitulação que vemos qual é a necessidade imperativa das simbolizações que se manifestam, a esse respeito, na vertente histérica ou na vertente obsessiva. Hoje estamos na segunda dessas vertentes.

Em razão mesma da estrutura evocada, o homem só fica na mulher por delegação de sua presença, sob a forma desse órgão caduco, desse órgão do qual ele é fundamentalmente castrado na relação sexual e pela relação sexual.

Falar de dom, aqui, não passa de uma metáfora. Como é mais que evidente, o homem não dá coisa alguma. A mulher tampouco. No entanto, o símbolo do dom é essencial na relação com o Outro. O dom é o ato supremo, já se disse, e até o ato social total.

Nossa experiência nos fez ver claramente, desde sempre, que a metáfora do dom foi retirada da esfera anal. Faz muito tempo que reconhecemos que o cíbalo, para começar a falar um pouco mais polidamente, é, na criança, a dádiva por excelência, o dom de amor. Quanto a isso, identificou-se mais uma porção de coisas, inclusive o que é chamado, depois da passagem do ladrão, de *assinatura*, que todas as polícias e manuais de medicina legal conhecem bem. Trata-se do fato curioso de o camarada que acaba de manejar o pé-de-cabra na casa de vocês, para abrir as gavetas, sempre ter uma dor de barriga nesse momento.

Por essa via, logo nos reencontramos no nível dos condicionamentos mamíferos.

É no nível dos mamíferos que situamos, ao menos pelo que conhecemos de etologia animal, a função da marca fecal, ou, mais exatamente, das fezes como marca. E, também nesse caso, a marca está profundamente ligada ao lugar que o sujeito orgânico assegura para si, o lugar de posse no mundo, de território e, ao mesmo tempo, de segurança para a união sexual. Agora, algumas publicações difundiram suficientemente o fenômeno que faz com que o hipopótamo, com certeza, ou até o pintarroxo, porque isso vai além dos mamíferos, sinta-se invencível dentro dos limites de seu território, mas, transposto esse limite, de repente passe por uma virada e, curiosamente, mostre-se totalmente tímido. A relação desse limite com a marca fecal foi identificada há muito tempo nos mamíferos, e não podemos deixar de ver nela o que prefigura, no pano de fundo biológico, a função de representante do sujeito que tem o objeto *a* como fruto anal.

Vamos nos contentar com isso? Será que isso é tudo que podemos extrair do questionamento da função do *a* em sua relação com um certo tipo de desejo, o do obsessivo?

Até o momento, não fundamentamos nada além do sujeito instalado dentro de limites e, nesses limites, mais ou menos dividido.

Esses limites, o sujeito se vê neles no nível da união sexual, e, no homem, eles são singularmente recalcados. Mas nem mesmo o acesso que eles lhe dão à função simbólica nos diz nada, até aqui, daquilo de que se trata e que estamos exigindo, que é saber de que modo esse encerramento do objeto vem explicar a função do desejo. E disso, é a experiência que nos dá a pista.

É aí que temos de dar o passo seguinte, que é também o passo essencial.

4

Até o presente, nada nos explica as relações particularíssimas do obsessivo com seu desejo.

Justamente pelo fato de, até esse nível, tudo ser simbolizado, tanto o sujeito dividido quanto a união impossível, parece ainda mais impressionante que uma coisa não o seja: o próprio desejo.

É justamente pela necessidade que tem de levar a termo sua postulação como desejo que o sujeito vai concluí-la na categoria da potência, isto é, no nível do estágio 4. O reflexo especular, o respaldo narcísico do autodomínio na relação com o lugar do Outro, é aí que está a ligação.

Vocês já a conhecem, e explicá-la de novo seria repercorrer uma trilha já batida. É por isso que quero assinalar aqui a originalidade do que os fatos nos revelam. Para partir do âmago das coisas, tomemos um caso, o caso nº 2, no qual Jones se apoiou com respeito à sua fenomenologia da função anal no obsessivo. Eu poderia citar milhares de outros na literatura.

Esse caso ilustra algo que relembrei mil vezes. Se, comumente, as fantasias do sujeito obsessivo, seja qual for a abundância que atinjam, nunca são executadas, mesmo assim acontece que, através de toda sorte de condições que adiam mais ou menos indefinidamente a colocação em prática, ele realiza seu desejo. Melhor ainda, sucede que outros transponham para ele o espaço do obstáculo. Sucede que um sujeito que se desenvolve como um magnífico obsessivo, e desde muito cedo, pertença a uma família de pessoas depravadas. O caso de que se trata é um desses.

Todas as irmãs — e elas são numerosas, a família é numerosa, a mãe, a tia, os diversos amantes da mãe e até, creio eu, Deus me perdoe, da avó — pintaram o diabo com esse garotinho, por volta dos cinco anos de idade. Nem por isso ele deixou de ser obsessivo, um obsessivo constituído, com desejos baseados na única modalidade pela qual ele pode conseguir constituí-los no registro da potência, ou seja, desejos impossíveis, no sentido de que, faça o que fizer para realizá-los, ele não está nem aí. Nesse registro, o obsessivo nunca chega ao fim de sua busca de satisfação.

A questão que lhes formulo, tão viva e brilhante nessa observação quanto em muitas outras, nós a reencontramos nesse artigo sob a forma, também viva e brilhante, da imagem evocada por um peixinho. Esse *ikhtys*, ιχθυς — que está ali ao alcance da mão, digamos, por razões evidentes, e que vocês encontram a todo instante no campo do obsessivo, por menos que ele seja de nossa área cultural e que não conheçamos outra —, é o próprio Jesus Cristo. Muito se poderia especular sobre a espécie de necessidade blasfematória — que até hoje, devo dizer, nunca foi bem justificada como tal — que faz com que um dado sujeito, como muitos outros obsessivos, não possa entregar-se a este ou aquele dos atos mais ou menos atípicos em que se esfalfa sua busca sexual, sem imediatamente fantasiar Cristo associado a esse ato. Embora esse fato esteja presente há muito tempo diante de nossos olhos, creio que ainda não se disse a última palavra sobre ele.

Se essa fantasia é uma blasfêmia, é porque fica claro que, nesse caso, Cristo é um deus. Na verdade, ele é um deus para muita gente — para tanta gente, aliás, que é muito difícil desalojá-lo desse lugar, mesmo com todas as manipulações tanto da crítica histórica quanto do psicologismo. Mas, enfim, não se trata de um deus qualquer. Permitam-me desconfiar que os obsessivos da época de Teofrasto, aquele dos *Caracteres*, divertiam-se fazendo Apolo participar mentalmente de suas torpezas.

Aqui adquire importância o começo de explicação que julguei por bem formular de passagem, tempos atrás: que os deuses são um componente do real, queiramos ou não, e mesmo que já não tenhamos com eles nenhuma relação. Isso implica que, se eles continuam por aí, é evidente que circulam incógnitos. Mas uma coisa é certíssima: a relação do deus com o objeto de seu desejo é diferente da nossa.

Falei de Apolo. Apolo não é castrado, nem antes nem depois. Depois, acontece-lhe uma outra coisa. Dizem-nos que é Dafne que se transforma em árvore. É aí que escondem uma coisa de vocês. E a escondem — é realmente espantoso — porque não a escondem. O loureiro, depois da transformação, não é Dafne, é Apolo. É próprio do deus que, uma vez satisfeito, ele se transforme no objeto de seu desejo, mesmo que para isso tenha que se petrificar. Em outras palavras, um deus, se for real, fornece aí, em sua relação com o objeto de seu desejo, a imagem de sua potência. Sua potência está onde ele está.

Isso é verdade quanto a todos os deuses, inclusive Eloim, Javé, que é um deles, embora seu lugar seja particularíssimo. Só que aí interveio algo de outra origem. Esse algo, vamos chamá-lo, por ora — ele é historicamente verdadeiro, mas, sem dúvida, a verdade histórica deve ir um pouco mais longe —, pelo nome de Platão.

Platão só nos disse coisas que continuam muito fáceis de manejar dentro da ética do gozo, uma vez que nos permitiram traçar a barreira constituída pelo belo em relação ao bem supremo. Só que, misturado ao cristianismo nascente, isso deu uma coisa que acreditamos existir desde sempre, e desde sempre na Bíblia, embora essa questão seja discutível, e sem dúvida teremos que voltar a ela no ano que vem, se todos ainda estivermos aqui. Essa coisa é a fantasia do Deus onipotente, o que significa o Deus potente em todos os lugares ao mesmo tempo, e o Deus potente quanto a tudo, em conjunto, porque é a isso mesmo que se é obrigado a chegar. Se o mundo está como está, é em razão do poder de Deus, que se exerce simultaneamente em todos os sentidos.

Ora, a correlação dessa onipotência com a onividência, se assim posso me expressar, aponta-nos bastante bem do que se trata. Trata-se do que se delineia no campo do além da miragem do poder. Trata-se da projeção do sujeito no campo do ideal, desdobrada entre, de um lado, o *alter ego* especular, o eu ideal, e, de outro, o que está mais além, o ideal do eu.

No nível em que a questão é encobrir a angústia, o ideal do eu assume a forma do Todo-Poderoso. É aí que o obsessivo procura e encontra o complemento do que lhe é necessário para se constituir como desejo, a saber, a fantasia ubiqüista, que é também a base sobre a qual vai e vem, sobre a qual saltita a multiplicidade de seus desejos, a serem empurrados para cada vez mais longe.

No que eu poderia chamar de círculos quentes da análise, aqueles em que ainda está vivo o movimento de uma inspiração primeira, levantou-se uma questão: a de saber se o analista deve ou não ser ateu, e se o sujeito, no fim da análise, pode considerar sua análise terminada se ainda acreditar em Deus. Essa é uma questão que não decidirei hoje. Mas, no caminho dessa questão, eu lhes assinalo que, não importa o que lhes testemunhe um obsessivo em seus ditos, se ele não for extirpado de sua estrutura obsessiva, estejam convencidos de que, como obsessivo, continuará a acreditar em Deus. Quero dizer que ele acredita no Deus de que todo o mundo, ou quase todo o mundo entre nós, em nossa área, é adepto, ou seja, o Deus em que todo o mundo acredita sem confiar, isto é, esse olho universal voltado para todos os nossos atos.

Essa dimensão está presente, tão firme em seu quadro quanto a janela da fantasia de que falei outro dia. Simplesmente, também faz parte de sua necessidade, até entre os maiores fiéis, quero dizer, que eles não se fiem nisso. Primeiro porque, se confiassem, isso se veria. Se eles fossem tão crentes assim, perceber-se-iam as conseqüências dessa crença, que permanece estritamente invisível na realidade.

Essa é a verdadeira dimensão do ateísmo. Ateu seria aquele que houvesse conseguido eliminar a fantasia do Todo-Poderoso.

Pois bem, um senhor que se chamava Voltaire, e que afinal era versado em matéria de revolta anti-religiosa, agarrava-se com muita força a seu deísmo, ou seja, à existência do Todo-Poderoso. Diderot o achava incoerente, e Voltaire, por sua vez, em vista disso achava que Diderot era louco. Não é muito certo que Diderot não tenha sido realmente ateu, e sua obra me parece, quanto a mim, dar um bom testemunho disso, dada a maneira como ele faz o intersujeito funcionar no nível do Outro em seus grandes diálogos, *O sobrinho de Rameau* e *Jacques, o fatalista.* Mas só consegue fazê-lo no estilo da derrisão.

A existência do ateu, no sentido verdadeiro, só pode ser concebida, de fato, ao término de uma ascese, que realmente nos parece que só pode ser uma ascese psicanalítica. Refiro-me ao ateísmo concebido como negação da dimensão de uma presença da onipotência na base do mundo.

Isso não quer dizer que a existência do ateu não tenha seu correspondente histórico, mas este é de natureza totalmente diversa. Sua afirmação é norteada justamente pelo lado da existência dos deuses como reais. Ele não a nega nem a afirma, orienta-se para ela. O ateu da tragédia *O ateu* — aludo à tragédia elisabetana desse título —, o ateu como combatente e como revolucionário, não é aquele que nega Deus em sua função de onipotência, mas aquele que se afirma como não servindo a deus algum. E nisso está o valor dramático essencial que desde sempre confere paixão à questão do ateísmo.

Peço desculpas por esta pequena digressão, que, como devem estar pensando, é apenas preparatória.

Vocês estão vendo aonde nos levou nosso circuito de hoje, ou seja, à ligação intrínseca desses dois estágios, o 2 e o 4, que enquadram a impossibilidade fundamental, aquela que separa no nível sexual o desejo e o gozo.

A forma de desvio e cercamento, a base impossível que o obsessivo dá a seu desejo, permitiu-nos, no decorrer de nossa análise de hoje, ver delinear-se que a relação do sujeito com um objeto perdido do tipo mais repulsivo mostra uma ligação necessária com a mais elevada produção idealista.

Mas esse circuito ainda não está concluído. Percebemos bem como o desejo adere à estrutura do objeto, mas ainda nos resta apontar o que a tabela do meio, que espero que todos vocês tenham copiado, lhes aponta como sendo o próximo campo de nosso discurso, a saber, a relação da fantasia do obsessivo, colocada como estrutura de seu desejo, com a angústia que a determina.

19 de junho de 1963

XXIII

De um círculo irredutível ao ponto

Do objeto cedível
Do desejo-defesa
Do ato e das obras
Das suplências do furo fálico
Amor e desejo no obsessivo

Para tentar avançar hoje em nossa fala, retomarei a constituição do desejo no obsessivo e sua relação com a angústia. Para tanto, voltarei primeiro ao quadro de dupla entrada, à matriz que lhes dei na primeira aula do Seminário deste ano, e que depois completei. A forma dele é reproduzida aqui, emoldurada pelo risco branco e escrita em rosa.

Esse quadro correspondeu, naquele momento, à minha intenção de deslocar e dispor em patamares os três termos a que Freud chegou — inibição, sintoma e angústia — e que escreveu no título de seu artigo. Em torno desses três termos, eu havia pontuado um certo número de momentos, definíveis nos termos que vocês quiserem. Ao referir cada termo ao primeiro de sua coluna, no alto, e ao primeiro de sua fileira, à esquerda, encontramos uma correlação que pode propor-se a uma interrogação e que, testada, pode revelar-se própria para ser refutada ou confirmada em sua função estrutural.

Esses termos ainda lhes foram entregues, na ocasião, com certa incompletude, e comportavam algumas suspensões enigmáticas. Por exemplo, a despeito das referências etimológicas que fiz, a distinção entre emoção e efusão podia, ainda assim, dar margem a uma interrogação que não lhes era inteiramente possível resolver com seus próprios recursos.

O que trarei hoje me parece próprio para lhes dar esclarecimentos que não duvido que sejam, para a maioria, se não para todos, novos ou inesperados.

1

Vejamos, para começar, a efusão [*émoi*], cuja origem é bem distinta da do termo *emoção.*

Não se trata de *moção para fora,* movimento fora do campo adaptado da ação motora, como com certeza indica a emoção, etimologicamente, e não lhes digo que a etimologia, aqui, seja algo em que possamos fiar-nos inteiramente. A etimologia de *émoi* deve ser buscada num termo bem diferente, num *esmayer* que se refere a uma raiz germânica totalmente primitiva, o *mögen, magan.* Trata-se de algo que se apóia fora. Fora de quê? — do princípio do poder. Logo, há um enigma em torno de um termo que não deixa de se relacionar com a potência.

A considerar a forma assumida por essa palavra em francês, eu diria até que talvez haja aí alguma coisa da ordem do fora de mim ou do fora de si. Aqui, quase precisamos referir-nos ao trocadilho, *et moi* [e eu], aproximação esta que é não menos importante.

Para ir prontamente ao âmago da questão, posso dizer-lhes com toda crueza, sem rodeios, no ponto em que nos encontramos — e também porque a fenomenologia do obsessivo o ilustra de imediato, de maneira muito sensível —, que a efusão de que se trata não é outra coisa senão o próprio *a,* pelo menos nas correlações que estamos tentando explorar, destrinçar, criar hoje, ou seja, as relações do desejo e da angústia.

Ao longo de todo o discurso deste ano, ensinei-lhes a examinar mais de perto a conjuntura da angústia com sua estranha ambigüidade. Essa elaboração nos permite formular o que impressiona em sua fenomenologia, o que podemos reter dela, e aquilo sobre o qual os autores cometem deslizes e erros — a angústia é desprovida de causa, mas não de objeto.

É essa a distinção que introduzo e na qual baseio meus esforços para situar a angústia. Não só ela não é sem objeto, como também, muito provavelmente, designa o objeto, digamos, mais profundo, o objeto derradeiro, a Coisa. É nesse sentido, como lhes ensinei a dizer, que a angústia é aquilo que não engana. Quanto à característica de ser sem causa, tão evidente em seu fenômeno, ela se esclarece melhor da maneira como tentei situar para vocês onde começa a idéia de causa.

Por conseguinte, embora estando ligada à efusão, a angústia não decorre desta. Ao contrário, ela a determina. A angústia fica suspensa entre, por um lado, a forma anterior, por assim dizer, da relação com a causa, com esse *Que é que há?* que se formulará como causa, e, por outro lado, a efusão. A causa que a angústia literalmente produziu, primitivamente, a efusão não pode preservá-la.

Alguma coisa ilustra isso de maneira abjeta e ainda mais marcante, algo que pus na origem de minha explicação do obsessivo, no confronto angustiado do Homem dos Lobos com seu grande sonho repetitivo, algo que parece uma mostra de sua realidade última. É algo que se produz, mas que, para ele, nunca chega à consciência, tanto que só pode ser reconstruído como um elo de toda a determinação posterior. Para chamá-lo por seu nome e seu produto, trata-se da efusão anal.

É essa a forma primeira pela qual intervém no obsessivo a emergência do objeto *a*, que está na origem de tudo que se desenrolará sob a modalidade do efeito. O objeto *a* é dado aqui num momento original, no qual exerce uma certa função em que agora tentaremos deter-nos para deixar bem claro seu valor, seu alcance e suas coordenadas primárias, as de antes que outras venham acrescentar-se. É pelo fato de o *a* ser isso em sua produção original que, depois, ele pode funcionar na dialética do desejo que é própria do obsessivo.

A efusão, portanto, é coordenada ao momento da aparição do *a*, momento do desvelamento traumático em que a angústia se revela tal como é, como aquilo que não engana, momento em que o campo do Outro, por assim dizer, fende-se e se abre para seu fundo. O que é esse *a*? Qual é sua função em relação ao sujeito?

Se podemos apreendê-la aqui, como que de maneira pura, é justamente na medida em que, nesse confronto radical, traumático, o sujeito cede à situação. Mas, o que quer dizer, nesse nível, nesse momento, *cede*? Como entendê-lo?

Não é que o sujeito vacile nem fraqueje. Lembrem-se da atitude esquematizada pelo fascínio do sujeito diante da janela aberta para a árvore coberta de lobos. Numa situação cujo caráter primitivamente inarticulável nos é colocado diante dos olhos pela fixidez, e pela qual, no entanto, o sujeito ficará marcado para sempre, o que se produz é algo que dá o verdadeiro sentido ao *cede* do sujeito — trata-se, literalmente, de uma cessão.

Esse caráter de objeto cedível é uma característica tão importante do *a*, que lhes peço a gentileza de me acompanharem numa breve revisão para ver se essa característica marca todas as formas que enumeramos do *a*. Aqui se nos evidencia que os pontos de fixação da libido são sempre colocados em torno de um dos momentos que a natureza oferece à estrutura eventual de cessão subjetiva.

O primeiro momento de angústia, que a experiência analítica abordou pouco a pouco em torno do trauma do nascimento, esta observação nos permite acentuá-lo e articulá-lo melhor do que aquilo que, no começo, foi grosseiramente abordado sob a forma da frustração. O momento mais decisivo na angústia de que se trata, a angústia do desmame, não é propriamente que, nesse momento, o seio faça falta à necessidade do sujeito, mas, antes, que a criança pequena cede o seio a que está apensa como se fosse uma parte dela mesma. Nunca nos esqueçamos do que lhes apresentei, e que não sou o único a ter percebido — refiro-me aqui, nominalmente, a Bergler —: durante a amamentação, o seio faz parte do indivíduo alimentado, encontra-se apenas *chapado* na mãe, como eu lhes disse numa expressão figurada.

É na possibilidade de agarrar ou soltar esse seio que se produz o momento de surpresa mais primitivo, às vezes apreensível na expressão do recém-nascido, na qual passa pela primeira vez o reflexo — relacionado com esse órgão que é muito mais que um objeto, que é o próprio sujeito — de algo que serve de suporte, de raiz para o que, num outro registro, foi chamado de desamparo.

Teremos disso outro controle manifesto senão a ênfase que deposito aqui, como em relação a todos os objetos *a*, na possibilidade da substituição do objeto natural? O objeto natural pode ser substituído, nesse caso, por um objeto mecânico, se assim posso me exprimir para designar a substituição possível desse objeto por outro qualquer que se possa encontrar. Pode ser uma outra parceira, a ama-de-leite, que tantas questões levantou para o primeiro defensor da educação natural — vejam o tema rousseaísta da amamentação pela mãe. Além disso, temos uma coisa que nem sempre existiu, meu Deus, e que devemos ao progresso da cultura: a mamadeira. Ela é a possibilidade de pôr esse *a* de reserva, em estoque, em circulação no comércio, e também de isolá-lo em tubos esterilizados.

O que chamo de cessão do objeto traduz-se, portanto, pelo aparecimento, na cadeia da fabricação humana, de objetos cedíveis que podem ser equivalentes aos objetos naturais. Se esta repetição não é despropositada aqui, é que, por meio dela, tenciono ligar diretamente a isso a função que tenho enfatizado há muito tempo — a do objeto transicional, para retomar o termo, apropriado ou não, mas já consagrado, com que o rotulou seu criador, aquele que o percebeu, ou seja, Winnicott.

Esse objeto que ele chama de transicional, vê-se com clareza o que o constitui na função de objeto que chamo de objeto cedível. Trata-se de um pedacinho arrancado de alguma coisa, quase sempre uma fralda, e é bem visível o suporte que o sujeito encontra nele. O sujeito não se desfaz nesse objeto, fortifica-se nele. Fortifica-se com ele em sua função absolutamente original de sujeito em posição de queda, em relação ao confronto significante. Aí não há investimento do *a*, mas há, se assim posso dizer, investidura.

O *a*, aqui, é o suplente do sujeito — e suplente na posição de precedente. O sujeito mítico primitivo, postulado no início como tendo que se constituir no confronto significante, nós nunca o apreendemos, por razões óbvias, porque o *a* o precedeu, e é como marcado, ele próprio, por essa substituição primitiva que ele tem que reemergir secundariamente, para além de seu desaparecimento.

A função do objeto cedível como pedaço separável veicula, primitivamente, algo da identidade do corpo, antecedendo ao próprio corpo quanto à constituição do sujeito.

Já que falei de manifestações, na história da produção humana, que podem ter para nós um valor de confirmação ou revelação, não me é possível deixar de evocar neste momento, no extremo dessas manifestações, os problemas que nos serão colocados, inclusive na mais radical essencialidade do sujeito, pela ampliação iminente, provável, já iniciada — nem a consciência comum nem a de clínicos como nós pode deixar de estar ciente disso — da realidade dos enxertos de órgãos. Eles passam agora a adquirir uma velocidade galopante, surpreendente, sem dúvida, e que é a conta certa para deixar o espírito em suspenso em torno de não sei que pergunta — até onde convém consentir nisso, até que ponto consentiremos nisso?

A mina, a fonte dessas possibilidades assombrosas talvez permita, dentro em breve, a manutenção artificial de alguns sujeitos num estado que já não saberemos dizer se é vida ou se é morte. Como vocês sabem, os recursos do *angström* permitem fazer subsistir, em estado vivo, tecidos de sujeitos dos quais tudo indica que o funcionamento do sistema nervoso central não pode ser restabelecido — ondas cerebrais planas, midríase, ausência irreversível dos reflexos. Que fazemos quando é de um sujeito nesse estado que tomamos emprestado um órgão? Será que vocês não percebem que emerge no real algo próprio para despertar, em termos totalmente novos, a questão da essencialidade da pessoa e daquilo a que ela se prende? A propósito de tudo que possa dar margem a legalismos nessa matéria, não se deixará de solicitar às autoridades doutrinais que avaliem até onde pode ir, na prática, desta vez, a questão de saber se o sujeito é uma alma ou um corpo.

Hoje não irei mais longe nesse caminho, uma vez que, aliás, essas autoridades doutrinais parecem já ter fornecido respostas bastante singulares, as quais conviria estudarmos muito de perto para aquilatar sua coerência em relação a certas posturas adotadas desde longa data. Por exemplo, a identificação da pessoa com algo imortal, que se chamaria alma, distingue-se radicalmente, no próprio plano da relação, de uma doutrina que articula em suas práticas o que há de mais contrário à tradição platônica, ou seja, que não pode haver outra ressurreição senão a do corpo.

Outrossim, o campo aqui evocado não está tão ligado ao industrioso avanço por possibilidades singulares que não tenha sido evocado, há muito tempo, pela fabulação visionária. Basta que os remeta aqui, mais uma vez, à função *unheimlich* dos olhos como algo manipulado, para fazer com que vocês passem de um ser vivo a seu autômato, através do personagem — encarnado por Hoffmann e posto por Freud no centro de seu artigo sobre o *unheimlich* — de Coppelius. Este fura as órbitas, para investigar até a raiz delas o que é o objeto — em algum lugar, um objeto capital, essencial para se apresentar como o mais além, e o mais angustiante — do desejo que ele constitui, ou seja, o próprio olho.

Já falei o bastante, de passagem, sobre a função da voz e sobre por que nos parece — e decerto parecerá cada vez mais, com tais e tantos aperfeiçoamentos técnicos — que ela também pode ser da ordem dos objetos cedíveis, desses objetos que podem ser alinhados nas prateleiras de uma biblioteca sob a forma de discos ou fitas. Não é indispensável evocar aqui este ou aquele episódio, antigo ou novo, para saber a relação singular que isso pode ter, conforme o caso, com o surgimento de uma certa conjuntura da angústia.

Acrescentemos simplesmente o que conota — no momento em que ela surge pela primeira vez em áreas da cultura que não há nenhuma razão para chamarmos de primitivas — a possibilidade de desligar do corpo a imagem, isto é, sua imagem especular, a imagem do corpo, e de reduzi-la ao estado cedível, sob a forma de fotografias, ou mesmo de desenhos: conota o choque, a repugnância ou o horror provocados na sensibilidade pelo surgimento totalmente repentino desse objeto, e de uma forma a um tempo indefinidamente multiplicável e passível de ser espalhada por toda parte — com a recusa a deixar que se retenha essa imagem, a qual, é oportuno dizer, Deus sabe aonde poderá ir depois.

É igualmente na função de objeto cedível que o objeto anal intervém na função do desejo. Essa função aparece aqui, em síntese, como a mais natural, porém o natural decorre apenas de que se possa explicar como foi que o objeto assumiu essa função. Entretanto, temos que apreender com exatidão de que modo o objeto intervém nesse nível.

Neste ponto, não nos esqueçamos de pôr à prova a orientação que nos é dada por nossa formulação de que o objeto *a* não é a finalidade, a meta do desejo, mas sim sua causa. Ele é causa do desejo na medida em que o próprio desejo é algo não efetivo, uma espécie de efeito baseado e constituído na função da falta, que só aparece como efeito ali onde se situa a idéia de causa, isto é, apenas no nível da cadeia significante, à qual o desejo confere a coerência pela qual o sujeito se constitui essencialmente como metonímia.

Esse desejo, como o qualificaremos no nível anal, onde captamos sua incidência na constituição do sujeito? Ele é o desejo de reter, sem dúvida, mas será que é o fato contingente, a facticidade do ensino da higiene, que lhe confere sua função de retenção? Não, porque esta dá ao desejo anal sua estrutura fundamental.

É de uma forma mais geral que se trata no desejo de reter, e é isso que teremos de captar.

2

Em sua relação polar com a angústia, o desejo deve ser situado ali onde o coloquei em correspondência para vocês nesta matriz antiga, a saber, no nível da inibição. É por isso que o desejo pode assumir a função do que chamamos de uma defesa.

Avancemos passo a passo, para ver como isso vem a se produzir.

O que é a inibição? Para articular corretamente sua função, não nos basta ter experiência analítica e manipulá-la como tal. O que é a inibição senão a introdução numa função — em seu artigo, Freud toma como exemplo a função motora, mas pode ser qualquer uma —, a introdução de quê? De um desejo diferente daquele que a função satisfaz naturalmente.

Disso nós sabemos, afinal, e não pretendo desvendar aqui nada de novo, mas creio que, ao enunciá-lo dessa maneira, introduzo uma nova formulação, sem a qual nos escapariam as deduções decorrentes dela.

As correlações indicadas por essa matriz convidam-nos a reconhecer o lugar da inibição como o lugar em que, falando propriamente, o desejo se exerce, e no qual captamos uma das raízes do que a análise designa como *Urverdrängung*. A ocultação estrutural do desejo por trás da inibição é o que comumente nos faz dizer que, se o sr. Fulano está com cãibra de escrivão, é por erotizar a função de sua mão. Creio que aqui todo o mundo se achou. É isso que nos instiga a pôr em jogo no mesmo lugar estes três termos, dos quais já lhes nomeei os dois primeiros, *inibição* e *desejo*, enquanto o terceiro é *ato*.

Quando se trata de definir o que é o ato, único correlato polar do lugar da angústia, só podemos fazê-lo situando-o ali onde ele está nesta matriz, no lugar da inibição.

O ato não pode ser definido, nem para nós nem para ninguém, como algo que acontece unicamente no campo real, digamos, no sentido como é definido pela motricidade, pela resposta motora. Sem dúvida, sempre pode restar a participação de um efeito motor nesse campo do real, mas ele se traduz de tal maneira que aí se manifesta a incidência de um outro campo. Este não é apenas o campo da estimulação sensorial, por exemplo, como se enuncia ao considerar apenas o arco reflexo, e também não deve ser articulado como o campo da realização do sujeito.

É um mito personalista articular o ato no campo da realização subjetiva, fugindo à prioridade do *a*. O *a* inaugura o campo da realização do sujeito e nele conserva, portanto, seu privilégio, de modo que o sujeito como tal só se realiza em objetos que sejam da mesma série do *a*, do mesmo lugar nesta matriz. Eles são sempre objetos cedíveis, e é a isso que há muito tempo chamamos *obras*, com todo o sentido que tem esse termo, inclusive no campo da teologia moral.

Então, o que acontece nesse outro campo de que estou falando e cuja incidência, cuja instância, cuja insistência no real conota uma ação como ato? Como havemos de definir o ato? Será simplesmente por sua relação polar com a angústia, pelo que acontece nele de superação da angústia, se assim posso me exprimir?

Digamos, em duas formulações que podem apenas aproximar-se do que é um ato, que falamos de ato quando uma ação tem o caráter de uma manifestação significante na qual se inscreve o que poderíamos chamar de estado do desejo. O ato é uma ação na medida em que nele se manifesta o próprio desejo que seria feito para inibi-lo. É somente fundamentando a idéia de ato em sua relação com a inibição que se pode justificar que demos o nome de atos a coisas que, em princípio, não parecem se relacionar com o que podemos chamar de ato, no sentido pleno, ético, da palavra — o ato sexual, por um lado, ou o ato testamental, por outro.

Pois bem, quanto à relação do *a* com a constituição de um desejo e quanto ao que ela nos revela da relação do desejo com a função natural, nosso obsessivo tem para nós seu mais exemplar valor. Estamos sempre apontando para um traço cujo aspecto enigmático só o hábito pode apagar — o de que, nele, os desejos sempre se manifestam numa dimensão que cheguei até a chamar, agora há pouco, de função de defesa.

Foi de maneira meio antecipada que pude dizer isso, pois em que sentido a incidência do desejo na inibição justifica ser chamada de defesa? Unicamente na medida em que esse efeito do desejo, assim assinalado pela inibição, pode introduzir-se numa ação já praticada sob a indução de outro desejo.

Esse também é um dado comum da experiência para nós. Mas, sem falar no fato de que lidamos o tempo todo com alguma coisa dessa ordem, observemos, para não deixar nosso obsessivo, que essa já é a posição do desejo anal, definida pelo desejo de reter que é centrado num objeto primordial a que ele confere valor. O desejo de reter só tem sentido para nós na economia da libido, isto é, em suas ligações com o desejo sexual.

É aí que convém lembrar o *inter urinas et faeces nascimur* de santo Agostinho. O importante não é tanto nascermos entre a urina e as fezes, pelo menos para nós, analistas, mas sim que é entre a urina e as fezes que fazemos amor. Fazemos xixi antes e cocô depois, ou vice-versa.

Essa é mais uma correlação a que se dá pouquíssima atenção na fenomenologia que deixamos entrar na análise. Já vimos isso a propósito de um elemento tão despercebido quanto não invocado, talvez, na história do Homem dos Lobos: seu presentinho primitivo. É por isso que convém ficar de orelha bem espichada e identificar, nos casos em que isso se destaca, a relação que liga o ato sexual a algo que não leva jeito, é claro, de ter muita importância, mas que a assume como indicativo da relação de que estou falando, ou seja, a fomentação habitual do cocozinho, cuja evacuação consecutiva decerto não tem a mesma significação em todos os sujeitos, conforme eles estejam na vertente obsessiva ou em outra.

3

Retomemos nosso caminho no ponto em que os deixei.

O que acontece com o ponto a que os dirijo agora no que concerne à subjacência do desejo no desejo? E como conceber o que, nesse caminho, leva-nos à elucidação de seu sentido? E nos leva para lá, quero dizer, não simplesmente em sua realidade, mas em sua necessidade imperativa.

Interpretamos o desejo como defesa e dissemos que aquilo de que ele se defende é outro desejo. Agora poderemos conceber que a isso somos levados, digamos, de maneira muito natural, pelo que leva o obsessivo a enveredar por um movimento de recorrência do processo do desejo, um movimento pelo qual ele tende a recapturar as etapas desse processo. Esse movimento é gerado pelo esforço implícito de subjetivação que já está em seus sintomas, desde que ele tenha sintomas.

O que significa a correlação dupla, inscrita na matriz, com o impedimento e a emoção? Isso é o que nos apontam os títulos que coloquei aqui embaixo.

desejo	*não poder*	causa
não saber		
a		angústia

Reformulação da tabela da angústia

Acabo de lhes explicar por que o desejo está aqui, no lugar da inibição.

No lugar do impedimento encontra-se *não poder*. Com efeito, o impedimento — era preciso escolher um termo, afinal —, que vem de *impedicare, apanhar na armadilha*, não passa, aqui, de uma duplicação da inibição. De que se trata? Trata-se de que o sujeito fica realmente impedido de se ater a seu desejo de reter, e é isso que se manifesta no obsessivo como compulsão. Ele não pode conter-se.

No lugar da emoção está o *não saber*. A palavra *emoção* é tomada por empréstimo de uma psicologia adaptativa da reação catastrófica, que não é a nossa. Também ela intervém aqui num sentido totalmente diverso do que tem na definição clássica e habitual. A emoção em pauta é a valorizada pelas experiências calcadas no confronto com a tarefa, quando o sujeito não sabe onde responder. É a isso que se liga o nosso *não saber*.

Ele não sabia que era isso, e é por essa razão que, no nível do ponto em que *não pode se impedir*, deixa acontecerem coisas, quais sejam, os vaivéns do significante que postulam e apagam, alternadamente. Mas todos esses movimentos seguem o mesmo caminho, igualmente não sabido, de reencontrar a marca primitiva. O que o sujeito obsessivo procura no que chamei de sua recorrência — e vocês verão o porquê de eu haver escolhido essa palavra —, no processo do desejo, é exatamente reencontrar a causa autêntica de todo o processo. E é pelo fato de essa causa não ser outra coisa senão o objeto derradeiro, abjeto e derrisório, que ele continua na busca do objeto, com seus tempos de suspensão, seus caminhos errados, suas pistas falsas e suas derivações laterais, que fazem com que essa busca gire indefinidamente. Tudo isso, que se manifesta no nível do *acting out*, manifesta-se também no sintoma fundamental da dúvida, que marca, para o sujeito, o valor de todos os objetos substitutos.

Aqui, não poder é não poder o quê? Impedir-se. A compulsão, nesse caso, é a da dúvida. Ela concerne aos objetos duvidosos graças aos quais é afastado o momento de acesso ao objeto derradeiro, que seria o fim no sentido pleno da palavra, isto é, a perda do sujeito no caminho em que ele é sempre passível de entrar por meio do embaraço — o embaraço em que é introduzido, como tal, pela questão da causa, que é por onde ele entra na transferência.

Será que discernimos, ou sequer nos aproximamos da questão de saber como intervém aqui a incidência de um outro desejo, que desempenharia, em relação a um primeiro, o papel de defesa? É patente que não, ainda não. Apenas tracei o caminho de volta ao objeto primordial, com sua correlação de angústia, porque é aí que se encontra, com efeito, o motivo do surgimento crescente da angústia, à medida que a análise de um obsessivo é levada mais adiante em direção ao seu término, por pouco que seja conduzida apenas por esse caminho.

Assim, permanece em aberto a questão, se não do que eu quis dizer, pois creio que vocês já puderam entrevê-lo, de saber o que é e de onde provém a incidência do desejo como defesa, defesa contra um primeiro desejo, defesa atuante, que atua muito para dilatar o prazo que acabo de desenhar como o do retorno ao objeto. Como é possível isso? Só podemos concebê-lo, como já fiz há pouco, dando uma posição central ao desejo sexual, que é chamado de genital.

No homem, esse desejo, em função de sua própria estruturação em torno da intermediação de um objeto, coloca-se como tendo em seu cerne a angústia que separa o desejo do gozo. No nível do desejo genital, a função do *a*, analogamente à sua predominância, sua pregnância na economia do desejo, é simbolizada pelo (- φ) que aparece como resto subjetivo no plano da copulação. A copulação está em toda parte, mas só une ao faltar, justamente ali onde seria propriamente copulativa. Esse furo central confere um valor privilegiado à angústia de castração, único nível em que a angústia se produz no próprio lugar da falta do objeto.

O desejo do obsessivo, na verdade, não é concebível em sua instância nem em seu mecanismo a não ser pelo fato de se situar como suplência do que é impossível suprir em outro lugar, isto é, no lugar dele. Em resumo, como todo neurótico, o obsessivo já alcançou o estágio fálico, mas, dada sua impossibilidade de satisfazer o nível desse estágio, sobrevém seu próprio objeto, o *a* excrementício, o *a* como causa do desejo de reter. Se eu quisesse realmente ligar sua função a tudo o que disse sobre as relações do desejo com a inibição, eu preferiria chamar esse *a* de rolha.

É em relação a essa função que tal objeto vem a assumir seus valores desenvolvidos, como eu os chamaria. E é aí que penetramos na origem do que eu poderia chamar de fantasia analítica da oblatividade.

Já disse e repeti que a oblatividade é uma fantasia de obsessivo. Todos gostariam, é claro, que a união genital fosse um dom — *Eu me dou, tu te dás, nós nos damos.* Infelizmente, não há nenhum vestígio de dom num ato genital, copulativo, por mais bem-sucedido que vocês possam imaginá-lo. Não há dom, justamente, a não ser ali onde ele sempre foi perfeitamente identificado, no nível anal. No nível genital, perfila-se, ergue-se alguma coisa que detém o sujeito na realização da hiância, do furo central, e impede que se apreenda seja o que for que possa funcionar como objeto do dom, objeto destinado a satisfazer.

Já que falei em rolha, vocês podem reconhecer nela a função mais primitiva da torneira, introduzida na discussão da função da causa. Pois bem, como poderíamos ilustrar a função do objeto-rolha ou torneira, com sua conseqüência, que é o desejo de fechar? Como poderiam situar-se aí os diferentes elementos de nossa matriz?

A causa. A observação indica que a relação com a causa — *que-qué-isso*? que é que se pode fazer com uma torneira? — é, de fato, o ponto inicial em que entra em jogo, na experiência da criança, a atração exercida sobre ela, ao contrário de qualquer outro bichinho, por esse tipo fundamental de objeto. O *não poder* fazer alguma coisa com ele, assim como o *não saber*, são aí suficientemente indicados, e em sua distinção.

O que é o sintoma? É o vazamento da torneira.

A passagem ao ato corresponde a abri-la, mas abri-la sem saber o que se está fazendo. Produz-se alguma coisa na qual se libera uma causa, por meios que nada têm a ver com essa causa, pois, como lhes assinalei, a torneira só exerce sua função de causa na medida em que tudo que pode sair dela vem de outro lugar. É por haver o apelo do furo fálico no centro do genital que o que pode acontecer no nível do anal entra em jogo e adquire sentido.

Quanto ao *acting out*, se quisermos situá-lo em relação à metáfora da torneira, diremos que ele não é o fato de abrir a torneira, mas simplesmente a presença ou não do jato. O *acting out* é o jato, ou seja, é aquilo que sempre se produz a partir de um fato que vem de outro lugar que não a causa com base na qual se age. Nossa experiência nos indica isso. Não é o fato de nossa interpretação ser errada, por exemplo, no plano anal, que provoca o *acting out*, mas sim que, ali onde é sustentada, ela dá margem a alguma coisa que vem de outro lugar. Em outras palavras, não se deve apoquentar irrefletidamente a causa do desejo.

Aqui se introduz, portanto — nesse terreno em que é jogada a sorte do desejo do obsessivo, de seus sintomas e suas sublimações —, a possibilidade de que entre em funcionamento algo que ganhará sentido por ser o que contorna a hiância central do desejo fálico. É isso que acontece no nível escópico. Tudo que acabamos de dizer sobre a função do *a* como objeto de dom análogo, destinado a reter o sujeito na borda do furo castrador, pode ser transposto para a imagem. A imagem especular entra numa função análoga, por estar numa posição correlata em relação ao estágio fálico.

E é precisamente aí que intervém, no sujeito obsessivo, a ambigüidade da função do amor, sublinhada em todas as observações.

Que é esse amor idealizado que tanto encontramos no Homem dos Ratos quanto no Homem dos Lobos, e em toda observação mais ou menos aprofundada do obsessivo? Qual é a chave desse enigma, enigma da função dada ao Outro — à mulher, no caso —, que faz dela esse objeto enaltecido, que certamente ninguém esperou por nós, nem por vocês, nem por mim, nem pelo ensino oferecido aqui, para saber o que ele representa, sub-repticiamente, de negação de seu desejo? As mulheres, pelo menos, não se enganam quanto a isso.

O que distinguiria esse tipo de amor de um amor erotomaníaco se não houvesse o que o obsessivo empenha de seu no amor, e que devemos procurar? Se realmente acontece o que eu lhes disse com o derradeiro objeto passível de ser revelado por sua análise, através de um certo caminho de recorrência, ou seja, que se trata do excremento, não estará nisso, para o obsessivo, a fonte divinatória para que ele se sinta um objeto digno de amor?

Peço-lhes que se encarreguem de esclarecer, com sua lanterna, o que acontece com a posição do obsessivo a esse respeito.

Não é a dúvida que prevalece nela; é que o sujeito prefere nem sequer olhar. Essa prudência, vocês sempre a encontrarão no obsessivo. No entanto, o amor assume para ele as formas de uma ligação exaltada. É que o que ele pretende que se ame é uma certa imagem sua. Essa imagem, ele a oferece ao outro. Oferece-a ao outro a tal ponto que imagina que este já não teria a que se agarrar se essa imagem viesse a faltar-lhe. Essa é a base do que chamei, em outro lugar, de dimensão altruísta desse amor mítico, que se fundamenta numa oblatividade mítica.

A manutenção dessa imagem é o que faz o obsessivo apegar-se a manter toda uma distância de si mesmo, distância que é justamente o mais difícil de reduzir na análise. Com certeza foi daí que um certo fulano, que tinha grande experiência nesses assuntos, mas não o aparato para formulá-la, e isso por razões que caberia aprofundar, tirou a idéia ilusória de depositar toda a ênfase na noção de distância. Mas a distância de que se trata é a que há entre o sujeito e ele mesmo, mediante a qual tudo o que ele faz, quando fica sem análise e entregue à sua solidão, nunca é senão algo que ele percebe, em última instância, como um jogo, um jogo que só beneficia, no final das contas, esse outro de quem estou falando, essa imagem dele mesmo.

É comum valorizar-se essa relação com a imagem em termos da dimensão narcísica, na qual se desenvolve tudo que, no obsessivo, não é central, isto é, sintomático, mas comportamental ou vivido. Mas o que está em questão para ele, e que lhe dá seu verdadeiro alicerce, é realizar pelo menos o primeiro tempo disto: seu desejo nunca é autorizado a se manifestar como ato. Seu desejo se sustenta por contornar todas as possibilidades que determinam o impossível no nível fálico e genital. Quando digo que o obsessivo sustenta seu desejo como impossível, quero dizer que ele sustenta seu desejo no nível das impossibilidades do desejo.

Se a imagem do furo impõe-se aqui, e se tenho insistido há tanto tempo nessa referência, é porque o círculo do desejo do obsessivo é justamente um daqueles círculos que nunca podem ser reduzidos a um ponto, em razão de seu lugar topológico no toro. É por isso que, do oral ao anal, do anal ao fálico, do fálico ao escópico e do escópico ao vociferado, isso nunca retorna a si mesmo, a não ser voltando a passar pelo ponto de partida.

Esse exemplo é suficientemente demonstrativo para ser elaborado como tal, e é transponível para outras estruturas, especificamente a histérica.

É em torno dessas estruturas que, da próxima vez, darei uma formulação conclusiva ao que nos permitirá situar em última instância a posição e a função da angústia.

26 de junho de 1963

XXIV

Do *a* aos Nomes-do-Pai

O mascaramento escópico do objeto a
O nascimento como intromissão do Outro
Separar e reter
Luto, mania e melancolia
A voz, o pai, o nome, o amor

Concluirei hoje com o que me havia proposto dizer-lhes este ano sobre a angústia.

Marcarei o limite e a função dela, com isso indicando onde tenciono que tenham continuidade as posições que são as únicas a nos permitir, que nos permitirão, se possível, arrematar o que acontece com nosso papel de analistas.

1

Freud designou a angústia, no fim de sua obra, como sinal. Designou-a como um sinal distinto do efeito da situação traumática e articulado com o que chamou de perigo, termo este que, por sua vez, remete à idéia — não elucidada, convém dizer — de perigo de vida.

O que devo ter articulado de original para vocês este ano foi um esclarecimento sobre o que é esse perigo. Em conformidade com a indicação freudiana, porém de maneira mais precisamente enunciada, digo que o perigo em questão está ligado ao caráter de cessão do momento constitutivo do objeto *a*.

De que, portanto, neste ponto de nossa elaboração, deve a angústia ser considerada sinal? Aqui, mais uma vez, articularemos de maneira diferente de Freud o momento em que entra em jogo a função da angústia.

Situo esse momento como anterior à cessão do objeto, do mesmo modo que a exigência de sua articulação obriga Freud a situar algo mais primitivo do que a situação de perigo. A experiência, com efeito, proíbe-nos de não o fazer.

Como lhes anunciei desde o Seminário de dois anos atrás, a angústia manifesta-se, sensivelmente, como relacionada de maneira complexa com o desejo do Outro. Desde essa primeira abordagem, indiquei que a função angustiante do desejo do Outro estava ligada a eu não saber que objeto *a* sou eu para esse desejo.

O que acentuarei hoje é o seguinte: só no nível que apontei no quadro como sendo o quarto — dentre os cinco definíveis como característicos da constituição do sujeito em sua relação com o Outro, na medida em que podemos articulá-lo como centrado na função da angústia — é que se articula plenamente, assume forma exemplar, preenche-se em sua plenitude essa forma específica pela qual o desejo humano é função do desejo do Outro.

A angústia, como eu lhes disse, está ligada a eu não saber que objeto *a* sou para o desejo do Outro, mas isso, afinal de contas, só é válido no nível escópico. É nesse nível que posso citar-lhes a fábula exemplar na qual o outro seria radicalmente Outro — o louva-a-deus de desejo voraz a que não estou ligado por nenhum fator comum. Ao Outro humano, pelo contrário, liga-me alguma coisa que é minha qualidade de ser seu semelhante, e daí resulta que o resto *a*, aquele do angustiante *não sei que objeto eu sou*, é essencialmente desconhecido. Há um desconhecimento do que é o *a* na economia de meu desejo de homem, e é por isso que o chamado nível quatro, o do desejo escópico, aquele em que a estrutura do desejo está mais plenamente desenvolvida em sua alienação fundamental, é também, paradoxalmente, o nível em que o objeto *a* é mais mascarado e no qual, em vista disso, o sujeito está mais garantido quanto à angústia.

É justamente isso que torna necessário procurarmos em outro lugar a marca do *a*, quanto ao momento de sua constituição.

Com efeito, se é verdade que o Outro, em sua essência, existe sempre em sua realidade plena, e se, portanto, na medida em que assume uma presença subjetiva, essa realidade é sempre passível de se manifestar por alguma de suas arestas, está claro, ainda assim, que o desenvolvimento não confere um acesso igual a essa realidade do Outro.

No primeiro nível, a realidade do Outro faz-se presente pela necessidade, como fica muito claro na impotência original do lactente. Somente no segundo nível, com a incidência da demanda do Outro, é que alguma coisa propriamente se destaca e nos permite articular de maneira complexa a constituição do *a* em relação à função do Outro, como lugar da cadeia significante.

Mas hoje não quero sair do primeiro nível, o chamado nível oral, sem apontar com clareza que a angústia já aparece nele, antes de qualquer articulação como tal da demanda do Outro. Singularmente, essa manifestação da angústia coincide com a própria emergência no mundo daquele que virá a ser o sujeito. Essa manifestação é o grito.

Ora, o grito, faz muito tempo que já situei sua função como uma relação não original, porém terminal, com o que devemos considerar como sendo o próprio âmago do Outro, na medida em que este arremata-se para nós, num dado momento, como a forma de nosso próximo. Peço-lhes que se detenham por um instante no paradoxo que conjuga aí o ponto de partida do primeiro efeito da cessão, que é o da angústia, com o que será, no final, algo como seu ponto de chegada. A diferença é que, com esse grito que lhe escapa, o lactente não pode fazer nada. Ele cede alguma coisa, e nada mais o liga a isso.

Essa angústia original, serei eu o primeiro a acentuá-la? Todos os autores o fizeram. Eles enfatizaram seu caráter numa certa relação dramática do organismo — humano, no caso — com o mundo em que este viverá. O que podemos reter das indicações múltiplas e confusas que eles nos fornecem a respeito dessa emergência, e que não podem deixar de ter alguns traços contraditórios? Será possível, por exemplo, retermos como válida a indicação ferencziana de que há uma emergência, no tocante à própria ontogênese, de sabe-se lá que meio aquoso primitivo, que seria homólogo do meio marinho? Teria o líquido amniótico alguma relação com essa água primitiva?

Para o animal que vive num meio assim, a troca do interior com o exterior efetua-se no nível da brânquia, ao passo que, com certeza, em nenhum momento do embrião a brânquia humana funciona. Entretanto, tudo que nos é indicado na especulação — em geral confusa — que é a especulação psicanalítica deve ser considerado por nós como não desprovido de sentido, e até como podendo estar no caminho de algo significativo. Ela salta, arrasta-se, mas às vezes esclarece. Aliás, já que também levamos em conta a filogênese, no caso, eu lhes pediria que guardassem isso.

No esquema mais basal da troca vital entre um organismo e seu meio, esse organismo tem um limite sobre o qual se distribui um certo número de pontos seletos de troca. Essa parede assegura a osmose entre o meio externo e o meio interno, entre os quais existe, portanto, um fator comum. Detenham-se, pois, na consideração desta coisa incrível — a estranheza do salto pelo qual alguns seres vivos saem de seu meio primitivo e passam para o ar.

Para isso, é preciso um órgão — peço-lhes que consultem os livros de embriologia — com cujo caráter de neoformação arbitrária no desenvolvimento, por assim dizer, só podemos impressionar-nos. Ele se intromete no interior do organismo e mobiliza toda a adaptação do sistema nervoso, que leva muito tempo para se habituar com esse aparelho, antes que ele realmente funcione como uma boa bomba. Pode-se dizer que há tanta estranheza no salto constituído pelo aparecimento desse órgão quanto no fato de, num dado momento da história, termos visto seres humanos respirarem num pulmão de aço, ou partirem para o que é impropriamente chamado de cosmo, tendo a seu redor algo que não é essencialmente diferente do que evoco aqui como uma reserva de ar, no tocante à sua função vital.

A angústia foi escolhida por Freud como sinal de algo. Será que não devemos reconhecer o traço essencial desse algo na intromissão radical de uma coisa tão Outra no ser vivo humano, já constituída para ele pelo fato de passar para a atmosfera, que, ao emergir neste mundo em que tem de respirar, ele fica, a princípio, literalmente asfixiado, sufocado? Foi a isso que se deu o nome de trauma — não existe outro —, o trauma do nascimento, que não é a separação da mãe, mas a própria aspiração de um meio intrinsecamente Outro.

É óbvio que não se evidencia claramente a ligação desse momento com o que se pode chamar de separação do desmame. Entretanto, peço-lhes que reúnam os elementos de sua experiência, experiência como analistas e como observadores de crianças, sem hesitar em reconstruir tudo o que se mostra necessário para dar sentido ao termo "desmame". Digamos que a relação do desmame com esse primeiro momento não é uma relação simples, uma relação de fenômenos que coincidem, mas, antes, uma certa relação de contemporaneidade.

Em essência, não é verdade que a criança seja desmamada. Ela *se* desmama. Desliga-se do seio, brinca. Após a primeira experiência de cessão, cujo caráter já subjetivado é sensivelmente manifestado pela passagem, em seu rosto, dos primeiros sinais que esboçam nada menos que a mímica da surpresa, ela brinca de se soltar do seio e tornar a pegá-lo. Se já não houvesse nisso algo tão ativo que podemos enunciá-lo no sentido de um desejo de desmame, como poderíamos sequer conceber os fatos sumamente primitivos, sumamente primordiais em seu aparecimento, da recusa do seio, as formas primárias da anorexia, cujas correlações no nível do grande Outro nossa experiência nos ensina imediatamente a procurar?

Para funcionar autenticamente como aquilo pelo qual ele é tido na teoria clássica, a saber, o objeto que está em jogo no rompimento do vínculo com o Outro, falta ao objeto primário que chamamos de seio uma ligação plena com o Outro. Foi por isso que acentuei intensamente que sua ligação está mais próxima do sujeito neonatal. O seio não é do Outro, não é o vínculo a ser rompido com o Outro, mas é, no máximo, o primeiro sinal desse vínculo. É por isso que se relaciona com a angústia, mas é também por isso que ele é a primeira forma do objeto transicional, no sentido de Winnicott, a forma que torna possível sua função. Aliás, no nível definido por *a*, ele não é o único objeto que se oferece para exercê-la.

Se outro objeto, o objeto anal, vem posteriormente exercer de maneira mais clara essa função, no momento em que o próprio Outro elabora a dele sob a forma da demanda, podemos lembrar a eterna sabedoria desses vigias do advento do animal humano ao mundo, as parteiras, que sempre se detiveram, sempre se imobilizaram diante do objeto singular e significativo que é, no aparecimento da criança, o mecônio.

Por já tê-lo feito longamente da última vez, hoje não voltarei à articulação (muito mais característica) da função do objeto *a* que o objeto anal nos permite fazer, na medida em que ele se revela o primeiro suporte da subjetivação na relação com o Outro, ou seja, aquilo em que ou através de que o sujeito é inicialmente solicitado pelo Outro a se manifestar como sujeito, sujeito de pleno direito.

Nesse nível, o que o sujeito já tem para dar é o que ele é — uma vez que o que ele é só pode entrar no mundo como resto, como irredutível em relação ao que lhe é imposto pela marca simbólica. É a esse objeto, como objeto causal, que se prende o que identificará primordialmente o desejo com o desejo de reter. A primeira forma evolutiva do desejo, portanto, aparenta-se como tal com a ordem da inibição. Quando o desejo aparece pela primeira vez como formado, ou seja, no segundo nível, ele se opõe ao próprio ato pelo qual sua originalidade de desejo introduziu-se na etapa precedente. A segunda forma do desejo, aquela que esclarece a função de causa que confiro ao objeto, manifesta-se por se voltar contra a função anterior que introduziu o objeto *a* como tal.

Com efeito, está claro que já é realmente ao objeto que se prende a primeira forma de desejo, aquela que elaboramos como desejo de separação. Como lembrei há pouco, o objeto está ali, é claro. Já está dado, já produzido, primitivamente produzido, já existe como produto da angústia. Depois, como uma coisa anterior, ele é colocado à disposição da função determinada pela introdução da demanda.

O que está implicado aqui, portanto, não é nem o objeto em si nem o sujeito, que se autonomizaria numa vaga e confusa prioridade de totalidade. Desde o começo, inicialmente, trata-se de um objeto escolhido por sua qualidade de ser especialmente cedível, por ser originalmente um objeto solto, e se trata de um sujeito a ser constituído em sua função de ser representado por *a*, função esta que continuará essencial até o fim.

Aí se encontra o nível em que devemos sustentar-nos se realmente quisermos considerar o que acontece com nossa função técnica.

2

Trata-se agora de perceber que as respectivas posições da angústia e do que é o *a* são intercambiáveis. Por um lado, existe o ponto primitivo de inserção do desejo, constituído pela conjunção, num mesmo parêntese, do *a* e do D maiúsculo da demanda, e por outro, existe a angústia.

Eis a angústia, portanto.

Há muito tempo a sabemos afastada, dissimulada no que chamamos de relação ambivalente do obsessivo, essa relação que simplificamos, abreviamos, chegamos até a evitar, ao limitá-la a ser apenas de agressividade, embora se trate de outra coisa. O objeto que o sujeito não consegue impedir-se de reter como o bem que o valoriza não é senão seu resto, seu dejeto. São essas as duas faces pelas quais o objeto determina o próprio sujeito como compulsão e como dúvida.

Da oscilação entre esses dois pontos extremos depende a possível passagem momentânea do sujeito pelo ponto zero em que ele se descobre, afinal, inteiramente à mercê do outro — aqui no sentido duplo do pequeno outro.

Foi por isso que, desde minha segunda aula, assinalei-lhes que a estrutura da relação do desejo com o desejo do Outro, no sentido que lhes ensino, opõe-se à estrutura em que ela se articula, define-se ou até se algebriza na dialética hegeliana.

Eu lhes disse que o ponto em que esses dois desejos coincidem parcialmente é justamente aquele que nos permite definir essa relação como uma relação de agressividade. Já escrevi a fórmula que a define, no ponto em que igualamos a zero o *momento* — no sentido que essa palavra tem na física — desse desejo. Trata-se da fórmula *d(a)*: O > *d*(O), a ser lida como desejo de *a*, isto é, desejo tal como determinado pelo primeiro objeto caracteristicamente cedível. Nesse ponto, podemos dizer que o sujeito vê-se efetivamente confrontado com o que a fenomenologia hegeliana traduz por impossibilidade de coexistência das consciências-de-si, e que não é nada além da impossibilidade de o sujeito encontrar sua causa em si mesmo no nível do desejo.

Vocês devem estar vendo que aqui já se esboça o que coordena com a função de causa a idéia de *causa sui*, fantasia na qual o pensamento se anima com a existência, em algum lugar, de um ser para quem sua própria causa não seria estranha, e à qual a especulação humana é como que forçada a recorrer como uma compensação, como a superação arbitrária de um dado de nossa condição: o de que a causa de seu desejo, o ser humano está desde logo sujeito a tê-la produzido num perigo que ele desconhece.

A isso se liga o tom supremo e magistral com que repercute e não pára de repercutir, no cerne das Escrituras Sagradas, a despeito de seu aspecto blasfematório, o רוח, o *Tudo é vaidade* do Eclesiastes. O que traduzimos pelo termo "vaidade" é isto em hebraico, *ruah*, do qual lhes escrevo as três letras radicais, רוח, e que significa vento, ou ainda fôlego, se quiserem, nuvem, coisa que se apaga — o que nos remete a uma ambigüidade que julgo mais legítima de evocar aqui, no que concerne ao que o sopro pode ter de mais abjeto, do que tudo o que Jones achou que devia elaborar a propósito da concepção da Virgem pelo ouvido. Essa temática da vaidade é, de fato, a que dá a ressonância e a importância sempre presentes na definição hegeliana da luta original e fecunda de que parte a *Fenomenologia do espírito*: a luta de morte, dita de puro prestígio — o que tem justamente o toque de querer dizer "luta por nada".

Fazer o tratamento da obsessão girar em torno da agressividade é introduzir em seu princípio — de forma patente e, se assim posso dizer, confessa, ainda que não seja deliberada — a sujeição do desejo do sujeito ao desejo do analista. Se esse desejo, como todo desejo, tem uma referência interna ao *a*, ele se articula em outro lugar. Aqui, identifica-se com o ideal da posição que o analista obteve ou julgou obter frente à realidade, ideal este a que o desejo do paciente fica obrigado a se curvar.

Ora, o *a* de que se trata, marcado como causa do desejo, não é essa vaidade nem esse resto. Se em sua função ele é realmente o que articulo, ou seja, o objeto definido como um resto irredutível à simbolização no lugar do Outro, ainda assim ele depende desse Outro, pois, se assim não fosse, como se constituiria?

Se o *a* é o resto singular da existência tal como esta se impõe, não se trata, como se disse, da existência em sua facticidade. Essa facticidade, com efeito, só se situaria por sua referência a uma pretensa e mítica necessidade noética, ela mesma instaurada como referência primária. Mas não há nenhuma facticidade no resto *a*, porque nele se enraíza o desejo que conseguirá mais ou menos culminar na existência.

A severidade mais ou menos destacada de sua redução, ou seja, aquilo que o torna irredutível, e no qual todos podem reconhecer o nível exato a que ele foi elevado no lugar do Outro, é isso que se define no diálogo representado numa cena. Donde o princípio desse desejo, depois de ter-se elevado até esse ponto, deverá tornar a cair, através da provação do que tiver deixado nele, numa relação de tragédia ou, mais freqüentemente, de comédia.

Ele se encena como papel, é claro, mas o que importa não é o papel, como todos sabemos por experiência e por certeza íntimas, e sim o que resta além desse papel. Um resto precário e submisso, sem dúvida, pois, como todos sabem hoje em dia, sou para sempre o objeto cedível, o objeto de troca, e esse objeto é o princípio que me faz desejar, que me torna desejoso de uma falta — falta que não é uma falta do sujeito, mas uma carência imposta ao gozo situado no nível do Outro.

É nesse sentido que toda função do *a* refere-se apenas à lacuna central que separa, no nível sexual, o desejo do lugar do gozo, e nos condena ao imperativo que faz com que, para nós, o gozo, por natureza, não esteja prometido ao desejo. O desejo só pode ir ao encontro dele, e, para encontrá-lo, deve não apenas compreender, mas transpor a própria fantasia que o sustenta e o constrói.

Isso foi o que descobrimos como a trava a que chamamos angústia de castração — mas, por que não desejo de castração, se, na falta central que separa o desejo do gozo, também nela está suspenso um desejo, um desejo cuja ameaça é feita, para todos, apenas de seu reconhecimento no desejo do Outro? Em última instância, o Outro, seja ele quem for, parece ser, na fantasia, o castrador, o agente da castração.

Certamente, as posições, nesse aspecto, são diferentes no homem e na mulher. Para a mulher, a posição é mais cômoda, porque o negócio já está resolvido. Aliás, é isso que torna sua ligação muito mais especial com o desejo do Outro. A observação singular de Kierkegaard de que a mulher é mais angustiada do que o homem é, creio eu, profundamente correta. Como seria possível isso, se, no nível central, fálico, a angústia não fosse feita, precisamente, da relação com o desejo do Outro?

O desejo, na medida em que, em seu cerne, é desejo de desejo, ou seja, tentação, reconduz-nos a essa angústia em sua função mais original. No nível da castração, a angústia representa o Outro, se o encontro com o aplacamento do aparelho nos dá o objeto, aqui, sob a forma de uma carência.

Será preciso eu lembrar o que, na tradição analítica, confirma o que estou enunciando aqui? Quem é que nos dá o primeiro exemplo de castração incitada, assumida, desejada como tal, senão Édipo?

Édipo não é o pai, a princípio. É isso que venho querendo dizer há muito tempo, ao assinalar ironicamente que Édipo não saberia que tinha um complexo de Édipo. Édipo é aquele que quer passar autenticamente, e também miticamente, para o quarto nível, que eu preciso abordar por sua via exemplar; é aquele que quer transgredir a proibição concernente à conjunção do *a*, aqui $(- \varphi)$, com a angústia, aquele que quer ver o que existe além da satisfação, esta bem-sucedida, de seu desejo. O pecado de Édipo é a *cupido sciendi*; ele quer saber, e isso é pago com o horror que descrevi: o que ele acaba vendo são seus próprios olhos, *a*, jogados no chão.

Porventura isso significa que essa é a estrutura do quarto nível, e que sempre precisa estar presente, em algum lugar, esse rito sangrento do enceguecimento? Não, eles têm olhos para não ver, não é necessário que os arranquem.

É exatamente por isso que o drama humano não é uma tragédia, mas uma comédia.

A angústia é suficientemente repelida, desconhecida, na simples captura da imagem especular, *i(a)*. O máximo que se pode desejar é que ela se reflita nos olhos do Outro — mas nem isso é necessário, já que existe o espelho.

3

Vejamos agora qual é a articulação do quarto nível, utilizando nosso quadro de referência inibição-sintoma-angústia.

Eis como a descreverei:

I	desejo de não ver	impotência	conceito de angústia
S	desconhecimento	onipotência	suicídio
A	ideal	luto	angústia

O nível escópico

No lugar da inibição está o desejo de não ver. Dada a disposição dos fenômenos, mal chega a ser preciso justificá-lo, porque tudo se satisfaz aí.

O desconhecimento, como estrutural no nível do *não saber*, está ali na segunda linha.

Na terceira, como efusão [*émoi*], o ideal. Trata-se do ideal do eu, ou seja, daquilo que é mais cômodo introjetar do Outro, como se costuma dizer. Não é à toa que o termo "introjeção" é introduzido aqui, mas peço-lhes que só o acolham com reserva, porque a ambigüidade que resta da introjeção na projeção é um indício suficiente de que será preciso introduzir um outro nível para dar pleno sentido ao termo "introjeção".

No cerne do quarto nível, no lugar central do sintoma, tal como encarnado especialmente no nível do obsessivo, já apontei a fantasia da onipotência. Essa fantasia é correlata da impotência fundamental que sustenta o desejo de não ver.

O que colocaremos no nível do *acting out* é a função do luto, na medida em que dentro em pouco lhes pedirei que reconheçam aí o que lhes ensinei a ver nela de uma estrutura fundamental da constituição do desejo, no decorrer de um ano anterior.

No plano da passagem ao ato, a fantasia de suicídio, cujo caráter e autenticidade devem ser questionados de maneira essencial no interior da casuística.

Embaixo, à direita, continua a angústia, aqui como mascarada.

No nível do embaraço, o que chamaremos legitimamente de conceito de angústia. Não sei se todos se dão conta da audácia exibida por Kierkegaard com esse termo. O que pode significar isso senão que a verdadeira captura do real é, quer a função do conceito segundo Hegel, isto é, a captura simbólica, quer a que nos é dada pela angústia, única apreensão derradeira de toda realidade como tal, e que é preciso escolher entre as duas?

O conceito de angústia só surge como tal, portanto, no limite, e surge de uma meditação que nada nos indica que não venha a deparar muito cedo com uma trava. Mas o que nos importa é apenas encontrar aqui a confirmação das verdades que já abordamos por outras vertentes.

Volto agora, conforme anunciado, à função do luto.

Ao término de sua especulação sobre a angústia, Freud se pergunta em que sentido tudo o que lhe foi possível formular sobre as relações da angústia com a perda do objeto pode distinguir-se do luto. Todo o codicilo, o apêndice de *Inibição, sintoma e angústia*, assinala a extrema dificuldade de definir de que maneira é possível compreender que essas duas funções, às quais ele dá a mesma referência, dêem margem a manifestações tão diversas.

Neste ponto, creio dever recordar-lhes a que nos levou nossa interrogação — ao tratarmos de Hamlet como personagem dramático eminente, que marcou a emergência, a aurora da ética moderna — sobre a nova relação do sujeito com seu desejo.

Assinalei que foi propriamente a ausência de luto em sua mãe que fez desvanecer-se nele, dissipar-se, soçobrar da maneira mais radical, qualquer impulso possível de um desejo, ao passo que esse ser nos é apresentado, por outro lado, de um modo que permitiu a Salvador de Madariaga, por exemplo, reconhecer nele o próprio estilo dos heróis do Renascimento. Hamlet é um personagem de quem o mínimo que se pode dizer — será preciso que eu o recorde? — é que ele não recua diante de muita coisa e não se acovarda. A única coisa que ele não pode fazer é justamente o ato que foi feito para praticar, e isso por lhe faltar o desejo.

O desejo falta porque o Ideal desmoronou. Com efeito, Hamlet evoca o que fora a reverência de seu pai por um ser diante do qual, para nosso espanto, esse rei supremo, o velho Hamlet, literalmente se curvava, rastejando para homenageá-lo com sua fidelidade amorosa. Que há de mais duvidoso do que a espécie de relação de idolatria desenhada pelas palavras de Hamlet? Não estarão aí os sinais de um sentimento forçado demais, exaltado demais, para não ser da ordem de um amor único, mítico, de um amor aparentado com o estilo do amor cortês? Ora, quando se manifesta fora do campo de suas referências propriamente culturais e rituais, no qual obviamente se dirige a outra coisa que não à Dama, o amor cortês é, ao contrário, sinal de sabe-se lá que carência, sabe-se lá que álibi diante dos difíceis caminhos implicados no acesso a um amor verdadeiro.

À supervalorização da Gertrudes conjugal pelo pai, tal como essa atitude é apresentada nas lembranças de Hamlet, fica patente que corresponde, dialeticamente, sua própria evasão animal da Gertrudes materna. Quando se contradiz o Ideal, quando ele desmorona, o resultado é o que constatamos — o poder do desejo desaparece em Hamlet. Como lhes mostrei, esse poder só seria restaurado nele a partir da visão, do lado de fora, de um luto de verdade, com o qual ele entra em competição — o luto de Laertes por sua irmã, que era o objeto amado por Hamlet e de quem ele fora subitamente separado pela carência de desejo.

Porventura isso não nos abre a porta, não nos dá a chave que nos permite articular melhor do que Freud, mas na mesma linha de sua interrogação, o que significa um luto?

Freud nos observa que o sujeito do luto lida com uma tarefa que consistiria em consumar pela segunda vez a perda do objeto amado, provocada pelo acidente do destino. E Deus sabe o quanto ele insiste, justificadamente, no aspecto detalhado, minucioso, da rememoração de tudo o que foi vivido da ligação com o objeto amado.

Quanto a nós, o trabalho do luto nos parece, por um prisma simultaneamente idêntico e contrário, um trabalho feito para manter e sustentar todos esses vínculos de detalhes, na verdade, a fim de restabelecer a ligação com o verdadeiro objeto da relação, o objeto mascarado, o objeto *a*, para o qual, posteriormente, será possível dar um substituto, que afinal não terá mais importância do que aquele que ocupou inicialmente seu lugar. Como me dizia um de nós, humorista, a propósito da aventura que nos é descrita no filme *Hiroshima, meu amor*, essa é uma história perfeita para nos mostrar que qualquer alemão insubstituível pode encontrar de imediato um substituto perfeitamente válido no primeiro japonês encontrado numa esquina de rua.

O problema do luto é o da manutenção, no nível escópico, das ligações pelas quais o desejo se prende não ao objeto *a*, mas à *i(a)*, pela qual todo amor é narcisicamente estruturado, na medida em que esse termo implica a dimensão idealizada a que me referi. É isso que faz a diferença entre o que acontece no luto e o que acontece na mania e na melancolia.

A menos que distingamos o objeto *a* de *i(a)*, não poderemos conceber a diferença radical existente entre a melancolia e o luto, que Freud relembra e articula poderosamente na nota que citei, bem como no famoso artigo "Luto e melancolia". Será que preciso ler a passagem para trazê-la de volta à memória de vocês? Depois de enveredar pela idéia de reversão da libido pretensamente objetal para o próprio eu do sujeito, Freud admite em termos apropriados que, na melancolia, esse processo obviamente não dá bom resultado, porque o objeto supera sua direção. É o objeto que triunfa.

Na melancolia, trata-se de algo diferente do mecanismo de retorno da libido no luto e, por essa razão, todo o processo, toda a dialética se constrói de outra maneira. O objeto, Freud nos diz que é preciso — por que nesse caso? deixo de lado a questão — que o sujeito se entenda com ele. Mas o fato de se tratar de um objeto *a* e de, no quarto nível, este se encontrar habitualmente mascarado por trás da *i(a)* do narcisismo, e desconhecido em sua essência, exige que o melancólico, digamos, atravesse sua própria imagem e primeiro a ataque, para poder atingir, lá dentro, o objeto *a* que o transcende, cujo mandamento lhe escapa — e cuja queda o arrasta para a precipitação suicida, com o automatismo, o mecanicismo, o caráter imperativo e intrinsecamente alienado com que vocês sabem que se cometem os suicídios de melancólicos. E eles não são cometidos num quadro qualquer. Se tantas vezes isso acontece na janela, se não através da janela, não é por acaso. É o recurso a uma estrutura que não é outra senão a da fantasia.

O que distingue o que é próprio do ciclo mania-melancolia de tudo o que caracteriza o ciclo ideal da referência ao luto e ao desejo, só podemos apreendê-lo ao acentuar a diferença de função entre, por um lado, a relação de *a* com *i(a)* no luto, e, por outro, no outro ciclo, a referência radical ao *a*, mais arraigada para o sujeito que qualquer outra relação, mas também intrinsecamente desconhecida, alienada, na relação narcísica.

Na mania, convém esclarecer desde logo que é a não-função do *a* que está em causa, e não simplesmente seu desconhecimento. O sujeito não se lastreia em nenhum *a*, o que o deixa entregue, às vezes sem nenhuma possibilidade de libertação, à metonímia pura, infinita e lúdica da cadeia significante.

Não há dúvida de que eludi muitas coisas aqui, mas isso nos permitirá concluir no nível em que, este ano, tenho a intenção de deixá-los.

4

O desejo, em seu caráter mais alienado, mais intrinsecamente fantasístico, é o que caracteriza o quarto nível. Se esbocei a estrutura do quinto e indiquei suficientemente que, nesse nível, o *a* volta a se recortar, aqui abertamente alienado, como suporte do desejo do Outro, que dessa vez é nomeado, vocês podem observar que foi também para lhes dizer por que me deterei nesse termo este ano.

Com efeito, toda a dialética do que acontece no quinto nível implica uma articulação mais detalhada do que jamais se fez com o que designei há pouco de introjeção — a qual implica a dimensão auditiva como tal, e a qual implica também a função paterna.

Se, no próximo ano, as coisas correrem de modo que eu possa dar continuidade a meu Seminário conforme o caminho previsto, será em torno não apenas do Nome, mas dos Nomes-do-Pai, que me encontrarei com vocês. E não será à toa.

No mito freudiano, o pai intervém, da maneira mais evidentemente mítica, como aquele cujo desejo invade, esmaga, impõe-se a todos os outros. Não haverá nisso uma evidente contradição com um fato obviamente dado pela experiência — o de que, por intermédio dele, o que se efetua é algo totalmente diverso, qual seja, a normalização do desejo nos caminhos da lei?

Será que é só isso? A própria necessidade de manter o mito, ao lado do que nos é traçado aí e para o qual somos sensibilizados pela experiência, inclusive nas realidades, muitas vezes pesadas por nós, da carência da função paterna, porventura não nos chama atenção para outra coisa — para o fato de que, na manifestação de seu desejo, o pai sabe a que *a* esse desejo se refere?

Ao contrário do que enuncia o mito religioso, o pai não é *causa sui*, mas é o sujeito que foi longe o bastante na realização de seu desejo para reintegrá-lo em sua causa, seja ela qual for, para reintegrá-lo no que há de irredutível na função do *a*. É isso que nos permite enunciar, no princípio mesmo de nossa investigação, sem eludi-lo de maneira alguma, que não há nenhum sujeito humano que não tenha que se colocar como objeto, um objeto finito a que estão presos desejos finitos, os quais só assumem a aparência de se infinitizar na medida em que, ao fugir uns dos outros para cada vez mais longe de seu centro, afastam o sujeito mais e mais de qualquer realização autêntica.

Ora, o desconhecimento do *a* deixa uma porta aberta. Sabemos disso desde sempre, nem houve necessidade da análise para nos mostrar, pois creio ter podido mostrá-lo a vocês num diálogo de Platão, *O banquete*. A única via pela qual o desejo pode revelar-nos de que modo teremos que reconhecer em nós o objeto *a*, na medida em que, no fim, um fim sem dúvida nunca acabado, ele é nossa existência mais radical, só se abre quando se situa o *a* como tal no campo do Outro. E ele não só tem que ser situado ali, como é situado ali por todo e qualquer um. Isso não é outra coisa senão a possibilidade de transferência.

A interpretação que damos incide sempre sobre a dependência maior dos desejos em relação uns aos outros, mas isso não equivale a enfrentar a angústia. Só há superação da angústia quando o Outro é nomeado. Só existe amor por um nome, como todos sabem por experiência própria. No momento em que é pronunciado o nome daquele ou daquela a quem se dirige nosso amor, sabemos muito bem que esse é um limiar da maior importância.

Isso é apenas uma marca, marca de algo que vai da existência do *a* a sua passagem para a história. O que faz de uma psicanálise uma aventura singular é a busca do *ágalma* no campo do Outro.

Interroguei-os diversas vezes sobre o que convém que seja o desejo do analista, a fim de que seja possível o trabalho ali onde tentamos levar as coisas além do limite da angústia.

Certamente convém que o analista seja aquele que, minimamente, não importa por qual vertente, por qual borda, tenha feito seu desejo entrar suficientemente nesse *a* irredutível para oferecer à questão do conceito da angústia uma garantia real.

3 de julho de 1963

NOTA

O estabelecimento do texto deste Seminário beneficiou-se da existência de um excepcional exemplar datilografado. Com efeito, Lacan enviava cada lição a sua filha Judith, então ausente de Paris, e fazia no texto datilografado anotações e correções manuscritas, as quais utilizei.

✧ ✧ ✧

No primeiro capítulo, deve-se ter salientado que Lacan interpela seu auditório para se certificar de que a palavra *smagare* existe em italiano, e que a resposta que lhe é dada o leva a concluir que persiste uma dúvida. No exemplar datilografado endereçado a sua filha, com uma dedicatória datada de 16 de novembro de 1962, ou seja, dois dias depois, o seguinte esclarecimento aparece na margem: "Quanto a isso, interpelei Piera — que me sugeriu essa dúvida —, mas desde então confirmei as coisas; *smagare* tem mesmo o sentido que B. e W. lhe deram."

Uma anotação marginal identifica o autor do trabalho esperado por Lacan: "Trata-se de um trabalho de Green sobre *O pensamento selvagem.*" A resenha do livro de Lévi-Strauss pelo sr. André Green foi posteriormente publicada na revista *Critique.*

J.-A. M.

1ª EDIÇÃO [2005] 14 reimpressões

ESTA OBRA FOI COMPOSTA POR TEXTOS & FORMAS EM
ADOBE GARAMOND E HELVETICA E IMPRESSA EM OFSETE PELA
GRÁFICA BARTIRA SOBRE PAPEL ALTA ALVURA DA SUZANO S.A.
PARA A EDITORA SCHWARCZ EM ABRIL DE 2025

FSC®
www.fsc.org
MISTO
Papel | Apoiando o manejo florestal responsável
FSC® C105484

A marca FSC® é a garantia de que a madeira utilizada na fabricação do papel deste livro provém de florestas que foram gerenciadas de maneira ambientalmente correta, socialmente justa e economicamente viável, além de outras fontes de origem controlada.